中国社会科学院 学者文选
严中平集
中国社会科学院科研局组织编选

中国社会科学出版社

图书在版编目(CIP)数据

严中平集／中国社会科学院科研局组织编选. —北京：中国社会科学出版社，2011.2（2018.8 重印）

（中国社会科学院学者文选）

ISBN 978-7-5004-9304-4

Ⅰ.①严… Ⅱ.①中… Ⅲ.①严中平（1909~1991）—文集②经济史—中国—文集 Ⅳ.①F129-53

中国版本图书馆 CIP 数据核字（2010）第 217855 号

出 版 人	赵剑英
责任编辑	周兴泉
责任校对	刘晓红
责任印制	戴　宽

出　　版	中国社会科学出版社
社　　址	北京鼓楼西大街甲 158 号
邮　　编	100720
网　　址	http://www.csspw.cn
发 行 部	010-84083685
门 市 部	010-84029450
经　　销	新华书店及其他书店
印刷装订	北京市十月印刷有限公司
版　　次	2011 年 2 月第 1 版
印　　次	2018 年 8 月第 2 次印刷
开　　本	880×1230　1/32
印　　张	17.25
字　　数	434 千字
定　　价	99.00 元

凡购买中国社会科学出版社图书，如有质量问题请与本社营销中心联系调换
电话：010-84083683
版权所有　侵权必究

出版说明

一、《中国社会科学院学者文选》是根据李铁映院长的倡议和院务会议的决定，由科研局组织编选的大型学术性丛书。它的出版，旨在积累本院学者的重要学术成果，展示他们具有代表性的学术成就。

二、《文选》的作者都是中国社会科学院具有正高级专业技术职称的资深专家、学者。他们在长期的学术生涯中，对于人文社会科学的发展做出了贡献。

三、《文选》中所收学术论文，以作者在社科院工作期间的作品为主，同时也兼顾了作者在院外工作期间的代表作；对少数在建国前成名的学者，文章选收的时间范围更宽。

中国社会科学院
科研局
1999年11月14日

目 录

序言 …………………………………… 汪敬虞（1）

编辑中国近代经济史参考资料工作的初步总结 …………（1）
中国近代史研究上的一个薄弱环节 ………………………（37）
努力开展中国近代经济史资料的整理、编纂工作 …………（45）
关于中国近代经济史研究工作的几点意见 ………………（52）
在"中国经济史学会"成立大会上的开幕词 ………………（57）

论江宁条约与中外通商 ………………………………………（69）
"浮动地狱"里的滔天罪行 …………………………………（121）
五口通商时代疯狂残害中国人民的
　　英美"领事"和"商人" …………………………………（133）
马克思是中国人民的伟大的朋友
　　——纪念马克思逝世七十周年 ………………………（147）
英国资产阶级纺织利益集团与两次鸦片战争的史料 ……（156）
英国鸦片贩子策划鸦片战争的幕后活动 …………………（222）

小刀会上海起义新史料 ……………………………………（334）
太平天国侍王李世贤部宁波攻守纪实 …………………（343）
戈登论李鸿章苏州杀降动机书并跋 ………………………（356）
1861年北京政变前后中英反革命的勾结 ………………（363）

太平天国初期英国的侵华政策 …………………………（383）

手工棉纺织业问题 ………………………………………（413）
规律性判断研究和价值性研究
　　——关于历史评价的问题的构思 ……………………（446）
关于哥伦布其人答朱寰同志 ……………………………（462）
帝国主义对华侵略的历史评价问题还需要讨论 …………（485）
关于中国近代经济史中心线索问题的通讯 ………………（498）
关于洋务派兴办新式民用企业的评价问题 ………………（509）

作者论著目录 ……………………………………………（527）

编后琐言 …………………………………………………（531）

序　言

　　我在严老领导主持之下，工作了整整四十年。他治学的严谨，是有口皆碑的，我自己也有切身的感受。但我认为这里面最可宝贵的精华，是他对真理探讨的执著追求。他是一位坚持理论原则、执著追求真理的典范。他所坚持的理论原则，就是唯一能正确解释中国历史和现实的历史唯物主义。他的毕生研究实践使他越来越坚信历史唯物主义是最好的史学方法，因此，对自己确认的原则，从来不轻易放弃。他在许多问题的研究上，的确具有这一鲜明的特点。在讨论问题的过程中，当他认定自己的看法符合历史唯物主义的理论原则时，他对这个看法的坚持，可以达到不作任何让步的程度。但是，另一方面，我们又屡屡看到他的另一特点，那就是当他在理论原则指导之下，对问题的研究获得新的启示时，他又勇于进行自我修订，不断自我更新对问题的认识。他在中国近代经济史中心线索的问题上，在洋务运动和闭关政策评价的问题上，都鲜明地表现了这一特点。可以这样说，正是由于坚持理论原则，执著追求真理，他才勇于在理论原则的指导下，不断更新认识，不断自我修订。正如他在一篇对青年讲授马克思主义经典著作的体会中所说："科学的治学态度"，是

"既要坚持放之四海而皆准的普遍真理,又要针对新情况,研究新问题,根据新材料,总结出新的结论"。他以此教育青年,自己也身体力行,为青年一代树立了光辉的榜样。执著追求真理,贯穿于严老在社会科学战线上战斗的一生。

不断自我修订,这是追求真理的必由之路。人类只能认识到问题的无限,即不能结束无限的问题。在真理的历史长卷中,会出现无限无穷的"问号",但永远也不会出现一个"Full Stop"。在严老那里,"Full Stop"也是不存在的。而他勇于提出"问号"的精神,则给我们以无穷启迪的智慧,增加我们向前探索的力量。

《严中平集》的出版,不但使严老这一中国经济史学奠基人的全部学术遗产,得以完整保存,并贡献于社会,传诸后世,而且也使得严老毕生的学术道路、研究历程、治学态度和科学贡献,都给后人留下了清晰的印象。这是很值得纪念的。

汪敬虞

1992年1月严老逝世周年前3日稿,

2010年5月修改

编辑中国近代经济史参考资料工作的初步总结

1954年初，中国科学院经济研究所组织了一个中国近代经济史工作小组，接受上级领导所交付的任务，从事中国近代经济史参考资料的收集、整理和编纂工作。今年①4月，这个小组把计划进行的工作初步告一段落。为了改进今后的工作，小组同志们曾经进行过几次座谈，交流经验。两年的经验，当然是极其粗浅的、片面的、幼稚的。如今我们把它写下来，以便向先进的科学工作者们请教。

一　思想准备

我们小组的任务是：尽量利用原始资料，为科学工作者、高等院校师生和中上级财经干部系统地编纂近百年中国国民经济各部门发展史的参考资料。在开始工作时，小组计有研究员2人、副研究员2人、助理研究员6人、研究实习员2人和助理业务的

---

①　1956年。

翻译、计算人员5人。工作过程中，人员有一些变动，最后经过7个研究人员的手编成了农业、工业、手工业、对外贸易、货币信贷这几个部门的断代史资料约450万字。我们肯定这些参考资料，对于各该部门某一断代的历史发展情况，或多或少地都提供了一些感性知识。但是全面说来，我们所编纂的资料是极其粗浅片面的，真是所谓"挂一漏万"。现在我们这样想：如果两年前开始工作时，我们各人都已做好了思想准备，那么我们的工作是会做得比较好些的。

我们没有做好思想准备，主要表现在两方面，就是对于完成任务的信心不足和对于工作的严肃性估计不足。

我们7个至12个研究工作人员，绝大多数都已有了5年以上的研究工作经验；但我们这些人过去做研究工作的领域包括经济理论、现实经济问题、明清史、近代史、外交史等方面，惟独没有长期专攻中国近代经济史的。我们从事中国近代经济史资料的编纂工作，多少都是一项所谓"改行"的工作。因此，在开始工作时，我们对于自己能否完成这项新的任务，能否找到资料，编出有用的东西来，自己是没有把握的。有人说，清代学者把精力耗费在训诂校勘之学上，不注意人民生计，怎么能从他们的著作里找出农工各业的史料来呢？又有人说，过去人们根本没有做过认真的调查研究，辛亥以后的史料一样地没有办法。最普遍的想法是：经济史素非本行，不知如何下手。这样，大家多半是抱着一种"姑且试试看"的心情下手工作的。

事实上，在工作过程中，我们逐步地打开了眼界，逐步地认识到中国近代经济史的资料蕴藏极其丰富，真是令人应接不暇。因此，我们的信心提高了，多数同志由"姑且试试看"变得满怀信心地热爱自己的工作了。有一个时期，我们不是做8小时工作，而是进行10小时乃至10小时以上的紧张劳动，但是我们的劳动有收获，因而我们也就感到这种疲劳特具一种令人兴奋的滋味。

根据这些经历，我们认为在研究工作上，像我们这样的小改行并没有多大的困难，疑虑顾忌，完全是不必要的。其实毛主席早在1937年就已经在《实践论》里指出了我们这一类的心情，在主观上，乃是"不能勇敢接受工作任务"的表现，在客观上，则是不了解工作规律的现象。问题丝毫并不在于我们过去曾否长期地专攻中国近代经济史，而在于我们是否肯于虚心地从工作中学习。对工作的信心不足，其实正由于对自己的信心太强，懒于学习而来的。

其次，过去我们这些人习惯于自己收集资料，自己分析研究，自己撰写专题论著。当上级领导规定我们的任务是系统地收集、整理、编纂资料以供别人参考利用的时候，我们那一套旧的习惯和想法，多少和我们的任务是有些距离的。我们念念不忘于旧的那一行，轻视新的这一行，认为资料工作不是研究工作人员的任务，而是助理人员的任务，是"下手活"，是"为人作嫁"的行当。在工作中，我们才慢慢发现这项"下手活"并不是一件轻而易举的工作，它是需要具有高度的理论修养和丰富的业务知识才能胜任的。另一方面，一年多以来，我们所收集的资料，不断地进入国家行政部门，在那里成为规划祖国伟大社会主义建设的参考资料；又不断地进入高等院校，在那里成为广大青年的精神食粮。这使我们逐渐觉悟到我们所负担的不仅是一项艰苦的、而且是一项严肃的任务。这并不是"下手活"，每个人都应该甘于为祖国伟大的社会主义建设和培植下一代而这样去"为人作嫁"。

最近，我们学习了周恩来总理对知识分子的号召，明确了我们的任务是在第三个五年计划期末,把我们这门科学提高得接近或赶上世界先进水平。可是当我们考虑远景规划的时候,我们又发现我们这门科学的基础十分薄弱,科学的发展规律正要求我们在当前这个阶段,大力展开资料工作,为我们这门科学的昌盛打好基础。我们这些人做了五六年乃至20年的研究工作,到今天才在周总理的号召和党的领导之下第一次打开眼界,从科学发展的规律来考虑问题,规划全国的和个人的12年工作,明确我们个人当前这份工作在中国这门科学发展过程上的意义和作用;于是我们就更进一步地认识到我们工作的重要性、严肃性,我们深以负担这样的奠基任务而感到光荣。

我们知道,有些青年抱着和我们两年前相类似的想法,轻视资料工作,等待别人从事辛勤的劳动,把资料收集好了,然后自己则利用这种成果来进行分析研究工作,写作论文专书,自成一家之言。我们现在不同意这种看法。这种看法不仅不从整个的科学发展作打算,并且也忽略了资料工作对于培养青年科学研究能力的巨大作用。就科学的发展规律而言,我们难以想象脱离史料去提高史学;就个人研究工作而言,我们也还没有见过不收集史料的史学家。坐享其成的打算,多半是要落空的。

在我们工作中,由于我们对于资料工作的严肃性估计不足,因而我们对于这项工作的艰苦性也就估计不足。例如最初我们计划以三个人的力量,一年半的时间,编出近百年农业史资料约60万字;实际我们的工作速度比预期的慢一倍,编成的资料分量比预期的大两倍以上。我们的计划订得过于冒进了。由于计划冒进,所以有一个时期,我们出现赶任务的错误做法。那时,我们有的同志忙于赶任务,所以接触资料并不仔细寻思,只是走马看花地浏览一过,结果,常把有用的资料遗漏了,需要返工。走马看花的工作态度当然就是不严肃的态度。如今我们深深认识到，工作态度不够严肃，工作中每日每时、每一个步骤，每一条资料都可能发生错误。即使是抄写计算这样简单的工作，也必须严肃对待，勤于校对，往往一字之差，就可能得出相反的结论。既然我们的成果通过国家行政部门成为规划祖国建设的参考资料，通过教师成为年轻一代的精神食粮，那么我们就必须尽最大的努力把错误缩减至最小限度，乃至消灭一切错误。去年我们印过一本《中国近代经济史统计资料选辑》，这本书的三次清样都是经过我们自己校对过的；可是一边校对，一边修改，而校对也不够认真，所以到全书印成以后，又不得不追加一幅很长的勘误表。这说明我们对待这本书的态度是多么不够严肃，这当然是完全错误的。

这里，附带地还应该说明一件事实。过去两年，我们这个小组的工作受到平均主义思想作风的严重损害。原来全组12个研究工作人员共进行10个专题资料的收集、整理与编辑工作，自研究员以至研究实习员，不论有无工作经验，几乎人手一题，平均分配。就是有两个人合作一个专题的，这两个人也各自独立进行工作，没有领导与被领导的关系。事实证明，没有一定工作经验的同志是不宜于独立进行这样的工作的，勉强独立，成品的质量是很低的。如果是两个或是更多的人合作一个专题，分工是必要的，但分工不等于闹独立；科学工作必须发挥自由思想，但这也并不等于各执己见，相持不下。怎样进行必要的分工，以便发挥各人的专长，同时却又相互协调，充分合作，这不仅仅是一个组织问题，也是一个思想问题，是耐心的学习过程，锻炼过程。对于一些具有研究工作经验的年长的人，这样的思想准备可能比年轻人更加必要些。

二 工作提纲

我们小组一致同意工作提纲是必要的。提纲规定自己的工作范围，提出所要处理的主要问题，类乎一本书的章节标题。这样的提纲对于自己的工作起着指导作用，在思想路线上、在工作进程上，以及在估计资料分量、规划收集资料的步骤上都有指导意义。尤其当有人合作进行，而合作人又缺乏经验时，为了明确需要什么资料处理什么问题，更是非拟出提纲不可。经验证明，这样的提纲绝不是匆促可以定好的，也不是一次可以定好的。

我们曾经有人企图在下手工作时就拟定系统完整的详细提纲，花费了很多的劳力，定出章节细目，力求其完整严密。结果，这样的提纲确实自成一个完整的体系，但是它却是从概念出发的，不切实际的。到了按照提纲去收集资料时，才发现提纲上规定需要的资料，实际未必有；大量有用的资料，却又不在收集范围之内；到最后，还是不得不抛弃了这个提纲。同时，提纲又是不可避免地需要修改的。因为当人们进一步深入资料的时候，对于自己所处理的问题也就获得了进一步的理解，形成自己进一步的看法，跟着对于资料也就有了新的要求，这时，自然没有必要拿既定的提纲来束缚自己的思想与工作，而修改提纲却是必要的了。

最初一次提纲，应该只是一个很粗的轮廓。但是做好这个轮廓，却也不是一件容易的事情。一个工作人员，可能已有长期的工作经验，对于当前所要处理的问题还是未必很熟悉的，只凭一般常识性的了解并不能解决当前的具体问题。因此，经验证明，我们并不能在开始工作的第一天就执笔拟提纲，而是要经过一个阶段的摸索然后才能下笔的。这种摸索包括两个方面，一是问题摸底，一是资料摸底。

对自己所处理的问题进行摸底，目的是要大体明确贯穿在本问题中的指导思想，前人研究本问题所已经达到的水平和自己处理本问题所企望达到的广度与深度这三个问题。

提纲对工作起着指导作用，因而它本身也就必须贯穿着某种指导思想。这样的指导思想必须以马克思列宁主义的经典著作、中国马克思主义者的论著和党的政策文件为依据。因此拟定提纲的第一步就是学习这些文件。指导思想一经确定。就应该彻底贯穿到整个工作中去，不该轻易更改。因为全部工作中，一切问题的提法，收集资料的重点，都是围绕指导思想设计的；指导思想的更动，势必打乱全部工作，难以收拾。

为了做好自己的工作，仅仅明确指导思想，当然是不够的，我们还必须很好地掌握问题所应该达到的广度与深度，消除自己思想上的盲目性。而为了对问题的广度与深度掌握得恰到好处，仅仅学习经典著作和党的政策文献也是不够的，我们还需要批判地审阅前人的研究成果，明确他们的错误所在和他们所已经达到的水平。在这一点上，我们小组也曾经发生过偏差。

我们小组本抄有中国近代经济史期刊论文索引卡片，但在工作中却很少有人去加以利用。大家觉得这批索引大都收的是旧中国期刊上的论文，它们的立场是不正确的，所以没有参考的价值。这种全面否定前人成果的想法不独忽略了解放前党所领导的刊物和进步作家的贡献，就是对当时资产阶级作者的作品，也是不正确的。不该忘记，马克思是在批判地接受前人的研究成果的基础上创立自己的思想体系的；马克思主义世界观是在和唯心主义世界观的斗争中不断发展前进的。没有错误的东西，也就没有正确的东西。在历史事实的研究方面，我们尤其不该采取全面否定的态度。须知列宁一面斥责那些唯心主义政治经济学教授们在一般理论上无非是资产阶级的有学问的奴仆,同时也肯定他们"在事实的专门研究内能够作出极有价值的贡献"①。谁要是费很大力气去考订前人已经确定无疑的历史事实,岂不是一件徒劳无益的工作么?事实是,如果我们不愿接受前人正确的研究成果,明确前人所已经达到的水平,我们就将不知从何做起,无从掌握自己工作所应该达到的广度与深度,甚至不认识自己问题的关键所在,以致轻重倒置;这样,我们有时就会走上很可笑的道路。

我们小组开始工作时,定下一个各专题共同遵守的统一的原则,就是"用主要的资料说明主要的问题"。这就是一个空洞无物非常可笑的规定。根据这样规定去进行工作,结果各人处理问题所达到的广度和深度就很不一致,并且快到完稿时,提纲还有所更动。例如原来计划另编一本中国工人阶级史资料,所以在工业史资料的提纲里就没有把这方面的问题放在考虑之内。最后我们又感觉一本工业史资料不应该忽略这一重要方面,所以完稿后又加补充,这自然是很费时间的做法。这是对于处理问题的广度没有考虑成熟就定下提纲所造成的错误。又如,最初我们规划清代农业史资料土地问题部分时,我们只规划到地权分配和土地利用方面的一些问题;可是后来我们发现土地所有权的性质与形式也是我们应该处理的重要问题之一。但是工作已接近尾声,这个问题的资料已经难以追补了。这又是我们对于处理问题的深度没有考虑成熟就定下提纲所造成的损失。固然,处理问题的广度和深度,是难以在第一次提纲里就作最后确定的,但像我们所说的这些重大问题却是不该忽略的。在提纲上忽略了这些问题,说明我们在拟定提纲时没有做好对问题进行摸底的工作。

另一方面,过去两年,我们小组几乎可以说是在无计划的状

---

① 列宁:《唯物主义与经验批判主义》,人民出版社1956年版,第353页。

态下进行资料的收集工作的。曾经发生过这样的情况，有的同志费了很长的时间去阅读英文版海关报告册，但后来才发现这套报告册中某些部分也有中文版（不过中文版译文并不很忠于原文）。又有的同志到计划时间已经过去一大半的时候，还没有决定自己的工作是否要阅读《谕折汇存》、《申报》、《时报》之类大部头的资料。在 1954 年，我们没有想到在北京能够找到《北华捷报》，所以谁也没有把这部期刊放在计划之内。后来我们借到了这部书，发现其中藏有各个专题所需要的大量资料，于是几乎我们全组的工作进度都被这部书打乱了。不仅如此，就是对待已知的手边书报，我们的工作程序也带着很高的盲目性。例如有的同志首先从帝国主义分子所写的中国游记之类的书上去寻找工业史资料，又有的同志首先从笔记、小说上去寻找清代农业史资料。他们都花费了很长的时间，而所得很少。其实像这类资料藏量稀少的著作，不仅可以缓看，有些根本可以不看的。

阅读书报的盲目性说明我们着手收集资料时没有做好书报资料的摸底工作。经验证明，在拟定提纲、规划进度以前，必须做好这项摸底工作。资料摸底应该做到大体明了哪些书报可能藏有自己所需要的资料，及其存在分量情况。这种摸底就是取得目录学的知识。丰富的目录学知识是长期积累的结果，但对于一个具有五年以上研究工作经验的人来说，这乃是可能做到的，也应该做到的事情。

细心的工作者在审阅前人研究成果的同时，也就能够取得一些目录学的知识，因为严肃的科学论著都是注明资料来源，有时并附录参考书目的。许多科学工作者就是这样开始他的研究工作的，当然我们不应该停留在这个阶段上。我们必须再辅以各种书目、索引等类工具书，以及前人史籍评介之类入门性的著作，进一步追查可能蕴藏自己所需要资料的各种书报出版品，共有哪些方面，若干大类，并阅读样本，初步明确其编辑体例、主要内容、出版时代、存在分量，一一做下记录。不这样做，就不能估计工作分量，规划工作进度。

书报出版品而外，各种官私档案、账册，乃是经济史资料的重要来源。档案的内容往往极其琐碎零乱，需要花费很大的劳力才能整理出有用的资料来，对于研究工作没有经验的人是不宜于开始就从档案里去搜寻资料的。我们听说有些单位把档案装在木箱里，各箱内容没有标识，工作时像占卦一样任意打开一箱，随即抄录资料。这种方法是很不科学的。对档案，尤其需要做出目录，然后才能下手收集资料。

三　收集资料

不论从书报出版品里或是从档案里收集资料，阅读的对象总得有个先后次序；摘录资料，也得有些技术上的安排。这些问题，需要密切结合各人的问题性质、资料情况来解决，并没有一套普遍的规律可说。对于一个初做研究工作的人，以下的经验或许还不乏参考价值。

（1）问题所涉及的时代过长的，可以划分阶段，由古及今，逐步收集。例如鸦片战争以后一百多年的历史，可以按照问题的性质酌量以 1864、1894、1914、1927、1937 等年代来划分阶段。历史分期虽是一个还待仔细研究的问题，但这里所说的是为收集资料的方便，划分阶段的年代的意义不如历史分期问题上的那么严重，可以不必在这个问题上花费过多的时间。

（2）藏有史料的文献，如果不是专题性质的，那么同一部书报就可能载有自己所需要的各个小问题的资料。在这种情况下，同一阶段各个小问题的资料，就应该同时注意收集，不可仅仅注意某一个问题。例如做农业史的人就不该为土地分配问题把某书看过一遍，以后又为农业经营问题再看一遍，这是浪费劳力的。大部头的包含多方面资料的书报，可以试行由一二人阅读，同时为各部门各专题收集资料的办法，借以节省人力。但负责阅读的人必须富有研究经验、知识广泛，对各方面资料都具有锐敏的感觉与正确的判断能力。

（3）研究某些问题时，对于记载典章制度的官书如通考、会典、律例、事例之类，可以酌量先看。上层建筑虽是经济基础的反映，但典章制度却供给我们理解经济现象的某些必要知识。例如为了理解鸦片战争前中国对外联系的闭关性，我们就需要首先查明闭关政策和广东十三行制度的具体内容；为了研究清代采矿业的发展情况，首先就应该查明封建政府矿禁制度的变迁；至于田赋、漕运、盐务、钱法等类问题，则制度的研究本身就成为全部工作中的重要课题了。

（4）旧文献，有不少是按时间的先后顺序排列的，如《实录》、《东华录》之类，这种文献有其特殊方便处。首先，如果已知历史事件的发生时间，则这类书是比较易于翻检的；其次，这类书多半内容复杂，政治、经济、军事、文化各方面都可能涉及，初做研究工作的同志如果能在收集资料过程中放大阅读范围，比较全面地浏览一过，则可以获得一个时代的一般背景知识，对于自己的专业是有帮助的。

（5）方志的编辑体例几乎是千篇一律的，好在专记一地，便于查检已知事件发生地点的历史记录。但方志常有一个缺点，即后修版本常转录前修版本的文字，同府所属各州县志书也偶有互相转录的。因此，从方志中收集资料最好能取同一州县历次所修各志和同府所属各州县志同时参照阅读，以免所录资料发生时代或出处上的错误。

（6）历史事件，总离不开有关人物的活动，因此，除去从制度、时间、地点方面去搜寻资料外，我们还可以用有关人物做线索去进行追查，这就需要利用碑传、年谱和这些人物的文集、奏议了。清代碑传如《清史列传》、《碑传集》等专集不下三十余种，每部方志也都刊载了许多的传记。清人文集、奏议极多，鸦片战争后办理所谓"洋务"的大官僚，大都有集子可查。我们阅读时，最好收集同时代的，或同地区的，或同和某些事件有关的乃至主要人物的戚友幕僚的传记与著作同时参照，便更容易找出历史真相了。

（7）搜寻资料，自然可以先注意藏量丰富的对象，从专题性的著作入手。例如手工业方面像宋应星的《天工开物》、蓝浦的《景德镇陶录》、吴其浚的《滇南矿厂图略》、吴鼎立的《自流井风物名实说》，等等；农业方面像徐光启的《农政全书》、沈履祥的《补农书》、邹奕孝的《农桑辑要》、陶煦的《租核》，等等；专题性的资料汇编像筹办夷务始末、清季外交史料、交通史路政、航政、邮政各篇，等等；专业性的刊物像《银行周报》、《钱业月报》、《纺织时报》，等等，都可酌量各人的具体情况，先行阅读，而把小说、笔记、日记等内容庞杂的文献排后。

（8）中外报纸是经济史资料的一个重要来源，但日报所采消息，有时巨细无遗，连续时间很长，如果全部抄录，则篇幅太多；如果只录其一部分，则又不足表现事件的发展过程。这在晚清许多大官僚的电稿上也有同样的困难。在这种情况下，采取后人概括性的叙述就很必要了。但对于这类二手资料，必须详加考订，逐项注明其与事实不符之处。至于大量的数字资料，则尤非自行加工、化繁为简不可。

（9）每条资料，必须自成独立单位，固不可庞杂冗长，也不可断章取义。另一方面，采录时又应该在确当的地方加写必要的注释性字句或按语，如历史事件所发生的年代、地点、相关人物的官衔、身份、资料文献的编者、著者、版本、出版年代、卷册、页数等。在近代文献上，版本不是一个严重的问题，但我们依然应该避免比较容易发生错误的文献。例如李鸿章的同一奏稿，可能见于《东华录》、《谕折汇存》、《申报》、《经世文编》等许多书报上，我们自然应该从李的全集上去采录，而不用其他来源。

（10）摘录资料，需要采用卡片。用卡片，应该注意以下这些技术：每张卡片只抄一件史料，以便分类；在卡片的一定部位，例如左上角，用最简单的文字注明资料的内容，以便整理；抄录后必须仔细校对，并随手标点随手分类。这些看来都是小事情，但我们同志由于在工作中没有注意这些小事情，大大地浪费了精力与时间。有人摘录资料不注内容，随手放入抽屉，到整理利用时，卡片成灾，仅仅为了初步分类，就需要把全部卡片从头再读一遍；又有人疏于校对，不得不为个别脱字错字把原书搬来重校。这些小事，当资料分量庞大时就异常繁重了。

四 鉴别资料

鉴别资料的真伪是每个科学工作者极其严肃的任务，不容丝毫苟且。科学研究上有不少的错误结论和无谓的意见分歧就是由于对资料鉴别不慎所引起的。在这方面，我们小组也碰到不少的问题。

在开始工作时，我们每个人都存在着这样的问题：怎样鉴别文字记载的真伪，怎样估计统计数字的可靠程度？有人说，根据作者的立场来判别，与人民为敌的作者总是伪造历史，歪曲事实的，他们的阶级本质命定他们所写的资料不可靠。有人说，根据资料的原始性来判别，凡原始性越高的，其可靠程度也越高。经验说明这些都是过于一般化的笼统说法，只能作为初步辨别真伪的参考，并不能据以笼统地肯定或否定史料的价值。事实上，资料作伪的目的与方法是纷歧复杂、难以归类的，因而鉴别资料的真伪也就需要个别对待，难以作一般规定。如果必须举出鉴别资料的原则或方法，那么只有一条可说，那就是具体地分析具体问题。这里，我们且从文字记载说起罢。

一般说，对于反动政府的文件、剥削阶级的记载、外国侵略者的说辞都需要提高警惕。这是我们每人都已具备的常识，可以毋须多说。我们遇到的，是把立场抽象化的偏向。

我们少数同志之间产生过这样的看法，就是认为外文史料出自帝国主义分子之手，而帝国主义分子是站在侵略者的立场上说话的，因而他们的文献不可靠，要不得，即中文所无而外文记载确实者，也"宁缺毋滥"。这种看法是褊狭的。明确帝国主义分子的侵略者立场是完全必要的，但侵略者的立场并不能保证他们在任何场合都不会泄漏自己的罪行。我们在侵略者递给中国政府的照会中看到连篇累牍的外交辞令，强词夺理，歪曲事实；我们又在侵略者鼓动战争的宣传上，看到连篇累牍的胡言诽语，颠倒是非，淆乱黑白；但是在他们的政府及其驻华使节之间，一方必须指示侵略政策，一方必须报告侵略经过，他们是不可能掩饰其罪行的。所以各帝国主义国家所刊行的外交文件，特别是开放供人阅览的档案文件，当然就是我们绝好的资料了。不仅如此，到了议会讲坛上，他们的敌对政党为了各自的利益，也有时互相揭发，露出真相。例如1856年英国灰格党内阁发动了第二次鸦片战争，借口是广州当局到一艘划艇亚罗号上去搜捕海盗，扯下了该船所挂的英国国旗，因而就是侮辱了英国国旗。但是1857年2月在和托莱党争吵中，灰格党的发言人却承认当时该船并未悬挂英国国旗,同时提醒下院说,"可是中国人不知道这一点。千万不要把这一点告诉他们"①。这个实例说明对于出自敌对人物的文献,人们可以从他们内部的矛盾中去寻找参证,辨别真伪。事实上,马克思所写的那一系列的关于中国问题的论文,就是大量利用英国侵略者自己公布的官方文件和上下两院的辩论演词来揭发他们的侵略罪行的。

利用敌对国家或敌对阶级的文献,更重要的,还在具体地分析文献作者和历史事件的利害关系,以及当时作者所处的客观条件,考察其是否具有作伪的必要与可能。例如,封建政府时代,奏议是专门向最高统治者报告政事的文件,可以说几乎没有一个封建官僚不向皇帝隐瞒失职、吹嘘政绩的。他们为了自己的前途,有此必要,多半也有此可能。但是到了私人之间,他们却未必有此必要,而表现得相当坦率了。例如太平天国革命期间,曾国藩、李鸿章、左宗棠这些反动头目莫不大事抢劫,腰缠万贯,他们在奏章里当然不会招供这类事情,但在私人函件里却往往自然流露,不太掩饰。左宗棠就曾说过他的部队攻下一座城池时,"将士每因争发洋财,致有疏漏"②。又当他围攻肃州起义伊斯兰各族人民时,部下有人主张招降,他很反对,说是"军中议抚,亦颇有言及赀财者,殊不得体。且即以发财而论,攻破城池,歼灭首要各逆,何愁洋财不能到手耶?"③ 再举一个例罢。1841年5月30日英国的海军大臣明多勋爵(Lord Meinto)给英国侵华海军司令巴加(Sir william Parker)写过这样一封送别信:"我们相处有长久而热烈的友谊,如今在你出发之前,不能握手送别,

---

① 转引自《马克思恩格斯论中国》,人民出版社1954年版,第57页。
② 《答金和甫》,《左文襄公全集》,《书牍》卷13,第32页。
③ 《与徐昆山》,同上书,第54页。

真是非常遗憾。现在我只好希望我们像往常一样旧雨重逢了，不过望你多少总比现在富裕些；大约三年以后，料想你就会满载从中国抢得的东西回到我们身边来的。"① 以如此身份的人物向如此身份的将领发出如此这般的送别词，真是丑态毕露。

由此可知，具体地考察文献的目的，读者对象，及其作伪的必要与可能，乃是鉴别史料真伪的主要方法。大体说，旧文献中，一般著作总比官样文章可靠些，私人书牍总比著作可靠些，而专为自己查考的日记则又比发给往来关系人的书牍更可靠些。

另一方面，应该注意，个人的忠于历史事实的立场，并不能保证文献记录的全部精确。一个仅仅响应罢工运动的工人对于整个运动的经过，当然就不如运动领导人那样了解得全面，因而他的关于自己周围那个小范围的记录是可靠的，关于整个运动的全面情况就未必很完整。有的时候，即使当事人记载个人亲历的事情，并且也没有理由加以歪曲，也还不能保证件件真确；因为人们的感觉印象可能发生错误，人们的记忆也可能发生错误，这乃是人情之常，是我们日常生活中随时都可发生的现象。历史文献，当然也不例外。这在我们阅读自传、回忆录之类文献时，就是可能遇到的。

由此可知，考察文献作者是否有作伪的必要与可能，并不成为选择资料的唯一标准。我们还需要更进一步具体地分析具体问题。

本世纪的二三十年代，中国的资产阶级学者曾经进行过不少的经济调查和历史资料的整理工作，他们的这份成果是值得利用的。但是应该注意，他们的资料，如果未尝有意歪曲事实，也总

---

① Vice-Admiral Augustus Phillimore, The Life of Admiral of the Fleet, Sir william Parker, 1880, London, Vol. II, p. 427.

不免充满了资产阶级经济学概念，扰乱了历史的真相。例如他们所谓自耕农、半自耕农等，乃是模糊阶级关系的概念；他们所谓资本、地租等，其含义和我们所指的毫无共同之处。1933年前南开大学经济研究所对河北高阳手织区做过一次详细的调查，收集了不少有用的资料，但是他们的研究报告里充满了这类用语：家庭作业制、家庭工匠制、主匠制、中间人制、散工制、换纱制、换布制、直接撒机制、麻丝赊贷制，甚至还有"劳资合伙"、"家庭工厂"。他们就用这许多莫名其妙的"制"把高阳手织业生产关系的发展史搞得乌烟瘴气，利用这种资料，当然就需要爬梳了。

细心的科学工作者，经过一个时期的摸索，对于各类文献的个性都不难得到一个粗略的印象，足以帮助判断史料的真确程度。有些文献，尽管作者无心作伪，但由于各种原因，片面不精确之处，仍然很多。例如利用官修政书查考典章制度，应该注意关于制度的实践情况和发展情况常是不够的，需要从多方面加以补充。又如清人著作，为了所谓"隐恶扬善"，常致牵强附会，出现荒诞无稽之谈，例如笔记小说就有这类资料。清人著述，又常刻意讲究词章，以致以词害意。在诗词歌曲上，这类的现象是极其常见的。同时，据我们听见，几乎所有的清人文集都有一个共同的严重缺点，即数字观念极不精确（赋税数字例外），描写数量之多曰"数十百千万"，描写速度之快曰"瞬息千里"，而几乎所有的作家都不标明文章的写作年代。如果一个人活到80岁，他的文章的写作年代前后可能相差半个世纪之久。考订时代成为采录资料时一个极费周折的工作。

一般说，档案资料总是比较可贵的。这一则是因为档案里可能包含未经公开流传过的文件，可以揭露新的事实；一则是因为档案里常常包含着当时、当地、当事人的文件，即所谓第一手资料，其可靠性常比一般出版品之以讹传讹者为高。正是因为这些缘故，所以史学家无不重视档案。苏联学者往往仅是因为没有充分利用档案而受到批评。我们小组过去的工作，没有机会充分利用档案，实是一件非常遗憾的事。但我们的经验也证明了对于档案，并不能迷信，同样地需要从各方面审查其精确性。例如国民党反动派时代，许多工商企业都有两本账簿子，一本是为自己查考的，一本是为对付税收官吏。如果我们用的是后一种，当然是不真实的。又如资本家惯于隐瞒自己的财产，在公司股东名册上，一个资本家所掌握的股票常常分别写在他的妻子、儿女乃至各式化名之下，而他自己名下的却很少。利用这种档案，如不仔细查考，当然会得出错误的结论来。

考察文献作者的立场以及他可能造成错误或歪曲事实的具体条件，只不过是辨伪工作的初步。科学工作者对于旧文献仅仅疑其伪，知其伪，当然是不够的，还必须进一步求其真、证其实。事实上，我们所遇到的文献多半是二手资料，以讹传讹的可能极大，绝大部分是需要掌握大量资料，仔细地审核参考，借以"去伪存真"的。

我们是反对饾饤烦琐为考证而考证的。因此，有些同志就不耐烦注意他所谓"小事情"的那些问题。但两年的经验教训我们，许多看来好像"小事情"的事情，也还必须打破沙锅问到底。例如，日本的侵略机构东亚同文会编过一本《支那之工业》，那上面说，1861 年福州开港以后不久，就有一些中国商人开办了机器砖茶厂①。如果这个说法是正确的，那么中国商人开始经营现代工业的时代就应该推到 60 年代去。但是除去东亚同文会的这一记载而外，我们还没有发现第二条史料作同样的说

---

① 东亚同文会：《支那之工业》，大正五年（1916）版，第 372 页。

法；相反的，别的史料却证明了1872年前，福州根本没有砖茶出口，至华商在福州开设砖茶厂乃是迟至1875年的事情①。而同文会所说1861年福州升港云云，却又是荒唐的。因此我们认为60年代福州出现华商砖茶厂的事情，实乃子虚乌有之谈。又，根据吴汝纶所编李鸿章的集子，1882年李鸿章有过一篇《试办织布局折》②，这篇奏稿成为人们确定上海机器织布局开办年代的根据，大家都说中国第一家棉纺织工厂是1882年开办的。但是许多别的史料却证明了这家纺织厂开始创办于1878年，开车生产于1890年，而李鸿章呈递那篇奏稿的年代多半也并不是1882年而是1880年③。可见一般的说法都是不正确的。通常人们可以认为少数工厂创办年代上的错误，无伤大雅，不必斤斤计较，可是如果人们利用这些年代作为时代指标，讨论历史分期问题时，年代的错误就不是小事情了。

旧文献上关于近代工厂创办人的身份多半称之为"商人"，有时又加上"道台"头衔。夫盐商、当商、钱庄老板可称"商人"；地主、官僚、工场小老板也可称"商人"。至于"道台"的头衔，不论出身，只要有钱，人人皆得买之。所以"商人"、"道台"这种称谓丝毫不能表现他们的真实出身。据我们所知，70年代以后，在官办"洋务"私营企业里非常活跃的不少"商人"，实在出身于买办。著名的，例如郑官应、唐廷枢、唐茂枝、朱其昂、吴懋鼎、祝大椿、米志尧等都是。通常人们可以认为，我们不想替企业创办人编家谱，毋须查考他们的出身，可是当我们讨论民族资本的形成问题时，这些人的出身就成为很重要

---

① 孙毓棠：《中日甲午战争前外国资本在中国经营的近代工业》，原载《历史研究》1954年第5期，第14页；上海人民出版社1956年新版，第20页。
② 《李文忠公全书》，《奏稿》卷43。
③ 严中平：《中国棉纺织史稿》，科学出版社1955年版，第98、103—104页。

的参考资料了。

清代官僚之贪污腐化，连他们自己也不否认。彭玉麟说广东善后、厘金、机器、轮船各局，"一一切采办支应，不免浮开滥费，种种纠缠，弊端百出"①。李鸿章甚至坦白承认："大抵关涉洋务。自好者已不愿为，洋务而又兼出纳银钱，更多望而却步。"② 这提醒我们对于洋务上的资金问题需要提高警惕。查1867—1881 年内，左宗棠先后向上海怡和洋行、汇丰银行等外商举借过六次外债。根据左宗棠的奏稿，清政府所支付的是一个利息率；根据其他资料，外商所出借的，却是另一个利息率。前者总比后者为高。例如1877 年第四次五百万两借款，左宗棠奏报的月利为1.25%，合年利15%，而《北华捷报》所载汇丰银行的报告，则称年利10%③。这5% 的利息差额当然是进入私囊了。人们也许以为区区5%，何足挂齿，何况我们也不需要向死人去算贪污账。但是当我们分析资本主义侵略者向中国进行资本输出时，利率的高低就不是一件无足挂齿的事情了。

上面的例子说明了，历史上的事情，本无所谓大小，大小是就它对我们所要处理的问题的意义而言的。有些看来好像是"小事情"的现象，对于某些问题而言，却有其不容忽视的意义，因而就是需要多方参证，力求暴露其真实情况的。至于人所共知的重大问题，当然就更加需要"去伪存真"了。

把去伪存真的工作做出结论，是需要对文献进行加工、诠释、分析、批判、综合，并写出自己的意见来的。这不是资料工

---

① 光绪十年五月二十一日彭玉麟：《再呈粤省积弊折》，《彭刚直公奏议》卷5。
② 同治九年十月二十六日李鸿章：《筹议天津机器局片》奏稿，《李鸿章全书》卷17。
③ 徐义生：《甲午以前的外债》。

作人员的任务。但资料工作者既然要为科学工作者服务，那么从思想上认识去伪存真的重要性，尽一切努力，大量地收集资料、仔细地鉴别资料，为科学研究工作提供详尽的考订真相的原料，就完全必要了。这也就是我们何以常把互相矛盾的资料编入一部资料汇编的理由。

近代经济史上的问题，总是离不开统计数字的。上面所说对于旧文献的辨伪要求，绝大部分也可适用于统计数字。但统计数字还有其特殊的个性，因而对于统计的鉴别，还需要作些补充。

旧中国的统计资料真可算是一笔糊涂账。旧中国各级官厅发表过不少的统计数字，其中以海关、邮电、铁路为比较可靠，但缺点也很多。例如大家所常用的海关统计就是一部分量庞大的复杂体系。这部统计最早可以上溯到 1859 年；自 1859 年至 1948 年这 90 年间，编制方法曾经过了多次的变更，影响很大。就拿计价单位说，1859 年至 1867 年间各关是两元并用的，因而各关数字就难以互相比较，并且根本没有全国统计。1868 年改以银两为单位，但各关银两的成色重量都纷歧，也难直接比较。1875 年起各关一律改以海关两计价，单位算是统一了。但直到 1904 年为止，各关所计货价，皆以市价为准。1904 年起，进口改用起岸价值，出口改用离岸价值。这一改变使进口值较前降低，出口值较前提高。如以同一货物比较进出口计价法改变的影响，则前后相差约达市价的 25%。不仅如此，1914 年前，从量征税的出口货价，又是不分等级，而以平均价格为准的，故同一货物，各关价格相距甚远。这种纷歧到 1914 年才有所补救。海关两统一计价单位实行了将近 60 年，到 1932 年进口又改以金单位计价，1933 年出口又改以所谓"国币"计价，到了抗日战争及解放战争时期，由于反动政府推行通货膨胀政策，所谓"国币"数字几乎失去意义了。在数字所包括的范围方面，也常有很大的变动。例如香港澳门两地,一向对大陆有大量的帆船贸易,但1859年至1886年间关册上是没有这项记载的。1887年中国在九龙、拱北设关,1888年两关所记进出口总值达四千余万关两,占该年全国贸易总值的20%以上。可见该年以前的关册数字是缺漏很大的。又从1913年增加进口税则,裁撤常关、厘卡以后,走私就日益猖獗起来;到了1933年日帝势力深入华北以后,日本浪人公开地大量武装走私,海关数字当然就更不完整了[①]。

北洋政府曾经发表过一些统计数字,除去少数例外,这些统计都是不可靠的。著名的《农商统计》之荒谬,很早就已经有人指出过了,但奇怪的是,一直有人在引用它。当时的《农商公报》也发表工厂登记资料,1924年农商部曾经派出一个"调查工厂专员"到天津、上海、汉口、无锡、南通等地调查80个行业的中外工厂194家。这个"专员"总结他的经验道:"经此次调查,知各地工厂中迄今未到本部登记注册者,大都不在少数。盖多数工厂,私自设立,既不呈明本部,复不报知地方官厅,亦(业?)已成为习惯。此外犹有一种与外人合资或借外人名义设立之工厂,有在租界者,有在内地者。此等工厂以上海、天津、汉口等处为最多,彼等机器仿制之洋货,亦能获得免税之结果,其办理手续即往外国领事署注册,转请外国领事直呈税务局为之批准,此事人言凿凿,当非无因也。"[②] 这样说,根据《农商公报》来统计工厂情况,其结果能有什么价值呢?

同样的,蒋介石反动政府所发表的统计也往往极不精确,这是人人都知道的,这里就不必赘述了。

---

① 关于关册统计编制方法的变迁,可参看郑友揆《我国海关贸易统计编制方法及其内容之沿革考》,《社会科学》杂志1934年9月,第5卷第3期。

② 唐进:《我国工业概况与劳动情形》,《银行月刊》1925年7月,第5卷第7期。

由上所述，可知利用旧中国统计资料时，必须十分审慎，我们认为一个资料工作者至少应该做到下列各点。

首先，应该尽可能地查出资料的最初出处，详加校对，避免以讹传讹。在某些作者的著述中，粗枝大叶，随手摘引，因而以讹传讹的现象非常严重。例如，大家谈到第一次世界大战期内中国新工业的发展情况时，多半喜欢利用纱锭统计来阐述论点。但是大家所用的数字互相分歧，有些作家又懒得注明资料出处，到如今连究竟是谁抄谁都没法知道了。这种现象甚至发展到这样程度，如像华岗在他的三种不同的"著作"里对同一时期的纱锭设备用了三个不同的统计数字①。其实，这三个，没有一个是正确的。我们也碰到过这样的情况，在文章里引用现成统计，意思是引用统计表的第三行，而列举出来的数字却是统计表的第一行，不加校对，谁也难以发现作者引错了行。

其次，必须明确统计资料各个项目的确切内容，不可囫囵吞枣。旧中国度量衡制度之混乱，不可穷究。各地土地面积之亩、衡量单位之斤、计价单位之两等随地而异，这是大家都知道的。但遇到工商统计，人们却往往忘记了资本有额定与实收之别，设备有已开未开之别，就在年代上，也常有大错特错者。还拿纱厂来说罢，普通所谓开办，可以指开始筹备，也可以指开始运转，但一个纱厂自筹备、集股、建厂到开始运转，可能相隔数年。在第一次世界大战中的后两年，中国纱厂获得了极高的利润，于是资本家纷纷集股办纱厂，但当时欧美机器制造厂正忙于军火生产，对中国所订购的机器，是拖到战争结束后才交货的，因而这批机器到了1921—1922年才得以装成开车。如果统计纱锭设备按

---

① 华岗：《五四运动史》，第14页；《中华民族解放运动史》，第549页；《论中国民族资产阶级的历史地位》，《文史哲》1952年5月号。

开始筹备系年，那么这次设备大增加的高潮应在大战期内的1918—1919年，如果按实际开车日期系年，那么这次高潮就在战后的1921—1922年。系年标准不同，其结果是大有差别的。自然，要分别资本的额定与实收，工厂的筹备与开车，往往是非常困难的，甚至是不可能的。在这一点上，我们难以要求过高，但可能做到的还应该做到。于此，我们想到大家常常引用的纱锭统计。这项统计，多半是根据华商纱厂联合会的《纱厂一览表》做成的。1929年后的一览表，照例当年调查，当年出版，标题曰某某年第若干次纱厂一览表。表内分列纱布机设备、全年用棉量、产纱量、产布量等，本年调查当然不可能知道本年全年用棉若干，出产纱布若干，这都是指的前一年的情况。可是人们往往把这些数字当成是进行调查年份的当年数字，于是1929年后的统计，就一律被拉后了一年。这就是认错了数字的内容了。

第三，检查数字的取得方法是否正确可靠。前面说过，北洋政府"农商公报"上的工厂登记常有缺漏，原因是有许多工厂根本不去进行登记。这就是说，被调查的人拒绝提供资料，或是有意谎报，使得资料失却精确性。在旧中国，由于反动政府举行调查的目的，无非为的是加重苛捐杂税，所以有意谎报或拒绝提供资料的现象极其普遍，而按政府要求提供真实情况的事情是很少见的。在这一点上，地主阶级、资产阶级并不忠于他们自己的政权，因而工商统计、田亩统计之类是不可能精确的。我们甚至可以这样说，凡是由反动政府要求人们按式填报得来的经济统计，绝大部分都是不可靠的。可是，事情还不仅仅是这样。

1933年国民党反动政府内政部发表了《民国十七年各省市户口调查统计报告》，估计该年全国人口总数是474787386。这个数字是在各级地方政府根据1928年内政部所定的统计规则及调查表式进行调查的结果的基础上推算而来的。按内政部表式分人口为"现住"与"他往"两类。"现住人口系指调查时各户现有人口之总数而言,他往人口指各户户主之亲属因家务、职业或其他关系暂时他往者而言,人口总数即现住他往两项之合计数。"① 按照这个规定,假定在调查时恰有李某因家务、职业或其他关系暂时走到赵家来,那么李某在"现住"的意义上,应记入赵家人口的总数之内,同时,又在"他往"的意义上记入他自己户口的人口总数之内,于是在人口统计上,同一个人就变成两个人了。由此可知,尽管被调查者忠实填写真确情况,数字还不一定就精确,因为调查表式本身就是不精确的。此所以我们必须注意统计数字的取得方法是否正确可靠。

第四,对于时间序列的统计,可以考察其变动情况是否合于事物的发展趋势。去年我们所编印的《中国近代经济史统计资料选辑》第131页上有一个表叫做《棉纱、棉布、火柴、卷烟、水泥、电力六种工业生产中帝国主义的垄断势力:(二)百分比》。这个表把这六种工业的全国产量当做100%,来分别比较华商工厂和帝国主义在华工厂的产量各占百分比若干,从而阐明帝国主义在中国的垄断势力。仅仅观察这些百分数,很难判断哪个数字有错。但这个百分数的表格是根据前一页上所载的绝对数计算出来的。试看前页表上棉纱的产量,1922年外籍纱厂计产纱78893包,1924年454050包。这两个数字不能不引起细心的读者的怀疑,何以时间只相隔一年,而产量则增加了475.5%?查同书页135上所载外籍纱厂的纱锭设备在1922年是879694枚,1924年是1183244枚,这就是说1924年比1922年增加了34.5%。设备增加34.5%,而产量增加475.5%,这显然是不合理的。这里所说纱产量统计是从"中国棉纺织统计史料"第6——

---

① 《民国十七年各省市户口调查统计报告书》,第33页。

7页上转引来的。查该书所载外籍纱厂统计包括日本籍和英国籍两类，其中英籍纱厂项下，1922年用棉量30万担，其产纱量一栏，却一包都没有。消费了30万担的棉花却连一包纱都没有纺出来，这当然是荒谬的。这个例子说明了，遇到统计数字表现出反常的发展趋势。那数字就很可能包含着错误，必须进一步追查校正。

第五，统计资料，往往并不仅仅是孤立的一列数字，而是互相关联的多列数字并行编排的，这时，我们就可以检查这各列数字内部的逻辑联系是否合理，借以判别其精确程度。例如，当原料与产品并列时，原料与产品之间当然有一相当固定的比例，过高或过低的数字显然是不正确的。1933年有人调查17家纱厂原料消耗与制成品的生产情况，得知每包棉纱的消棉量最低为341斤，最高为379斤，平均为345斤[①]。这个最高最低的幅度已经很宽，如果竟出现超越这个幅度很大的数字，那么那个统计的精确程度就很可疑了。又如果当分数与总数并列时，分数所占的地位反常，自然也就表示数字是不精确的。北洋政府农商统计说1914—1920年间，河南的垦田面积常在3.5亿亩左右，1916年且达4.2亿亩，约占全国总额的三分之一。这已经很难令人相信了。它又说1916年河南通许、新郑、鹿邑三县的垦田竟达2亿亩左右，约占全省108县垦田面积的半数。这简直是神话了。

第六，有些数字，其取得方法既已难以查考，它本身又没有发展趋势或内部联系可资互证，那么，我们就只好从它的外部联系去检查了。所谓数字的外部联系，即是数字所表现的现象和其他历史现象的相互关系。社会发展史上，从来没有出现过脱离其时代历史条件而独立存在的特异现象，这是不可能的。因此人们

---

① 王子建、王镇中：《七省华商纱厂调查报告》，第33—34页。

是可以通过当时的历史条件来估计数字的精确程度的。例如有人转录外国传教士的记载，说是明代景德镇已经发展到"人口近百万"的程度，黎澍同志就从当时的历史条件论证了这个数字是夸大的。他的结论，完全正确①。对于近代的某些数字也可应用同样的方法。

以上说明了审订统计数字精确性的几点方法。统计数字的辨伪也和文字记录的辨伪一样地需要掌握大量资料，仔细地参考校订。这里所说，只不过是起码的要求，提醒我们在工作中应以严肃的态度仔细审查罢了。在这一点上，我们小组过去是做得很不够的。

五 整理编辑

我们小组在资料工作的最后阶段，即整理和编辑工作上，遇到了很大的困难，浪费了很多的劳力和时间。

我们所收集的资料，全部是从各种文献上摘录下来的，少则数十字，多亦不过二三千字，非常零碎。各人摘录资料的分量和编辑成书的分量，二者比例很不一致。有的人抄录400多万字，编成100万字左右，有的人抄录五六十万字，编成三四十万字。总之，摘录资料中有一部分是不能编到成书里去的。我们认为在收集资料过程中取录了若干废料，这是不可避免的，但废料的比率是大可降低的。另一方面，我们小组各人在整理编辑工作上所花费的时间，大约占收集资料时间的三分之一至二分之一。我们认为这个时间也是大大可以缩缩减的。

前面曾经说过，工作提纲需要不断地修改，收集到的资料，

---

① 黎澍：《关于中国资本主义萌芽问题的考察》，《历史研究》1956年第4期。

也需要随时排比消化。事实上，我们小组多数同志不是这样进行工作的。这些同志既已确定工作提纲后，就按照提纲上的要求到文献上去摘录资料，所得资料，照例随手放在一边，不加归类，更不去进行咀嚼消化。当时一则以为计划要查的文献还有大量没有过目，一则以为所得资料尚不够说明问题，所以整理消化的工作，应该放到最后阶段去做，彼时自然水到渠成。这种想法，完全错了。

首先，由于资料没有逐步排比消化，到了最后，资料分量庞大，堆集次序紊乱，真是资料泛滥成灾。要把这些资料从头复看一遍，则五六十万至三四百万字的分量，不仅所费的时间很长，而且看了这一堆，忘了那一堆，思想上只有一堆堆杂乱的印象，没有成套的发展系统。因此我们在整理编辑工作上所花费的时间与劳力便大大地超出了预计的分量。另一方面，由于我们未能坚持逐步整理消化，逐步修改提纲的办法，所以最后才发现资料与提纲之间，存有相当距离，不是提纲上的问题提得太高，非现有资料所能表达，就是某一问题的资料，精粗庞杂，分量过于臃肿，必须淘汰。甚至有这样的情况，同一条史料，初次见于某书时已经摘录了，后来见于另一书时，只见其有用而忘却了已经收录，所以又加摘抄。凡此都是浪费，都是前一阶段的工作安排不当造成的，应该是大大可以缩减的。

我们在资料收集过程中已经铸下大错，到整理编辑时，唯一的出路只有抛开提纲，从资料出发了。

我们发现用资料来体现问题有其不可克服的局限性。资料书毕竟与著作不同，它不可能过分讲究体系的完整，讲究各章节逻辑联系的严密，它的任务是要给读者提供参考资料，而不是要向读者灌输某种理论。因此，除非资料体现问题非常显著，章节标题，不可提得太高。

但降低对于资料书编辑体系的要求，并不意味着编辑工作就很轻松，不管怎样，编辑资料书毕竟也并不像开中药铺子那样可以一、二、三、四、甲、乙、丙、丁了事的，这就是说，它还需要有一中心，成一系统，体现某一发展过程，即使是粗略的轮廓，也还要成其为轮廓。否则无异于一堆乱麻，对读者是会引起思想混乱的。

把零碎散乱的资料按某一中心思想，组织成为一个系统，这是个从感性认识提高到理性认识的过程。尽管资料工作者的任务，不在撰写科学论著，总结事物的发展规律，但是他不可避免地要对资料进行初步的"去粗取精、去伪存真、由此及彼、由表及里的改造制作工夫"①。这就是说，他必须把资料分类、排比、分析、综合，加以咀嚼、消化、推理、判断，发现资料的逻辑联系，否则他就只好把四百多万字的原料毫无头绪地罗列出来，而不是提炼成100万字的最后成品。在这里，我们深切地感觉到马克思列宁主义理论在工作上指导作用的重要性；同时，也尖锐地感觉到学习理论时密切结合实际的重要性。

经验说明，脱离马克思列宁主义的理论指导，我们是无力掌握面前这些纷歧复杂的历史现象的。但是，经验也同样证明了，脱离具体情况，从定义、定理去学习经典理论，也是难以解决自己的具体问题的。对经典著作指导原理的精神有所体会，不在背熟经典著作原理词句之时，而在把这原理应用于解决具体问题之时。惟有在后一种情况下，我们才能发现哪些资料仅仅反映事物的表面、片面现象，哪些资料则反映事物的本质、事物的内部规律性；也惟有在后一种情况下，我们才能发现中国的具体历史过程，哪些正说明经典著作上所说的一般原理，哪些又是中国特殊

---

① 《毛泽东选集》第1卷，人民出版社1955年版，第280页。

条件下的特殊规律；更惟有在后一种情况下，我们才有可能发现新的问题，涌现新的思想。

事实上，资料工作的全部要求可以归纳为一句话，即是用什么资料来体现什么问题。这是一个理论问题，也是一个实际问题；是一个立场、观点的问题，也是一个思想方法问题。为了解决这个问题，需要进行理论联系实际的反复学习，这不仅在整理编辑阶段如此，即在收集资料阶段也是必要的。以下试说我们在收集资料过程中的一些体会。

六　理论联系实际

收集资料，首先要求工作人员对于有用的资料具备锐敏的感觉，善于从自己的观点、立场去认识资料的理论价值，认识某种现象正是历史发展过程中某种规律的客观表现。历史资料总是前人的记录，前人记录事实，并不曾想到这些事实的历史意义问题。例如，他们可能记下许多手工业者破产失业而少数小老板则发财致富的事实，但他们思想里并没有小生产者的分化这类问题；他们也可能记下地主私设刑具，拷打佃户，强迫佃户给地主无偿地贡献实物和劳役，但他们头脑里并没有经济外强制这样的概念。有些资产阶级学者硬说中国西北部黄土高原不可能繁殖森林。去年我们有一位同志到西北去调查水土保持的情况，他从方志里查到许多庙宇本来都有树木的记载；又发现一个记载说，历史上，某一个小山原来叫白杨山，后来白杨被砍尽了，林地变成草地，于是山也就改名为白羊山。根据这些记录，这位同志肯定他所考察的地区本来并不缺乏林木，将来也是可以繁殖森林的。这样的结论对于黄土高原水土保持工作具有极大的意义。可是历史上庙宇附近的树木和山名本身并不会说明它们对于水土保持有什么意义；心目中根本不存在培育森林以进行水土保持这个问题的人，纵使看到这些记载，也不会对它发生多大的兴趣。这种认识资料历史意义的敏感性，是由丰富的知识培养而来的。因此我们说，为了做好资料工作，需要学习。

马克思列宁主义的经典著作，已经为我们指出历史发展进程的一般规律，这是我们研究中国历史问题的指导方向。但是不应该忘记，一般规律总是表现在特殊的具体历史过程上的，而具体的历史发展过程却又是极其复杂曲折的，资料的表现形式是多种多样的。因此，我们对于资料的要求也就不可存简单化、定型化的想法，把资料和论点作简单的对比，合则取、不合则弃，而要从各个角度去研究资料的意义与价值。在这里满足于现象罗列而不深入思考的思想懒汉和玩弄概念与定义的教条主义者都是丝毫没有成功的希望的。

1933年有人调查过广西郁林县农村经济情况，得出关于平均每一农户的"作业收入"、"农场支出"、"家庭消费"的统计数字，调查人在分析这些统计的意义时，基本上也还就是把统计表里的数字用文字再叙述一遍。但是到了陈伯达同志手里，把数字加以改算，便显出了郁林县农业的剩余劳动率是低下的，而地主对农民的实际剥削率却是很高的。"剩余劳动率很低，而地主对农民的实际的剥削率很高——这是很久以来，中国封建社会与近代半殖民地半封建社会自然经济和半自然经济的主要秘密。"[①]这又是何等重要的结论啊！同一资料，经过不同人的手，其理论意义竟有如此的巨大差别！怎样才能正确认识历史资料的理论价值呢？答案只有一个，那就是学习，理论密切联系实际的学习。

中国历史科学工作者的任务之一，是运用中国具体的历史资

[①] 陈伯达：《近代中国地租概说》，人民出版社1953年版，第13页。

料来阐述马克思列宁主义的一般原理，但是更重要的，却毋宁是根据马克思列宁主义的精神创造性地发掘中国历史发展过程的特殊性，总结中国社会经济史的特殊规律。在这里，经验主义者和教条主义者也都是无能为力的。1847年恩格斯在《共产主义原理》里说："由于机器不断降低工业品的价格，以前的以手工劳动为基础的手工工场制度或工业的制度（？疑译文有误——引者）到处都遭到破坏。"接着就又说："事情已经发展到这个地步：今天在英国发明的新机器，一年以后就会夺去中国千百万工人的饭碗。"① 自然，没有人会把恩格斯这后一句话作机械的理解，株守"一年以后"这个时间概念，以为英国发明了新机器的一年以后，中国就会有千百万工人失去饭碗。但是把英国机制品破坏中国手工业的过程想象得十分迅速，却不是不可能的。然而马克思不是又再三强调当时中国的经济结构对外来货物具有坚强的抵抗力！1859年马克思在他那篇《对华贸易》的论文中说："我们曾认为中国进口迅速扩大底主要障碍是中国社会底经济结构，中国社会底经济结构，是由小农业和家庭工业配合而成的。"② 接着他又说："这种农业和家庭工业之配合，在长时期内曾妨碍了而且现在还妨碍着不列颠商品之输入东印度。"英国人是以"至高无上的土地所有人底资格"破坏印度的这种经济结构的，至于"在中国，英国人现在还没有达到这样的雄厚势力，而且将来也未必能达到这一点"③。这样说来，英国机制品破坏中国手工业的速度，又是不该想象得比印度还要迅速的。

不仅如此，我们且再学习一下《资本论》罢，马克思在

---

① 恩格斯：《共产主义原理》，人民出版社1955年版，第5—6页。
② 《马克思恩格斯论中国》，人民出版社1951年版，第162页。
③ 同上书，第170页。

《资本论》里说:"劳动者阶级中因机器而被转化为过剩人口(即在资本价值增值上不复被直接需要的人口)的部分,一方面,是在旧式手工业经营和手工制造业经营对机器经营的不平衡的斗争中消灭掉了,一方面,是泛滥入各种比较容易接近的产业部门,拥挤在劳动市场内,从而使劳动力的价格低于它的价值。"① 又说:"在旧的发展的国家,机器在若干产业部门被使用时,会在其他部门生出这样的劳动过剩,以致在这其他各部门工资跌到劳动力的价值以下,从而妨碍机器的采用,使其采用,从资本的立场说,成为不必要,乃至不可能的。"② 在这里,马克思没有谈到中国,所说也只是指的一个国家之内机器代替手工的问题,而不是进口外国货对一个国家手工业的作用问题。但是这岂不启发我们认识洋货破坏中国手工业的过程并不是一件很简单的事情么?

事实上,我们在鸦片战争以后的中国文献里,既发现某一时间地点洋货因其价格低廉而畅销的记录,也发现另一时间地点洋货受到中国手工业顽强抵抗以致难以销售的记录;既发现某一时间地点洋货破坏了中国的手工业,如洋纱对手纺业那样的作用,也发现另一时间地点洋货刺激了中国的手工业使其进一步发展,如洋铁对于手工铁器制造业那样的作用。尤其值得惊异的是,在鸦片战争以后将近一百年的 1937 年,在东亚最大的工商业都市之一的上海,仅仅是公共租界那样一个小范围内还存有手织机八九千架,赖以为生者凡五万人之多③。因此,我们丝毫没有理由把机制品破坏手工业这样一个过程简单化。实际上,这不过是一

---

① 马克思:《资本论》第 1 卷,人民出版社 1953 年版,第 523—524 页。
② 同上书,第 475 页。
③ Shanghai Municipal Council, Industrial Situation of International Settlement, 1938, p. 7.

个普遍规律指示事物发展总倾向的一般性原理罢了。至于中国的具体历史情况，那是必须以这一原理为总的指导，同时又结合中国具体的时间、地点、条件，对各行各业各时各地的情况作仔细的具体分析的。惟有这样的分析才能丰富这一普遍规律；也惟有这样的分析才能在普遍的规律之下更总结出中国的特殊规律来。

资料工作者怎样才能做到打开眼界，既认识到一般规律的资料，又认识到特殊规律的资料呢？答复仍然只有一个，即是仔细地、深刻地、反复地学习，耐心地理论结合实际地反复学习。

前面我们曾经说到明确自己问题的广度与深度问题，在收集资料过程中，这是很容易走入歧途的两个方面。当人们对自己所处理的问题发生浓厚兴趣的时候，自己的工作往往被兴趣所牵引，在不知不觉之间越出了自己所定的范围，或则泛滥太广收不拢，或则钻入太深出不来。

科学研究工作是要求掌握大量资料，从事全面分析的。但是所谓大量，绝不是一网打尽的意思。中国方志计有六七千种，如果需要从方志里收集资料，企图把资料一网打尽是不可能的，也是不必要的。

所谓全面，当然也不是无限牵连的意思。我们有一个同志曾经企图研究鸦片战争的发生背景，这个问题当然不能不分析鸦片战争前夕的中英贸易关系。但当收集这方面的资料时，兴之所至，把计划所涉及的年代由鸦片战争前夕逐步上推了两百年，直到1637年英商第一次来华的时候为止。这两百年中，外商在中国沿海发生过多次的凶杀事件与海盗罪行，这也是促成清政府实行闭关政策的重要动力之一。于是，兴之所至，注意力遂扩大到两百年各国外商在华罪行事件上去。但十七八世纪欧美海外商人本来就是抢掠与贸易不分的。为了揭发他们在中国的罪行，最好能够明了他们在任何落后国家的一般行径。于是，兴之所至，注意力遂又扩大到这两百年欧美商人世界罪行上去。但是，欧洲商人的海外罪行，并不是从 17 世纪的 30 年代开始的，而是从 15 世纪末叶地理发现的时代开始的。于是，兴之所至，问题便又上推了一百多年，注意到哥伦布杀死多少海地土著和伽玛怎样抢到商船、怎样烧毁古里（Calicut）了。这样，这个同志的思想路线，显然像野马一样不知所之了。普遍联系的规律是绝不能够这样理解的。

科学研究工作又是要求细致深入的，但这绝不是对于任何枝节小事都要追本穷源的意思。前面说过，当历史事件，对某一问题具有重要意义时，必须打破沙锅问到底；反之，把一段历史过程所包含的每一个枝节小事都找出底细是不可能的，也是不必要的。专心于每个细节的考证，常常使人忘却自己所要处理的关键性问题，收集了大堆的资料，但琐碎无用。例如，如果我们提供第一次世界大战期间中国工业发展史的资料，一般的只辑录分年资料就够了；某些特殊问题，或许还需要辑录若干月份的资料；但我们难以想象逐日纪事，逐事考证那样的烦琐，虽然日报上是很可能找出逐日的资料来的。我们有一位同志为说明北洋军阀时代农产品国内市场的地方割据情况，接触到了江苏的米禁问题；他的工作一直做到考证米商和军阀政府的各次交涉细节，逐日查考事情的发展经过，以及各派人物的政治背景等。这显然是不必要的。

怎样控制自己收集资料的广度与深度，这仍旧是一个理论问题，思想方法问题，解决之道也还是学习。

我们强调理论联系实际的反复学习，理由很简单，因为我们认为学习马克思列宁主义的文献，就是取得理性知识，收集资料就是以这些理性知识为指导去取得感性知识。而"我们的实践证明：感觉到了的东西，我们不能立刻理解它，只有理解了的东西才更深刻地感觉它"①。为了提高我们对于有用资料的敏感性,为了"更深刻地感觉"资料的历史意义与理论价值,我们必须"理解"它。

1956年6月7日北京

(原载《经济研究》1956年第4期)

---

① 《毛泽东选集》第1卷,人民出版社1955年版,第275页。

中国近代史研究上的一个薄弱环节

不久以前,党向全国科学工作者发出了向科学进军的号召,最近党又提出了"百家争鸣"的方针。我们相信,在党的正确领导之下,中国的文化建设高潮,不久即将到来,中国的科学工作者即将对世界科学宝库作出辉煌的贡献。

应该明确地认识,我们所面临的文化高潮,和春秋战国时代、希腊时代、文艺复兴时代的那些景象是有其本质上的区别的。区别不仅仅在于我们的"百家"抱着建设社会主义的共同理想,也不仅仅在于我们受到党和政府的正确领导和无微不至的关怀,而且在于我们的科学工作者是以社会主义、集体主义的精神,审察科学的发展规律,自觉地、有计划地投身于这个运动,为推进科学的全面发展而贡献个人的劳力的。这一点,是古代各国学者所不曾想象到的,也是现代资本主义国家的学者所不能想象到的。

目前中国各门科学所已经达到的水平是很不一致的,有些部门,我们已经拥有达到世界先进水平的杰出的科学家,另一些部门,基础还十分薄弱,甚至基本就是空白的。这个情况规定当前中国各门科学的有计划的发展,需要对不同的学科安排不同的重点工作。某些比较先进的学科,已经有可能集中力量去解决进一步提高的关键性问题,另一些空白或薄弱的学科,则需要大力从事基础性的工作。

现阶段中国近代国民经济史这门学科,基础十分薄弱。未来的工作重点,似乎应该放在史料的收集、整理、编纂和印行上。

关于近代中国社会经济结构之半殖民地半封建的性质,党的文件和毛主席的著作早已作了原则性的科学规定,解放前若干先进作家对这方面的历史发展情况也作过轮廓性的描述。这些先进作家的轮廓性的描写,到了文化高潮前夕的今天,是远远不够满足日益广泛而迫切的需要了。遗憾的是,解放七年以来,这方面的研究工作进展得非常迟缓,竟使中国近代经济史这一学科成为中国近代史领域内一个非常薄弱的环节。

今年2月,我们曾经对解放后六年多的经济科学方面的论著做过一次统计,结果得知在将近3000种专书和期刊论文中,以中国经济史为题者只有30种,而近代经济史部分又在这30种里占一个不大的比例。这个统计不够全面,不过这已经很能够表明,在这期间,中国的社会科学工作者在中国近代经济史的研究上大致已花费了多少劳力。像这样的进展,显然不能算是迅速的。

由于解放前积累之少,解放后进展之慢,目前中国近代经济史这一学科就处在这样的状态之下:不独科学研究成果显得贫乏,就是比较系统的参考资料也感到饥荒。到目前为止,当我们谈到外国资本主义对中国的经济侵略时,我们常常还离不开帝国主义辩护士如马士、雷穆之流的荒谬著作,从其中寻找历史线索,转引资料,有时观点亦受其毒害而不自觉;当我们谈到鸦片战争后中国封建经济的变化时,时而为了说明资本主义的发展而强调其解体的一面,时而又为了说明封建剥削而强调其残余势力的一面，对于怎样解体，怎样保持残留的辩证过程，至今还缺少具体的全面的研究；当我们谈到土地问题时，则无时无地不在兼并集中，但是人们不明确20世纪的集中和19世纪的集中有何差别，也不明确土地所有权的性质有何变动，至于在地主阶级内部也还存在分散过程，就更加很少引人注意了；我们对于民族资产阶级的认识，还浮游在两重性、软弱性之类概念上，而没有对它的发生、发展过程，对它和帝国主义、封建主义的联系和相互矛盾作出具体深入的分析；我们甚至对于中国工人阶级发生、成长、壮大的过程，对于他们劳动、生活、斗争的历史，也还没有做出比较全面的科学研究成果来。另一方面。旧中国反动政府和资产阶级学者又是没有留下合乎起码要求的经济统计资料的，到如今，我们还不能确切知道旧中国人口多少，耕地多大，工、农各业的产量、产值如何，国内商品的流转情况如何，更不用说其他许多问题的细致深入的精确数字了。

但是，不能忘记，"物质生活底生产方式决定着社会生活、政治生活以及一般精神生活的过程。"（《政治经济学批判序言》）因此，以研究经济基础为职责的经济史这一学科就成为政治史、军事史、文化史等专史以及通史所不可忽略的基础学科。我们在看到毛主席在分析中国革命的对象、任务、动力、性质等问题时，在分辨谁是我们的敌人，谁是我们的朋友时，经常是从研究中国社会各阶级的经济地位、从他们在生产中的相互关系——生产关系入手的。毛主席在号召我们对中国历史上的、现实的经济、政治、军事、文化等各项问题进行研究时，也常常是把经济列为首位的。不能想象，一个马克思主义社会科学工作者忽略了对于经济基础的分析，能够对上层建筑做出全面深刻的研究成果来。

事实上，中国近代经济史研究工作的上述落后状态，它之成为近代中国社会各项历史问题研究上的薄弱环节，已经给一系列的研究工作带来了很大的困难。解放以后，关于近代中国社会许多历史问题的著作，不能算太少，特别是农民起义史的研究，论述最多。但是这些著作对于经济基础的分析，往往缺乏丰富的资料，显得软弱无力。例如，太平天国、捻军、伊斯兰各族、义和团诸大起义时，各地区阶级分化的具体情况如何，就还没有系统的研究。人们常常把这些运动的失败原因简单地归之于没有无产阶级的领导，其实没有无产阶级领导这个一般性的说明是可以适用到历史上任何一次农民起义的。用这样的说明来代替对于历次起义失败原因的具体分析，自然就容易忽略了对于各次起义特点的研究。又如关于维新运动、辛亥革命的描述，也还多限于个人的、党派的思想活动、政治活动，很少分析当时社会的经济情况；最常见的现象是，当人们讨论到第一次世界大战时期中国民族资本的发展、工人阶级的壮大以及五四运动等问题时，多半要拿纱锭统计来阐述自己的论点，但是不仅许多作家所用的数字互相分歧，莫衷一是；就在同一作家的不同著作里，也出现了不同的数字；甚至同一书本里，两处引用，也就有了两个不同的数字！我们不妨夸大一点这样说，现阶段中国近代社会历史问题的研究已经走到了这样的关口，不加强经济史这一薄弱环节，其他专史和通史都很难深入前进了。

　　近代经济史研究工作的上述落后状态又给教学工作带来了极大的困难。从来专攻中国近代经济史的工作者就是不多的。目前副教授以上的中国经济史教学人员全国不过三十人左右，而专攻近代经济史者又是这三十人中的少数。按规定，综合大学政治经济学系和财经学院的某些专业都应讲授经济史，或中国经济通史，或中外经济通史。外国的或可缓教，中国的不能缓教；古代的或可缓教，近代的不能不教。不用说，以少数人包办中外古今是很困难的，就是专教中国近代经济史，也是一件很吃重的任务。因为过去中国近代经济史的研究成果是这样的贫乏，以致讲课人几乎样样都要从头做起，于是找资料，写讲稿，从无到有，真是忙得不可开交，而结果还是未必能讲得全面、深入。这种情况表明，当前中国近代经济史研究状态正严重地阻碍下一代的成长。

问题还不仅仅在于过去成就之少，目前专家之少，以及这二"少"对科学研究工作和教学工作所造成的困难，而且在于人们似乎还没有充分认识到问题的严重性，因而在工作上还没有表现出扭转局面的显著倾向。据悉全国将近150所高等院校政治经济学（包括经济史）、财经各专业，今年度的科学研究题目共约950多个，其中有关中国经济史者仅24个，约占研究总数的2.5%，属于近代经济史范围的凡20个，约占2%；又上述院校中国历史方面的研究题目共420个，其中可以列入中国经济史范围的凡83个，约占19.8%，而属于近代经济史范围者又只19个，约占4.5%。至于专门编辑经济史资料的，只有1个题目，占经济、历史两类题目的1/1374！科学院各单位和国家行政机构、企业机构的研究题目尚无统计，不过目前大部分研究力量分布在高等院校，高等院校科学研究题目的这项估计，是可以表明最近的将来中国的经济学家、历史学家、经济史工作者大致的研究方向的。我们认为在现实和历史、古代（包括中世）和近代，上层建筑和经济基础，撰述论著和编纂资料这些工作上，像这样去配备研究力量是否恰当，是一个很值得商讨的问题。如果平均说来，研究题目的数字就可以代表劳动量，那么，经济学家、历史学家和经济史工作者就只拿出1/1374的劳力来编纂资料，这显然是远远不能适应教学和科学研究的需要的。

历史学家必须掌握大量资料才能执笔创作，这是人人都知道的；可是历史科学必须发掘大量资料才能昌盛，这一点却往往被人忽略了。在古代以及近代资本主义国家，史学的进步是依靠历史学家个别地、自发地发掘资料，分析研究而缓缓前进的。这些历史学家没有共同的理想，谈不上分工和合作，他们是各自接受科学发展的客观规律的支配而盲目前进的。如今我们既然是抱着社会主义、集体主义的精神，审察科学的发展规律，自觉地、有计划地为推进一门科学的全面发展而贡献个人劳力的，那么我们当前的主要任务是什么呢？我们认为现阶段中国近代经济史这一学科的难关在于资料饥荒。由于资料饥荒，比较有研究经验的人就感到英雄无用武之地，正需要学习研究工作的人就缺乏精神食粮，从而这门学科也就处在瘫痪状态，难以迅速前进。因此，我们认为迫切的任务是大力收集、整理、编纂资料，首先解救资料饥荒，普及基本知识，从普及中求提高。

我们所谓收集、整理、编纂资料，包括从大量文献中淘洗出有用的记载，系统地加以整理、编纂的工作，也包括编印某些档案、手稿和翻译某些外文文献的工作。中国近代经济史资料几乎是随地皆有，俯拾即是的。出版品中，文集、杂志、方志、报纸等藏有资料；档案文献中，旧政权的政府卷宗、中外私营企业的账册，也都藏有资料。任何地方的任何一个工作者，都可以结合自己的具体情况，就地取材，编出有用的资料来。小自根据古老店铺的账册整理工资、物价、银价之类的统计，大至综合书报、档案编纂一公司、一行业、一部门、一地区乃至全国历史发展情况资料，或数年、或数十年、或百年，都无不可。听说上海某位老教授正在领导一个小组整理申新公司的卷宗账册，这就是非常值得欢迎的工作，我们预料他们的工作将会对中国民族资本的发生、发展过程做出很有价值的参考资料来。

编纂中国近代经济史资料的工作，当然是中国近代经济史专业工作者的任务。不过这也未尝不是经济学家，历史学家的任务。政治经济学既然是一门历史科学，中国的政治经济学家既然需要把马克思列宁主义的普遍真理和中国的实际相结合，那么中国的经济学家研究中国的经济发展史自然就有必要。另一方面，马克思列宁主义的历史学家完全放开经济基础的研究，也是不可想象的。事实上，今天在高等院校进行经济史教学的工作者，也是从政治经济学和中国历史两门学科里转业而来的占多数。目前这方面的专业队伍还不够强大，高等院校政治经济学和中国历史方面从事这方面工作的潜在力量还是相当丰富的。

我们认为目前各院校各自为政、孤立作战、包办全套资料和讲稿的办法是需要改变的。我们建议，集中高等院校一部分教学人员来编纂中国近代经济史的通用讲义，分发各校应用。这样，各地就有可能以各校经济史教学人员为中心，联合校内外经济学家、历史学家组成工作小组，集中精力于某些专题资料的收集、编纂工作。这样做，我们就有可能比较迅速有效地解决当前的困难。

应该说明，我们无意于把编纂资料和撰述论著对立起来，我们认为专家的研究论著将对资料工作发生指导作用，资料工作者也有义务提出自己对于问题的理解和看法。我们也主张教科书应该编写多种，不必定于一尊。但是当前的具体需要有先后、有缓急，各门科学的发展有程序、有规律，因而全面的工作布置也就应该有步骤、有重点。我们认为目前我们这一学科的问题，主要的还不在追求提高，而在普及基本知识，从无到有。没有通用讲义，则教学者气都喘不过来，哪里还有余地争鸣，我们正需要为争鸣准备条件。至于已经掌握大量资料、胸有成竹的作家，当然是有可能也有必要引吭高歌的。

15年前毛主席就号召我们"对于近百年的中国史，应聚集人才,分工合作地去做,克服无组织的状态"了。今天应该是我们实现这个号召的时候了。

(原载《人民日报》1956 年 7 月 17 日)

努力开展中国近代经济史资料的
整理、编纂工作

国民经济史或部门经济史是研究一个特定国家或一国特定经济部门生产力与生产关系发展法则的科学。唯物主义者指出："社会发展史首先便是生产发展史,数千百年来新陈代谢的生产方式发展史,生产力和人们生产关系发展史。"(《联共党史》,第153页)因此,对于一个特定国家的通史以及政治史、军事史、文化史等上层建筑的专史而言,经济史就成为一门基础科学,它乃是了解和阐述上层建筑的依据和出发点。

毛主席在分析中国革命的对象、任务、动力、性质和前途的时候,在分辨谁是我们的敌人,谁是我们的朋友的时候,经常是从分析中国社会各阶级的经济地位,从他们在生产中的相互关系——生产关系出发的。我们还可以看到,毛主席在号召我们对中国的"经济、政治、军事、文化"等问题进行研究的时候,经常是把"经济"列为首位的。1941年毛主席在《改造我们的学习》中,曾经号召我们"对于近百年的中国史,应聚集人才,分工合作地去做,克服无组织的状态。应先作经济史、政治史、军事史、文化史几个部门的分析的研究,然后才有可能作综合的研究。"今天检查起来，应该说，15年来，我们并没有用实际行动来响应毛主席这个号召。对于近代史的研究，诚如陆定一同志所说"近年来成绩不多"。如果就近代史范围内各项专吏的研究情况来说，我们却又不能不承认近代经济史方面的研究成绩，不是"不多"，而是极少，甚至可以说，根本没有"成绩"可言。

据我们所知，目前从事中国经济史教学或研究工作的副教授、副研究员以上的人员，全国不足40人，绝大多数都是新近从政治经济学或历史学转业而来的。可以说，经济史这门科学在中国还没有基础，还说不上有专门"人才"，因此，经济学家和历史学家义不容辞，必须负起发展这门科学的艰巨任务来。

今年2月，我们曾经对解放以后经济科学方面的论著做过一次统计，结果得知在725种专书中，共有中国经济史方面的专题13种；在2270篇论文中，共有这类专题17篇，总结来说，中国经济史方面的著作约占全部经济科学著作的1%左右。这个统计不够全面，不过我们相信这已经足够表明，在解放以后六年多的时间里，中国的经济学家和历史学家在中国经济史的研究上，大致已经花费了多少劳力。

目前全国各高等院校最近一两年的科学研究题目大体都已确定了。据悉将近150所高等院校在政治经济学（包括经济史）和财经各专业方面的研究题目共954个，其中和中国经济史有关的共24个，约占2.5%，另外，有一个题目是专门编纂经济史资料的。这个统计不包括中国科学院各有关单位和国家行政、企业各机构的研究题目，不过目前全国绝大部分的研究力量都集中在高教部门，我们相信这也足够表现在最近的将来，中国的经济学家大致的研究方向，表现他们将在中国经济史的研究上花费多少劳力。和今年2月以前所已经发表的论著比较起来，在中国经济学家的研究领域上，中国经济史的地位已经有了一些改变，改变的程度是由1%左右提高到2.5%。

上述解放以后以及最近将来的情况，给人这样一个印象：看来中国的经济学家们对于中国经济史的研究，兴致不大；特别是对于编纂经济史资料以供全国参考利用的兴致不大。在这里，人们不能不产生一个疑问，中国的经济学家们是怎样理解政治经济学乃是一门历史科学这条马克思主义的基本原理的呢？他们又是怎样贯彻马克思列宁主义的普遍真理和中国的实际相结合的这项任务的呢？

前面统计解放后六年多的中国经济史方面的专书与论文共30种，这里包括历史学家的研究成果在内。我们没有统计这30种在历史学家的全部著作中占到什么地位。不过，前述将近150所高等院校在中国历史方面的研究题目却也有数可查，这项研究题目的总数共420个，其中可以列入中国经济史范围的有83个，约占19.8%，又其中属于中国近代经济史范围的有19个，约占全部历史研究专题的4.5%。看来中国的历史学家们对于中国经济史的兴致远比经济学家们大得多了。不过，史学家们这样安排对于基础与上层建筑以及古代（包括中世）与近代的工作分量，是否恰当，也还颇有商讨的余地。而历史学家们竟没有一位打算编纂经济史资料的，这一方面似乎倒又和经济学家们同一步调了。

说到这里，人们不免又要产生另一个疑问，经济学家、历史学家不喜欢搞资料，那么，经济史的科学研究又建筑在什么基础上面呢？有人说，应该把科学家个人和这门科学分开来说。经济学家或历史学家个人可能是掌握大量资料在进行著述的。可是，问题也正在这里。个人掌握了，这门科学呢？老一代的掌握了，年轻一代呢？少数人掌握了，别的多数人呢？掌握资料，正在进行深刻研究的个人，当然可以自信将来的研究成果，有把握或接近、或赶上、或超过世界先进水平,可是,如果这门科学会说话,它就会发表另一种看法说:"你有信心独自赶上世界先进水平,这是极好的事情,不过,就我而论,我是相信从普及中求提高的。我宁愿从千千万万的进士里去点状元,而不敢相信你就是状元。"

事实上,我们没有听说哪个国家出现过不接触史料的史学家,所以我们并不幻想编出资料来,就会有人据以做出接近世界先进水平的科学研究成果。但是有一点是可以肯定的:年轻一代完全有可能从这些资料取得初步知识。他们将能在这个基础上更快地成长起来。比方说,经济研究所即将出版两本中国近代工业史资料,这是由具有十多年研究工作经验的两位高级研究人员费了两年多的劳力编纂出来的,青年利用这两本书,将能在很短时间内取得关于中国近代工业史的初步知识。可以设想,要是让两位青年从故纸堆中去搜集这些知识,至少总不该是五年以内的事情罢。可是,再等五年,我们的过渡时期已经过去一大半了。

就我们所接触到的同志们而言,无论是搞教学的,还是搞研究的,大家都在感觉资料饥荒。看来缺少初步知识的不只青年,老年也颇有人在。但是,像前面统计所表现的,似乎大家又都对编纂资料不感兴趣,这不能不算是一件非常奇特的现象。

今年4月,经济研究所中国近代经济史小组在检查工作时发现,当初接受资料工作任务时,曾经有过这么两种思想情况。一种想法是以为从来不搞经济史,因而完成任务的信心不足。这种想法很快就克服了。另一种想法是轻视资料工作,据说:"资料么,唔,下手活!"或者更明确些:"资料你去编,文章我来写。"这种想法,说的人自觉尴尬,但,听的人却亦有作会心的微笑者。今天的经济学家、史学家们对于资料工作,总不至于没有信心,想来总也不至于认为这是"下手活"。因此我们呼吁经济学家、史学家在研究创作之外也拿出一部分时间来编纂资料。

几乎可以这样说，一切文献记录，都可能藏有经济史资料。就近代范围而言，祖国现存的可能藏有经济史资料的文献是庞大得惊人的。出版品中，报刊有长达 90 年的，方志凡五六千种，文集杂著恐不下万种；档案中，北京、沈阳所藏明清至北洋政府档案凡数百万件，被我截获的国民党反动政府各部会档案又数百万件，成都所藏川东道、重庆府及巴县旧档，起自乾隆四十年，延至 1949 年，重达六吨半，上海帝国主义侵略机构工部局的藏档，据说整整装一个小楼，帝国主义在华侵略企业如满铁会社、颐中公司、慎昌洋行、上海电力公司等又不下数千箱；此外，解放后土地改革、私营工商业改造两大运动中所出现的各种文件账册则遍布全国，随地皆有！中国近代经济史研究工作的坚实基础必须建筑在这大量的出版品和档案上。

调查访问也可以取得极其宝贵的资料。解放以后，关于武训的调查、关于三元里抗英斗争的调查，都已取得良好的成绩。经济史方面的调查，似乎还没有尝试过。我们估计，各地公私机构和私人手中一定还存有大量的文献，有待调查发掘；而工人、农民或企业家也可供给不少文献上看不到的口头资料，尤其需要抓紧时机，进行访问。

近代经济史资料是俯拾即是的，问题是怎样去发掘编辑。今天应该是我们努力实现十五年前毛主席号召的时候了。我们"应聚集人才，分工合作地去做，克服无组织的状态"。

目前中国科学院经济研究所有一个中国近代经济史工作小组，全体只有 8 个研究人员在进行工作。和全国现存文献或迫切需要完成的工作量比较起来，这个小组所能负担的工作，真是九牛一毛。能够进行近代经济史研究的绝大部分潜在力量还蕴藏在高等院校和某些行政机构、企业机构里。

目前综合大学和财经学院大都设有经济史教研室或教研小组，负责中国经济史或中外经济史的教学工作。一般说，这些室、组的教师们都终年忙于备课、写讲稿的工作。以少数人包办中国古、今经济通史，甚至包办中、外、古、今经济通史，从无到有，任务极端繁重，很难再有余力进行科学研究工作。

我们建议高教部指定某些院校负责编写中国经济史教科书，并且，抓紧领导、加强组织、积极推动。早日编出教科书或通用讲义来。我们认为集中一部分人力编写教科书或通用讲义，分发各院校讲授；各院校就可以把大部分现在忙于编写讲稿的人力解放出来，进行资料收集工作；而这些资料则又可以集中起来供给编写教科书的需要。这就是"分工合作地去做"。当然，原则上，教科书是可以编出许多种，而且各具优点特色的。不过现阶段的问题还不在要求多种，而是迫切需要一种，借以解决教学困难，解放人力。首先没有一种，多种也是出不来的，目前各校各自孤立作战，各自包办古今中外，讲稿多种是多种了，可是这不能说是在科学研究的基础上编写出来的，为了早日能够出现多种，目前正需要首先编出一种。

我们建议各高等院校就以上述从编写讲稿上解放出来的人力为核心，联合各行政、企业机构对政治经济学、中国近代史有些修养的潜在力量，辅以青年若干人，组成中国近代经济史工作小组，利用各地便利条件，就地取材，开展中国近代经济史的资料整编与科学研究工作。例如，设在上海、天津、青岛、广州、武汉、沈阳等工商业中心的院校，就可以进行各该城市工商各业，或大型企业历史资料的收集整编工作；设在两广、云贵、四川、湖南、甘肃等省的院校就可以利用地理上、组织上的便利条件进行少数民族经济史资料的调查、访问、收集、整理、编纂工作；个别地区拥有特殊条件的，则进行某些专题资料的整编工作，例如上海所藏西文资料特多，沈阳、大连乃满铁会社的侵略基地，广州地近香港、澳门，对外关系的历史较早，都是分别研究资本主义经济侵华史的理想地点。某些机构拥有完整档案资料的，也应指派专职干部，早日把有价值的档案编印出来，据悉海关总署和盐务总署正在编辑海关史与盐务史资料，这乃是大大值得欢迎的好事！

可以设想，如果每一院校能够联合校内外力量，组成一个工作小组，那么三五年后，像目前这样的资料饥荒必然是大大可以克服的。这样做，并不能算是完全实现了毛主席"克服无组织的状态"的号召，但毕竟是有了一些组织了。

提起"科学研究"，人们随即想到学术论著，唯不愿承认编纂资料正是一种创造性劳动，正是一种"科学研究"工作。这种看法，必须纠正。我们建议高教部不仅允许高等院校教师可以把整编资料工作列为"科学研究"工作，而且鼓励他们这样做。对于调查、访问、收集、整理、编纂资料著有成绩的人员，特予褒奖。这样，庶几可望养成实事求是的优良作风，为这门科学打好基础。

党和政府正在号召向科学进军，号召百家争鸣，科学工作者从来没有像今天这样受到政府的大力支持和人民的殷切关注。在不久的将来，文化建设高潮即将到来。今天我们提倡辛勤劳动发掘资料、编纂资料，丝毫不排斥个人创作，但估计现阶段的具体情况，已经掌握大量资料者毕竟还是少数，普遍而严重的问题，乃是资料饥荒。因此我们希望经济学家、历史学家花费更多的劳力，整编资料，为科学的全面昌盛，贡献自己的特长。

（原载《科学通报》1956 年第 7 期）

关于中国近代经济史研究
工作的几点意见*

我想就中国近代经济史研究工作方面谈几点意见。

解放以后,由于党的正确领导和不同岗位上许多同志的辛勤劳动,中国近代经济史的研究工作和资料工作都做出了不少的成绩,这是应该肯定的。作为一个中国近代经济史工作者,我不想在已有的成绩方面多说什么,我想说的是,还有待于我们进一步努力的地方。

早在二十年前,毛主席就已号召我们认真研究中国的历史,特别是认真研究中国近百年的历史了。在1941年所作的《改造我们的学习》那篇报告中,毛主席说:"对于自己的历史一点不懂,或懂得甚少,不以为耻,反以为荣。特别重要的是中国共产党的历史和鸦片战争以来的中国近百年史,真正懂得的很少。"(着重点是我加的,下同)因此,毛主席指示说,"对于近百年的中国史,应聚集人才,分工合作地去做,克服无组织的状态。

---

* 这是严中平在中国科学院哲学社会科学部学部委员会第三次扩大会议上的发言。

应先作经济史、政治史、军事史、文化史几个部门的分析的研究，然后才有可能作综合的研究。"在1942年《整顿党的作风》那篇报告里，毛主席说："我们还没有对革命实践的一切问题，或重大问题，加以考察，使之上升到理论的阶段。你们看，中国的经济、政治、军事、文化，我们究竟有多少人创造了可以称为理论的理论，算得科学形态的、周密的而不是粗枝大叶的理论呢？特别是在经济理论方面，中国资本主义的发展，从鸦片战争到现在，已经一百年了，但是还没有产生一本合乎中国经济发展的实际的、真正科学的理论书。"

我个人学习毛主席的这些指示，觉得这里有三条原则应该当作我们从事历史科学研究工作的指导原则。第一，在一切历史研究工作中，"特别重要的"是党史和近代史；第二，在近代的专史和通史的研究上，应该"先作"专史，"然后"才作通史；——我领会这个"先"、"后"的精神，并不是要求通史工作者放下笔来，等各门专史出齐以后再起来工作的意思，而是说的在工作安排上轻重缓急的差别；第三，在近代经济、政治、军事、文化等各部门专史的研究上，经济史又应该放在首要的地位。

也许因为我是一个近代经济史工作者的缘故罢，我总觉得当毛主席说"应先作经济史、政治史、军事史、文化史几个部门的分析的研究"时，各部门专史的排列次序，并不是没有用意的，而是按照它们的重要性依次排列的。当我们记起马克思列宁主义关于经济基础决定上层建筑的基本原理时，岂不可以说，这样去领会毛主席著作的精神也有道理么？

如果我的理解不错，试拿上面的原则来衡量近几年的工作，那么我们近代经济史工作者就不能不感到十分惭愧；我们已经做出来的成绩，和上述要求相比，实在距离得太远了。例如1942

年毛主席所特别着重指出的那部理论书，即近百年中国资本主义的发展史，到现在还是没有诞生出来。在近百年中国经济通史方面，有不少高等院校已经编出教材讲义，有两种并已出版。就出版的这两种看来，我们所已经达到的水平，和毛主席所指示的"科学形态的、周密的"理论著作的要求相比，不能不承认还存在着相当大的距离。

在研究著述方面如此，在资料整理方面，有待于进一步努力的工作也还甚多。例如关于帝国主义对中国经济侵略的史料，已经整理刊行的就不多；关于土地改革的资料就没有刊印全国性的资料汇编；关于新民主主义革命时期根据地的经济资料几乎还是空白；关于近百年其他各方面的经济史料，虽然出了几本资料汇编，也还远远不够满足需要。

已有的成绩不够满足需要，可能并不仅仅是中国近代经济史这一个方面的现象，其他方面多多少少也有类似情况。不过就中国近百年史这个范围而言，无论通史或其他专史，已有的成绩显然是大大超越经济史的。例如关于中国共产党的历史、关于新民主主义革命史、关于帝国主义侵华史以及近代通史等各个领域，我们都已经有了在现有条件下可能写得出来的相当好的专门著作，而且每个题目都不止一本。这一点，经济史就还没有做到。又如在各种专业性和综合性的定期刊物上，在高等院校的学报上，对于中国近代史上的许多问题，都不断地出现专题论文，但其中关于经济史的论著，相对说来，却并不很多。此外，近几年各地写出了不少的工厂史，对于反动政权和资本家阶级如何残酷地奴役工厂工人，工人群众如何进行英勇的反压迫斗争的历史，做了非常真实而又生动的描写，这是一批很可贵的成就，对于提高当前工人阶级的政治觉悟，推进生产，也起了一定的积极作用。但这些工厂史多半特别着力于从阶级斗争方面去叙述一个工厂的历史，对于一个工厂，作为社会生产力的一部分，作为资本家阶级积累财富的工具等方面的历史意义，同时也加以分析研究的就比较少。

也许是因为我个人偏好中国近代经济史的缘故罢，我总觉得，我们的近代史工作者似乎比较偏好上层建筑的研究，而对于经济基础的研究，相对说来，就注意得不够多。如果我的感觉不错，那么，我想说，在近百年史的领域里，经济史的研究正处在相对落后的状态，这种状态和经济史在历史科学上的重要性是不相称的。我认为，经济史的这种相对落后状态，或迟或早将会在近代其他专史或近代通史的研究上产生不良的影响，将会阻碍我们在近代史的研究上彻底贯彻马克思列宁主义的基本原则——关于经济基础和上层建筑的关系问题的理论原则。

马克思列宁主义者怎样看待经济基础和上层建筑的关系问题，在今天，已经是人人都知道的常识了。我想提出经典作家的几句话来供同志们参考。1890年恩格斯在写给史密特的一封信里说："首先必须要重新研究一下全部的历史，必须要分别地探讨过各种社会结构的现存条件，然后才能从它们中间寻找出与它们相适应的关于政治、民法、美学、哲学等等的看法。"接着，恩格斯就指出，在德国青年那里，历史唯物论成了"空套语"，他们对于"经济，经济的历史，交换、工业、农业，社会结构的历史等，能够用力研究的人多么稀少"。（《马克思恩格斯关于历史唯物论的信》，人民出版社1955年版，第13—14页）据此，我理解恩格斯所说的重新研究全部的历史，是应该从"各种社会结构的现存条件"开始的，是特别需要"用力研究""经济的历史，交换、工业、农业、社会结构的历史"的。我想，恩格斯的这段话是很重要的。另一方面，列宁在评介波格丹诺夫的《经济学简明教程》那本书时写道："研究政治经济学不能随随便便,不能没有任何基础知识,不熟习很多极重要的历史问题、统计学问题及其他问题。"(《列宁全集》第4卷,第36页)这么说来,经济学家向青年传授政治经济学的知识,也需要同时传授"很多"历史知识,其中首要的,恐怕就是经济的历史知识。

关于近代经济史的研究,首先是近代经济史专业工作者的任务。我过去是在这方面做资料工作的,很惭愧,我没有做出成绩来,为史学家和经济学家服务得太少。但不容讳言,目前中国近代经济史这个专业队伍比起史学和经济学队伍来说,也是比较小的,小得和这门学科的重要性不很相称。因此,我想,当历史学家从事上层建筑史的研究时,就需要分出更多的力量来研究经济基础的历史;经济学家主要是从事当前问题的研究的,若能分出更多的力量来兼做历史问题的研究就更好了。

(原载《新建设》1961年第1期)

在"中国经济史学会"成立大会上的开幕词

自从1978年党的十一届三中全会以来，随着实事求是的思想路线的恢复和提倡，经济史这门学科，像其他学科一样，获得了蓬蓬勃勃的发展。出版了一批专门著作，发表了数以千计的论文，还新办了专门杂志。广大的经济史工作者是花了不少心血的。但是，经济史的研究还不能适应当前物质文明和精神文明建设的需要，还不能适应社会科学大发展的需要。为此，我们建议召开这次会议，就如何适应时代的需要，推进经济史学的发展，交换意见；并且成立经济史学会，加强联系，共同推动经济史学的发展。

为了展望将来，需要回顾一下过去，肯定成绩，总结经验。经过与几个同志交换意见，提一点初步看法。说得很笼统，而且又都是讲中国经济史研究的，片面失当之处，在所难免，请同志们批评指正。

一

建国以来，中国经济史研究取得了不小的成绩，表现在：

第一，收集、整理、出版了一大批经济史资料，抢救了一些档案材料。档案馆系统、博物馆系统、社科院系统、大专院校系统以及政府业务部门，发现了大批宝贵的原始资料。这些中央的、地方的档案和私家文书、契约，为经济史研究提供了大量的素材。这些单位和有关同志对此做出了重要贡献，我们应该向他们致敬。

许多单位的学者努力编纂经济史资料。例如：在古代经济史方面，梁方仲先生以数十年心血编成《中国历代户口田地田赋统计》，傅筑夫先生编的《中国经济史资料》，谢国桢先生汇集的明清笔记小说中的经济史资料，都给我们提供了很大的方便。此外，有关租佃关系、手工业、矿业和商业的档案、碑刻资料也已出版多种。

近代经济史方面，中国社会科学院经济研究所出版了中国近代经济史统计资料和一套《参考资料丛刊》；经济所和工商行政管理局合作出版了若干种行业和企业史资料；上海经济研究所与有关单位合作出版了若干种行业和企业史资料；中国近代经济史资料丛刊编辑委员会主编的资料丛刊，包括海关总署编辑出版的《帝国主义与中国海关》一套十余种；南开大学经济研究所出版了一系列物价指数资料和企业史料；各级政协也出版了一些经济史资料。此外，还有许多单位出版了有关地方经济史、部门经济史和企业发展史资料。

现代经济史方面，有关单位合作编辑出版了各个历史时期的根据地经济史资料、大事记，各个历史时期的土地斗争史，根据地财经史、金融史、货币史、供销合作社史以及建国后的经济史、税务史、商业史资料等。政府业务部门和许多老一辈经济学家对此给予了很大支持。

可见，建国以来经济史学界在资料的整理、编辑方面付出了大量的劳动，做了许多艰苦工作。这些资料的出版，为中国经济史的研究打下了良好的基础，也为从实际出发的好学风提供了一定的条件。我们向参加资料整理和编辑工作的同志们致以敬意。

第二，讨论了一些重大问题。建国以来，经济史学界的同志们曾就中国经济史的一些重要问题展开了广泛的讨论。其中争论最热烈的有：封建社会经济结构和封建社会长期延续性的问题，封建土地制度问题，中国资本主义萌芽问题，以及市镇经济，帝国主义对华经济侵略，洋务运动，中国近代资产阶级，党在各个革命时期的土地政策等问题。经济史学工作者在这些讨论中普遍坚持了马克思主义指导原则，写出了一批有分量的论文和专著。此外，还进行了不少专题研究。搞教学工作的同志写出了一批关于中国古代、近现代和外国经济史的教材，对教学起了重要作用。今后，我们将在这个基础上继续前进，努力取得更大的成绩。

第三，培养了一批具有一定水平的经济史科研工作者和教学工作者。解放前，专攻经济史的学者是很少的，开出中外经济史课程的高等学校也为数极少。建国以后，一些原来搞经济学和历史学的同志转攻经济史，一些高等院校，特别是中国人民大学的经济系和历史系，培养了一批经济史工作者。他们通过编辑资料，参加科学研究和教学实践，都已成为这门学科的骨干力量。十年动乱对经济史学科的严重影响之一是，一度中断了新生力量的补充，以致我们的队伍中 35—45 岁这一代人数很少。不过，我们也欣喜地看到，各地已经培养着一批硕士生和博士生，还有一些大学毕业生也愿参加到我们的队伍中来，他们是经济史学科的希望所在。我们殷切地盼望这一代青年刻苦努力，加速成长，弥补十年动乱给这个学科带来的困难。

在我国，长久以来，有着重视经济史的传统。从《史记·

平准书·货殖列传》开始，正史中一般都有专门记述经济史的篇章。但用马克思主义观点研究中国经济史的历史并不长。从30年代社会性质论战、社会史论战算起，至今也不过五六十年的历史。老一辈的马克思主义者对经济史的研究作出了第一批开创性的贡献。但在当时，他们的人数屈指可数。经济史的发展主要是在解放以后。我们可以说，建国以来，马克思主义经济史学科经历了从小到大的发展过程。这是一个重要的成绩，是令人鼓舞的。

二

建国以后，在马克思主义社会科学领域内，经济史作为一门学科的地位和作用也日益明确了。

经济史这门学科是随着历史学和经济学的深入发展而出现的。经济史考察经济发展的历史过程，探讨在其中起作用的客观经济规律，它是阐明在具体的经济发展过程中经济规律如何起作用的科学。它是叙述性的，又是理论性的，兼有经济科学和历史科学的双重性质，是一门交叉学科或边缘学科。它可以偏近历史学科，也可以偏近经济学科，而我们过去是过于着重叙述过程而相对忽视理论概括了。今天，在社会诸学科中，经济学理论是以经济发展过程为基础的，并且还要不断地用历史的实践来检验自己；经济发展过程又是整个社会发展的中轴和基础，诸如政治、法律、宗教、文艺乃至社会心理等，离开与其相联系的经济发展过程，是无法达到正确解释的。恩格斯说过：一切社会变迁和政治变革的终极原因，应当在生产方式和交换方式的变革中去寻找，应当在有关时代的经济学中去寻找。这说明，在贯彻历史唯物主义原则的马克思主义社会科学领域内，探讨经济发展过程的经济史学科是一门基础学科。它不只对历史学、经济学乃至整个社会科学是重要的，对于人们的世界观、价值观的形成也是重要的，特别对于总结经济发展的历史经验，鉴别是非，探索现代化建设的正确途径，为经济决策提供历史根据，尤其是重要的。在这里，现代经济史的研究承担着特别重要的任务。事实如此，不论是对于社会主义物质文明的建设，或是精神文明的建设，经济史的研究都不是可有可无的。当前的问题是，由于长期重视不够，经济史研究一直是社会科学中的一个薄弱环节，不能满足时代所提出的需要。这种局面应当改变！

三

三十多年来经济史研究本身也存在着明显的不足和缺点。

第一，由于缺乏总体的发展设想，学科各方面的研究深度极不平衡，许多重大问题尚未认真提出和讨论。粗略地说，生产关系方面研究多，生产力方面研究少；上层建筑和意识形态对经济发展的消极影响研究多，积极影响研究少；定性分析多，定量分析少；研究静态的经济形式多，研究动态的经济运行少；经济发达地区、汉族经济研究多，经济落后地区、少数民族经济研究少；古代及近代前期研究多，近代后期和现代经济研究少；抗日战争时期沦陷区和国统区，根据地和中华人民共和国经济史的研究还刚刚开始。这里所谓多是相对而言的，并不是说够了。总的来看，都是不够的。而且还存在着许多空白点和薄弱环节。诸如人口和移民、气候变化和地理环境、资源和能源、价格结构、经营管理、地区间经济联系等，都还很少涉及，或根本没有涉及。对于一些基本经济指标，如国民生产总值、人均产值、发展速度等，也还心中无数。经济史学科的发展，多少带有一点盲目性。

第二，经济史研究的虽是过去的历史，但它却是为现实服务的。因此，在革命时期，强调生产关系和阶级关系的研究，强调对反动政权经济政策的批判，现在进入建设时期，就要强调生产力和经济运行机制的研究，强调总结历史经验。但是，在过去，经济史也像其他社会科学一样，受到过"左"的思潮的干扰和影响。在强调阶级斗争为纲的年代里，经济史的研究中出现了：夸大农民战争对经济发展的推动作用，不能客观地评价不同时期的剥削阶级——地主阶级和资产阶级及其代表人物的经济活动，不能实事求是地研究近代、现代经济史上的重大问题。自党的十一届三中全会以来，这方面有了很大的进步。但是在当前的研究中，思想还不够解放，视野还不够宽广，一些新的领域还有待开拓，一些敏感性问题还少有人研究，一些禁区还未打破。为了发展和繁荣经济史研究，我们也需要像有些社会科学那样，进行认真的反思和清理。

第三，还存在着把马克思主义指导简单化的倾向。在古代经济史的研究中，最习见的是把马克思主义经典作家根据欧洲社会经济史实做出的一些具体结论，不加分析地用来解释中国历史上的经济发展过程，自觉或不自觉地以西欧为标准来衡量中国，表现为西欧中心论或西欧典型论。在近代经济史的研究中，论证革命必要性和正确性的时候，强调帝国主义的侵略多，研究封建主义的束缚少。还存在着从经典著作的抽象原理出发，运用逻辑推理的方法得出实际问题的具体结论和教条主义倾向。同时，也存在着把马克思主义的基本原理庸俗化的倾向。比如把生产关系的丰富内容变成所有制的单一内容，把经济上的所有制变成法权上的所有制；把辩证经济决定论变成机械的经济决定论，甚或把经济决定论变成政治决定论。

以上这些缺点，虽不是事物的主流，却是需要认真克服的。

四

为了满足时代的需要,我们应当克服缺点,发扬成绩,大力发展经济史这门学科。对此,我们提几点建议和希望。

第一,继续大力进行资料工作。

建国以来,经济史资料工作的社会效益是有目共睹的,它为学科的发展提供了基础。但是,我国的历史文献,汗牛充栋,古籍中单说地方志就有八千二百多种。明清档案集中于档案馆的不下千万余件,散处各地的更多。近年来考古发掘的文物、金石、简牍日益丰富,近代以来的公私档案有增无减。碑刻、契约、账本、当代人们的回忆更多。还有国外的文献和公私档案,也蕴藏着大量的珍贵的经济史资料。这些都有待我们去收集、整理、编辑和出版。其数量之大,门类之多,任何一个个人,穷毕生精力,都难以遍览无遗。已经整理出版的资料,不过是很小很小的一部分。不论从断代讲,从经济部门讲,还是从问题讲,都还存在着严重的资料饥荒。因此,必须有计划、有目的地从原始资料中整理出系统的专题资料来。有一种观点,认为收集整理资料是资料员所干的下手活儿,是很错误的。其实,缺乏理论素养,没有丰富的专业知识,不具备锐敏的识别能力,是编不出有价值的资料汇编的。一部好的资料书,其意义绝不在一部专著之下,甚至比一部专著起更大的社会作用。我以为,当前大家重视学科的理论与方法,当然是好事,但如果忽视收集整理史料,那就是一种偏向了。因为,缺乏翔实的史料,无论怎样好的理论与方法,也难以作出符合历史实际的结论。历史上,从来没有不搞史料的史学家!

第二,要广泛吸收最新的科研成果。

当前，讲开放、讲引进，对经济史工作者来说，就是要打破自我封闭的状态，广泛吸收最新的科研成果。

当代科学发展的趋势是高度分化与高度综合相结合。经济史学科是一门边缘学科，更是不能孤立地发展。它是在同其他学科，如经济学、历史学、社会学、民族学、人口学、法律学、地理学等的互相关联中向前发展的。它也需要吸收现代自然科学的最新成就。在我们的队伍中，本来就有学历史的和学经济的，近年来又有社会学家、农学家以及其他自然科学家参与经济史的研究和讨论。他们受过各该学科的专门训练，这对经济史研究的发展，无疑是有利的。但是，我们经济史专业工作者都还需要不断地学习。

研究中国经济史的同志需要了解外国经济史研究的新进展。20世纪，特别是第二次世界大战以后，外国经济史学有很大的发展。对欧洲封建主义的认识，通过大量地方史的研究，人们正在突破根据少数典型而作的一般概括，不再局限于封土制、庄园制、农奴制和自然经济这些特征了。对现代化的研究已经突破了原来工业化的框框。特别是亚非拉美广大地区民族运动的开展和独立国家的涌现，使这些地区的经济有了明显的发展，在此基础上出现了发展经济学。对当代资本主义的研究，也是日新月异。我们研究中国经济史的同志，需要放眼世界，与研究外国经济史的同志密切合作，吸收世界上经济史研究的最新成果，丰富我们对各社会经济形态发展的多样性和复杂性的认识。此外，外国学者对中国经济史的研究，也是有参考价值的。

同时，我们也需要注意吸收新的研究方法。这不是说已有的传统的研究方法已经过时了。不是的。马克思主义的方法不会过时。就是所谓乾嘉学派的考证方法，对于我们鉴别史料的真伪，也还是有用的。科学研究方法是随科学的发展而发展的。我们需要吸收新的研究方法来丰富马克思主义的研究方法。比如计量经济学研究法，社会学研究法，比较历史学研究法，都是我们需要吸收的。自然科学中的系统论方法，最近也被移植于历史的研究，并在我国青年学者中引起很大的兴趣。引进这些方法，不是没有选择的。我们认为，不同的方法各有所长。如能适合课题的需要，有助于揭示历史过程和客观规律，都要实行拿来主义，为我所用。什么样的问题用什么样的方法。不能因为熟悉传统的研究方法而不支持运用新方法，也不能由于热衷新方法而抛弃行之有效的传统方法。我们应该在马克思主义的指导下，博采众长，兼容并包，不断地丰富我们的研究方法。不过，在这个问题上，不能徒托空言，必须经过实践。

在学习外国经济史和吸收新的研究方法时，不可避免地要接触历史上或当前的各种非马克思主义学派的思想或理论。对此我们决不能盲从，不能在克服教条主义的同时又拾起新的条条来束缚自己，但也不能采取简单的排斥态度。应该通过历史的检验，决定取舍。对于那些不符合历史实际的东西，一定要认真地进行评论；而对于一切符合历史实际的观点和理论，则必须认真地吸收。总而言之，新的史实，新的研究方法，以及各种学说的合理内核，凡是有助于学科发展的，都需要吸收。马克思处在资产阶级思想包围的时代，但他一生不断地以最新的研究成果来发展和改进他自己的理论。我们作为马克思主义者，理所当然地要吸收最新的研究成果和方法来发展和丰富马克思主义的理论和方法，不管它是从那里来的。马克思主义之所以有强大的威力，就是因为它是开放的，不断发展的。

第三，坚持马克思主义的指导。

马克思主义是认识和改造世界的强大思想武器。坚持马克思主义的指导，是我国社会科学事业发展的根本保证。尤其是马克思主义政治经济学和辩证唯物主义和历史唯物主义，是我们研究经济史不可须臾或离的理论和方法。但是，正如恩格斯所说，原则不是研究的出发点。如果从马克思主义的原理出发，进行演绎式的推论，是解决不了任何问题的。只有从实际出发，占有翔实的史料，充分吸收前人成果，实事求是地运用马克思主义的原理，才有可能取得解决问题的高质量成果。因此，我们提倡创造性地运用马克思主义的立场、观点、方法研究经济史。这就要求我们提高理论勇气，加强创新意识，不怕标新立异！

人们认识经济发展过程的深度和广度是在不断地向前发展的。马克思主义对于原始公社制、奴隶制、封建制、资本主义制和社会主义制多种社会经济形态，虽然程度不同，都已有所认识。不过，这些认识多半是根据欧洲情况概括而来的，不可避免地带有欧洲的特殊性。因此，这些认识都是事物的特殊性与普遍性的联结。共性还寓于个性之中。马克思自己曾说过："不能把这些概述彻底变成一般发展道路的历史哲学原理。"要把这些概括中所包含的普遍性或一般规律，明确地或比较明确地区别开来，唯一的办法是，扩大认识的空间和时间范围，进行比较研究。我们从事中国经济史的研究，揭发中国社会经济发展过程的特殊性，就是做这样的工作。通过这一工作，进行比较，我们才有可能说，经典作家所揭示的一般规律是正确的，这并非因为它们是经典作家的论断，而是因为它们也被中国的历史实践所证实了。这是一个方面。另一方面，对中国的特殊性有确切的认识以后，才有可能回过头来补充、丰富和改进对一般规律的认识。结合这两个方面来看，这是一个由一般到特殊、由特殊到一般两个相互联结的认识过程。通过这一过程，既认识了中国经济发展过程的特殊性，又认识了包括中国在内概括出的普遍性。这两方面的认识在研究以前是都不存在的。因此，这是一个具有双重创新作用的认识过程。这种创新,也就是对马克思主义的发展。它说明了在经济史研究工作中,坚持马克思主义与发展马克思主义是一回事。如果把马克思主义的已有认识,笼统地不加分析地混同个性与共性,都作为共同的本质的认识,并以之作为研究的指导,而不敢越雷池一步,那就难免走上歧途。从认识论上看,教条主义和欧洲中心论恐怕就是在这里失足的。

第四,建立横向联系,共同推进经济史学科的发展。

我们的经济史工作者,包括中外经济史教学和科研人员在内,人数是不多的,可又分别属于许多个系统。大体说来,古代经济史的工作者多半属于高等院校的历史系和科研机关的历史所,近代经济史的工作者多半属于高等院校的经济系和科研机关的经济所和近代史所,现代经济史的工作者多半属于政府业务部门和党校系统,外国经济史的工作者多半属于高等院校的经济系和科研机关的世界经济所,此外,还有属于档案馆、博物馆系统和地方志编写委员会的。各个系统,以及古代、近代、现代、外国经济史工作者相互之间,不通声气,很少工作上的交往,这对于发展经济史这门学科显然是很不利的。

我们建议成立经济史学会,就是希望加强各方面教学力量和研究力量之间的联系,克服条条所造成的经济史队伍之间的隔阂,克服古代、近代、现代和外国经济史这种研究分工所造成的隔阂,改变信息不通,以至资料封锁的现象,加强团结,互相支持,共同推动经济史学科的发展。我们的宗旨是:团结本专业工作者,贯彻双百方针,促进经济史学科的发展,更好地为社会主义物质文明和精神文明的建设服务。我们希望大家推选一个有代表性的、有组织能力的、热心为本学科发展服务的精悍的理事会来推动学会的工作。理事就要理事,希望大家予以支持。

* * *

我们感到,我们的任务是艰巨的。我们要努力作出贡献:或者提出新的问题,或者提出新的观点,或者提出新的材料,或者运用新的方法。我们强调:必须对外国经济史有相当程度的了解,不能就中国论中国;必须对政治、法律、典章制度乃至社会心理有一定程度的了解,不能就经济论经济;必须对经济发展全过程有所了解,不能就所研究的那个时代而论那个时代;必须重视理论上的提高,不能就事论事。我们主张:在积累大量资料的基础上做专题研究,在专题研究的基础上进行综合研究;我们主张发挥各自的优势,普遍开展地方经济史的研究,在地方经济史研究的基础上做全国经济史的研究;我们主张全面开展经济史的研究,可以把重点放在近代,特别是现代经济史的研究上,但又不能忽视古代经济史的研究。对内,我们应注意发挥经济史学的社会效益,努力为社会主义物质文明和精神文明的建设服务;对外,我们要走上国际讲坛,以我们的成果树立我国经济史学科在世界学术之林中的地位,争得和我们伟大祖国的崇高声誉相称的国际地位。

我们应当积极地贡献自己的力量,不辜负这个时代,不辜负国家和人民对我们的期望。

1986 年 12 月　廊坊

(原载《中国经济史研究》1987 年第 1 期)

论江宁条约与中外通商

一 条约关系与外交政策

(一) 江宁条约与虎门条约

道光十九年七月二十七日 (1839 年 9 月 4 日),英国领事 (当时我方如是称之,实际是 Chief Superintendent of Trade) 义律 (Captain Charles Elliot) 乘兵船士密号 (Volage [窝剌疑],因船主 H. Smith 得名) 率武装双桅船皮尔号 (Pearl) 等驶入九龙湾,因要求代为采购饮料食品不遂,愤而首先向我九龙山炮台及水师船只发炮轰击,中英武装冲突,于焉揭幕。这场战事断断续续地打了将近 3 年的时光,到道光二十二年七月九日 (1842 年 8 月 14 日) 和议成立,总算结束。这就是所谓"鸦片战争"。15 天后 (旧七月二十四日,西 8 月 29 日) 我方钦差大臣耆英即登英军司令舰孔威礼号 (Cornwallis),在英军狂呼女王万岁声中与对方全权大使朴鼎查 (Sir Henry Pottinger) 签订城下之盟。这就是所谓"江宁条约"。

江宁条约计含 13 个条款,其重要规定,可归纳为下列 7 项:

1. 中国允英商寄居广州、福州、厦门、宁波、上海 5 港,"贸易通商无碍,英国君主派设领事管事等官住该 5 处城邑,专

理商务事宜……令英人按照下条开叙之例,清楚交纳货税钞饷等费";(第2款)

2. 香港永久割让予英;

3. 赔偿被焚鸦片原价600万元,还各客行所欠英商债务之无措清还者,酌定为300万元,偿水陆军费1200万元;(第4、5、6款)

4. 中国允许"不必仍照向例,凡有英商等赴各该口贸易者,勿论与何商交易,均听其便";(第5款)

5. "广州等5处应纳进出口货税饷费,均宜秉公议定则例,由部颁发晓示,以便英商按例交纳";(第10款)

6. 中英官员交往,本平等原则,定立行文款式;(第11款)

7. 议定英国货物自在某港按例纳税后,即准由中国商人遍运天下,沿途所经关卡,"不得加重税则,只可照估价则例若干,每两加税,不过某分。"(第10款)

江宁议约,耆英等完全被英国的炮舰压服了。他们说情势"万分危急",在"安危呼吸,稍迟即变"的时机,只好"罢兵通商,徐图控驭"。于是就在短短的3天以内,胡乱把条约议定签字。因此,该约对通商的规定,尚留有不少简单含糊的地方须待续议补充。

次年(1843),交涉便移到香港去,在6月成立关于内地通过税的协定;7月成立关于海关税则的协定;8月成立5口通商章程;10月8日又签订虎门追加条约,把以上几次特别协定都包含在内,交涉总算结束。各约涉及中英贸易的重要规定有如下数端:

1. 通商章程成立进出口货物新税则(第6款),遇有税则未载之货物,按估价抽税,其价由海关人役与英商会同估计(第7款),此为片务协定关税之始;

2. 船钞按吨缴纳，每吨输银5钱，其旧行丈量法及各种规费均停止实行（通商章程第5款）；

3. 英船到口应将旧牌、舱口单、报单呈交英国管事官，由管事官将船只大小所载货物通知中国海关，以便会同英官抽验收税（通商章程第3款、第7款），此形成外人干涉海关之根据；

4. 中英人民词讼事情，"其英人如何科罪由英国议定章程法律发给管事官照办，华民如何科罪，应治以中国之法"（通商章程第13款），此即领事裁判权的根据所在；

5. 华民往来商港贸易，其货物应照章纳税，每次往来，皆当至海关请领牌照。中国派员在九龙稽查，香港亦应派员稽查，以杜走私（虎门条约第13、14、16款）；

6. 通商五口，必各有英国官船一只湾泊，负责约束英国水手商民（虎门条约第10款），此所谓"官船"，实际是指的兵舰，故本条形成口岸驻兵权的根据；

7. 内地通过税不得超过现行标准（6月特别协定）；

8. "上年在江南曾经议明，如蒙大皇帝恩准，西洋各外国商民一体赴福州、厦门、宁波、上海四港口贸易，英国毫无靳惜，但各国既与英人无异，设将来大皇帝有新恩施及各国，亦应准英人一体均沾，用示平允"（虎门条约第8款），这就是所谓片面最惠国条款。

上述各款，形成此后中英贸易关系的基础。在19世纪40年代初头，英国人绝未想到这个天朝上国的军事力量竟那样的脆弱，简直不堪一击，然尤其未曾想到对华外交又那样的顺利，竟获得许多意外的利益权利。而引起战争的鸦片问题，反只字不提。

（二）税则问题

要切实了解上述各约对于中国近百年史的各种影响，绝非短文所能详。目前我们只讨论其对于1843—1858年间中外商务方面的影响一点。为此目的，只读上开条约文款是不够的，于当时中外交涉政策，亦应有相当的认识。惜本文只能述其大概。最先，亦最要者，为海关税则问题。

现在大家都说江宁条约协定值百抽五的海关税率，其实并不尽然。江宁条约关于进口税则问题，只说"秉公议定"，并未包括应行税则或议定税则的详细原则在内。实际规定税则是通商章程所附税则表里的事情。查该表计列举进口货48种，出口货61种，各定以从量征税银数，如每百斤或每匹每条征税若干两钱等，惟对于表中未及列举之货物，始定为从价抽税，其从价税率，除进口货之香料、木料及钢铁铅锡等类，应值百抽十外，其余各种进出口货一律值百抽五。所谓百分之五从价税的说法，只有在这个意义上才是正确的。

然则税则表内所列举的从量税，合成从价时应为若干，其与旧征税饷的比较增减如何？为解答这些问题，我们应略知当时的交涉经过。

订立税则英方的目的自然在减轻负担，以便推广货物销路。不过朴鼎查的外交辞令则说：他虽不愿"税则太高，致促进走私，但亦不必过低，致亏短贵国公正合法的国库收入"①。这些说法，都是很美丽动听的。朴鼎查一面交涉，一面却训令英商，教他们提出旧征税则的真确数字，以便他斟酌拟定新税则。不料一向嚷着中国征课烦苛的英商，到这时不独对各种非法规费，不能提出数字来，就连中国政府的合法税饷也一无所知②，反要等

---

① Sir Henry Pottinger to Imperial Commissioners, 5th. September, 1842, Chinese Repository, Vol. XII, 1843, p. 37.

② 参看耆英奏稿，道光朝筹办夷务始末，卷66，第42页；又 Chinese Repository, Vol. XII, 1843, p. 42。

着中国方面的消息。英商积数百年的贸易经验，而不知税饷多少，未免奇怪。这一方面固然是因为当时官吏行商，需索无定，根本没有一个经久不易的数；另一方面却也足以证明当时英商在广州生意做得好，利钱赚得厚，也不必费心去计较那些税饷规费之多少。这一层朴鼎查也看得明白。他说："现在我以为，有些人对正在谈判中的税则问题，真是没有兴趣。不特此也，另有一些人，他们不提出积极计划来麻烦我，乃是深恐暴露自己的隐衷的原故。所有英商，都已在一种制度下做了多年的买卖，这种制度，我如今确切地了解它，真是举世无匹。英商采行这种制度的唯一理由，只能说这是一个一致通行的办法，任何人要是不照样遵行，那他就只有被敢作敢为的竞争者打倒亏本的份儿。事实是这样，广东地方官，从最高级的到最低级的，全都默认最下流的大批走私贸易，从中分肥。而行商、通事，以及其他一切有关人等又全都公然作恶，帮同走私逃税。英商呢，各人都已惯于和这批人打交道，经过他们的手，做顶好的买卖，自己得钱，东家赚利。其结果就弄得没有一个人能说出他究竟纳了多少税——就是他愿意，他也说不出来。"① 所以到后来，税则商定了，贸易必须按着一定的规则长久地做下去，不能再事恶作剧，便有许多英商大为不满。

英商既不能供给旧征税则数字，朴鼎查只好派人到十三行去打听，受此命者为马儒翰（J. R. Morrison）、罗伯聃（R. Thom）等。耆英以为这是朴鼎查派来代表议约的，所以也就派广东臬司黄恩彤，侍卫咸龄等去提出书面建议"反覆辩论"起来。黄等所提书面建议，罗列各种进出口货品，并各货所纳正税，归公规

---

① Foreign Office 228/23, Pottinger to Aberdeen, Desp. No. 7, 6th. February, 1843. Stanley F. Wright, China's Struggle for Tariff Autonomy, pp. 11—12.

费及例外浮费三项，主张前二项仍旧，第三项则续征十分之几，以作海关开销。英方对黄等的建议，表示不能接受，惟对进出口货物旧征税规那个表，却非常满意，完全接受。

罗伯聃既得到旧征税规的详细数字，便根据它作一新表，根据进出口货物的平均市价，每年贸易量，估计贸易价值，旧征出口税率及中国的税收；又将旧征正税和归公规费合并成一，作为新拟的税则，据以估计新的税收数量，将新旧二数加以比较，并分别计算华方在新税则之下，对棉织品、毛织品以及船钞等项究将有多少短收损失。结果，呈交朴鼎查。朴鼎查对于这些成绩满意极了，他说新税则对于进口商极端有利，比英商自己所希望的还要理想。只怕中国政府会认为对进口商太有利而表示反对，如然，他授权罗伯聃可以酌量加增些。

中国方面，担任议订商约的钦差大臣，原是伊里布。道光二十三年二月，伊里布未及完成商约，老死于广州。遗缺由耆英充任。耆英对这件交涉所持的政策，可用"俯顺夷情"和"先筹国计"两语概括之，至于"民生"一层，虽然宣宗上谕和他自己的奏章，都说得响亮，实际他是没有这个常识去谈的。

耆英是一个"抚夷专家"，中国又打了败仗，夷情当然是不得不俯顺的。这无须说得。"先筹国计"云云，在耆英就是不损国库的关税总收入主义。他说："税饷章程，虽为贸易条款，实则理财之一端。"而在他看来，中国课征关税，不论进口出口，其负担都在外夷身上，所以税饷章程除为理财之一端外，也难得有第二端。像现在经济家口中的"保护关税"这类新名词，那时还没有"输入"到中国来哩。

俯顺夷情，关税便不能提高，不损国库，关税又不能减低，真使"智者处此，亦有操纵两难之势"。耆英的目光，便很自然地注意到茶叶、大黄和棉花上去。当时人，从皇帝到大臣，都以为番夷性嗜乳酪，胶肠结肚，非茶叶大黄去涤荡，便难以活命，而这两样东西又专门出在中国，天生我以驭夷之柄，所以这两样东西的关税，总该可以增加些。至于棉花，乃当时进口货中鸦片以次价值最大的东西，也想提高一点。如果这几样税收增加，足充国库，则棉纱棉布以及毛织物等进口货，土布等出口货，无论增减，都无关宏旨，不必过事认真。然我们须知，当时英国所急欲向外推销的货品，首在棉毛制品。当时英国的茶叶进口税实较中国的高上许多倍，而棉花乃印度出产，更与英国无大关系。

双方所注意的事情既不相同，争执自不会多，交涉就在朴鼎查不愿"亏损国库收入"和耆英"先筹国计"的同一原则之下得以结束。新税则成立了，大体是按照英方所提正税和归公规费合成正税的办法成立的，实际也就是按黄恩彤等所提的办法成立的。朴鼎查所担心的加税事，没有实现；一向额外浮费全部取消，耆英所瞩望的棉花进口税几增一倍，茶出口税增一倍以上，大黄竟至两倍有余。双方同意并且也都满意。

税则商定后，耆英上奏章给宣宗说："窃查粤海关进出口货物，百余年来，递有变更。即如进口洋货，向多奇巧玩好，而近年则以棉茬为第一大宗（耆英不敢提起鸦片——著者）。出口各货，向重绸缎湖丝，而近年则以茶叶为第一大宗。如此二宗税饷得有加增，则其余无论增减，均于税务之赢绌，不致大有出入……检核粤海关税则，每年应征正税及盈余银89.9万余两，其额外盈余，约收一二十万两及三四十万两不等。茶叶一项，每年出口约计四五十万担，棉花一项，进口约计51.3万余担。旧例茶叶每担以100斤计算，应征正耗税银及各项归公规费，共银9钱2分零及8钱7分零不等。棉花每担亦以百斤计算，应征正耗税银及各项归公规费，共银2钱1分零。督臣祁墥督饬黄恩彤等与夷目议明，茶叶每担以2两为额，棉花每担以三钱为额，较旧例本已有增。奴才复与朴鼎查面商定准,茶叶每担增至 2 两 5 钱,较旧例税规计增倍蓰,棉花每担增至四钱,较旧例税规几增及一倍。茶叶以 45 万担计之,每年约可收税银 112.5 万余两;棉花以 51.3 万担计之,每年约可收税银 20.5 万余两。即此二宗,已足抵粤海关岁入正额盈余之数。……其余各货税,减者固不能无,而增者亦复不少,且有旧例漏未征税,新议增入者,通盘合算,实属有盈无绌。且关税以粤海关为最重,该夷赴各口贸易,不以闽浙江苏等关税例,藉口图减,而欲以粤海为额,通行各口,一体输将。此后商货流通。所加者更难以数。"① 至于"例外浮费……无庸过事搜求,但须严饬行栈胥吏人等,不准丝毫需索"②。税收既然有盈无绌,吃亏的只是那些贪污官吏和枉法宵小,在当时,这是君臣都十分满意的成就。

英商从新税则得有多少利益?下表先比较几项重要商品的负税轻重。(见下页表)

此外,有人估计新税比旧征正税规费等的增减情形,结论谓新税大都比旧征数减少甚多。例如出口货之八角、茴香、樟脑、藤黄、大黄、生丝、银朱各物约减 50%;山奈、玻璃珠、夏布、冰糖各物约减 66%;席子、土布、砂糖约减 75%;茯苓、铜器、姜黄约减 80%。其加税以提高税收的仅有货品,只有丝织品,几增 50%;金银器增两倍以上;茶叶约增 25%。进口货方面,上等人参减 16%;阿胶、次等燕窝、童衣、牛黄、锡、钢、铅、大青约减 50%;本色斜羽绸、儿茶、铁、肉豆蔻、胡椒、木香、沙藤、哔叽约减 66%;细洋纱、棉花、花布、槟榔膏、檀香约

---

① 道光朝筹办夷务始末,卷 67,第 2—3 页。
② 道光朝筹办夷务始末,卷 66,第 42 页。

进出口物品新旧负税表(旧征数)　　（税银单位：两）

	征税单位	法定正税	实征数	新定税
进口				
棉花	担	0.298	1.740	0.400
本色市布	匹	0.069	0.373	0.100
漂白市布	匹	0.285	0.702	0.150
棉纱	担	0.483	2.406	1.000
大呢	丈	0.712	1.242	1.150
出口				
南京生丝	担	15.276	23.733	10.000
广州生丝	担	8.576	10.570	10.000
茶	担	1.279	6.000	2.500
糖	担	0.269	0.475	0.250
棉布	担	1.844	2.651	1.000

减75%；上等燕窝、丁香、多罗呢、小呢约减80%；苏木约减87%；羽纱约减90%。进口货只有三样是增加了的，即呀蓝色（一种染料）、麻布和水银。第一种增一倍以上，后二种几增及一倍①

船钞方面，旧征本是按船身长度，丈量征收的，新办法改以吨位计算。譬如以900吨的船只为准，则旧征法定钞饷为6000两，新法只得450两。若更以420吨船计之，则旧征为2667两，新征只得210两②。可知船钞之减收亦不少。

在英商看来，税率船钞都大大地减低了，在耆英看来，税收是大大地增高了，双方都满意。

---

① Chinese Repository, Vol. XII, 1843, pp. 393—397.
② Morse, The International Relations of the Chinese Empire, Vol. I, p. 309.

如果按商品价值来估计从价税率，则新税则在进口货方面，如宽幅毛织布匹应合成 4%；如狭幅毛织布匹及小呢为 7.5%；如即呀蓝色、本色童衣、斜羽绸、硝石约合 5.5%；如槟榔、漂白童衣、棉纱为 6%；如棉花为 6.5%；如棉手帕刚过 7%；如鱼翅为 8%；如檀香、锡刚过 8%；如沙藤为 9%；如人参，全作次等计算，则将及 10%；如印花棉布为 10%；如胡椒与熟铁为 11.5%；最高的为铅，计 13%。出口货方面，扇子为 1.5%；夏布为 1.75%；漆器与绸缎为 2.5%；丝带为 2.75%；土布与瓷器略低于 3%；大黄刚超过了 3%；废丝为 3.5%；席子和生丝不及 4%；桂皮与桂皮油不及 5%；但桂子为 10.5%；茴香油与纸为 5.5%；砂糖为 6%；冰糖为 6.5%，白矾与八角、茴香为 8%；茯苓为 8.5%；最重要的出口物，茶叶为 10.75%[①]。

从以上所说，可知一般人以为税则表里所列从量税是按从价 5% 这个原则去订定的说法，实属大谬。又，将从量折成从价后，我们可以想见当时耆英的交涉原则，除去"先筹国计"这个总收入主义而外，对各个商品实无任何原则存在。在他脑里，进口出口，洋货土货，原料成品，实在只是乱嚷嚷一堆名词，辨不出何者重要与不重要来，于是税则也就只好胡乱拟定了。

关税以外，尚有内地通过税问题需要一提。

十三行贸易时代，出口货物应纳税饷都加在华商售价内由外商一并支付的；进口货应纳者则并不在华商买价内，而由外商另行缴纳[②]。这种制度行之既久，便使人发生一错误观念，以为不论进口出口，中国所收关税，其负担总在外人身上，华商不与焉。这观念推演到极点，便以为出口货的内地通过税，最后也必

[①] Wright, China's Struggle for Tariff Autonomy, pp. 16—17.

[②] Wright, op. cit., p. 11.

都加到售价上去，由外商来负担。当时大臣都作如是观。

从前对外贸易限于广州一处时，各省外销货物都要经陆路长途运去，沿途设有许多关卡，各征若干通过税以备公用。现在开辟五口通商，商人必都选择近便的口岸去销货，无须再经过那辽远的长途，也就无须经过那许多内地关卡，所以内地税收必会减少，尽管海关税收不减往昔，这还是一个需要补救的"理财"问题。既然出口货的内地通过税，最后都会加到卖价里去由外商负担，那这个问题的解决办法便很简单了：只消加增通过税便得。

（道光）二十三年七月中英商约既成，钦差大臣耆英，两广总督祁𡎴，广东巡抚程矞采和粤海关监督文丰4人便会奏提出解决办法。他们说有湖丝一项，乃外国所必须，而新海关税则每百斤只完税10两，统各项杂税平余计之，尚较从前每百斤减银一两二钱零，所以应该"饬令内地客商，补完经过各关（卡）额税，以藉补苴。嗣后凡内地客商，贩运湖丝，前赴福州、厦门、宁波、上海四口，与西洋各国交易者，均查明赴粤路程，少过一关，即在卸货关口，补纳一关税数，再准贸易，如有偷漏，照例惩办"。又国内各省贩运茶叶、湖丝、绸缎，"近因内地各关，勒索过甚，致有内地各商将行销各省茶叶等货，搭船海运，内地各关税额日形短绌，实由于此。现定章程，于西洋各国应完税银虽大有加增，与内地流通商货税则，轻重（仍甚）悬殊，易启避重就轻，与洋船私相交易之币。嗣后……所有内地各省，行销茶叶、湖丝、绸缎三项，止准由内地行走，不准涉海，傥有情愿由海贩运者，即照与西洋各国贸易例，一体完税，方准贩运出口"。①

---

① 道光朝筹办夷务始末，卷67，第43—44页。

奏上，旨下户部军机处议覆。结果依议饬令实行①。这就是耆英等所"通盘筹划"，对外商"无增税之名，而有增税之实"的国内税办法。此可说明耆英、祁㙗乃至户部军机处那些王大臣对关税内地税与小民生计等问题，究有多少常识。后来外商埋怨中国官吏加重内地税，指定贸易路线，是故意仇外的举动，深致不满，此更可以证明中国官吏不独无此企图，且根本无此常识。又后来外商在中国海面江面的航运业日益发达，中国最终形成土货由外船运输在国内流通也照洋货一样纳税的畸形制度，也就是从这次开始的。

中英商约，确使中国的门户对英开放了。虽只五口，以当时英国产业革命所到达的程度而论，这五口已经很够了。所以江宁条约签订后，英国全权大使朴鼎查便欣然向其国人宣称江宁条约打开一个国家的门户，这个国家异常庞大，"倾兰开夏所有棉纺织厂的制品，也不足供给它一省销售的"。英人对这次的收获，如何的满意，从朴鼎查的说话，可以想见一般。

(三) 门户开放政策

中国若果能只是对英开放五口，则中国此后殖民地化的程度当绝不至像事实那样的深刻。然这种办法，是当时局势所绝不许可的。就在主观上，中英双方且都没有这样的企图。

19世纪40年代的英国产业革命确已立了基础，强烈的要求海外市场，东印度公司对华贸易专利权之废止，以及鸦片战争之不可或免，都是这种要求的结果。不过英人既以武力打开中国市场，并没有打算独占它。道光二十年英外长巴麦尊（Lord Palmerston）发给懿律和义律的训令便说：英后"陛下政府无意为其

---

① 道光朝筹办夷务始末，卷68，第18—20页。

臣民获取任何不得推及任何他国臣民的具有独占性的商务权利"①。同年，义律向琦善提出照会，要求中国开放广州、厦门、舟山三港，许英商贸易，接着便声明："今尚有须加说明者，上开各口岸贸易权利，并非专为英国船只及商民而求，惟贵国政府今后对任何外国商民与船只开放之一口或数口，英国商民船只应有以同等地位享受贸易之权。"②次年义律且公开声明："本全权大使今兹首次宣布帝国政府并未为英国船只商民之利益向中国要求独占的权利。"③ 1841年9月英皮尔（Sir Robert Peel）组阁，阿伯丁（G. H. G. Aberdeen）入外交部，对华交涉的全权代表也换为朴鼎查。阿伯丁发给朴鼎查的训令便说："吾人之全部愿望惟在安全而常规之贸易，请阁下勿忘吾人并不寻求独占权利，吾人所求者，莫不愿见一切其他国家之臣民皆得享有之。"④ 总之，英国的一贯政策，并不企图独占中国市场，毋宁还希望他国亦与英国享受同样自由贸易的权利。

英国既无意独占，美法等国自不能轻易放弃这个大好机会。所以在中英交涉尚未完结时，他们也都派人来作种种要求。美、法两使如何以虚言诱骗，如何以兵船威胁，这里不必说它，我们只要知道他们的目的，都圆满达到就够了。不过中国的政策，很

---

① Lord Palmerston to Rear Admiral Elliot & Captain Charles Elliot, 20th. February, 1840. Cf. Morse, The International Relations of the Chinese Empire, Vol, Appendix B. p. 630.

② Foreign Office 17/47, Elliot to Keshen, 12th. December, 1840. Wright, op. cit. p. 7.

③ Froclamation by Captain Charles Elliot. 20th. January, 1841. Chinese Repository, Vol. X, p. 63.

④ Foreign Office 17/51, Aberdeen to Pottinger, Desp No. 304th. November, 1841. Wright, op. cit. , p. 7.

是有趣，需要一提。当时中国的政策决定于耆英和伊里布二人①。他们也主张门户开放，一视同仁。他们的理由很简单。盖中英江宁议约，英方朴鼎查已经表示，各国若要至各口贸易时，中国但肯允准，英国断不阻止，现在美利坚、法兰西果然都派使臣来要求，这明明表示英、美、法各夷都是串通一气的。大皇帝既许英夷贸易，若使美、法夷独抱向隅，美、法心怀不平，其后果是应当顾虑的。这是一层，其次，所谓英吉利、美利坚、法兰西各夷，全都红毛碧眼，船只衣服，都没有区别，中国何从辨别他们谁是谁？如果美夷、法夷假冒英夷名义，混迹各口岸潜事贸易，又谁能把他们稽查出来？既然稽查不出，则美、法各夷实和英夷一样得享贸易之利。这样便弄得英夷可以"市德于备夷"，各夷遂亦"维絷英夷之手足"，从此夷与夷则相结日深，而夷与我则乖违日甚，一英夷已足为害边疆，况合众夷而使之为一耶？现在既然英夷并不反对，"法穷则变，与其谨守旧章，致多棘手，莫若因势利导，一视同仁"之为便。况且"闽浙江苏等省，既准英夷贸易，即增此各夷，似无妨碍，并可将聚集一处之夷船，散之五处，其势自涣，其情自离，藉以驾驭外夷。未始非计"②。因此中英商约遂又重抄两份，一于1844年7月3日和美国签订，称望厦条约；一于同年10月24日和法国签订，称为黄浦条约。此外，至1847年，又与瑞典、挪威签订同样商约。各约内容，都与英约大同小异。这中间比利时亦曾要求订约，中国以其国小，不许；但照会比使，许比人与缔约国有同等贸易权利云。

---

① Cf. The Chinese Social & Political Science Review, Vol. XX, No. 3, pp. 422—444; Vol. XXI, No. 1, pp. 75—109.

② 参看道光朝筹办夷务始末，卷64，第37—38页，伊里布奏稿；又同卷，第44—46页，耆英奏稿。

后签各约，都无条件含有片面最惠条款，所以凡英国得享之权利，他国皆得享受。美、法两约，且特别又对领事裁判权一项予以明白之规定，然江宁条约规定，英领事有责令英商交纳合法税饷之义务，则不与焉。美、法两约又规定修约时期，须在签约后之12年后，这一条终成为另一场中外战争的造因之一。

二 江宁条约后中外通商状况

（一）各口对外通商分述

江宁条约后，中国被迫开放五口，许外商自由贸易，此后直至咸丰八年之天津条约签订时为止，这10余年间，中外商务关系如何，乃中国近百年史最饶兴味的问题。不幸因资料难得，国人对这段历史几乎忘记了。

晚清人十分轻视一般商品的对外贸易，用精确数字来记载贸易状况，自然是谈不上的，就连认真的文字记载，也极难得，通商各口海关之正式有贸易统计发表，是要迟到外人管理海关后的咸丰九年（1859）才开始的。道光二十二年以后咸丰九年以前这一段贸易史，也只好从外人的记载里去寻求资料。以下就当时外人期刊如字林西报星期刊，中华闻见录（Chinese Repository）英美领事对本国的报告，英国国会蓝皮书，以及种种私人记录[1]，对此段历史作一考察。材料是零碎的，行文自不能整齐流畅，然这些都是极端珍贵不可多得的史料，故不惮烦琐，详为录述。兹先述各口贸易状况如后。

（A）广州 广州原是对外通商已数百年的地方，上至官吏，下至痞棍，群视夷商为利薮，历久相沿，搞索走私，偶然视为当

---

[1] Cf. Banister, A History of the External Trade of China, 1834—1881.

然，非法竟成合法。及至增辟四口通商，此辈眼看利薮他移，乃群起排外，无端生出许多冲突来。道光二十三年六月耆英述当时情况谓："市井小民，嗜利尚气，好斗轻生。又系通洋码头，五方杂处，多有造谣生事之徒，从中煽惑，藉以渔利。从前粤中习俗，既资番舶为衣食之源，又以夷人为侮弄之具。该夷敢怒而不敢言，饮恨于心，已非一日。近日夷情不能再如从前之受侮。设有一言不合，即彼此欲得而甘心。"① 耆英谓缙绅之家，皆读书明理，守法奉公；引起冲突，乃无赖游棍，及俗所谓烂葸等辈所为，其实官吏缙绅又何尝干净？自道光二十二年起至咸丰六年中英再起武装冲突为止，这10余年中，广州不断地闹着中外纠纷。此在贸易方面，当然不无影响。

　　道光二十三年，广州开港贸易，中外贸易新制度之实行，处处发生困难。差不多所有和贸易有利害关系的人，都尽力想维持旧日的独占地位；使货物经由广州一口，使交易遵循一定旧规。他们严拒外人走入广州省城，不许外商在公行之外，占据任何地皮房屋从事居住或贸易。行商更建筑茶仓，强迫一切运入广州的茶叶都要租赁该仓存储②。从前那些法定通译，还要继续维持通译独占，收取费用③。连江西广东间梅岭路上的运货苦力，也组织罢工，要求商货仍从旧路运向广州④。然而，新的口岸增辟了，广州再没有从前那样广大的商货腹地，人为的限制，终敌不过经济发展的自然法则。货物既不再运向梅岭路，梅岭路上的苦力罢工，只有自讨没趣。法定通译倒存在了几年，可是不久，广州贸易量减少，通译之间倒起了竞争，不惜对奸商私自减低税课

---

① 道光朝筹办夷务始末，卷66，第42页，耆英奏稿。
② Chinese Repository, Vol. XIX, July 1850, pp. 406—408.
③ Chinese Repository, Vol. XII, September 1843, p. 500.
④ Chinese Repository, Vol. XII, June 1843, p. 331.

以企维持自己的地位①；而到了海关在客卿管理之下改组后，他们的独占且根本不能存在了②。公行独占茶仓的办法，也因外人的强力反对而不能实行。为了税收的理由，清政府对不运广州的丝货，要补缴未过各关卡的内地通过税，然长途路运输花费中，课税一项，所占甚微。上海英领事于1847年计算运送生丝至广州与至上海的开销，谓距离上，去广州较去上海要远上10倍，而运费、利息、损失等去广州也要比去上海贵上35%至40%③，谁还愿意舍近求远，舍贱求贵呢？广州的大小官吏，谁不愿广州多多地延揽交易，好使他们多多地枉法贪污，然而他们又何能为力？

五口通商后，广州腹地缩小，贸易衰落，乃是必然的趋势，惟其显著的转折点却在1851年。从这一年起，太平军从广西一群教徒的聚叛开始形成一支强有力的革命军，横行两广，切断交通路线，使广州本已缩小的腹地，更缩小成只有广东南岭以南一块小小的地方，进出口货遂都为之大落。而这年以后，闽广人又大批地向澳大利亚和加利福尼亚移民，使香港的海运、码头，及其他附属商务，大为兴盛，又从广州吸收了一批生意去。到了1854年，太平军攻入佛山，把这个工业中心，毁成灰烬，手工纺织业消灭了，广州也就不再每年进口几十万担棉花。1856年，发生亚罗船（Arrow）事件，广州的外人住宅与官署被人洗劫焚毁，中外人士的贸易中心遂转移到香港去了，这就是说一切附属商务如银行、交易所、邮务等也都离开了广州。1857年8月起广州即被封锁，12月被占于英法联军，在外人委员会管理之下

---

① J. Searth, Twelve Years in China, p. 262.
② S. Wells Williams, Chinese Commercial Guide, p. 161.
③ British Parliamentary Papers, 1848, Consul Aclock's Report on Shanghai, p. 70.

凡2年。贸易自然更是谈不上的。

此时期广东全部对外贸易状况如何，没有统计数字可查，我们只好根据断片的资料来推测，此时期广州贸易，平均以对英占66%；对美占28%；对其他各国者占6%[①]。1851年既为广州贸易的转折点，可先列该年对英贸易分配如下：

1851年广州对英贸易状况 （单位：元）

进	口	出	口
棉制品	2451945	茶叶	10554100
毛制品	818817	生丝	836220
棉花	5500000	杂货	1819992
其他杂货	1323499	共计	13210312
共计	10094261		

资料来源：North China Herald, 3rd. July, 1852.

上表不包括鸦片及金银在内。其有可注意者数端。第一，如将鸦片不计，则广州的对外贸易是出超的。第二，进口棉花占进口总值一半以上，后日泛滥中国市场的英国棉制品价值尚不及棉花价值的一半，可知此时英国棉工业尚未征服中国的手工纺织业。第三，出口货中，茶叶一项，占绝对优势地位，若此货削减，广州的对外贸易便将改观。

1843年后，皖苏浙闽茶叶都运向上海去，惟两湖及江西茶还经广州出口，所以广州的茶叶出口乃至全部出口贸易还能维持相当地位。1851年后，由于前述理由，广州的茶叶出口量大减，其详如下：

---

① 根据各种数字估计。

广州茶叶出口量　　　　　　　（单位：磅）

年份	出口量	年份	出口量
1844	69327500	1852	(36127100)
1845	76393000	1853	(31796000)
1846	71556000	1854	(59025100)
1847	64192500	1855	(16700000)
1848	60243000	1856	(30404400)
1849	(64677500)	1857	(19638300)
1850	(55067400)	1858	(24293800)
1851	(62468100)		

资料来源：Morse International Relations, Vol. I, P. 366（括弧内的数字为估计数）。

茶叶以次，广州出口的重要货品便是生丝及丝织品，此物在1843年后，颇有增加。

广州生丝的出口量　　　　　　　（单位：包）

年份	出口量	年份	出口量
1843	1787	1849	1061
1844	2604	1850	4305
1845	6787	1851	2409
1846	3554	1852	3549
1847	1200	1853	4577
1848	—		

资料来源：Morse, op. cit., p. 336。

1853年后广州的生丝出口量如何，吾人无所知。不过吾人确知生丝的对美输出是继续增加的，而丝织品的对美输出，约自1856年起便趋跌落，到1861年差不多已近于无了[①]。

---

① Eldon Griffin, Clippers & Consuls, 1938, p. 252.

生丝出口的少量增加,绝不能抵补茶叶出口的大量低落,故此时期广州整个出口贸易必趋衰落,乃是无疑的。

进口方面,一向以英国来货为最多,下列数字可以证明。1851年前的总进口额也是低减的。1854年佛山被毁,棉花不复进口,虽则英国棉纱输入,因此而有增①,然其所增之数,恐不能抵补棉花之减。此外,以前外船运米进口是免除税饷的,新税则对米进口税仍予免纳,惟船钞则不免。是故从前颇有外船运米入口者,1843年后此类船只乃逐渐移泊香港,米粮则由中国航船向香港去剥运②。此种变迁虽不足以削减广州的进口贸易量,惟于外商直接进口贸易,则不无影响。

广州对英贸易额 (单位:镑)

年 份	进 口	出 口
1844	3451312	3883828
1845	2321692	4492370
1846	2213116	3222021
1847	2085581	3406420
1848	1334147	1766661
1849	1646301	2392903
1850	1638489	2355717
1851	2481505	3247535
1852	2368830	1566614

资料来源:North China Herald, 25th, March, 1854.

若论货物种类,出口方面,茶叶虽减,必仍为最大宗的货品

---

① S. Wells Williams, op. cit., p. 88.
② E. Griffin, op. cit., p. 253.

无疑,其次当即推生丝及丝织品。进口方面,鸦片以次最大宗的货品,在1854年前应为棉花,其后大约即变为棉制品了,若置印度货之鸦片、棉花,与南洋各地之米谷、香料于不论,则进口英货始终必以棉制品为最多,次推毛织品,惜无精确数字可资详述。进口美国货品,亦以棉制品为最多。譬如就1845、1846两年情形而论,进口美货差不多全为棉布匹头,特别是以粗细斜纹布及粗市布为多,其他货品皆微不足道①。迨至1856年,情形依然如故。该年进口在两万元以上之货物为:斜纹布(546423元),市布(228932元),人参(192681元),锡(122913元),水银(107640元),金条金砂(87830元),银条(34370元),铜(23700元),煤(23407元),木材(20000元)②。

广州对欧美的航运业,大部分操在英美两国手里。譬如1845年广州计进口外船302艘(136850吨),其中即有182艘(80000吨以上)为英籍,有83艘(35000吨以上)为美籍,荷籍居第三位,惟其数只得11艘③。至1854年,广州计进口外船320艘(154157吨),其中英籍137艘(68795吨),美籍65艘或66艘(45000吨以上),他如荷籍23艘(10427吨),西班牙籍21艘(6344吨),秘鲁籍18艘(6268吨)及汉堡籍15艘(3274吨)④。另一记载谓1845年广州进口美籍商船为81艘36929吨,1860年则为71艘59220吨⑤。果尔,则1845年平均每艘不过450余吨,1860年平均即达830余吨,商船吨位之提高,如此其速,殊堪注意。

---

① Based upon Canton Consular Letters, 1846, cf. Griffin, op. cit., p. 250.
② Ibid., p. 252.
③ Chinese Repository, Vol. XV, pp. 165—172.
④ Commercial Relations of the United States, Vol. I, 1856, p. 524.
⑤ Griffin. op. cit., Appendix 4C, p. 248.

（B）上海　上海于 1843 年 11 月 17 日正式开港。此处本为中国最大的航运中心，外通南北沿海，内接长江运河，腹地广大，交通便捷，在开港前便已有繁盛的商务。据估计，当时上海北航沿海的帆船便有 14000 艘至 20000 艘之多①。英国香港总督兼驻华主任商务监督大卫斯（John Davis）于 1844 年第一次巡视四个新开港后，曾作如下之报告："上海与厦门，特别是上海在商务上具有一切成功的条件，可能成为两个繁盛的大市场……宁波……距离上海太近，商务将为上海所夺。至于福州，以其水路艰险，障碍重重，对欧贸易前途，希望甚微。"②这种观察是很有远见的，事实上，在最初几年内，要不是上海的发展，则江宁条约对于外商实不啻一纸空文③。盖福州无贸易，宁波厦门贸易甚少，而广州又不断闹着纠纷，惟有在上海，外商才真正享受新得的权利，得有充分机会施展他们的贸易本领。他们信任中国买办，派遣他们携大宗款项去内地直接采购丝茶④，这样就开辟出广大的贸易领域来，其交易之进行，自由而有厚利，远不是广州所可比拟的⑤。所以上海的贸易，发展极速，开港后不数年间，已有凌驾广州之上的情势。有人说："1846 年上海出口贸易占全国出口贸易的 1/7，1851 年便占到 1/2，此后也绝未落到 1/2 以下"⑥。又有人说 1850 年上海出口茶叶占全国出口茶叶的 50%，

---

① Parliamentary Papers, 1857—1859, Memorandum by Mr. Consul D. B. Robertson on Trade of Shanghai, p. 116.

② Quoted in S. Lane‑Poole: Life of Sir Henry Parkes, p. 88.

③ R. Fortune, Residence Among the Chinese, 1853—1856, p. 427.

④ J. Scarth, op. cit., p. 110.

⑤ S. Wells Williams, op. cit., p. 197；North China Herald, 15th. March, 1851.

⑥ F. Remer, Foreign Trade of China, p. 30.

而出口生丝占全国出口生丝的3/4①,据我们所知,出口生丝量上海超过广州是在1846年,出口茶叶上海超过广州是在1852年。总之,在50年代初头,上海对外贸易,就已超过广州了。

上海对外贸易的发展,可从下列两表中略窥一斑。由下表可知上海的合法贸易进口极不稳定,出口则增进甚速。1856—1858年贸易量特大,乃是上海海关改由外人管理后,沿岸贸易之由外国船只航运者其统计数亦加入对外国贸易统计中的缘故。

上海英籍船只所载进出口货统计表　　（单位：千元）

年　份	进　口	出　口	共　计
1843—1844	2522	2360	4882
1845	5195	6044	11239
1846	3889	6492	10381
1847	4311	6726	11037
1848	2533	5080	7613
1849	4413	6514	10927
1850	3908	8021	11929

注：走私贸易不在内。

资料来源：North China Herald, 27th September, 1851.

上海进出口贸易统计　　（单位：千元）

年　份	进　口	出　口	共　计
1851	4299	10403	14702
1852	（5303）	（10281）	（15584）

---

① Commercial Relation of the U.S.A., Vol. Ⅲ, p.376, North China Herald, 2nd. August, 1851.

续表

年 份	进 口	出 口	共 计
1853	8845	25827	34672
1856	8700	30294	38994
1857	14549	33344	47893
1858	18895	30624	49519

注：走私贸易不在内。括弧内数字为对英一国者；1856年起，价值改以两计，1852、1853两年数字原以金镑计，今以4s2d兑一元之汇率折算成元。

资料来源：North China Herald, 3rd. July, 1852; 25th. March, 1854; 1st. July, 1854; 8th. July, 1854; 26th. June, 1858; 30th. April, 1859.

上海出口贸易最明显的发展，在于生丝和茶叶，尤其是生丝，发展得最快。有人说"上海立即取得中国生丝市场的适当地位，短期内，差不多就供给欧洲全部的生丝需要了"①，这话并不算过分。茶叶出口，盛况亦不让于生丝，兹列二者出口量如下：

上海进出口贸易统计

年 份	红茶（磅）	绿茶（磅）	茶叶共计（磅）	生丝（包）
1843—1844	?	?	1149000	?
1844—1845	3036803	763824	3800627	6433
1845—1846	8726056	3733923	12459989	15192
1846—1847	?	?	12494000	15972
1847—1848	11837038	3874104	15711142	21176
1848—1849	11849637	6449537	18303074	18134
1849—1850	16609257	5754113	22363370	15237

---

① Morse, op. cit., Vol. I, p. 358.

续表

年　份	红茶（磅）	绿茶（磅）	茶叶共计（磅）	生丝（包）
1850—1851	25954806	10767734	36722540	17243
1851—1852	?	?	57675000	20631
1852—1853	?	?	69431000	28076
1853—1854	?	?	50344000	58319
1854—1855	?	?	80481577	53965
1855—1856	?	?	59300000	57463
1856—1857	?	?	40914000	92160
1857—1858	?	?	51317000	66391

注：年度以6月30日为止。

资料来源：North China Herald, Vol. Ⅵ, No. 280, December 8 1855, p. 76; Vol. Ⅸ, No. 499; March 5 1859, p. 124; S. Wells Williams, Chinese Commercial Guide, p. 198. 此二来源在1856年前，数字完全相同，其后，前者大于后者，今采前者。

根据上表，可知上海的丝茶输出，在1854年前，增长甚速，且极坚定，1854年后始发生波动不稳定现象，此乃太平军侵入长江下游，扰乱丝茶产地使然。不过当1853—1854年度，上海茶叶输出激减时，生丝输出却特别增多，其后增减亦常相反。太平军在江浙之破坏，使丝茶两项的内地需求都为之减少，尤以生丝为然。盖南京之陷落，使经常工作的丝织机五万架归于毁灭；加之内地惨遭蹂躏，人民消费能力降低，又亟须生丝变卖为便利携带之银元，故投入输出市场者乃较前大增[1]。至1854年后，生丝尚能维持相当的稳定，茶叶则不然，此或为太平军对丝茶产

---

[1] Morse, op. cit., Vol. l, p. 466; C. F. Remer, Foreign Trade of China, pp. 28—29.

品的破坏程度不同,① 及武夷茶改由福州出口使然。

丝茶出口,差不多全部操在英美商人手里,英商独占生丝出口,贩给法国丝织业作原料;又独占红茶出口,贩去本国消费,兼供欧洲大陆的需求。真的,除俄国自恰克图运去一些而外,英商差不多供给欧洲全部的茶叶需求。美商也贩去一部分生丝,不过他们占有独占势力的却在绿茶的输出上。中国的全部绿茶生产,足有3/4是运去美国的②。很奇怪的,同为欧洲人的,特别是英国人的后裔,住在本国的,便偏嗜红茶,移到美洲去的,却偏嗜绿茶了。下表列举上海输入美国的丝茶数量,若将其和前列上海丝茶总输出量加以比较,便可知美国在绿茶输出上的势力。丝茶总输出量中,除开运至美国者,其余差不多全归英商运去,英商势力,亦可从两表比较上估计得之。

上海输美茶叶生丝数量表

年　　份	红茶（磅）	绿茶（磅）	茶叶共计（磅）	生丝（包）
1847—1848	226636	1514151	1740787	?
1848—1849	616257	2370075	2986332	35
1849—1850	1648829	3974879	5623708	415
1850—1851	3571899	7316641	12674540	250
1852—1853	2934700	19965600	22900300	534
1854—1855	1042016	21888564	22930580	667
1857—1858	315303	17625806	17941109	1668（?）

注:年度以6月30日为止。

资料来源:North China Herald, December 8 1855, p. 76; March 5 1859, p. 124; S. Wells Williams, op. cit., p. 198.

---

① Griffin, op. cit., p. 268.
② North China Herald, 23rd. April, 1853.

丝茶以外,上海重要出口物品,惟有土布,其他皆无足称道,今列示出口货物分类情形如下。

上海出口货物分类统计 （单位：千元）

	1851	1853	1858
丝	5591	13589	25461
茶	4771	11928	12454
土布	41	136	2344
其他		174	2274
共计	10403	25827	42533

资料来源：1851 见 North China Herald, 3rd. July, 1852；1853 见 North China Herald, 1st. 及 8th. July, 1854；1858 见 North China Herald, 16th. July, 1859。本年数字包括土货沿岸进出口在内。

进口方面,以鸦片为最盛。1847 年上海进口鸦片 16500 箱,1849 年便到 22981 箱①。吴淞趸船上卸下的鸦片在 1853 年为 31907 箱,到 1859 年更高达 33786 箱②。鸦片进口起初还隐隐藏藏的,后来就日益公开了。

鸦片以外,上海输入外国的制造品甚少。然鸦片是印度出产的,制造品才是英美两国急望推销的东西。英国驻上海领事总是注意毛织物和棉织物的贸易情形,津津于些微升降的考究。其实英商是否真愿经营这些买卖,却又不无疑问。当时最赚钱的生意是鸦片,若英国的制造品,则销售困难,利钱微薄。英商之经营

---

① Morse, op. cit., Vol. I, p. 358.
② Ibid., p. 465.

本国制造品者，并不普遍①。这情形自使英国政府及英国工商业家失望，所以 1847 年，国会乃有特种委员会的组织，专就对华贸易作一番研究。兹列该会所记英国输入上海的商品统计如下。

上海进口英国商品统计　　　　　　　（单位：金镑）

	1843	1841	1845	1846
棉货	872	1576	1735	1247
毛货	418	565	539	440
杂货	166	165	121	?
共计	1456	2306	2395	?

资料来源：British Parliamentary Papers, 1848, Report of Selected Committee of 1847, p.111.

按英国输华毛织物原居制造品的首位，其总值在 1844 年为 1375000 元，至 1853 年只有 740000 元②，更观上表，可知毛织品的地位终被棉制物取代了。毛织物何以衰落？英国驻上海领事阿礼国（Sir Rutherford Alcock）说，"实情似乎是这样：本地及邻近诸省，冬季内，英国毛织物既不温暖耐穿，又不能如皮货之能适合大多数人的服用习惯"③，故不得不趋式微。虽纵有棉织之渐盛，英国制造品的销售量仍是很少的。1851 年有人公布数字谓：上海贸易总额中英国制造品不过占 1/15 而已④！

论制造品，美国输入上海者也以棉布为最多。惟布匹销路必须与土布竞争，若洋布的运华成本不能减低，其和土布竞争总是

---

① G. Wingrove Cooke, China 1857—1858, p. 200.
② S. Wells Williams, op. cit., p. 106.
③ British Parliamentary Papers, 1848, No. 4, Enclosure 13, p. 43.
④ North China Herald, 27th. September, 1851.

困难的,英国制品如此,美国制品也必如此。在本期前半,上海进口英美棉布匹头,波动甚大,兹可举漂白市布的进口数字如下:计 1844 年,176819 担;1845 年,493881 担;1846 年,315754 担;1847 年,213540 担;1848 年,252957 担;1849 年,334579 担;1850 年,371031 担;1851 年,351090 担;1852 年,216000 担;1853 年,213025 担①。10 年来,所增无几,且多少变动剧烈,正足表示英美棉工业与中国手工业竞争,尚未到决定胜利的时机。

或谓 1851 年起,上述情形,略有变更,上海对洋货匹头的需求,已见有上升之势②,英国棉布若作某种用途,在售价与品质两方面部已能和土布竞争。观于下表,此语或不无相当理由。惟这种增加,显然尚不能餍足英国人士的希望,而英国棉布对中国土布之完全的胜利,还要迟到 70 年代才能完成,业经我们在别处证明过了③。

上海进口洋货分类统计 (单位:千元)

	1851	1853	1858
棉制品	3447	7181	13153
毛制品	395	726	13153
金属品	476	941	1976
其 他			11114
共 计	4318	8848	26243

资料来源:同前列上海出口贸易分类统计表。

---

① North China Herald, March 4, 1854.
② North China Herald, March 25, 1854.
③ Cf. 拙稿"中国棉业之发展"第三章。

进口制造品，在全部进口贸易中所占之地位如何？有人估计1856年的情形为：上海全部进口贸易共得11923000镑，其中鸦片占4624000镑，金银占4288000镑，其他商品占3011000镑①。普通商品价值固不及鸦片价值之多，且亦不及金银价值之多，这是一个有趣的贸易出超问题。

　　按上海对外贸易本是入超的，1849年计入超2668700镑，1850年入超减为1445200镑，1853年便出超500000镑了②。又另一记载谓1857年上海运进白银14443089两③。总之到50年代初头，上海对外贸易已由入超变为出超，其后且有增加之势。这情势之形成，乃出口丝茶增进甚速而进口制造品又迟迟不进的结果，虽有鸦片的大量进口，仍不足以偿其价，为抵补出超，美英自然只有运金银到上海来了。

　　上海对外贸易的经营国别，可以说至少有2/3是英籍，其次，是美籍，英美以次，他国皆无足称道。兹列英籍船只贸易及对外贸易总值如下：

上海进出口贸易总值与英籍船所营进出口值之比较

（单位：千镑）

年　份	进口总值	英籍进口	英籍占%	出口总值	英籍出口	英籍占%
1845	1224	1082	88.4	1347	1259	93.5
1846	1066	810	76.0	1527	1353	88.6
1847	1009	898	88.9	1517	1401	92.3
1848	806	570	70.7	1306	1143	87.5

---

① Cooke, op. cil., p.96.
② North China Herald, March 25, 1854.
③ Morse, op. cit., Vol. I, p.467.

续表

年 份	进口总值	英籍进口	英籍占%	出口总值	英籍出口	英籍占%
1853	1843	1045	56.7	5381	4337	80.6
1858	18895	10850	57.4	30624	23524	76.8

注：1858年数字为规元两，非法贸易不在内。

资料来源：1845—1848 见 British Parliamentary Papers, 1847—1849, Various Returns of Trade in China；1853 见 North China Herald. 1st. & 8th. July, 1854；1858 见 North China Herald, 16th. July, 1859.

另一记载谓1847年上海共进口外船102只26735吨，其中英籍为76只19361吨，美籍为20只5454吨。1858年下半年计进口一外船421只137311吨，其中英籍占156只63398吨，美籍占41只30321吨[①]。英美以次，其他各国有西班牙、荷兰、汉堡、普鲁士等籍，惟船只不多，且吨位甚小，运务不盛，兹列各国籍所营贸易价值如下。

上海进口货值按船只国籍分类统计

	1853（千镑）	1858（千两）
英	1045	10850
美	663	3451
其他	135	4716
共计	1843	19017

资料来源：North China Herald. 1st. & 8th. July, 1854；16th. July, 1859.

英美船只所经营的贸易，并不全是对英美的贸易。前面已说

---

① Griffin, op. cit., pp. 261—265.

过，英商差不多是欧洲全部茶叶需求的供给者，同时又几乎是法国丝织业全部生丝需求的供给者。中印贸易，除少数印船即所谓"港脚"经营者外，自亦以英船占最多数。此外，英籍商船还把中国的茶叶生丝贩向澳大利亚、新西兰等地去，又把南洋各地的米粮、香料等货贩到中国来。美籍商船所经营的贸易自以对美贸易为主，不过他们所经营的地域范围，比英船还要广泛，整个美洲固然是他们的势力范围，南洋各岛也无所不到，就连欧洲，甚至英国本土，也无不有他们的足迹。总之，当时中国的对外贸易，差不多全操在英美商船手里，他们的船只迅速改进，——自1846年至1860年上海进口美籍远洋航船只数增加约近10倍，而吨位几增加20倍①，——吨位庞大，航行便捷负责保险，故中国帆船的南洋航运业已受威胁了。在沿海贸易方面，英美商船固也有相当势力，不过却不像对外贸易那样占有绝对优势地位，盖英美商人当时尚未在这方面力图发展，而北日耳曼各港如汉堡、不来梅、爱丁登等处的小型汽船却占有甚大势力也。然不论其为英美籍也好，北日耳曼各籍也好，其威胁中国帆船的航运业则是一样的。

（C）厦门　厦门本来也是中国一个帆船航运中心，对南洋各岛，对台湾，对日本，以及中国南北各沿海港口都有繁盛的贸易关系。1844年6月，厦门正式辟为对外贸易港。随即开始小规模的贸易，半年间英船进口货值372000元，出口值58000元②。惟此后的发展，并未能如预期之盛。1845年进口总值147494镑，有一半以上为英籍商船所载，最重要的商品为印度棉花，只有毛瑟枪一样说明是来自美国的。英船出口货计15478

---

① Griffin, op. cit., p. 265.
② North China Herald, September 27, 1851.

镑，其中最重要的出口物品是运销海峡（殖民地）的冰糖，全无对欧美直接出口贸易。此后几年，英船贸易额有如下数字。

英籍商船所营厦门对外贸易额 （单位：镑）

年　份	进　口	出　口
1847	179758	7139
1850	253552	53208
1852	435017	60429

资料来源：North China Herald, 25th. March, 1854.

英籍与其他各籍之比较，有如下记载。

各外籍商船所营厦门对外贸易

		进口（元）	出口（元）
1846	英籍	775085	38939
	其他各籍	361993	29708
	合计	1137078	68647
1847	英籍	629652	32948
	其他各籍	550662	39546
	合计	1180314	72494

资料来源：British Parliamentary Papers, 1847, 1 Returns of Trade 1846, p. 26; Letters from American Consul at Callton. Griffin, op. cit., p. 290.

另一记载谓 1855 年厦门对外贸易总额约 270 万元，其中有 2/3 是英籍商船所经营的[①]。

[①] S. Wells Williams, Chinese Commercial Guide, 1863, p. 183.

进口货品，最初以棉花为主，后来大约棉纱也日渐重要，此外便是鸦片和海峡殖民地的土产了，若棉布匹头则不为人所欢迎，多数来货都囤在那里无法脱售①。

厦门贸易，入超甚多。冰糖和1850年才开始出口的红茶，尚不足支付进口货价，唯一赖以抵补入超者便是人力的输出了②。潮汕人向菲列宾和马来群岛移出原已有很久的历史，厦门开港后，其势当较前为盛。外籍船只载运苦力出口，是1847年3月开始的③。

外籍商船经营沿海贸易，以与中国航船竞争，在此时厦门贸易上亦已明显可见。此类外船来自北欧者，吨位较小，大都按月或长期租予华商航运。其属于英美籍者，吨位较大，然常无货物可运，故为数不多。沿海贸易，以鸦片为大宗，初尚为走私买卖，后来海关正式收税，就默认为合法贸易了④。

（D）福州 福州是外人久已瞩目的港口。16世纪葡萄牙人占据澳门就是被中国从福州和宁波赶过去的。1830年东印度公司又想从福州贩运茶叶未遂。1844年6月这个久为外人想望的港口正式开放了，可是在初期除却它美丽的风景和顽强的居民留住几个教士而外，福州对外国商人，并无价值可言。1844年6月，英国就派了一位领事住在福州。这位领事枯坐了3年，到1847年报告本国说："并无英船或其他外国船只来此贸易，也并没有人真心诚意地来考察过商务情

---

① J. Scarth, Twelve Years in China, p. 35; Griffin, op. cit., p. 290.
② Morse, op. cit., Vol. I, p. 363.
③ Griffin, op. cit., p. 290.
④ Griffin, op. cit., p. 289; W. Tyrone Power, Recollections of A Three years Residence in China, London, 1853, pp. 122—125.

形。"① 又过三年（1850）福州一共有 10 个外国人，其中倒有 7 个是传教士。因此，从 1850 年直到 1853 年 5 月，英国对掉换港口问题，就日益认真起来②。不料这时却发生一件意外事变，终使福州成为世界闻名的港口。

1853 年春，小刀会攻陷上海，去广州的茶路，也阻塞不通。武夷名茶，一时不能再自上海、广州购得③，美商罗素公司（Russcll & Co.）乃遣买办直接往武夷山收购，经闽江下福州。这个试验成功了，武夷茶从此改由福州出口，日久，且有江西茶、皖南茶加入，于是福州之名，也就随着运茶快船遍扬世界了。

福州茶叶出口，增长极速。1853—1854 年度，计运美者 1355000 磅，运英者 5950000 磅。1854—1855 年度计运美 5500000 磅，运英 20490000 磅。1855 下半年，美国一国便运去 15000000 磅以上。1856 年总出口额为 40972600 镑。1857 年最后一季即运出 33000000 磅之谱④。1858 年因地方秩序不稳，且受英美货币恐慌的影响（英美商人所发香港汇票，在福州要贴水 6% 至 8%），故出口大跌，仅及 27953600 磅，惟 1859 年即恢复到 46594400 磅之多⑤。

福州茶叶出口十分兴盛，而英美所能供给的进口货如毛呢棉布之类，却无处销售，所以福州终成为一个出超港，外商除走私鸦片外，就只有运入金银来抵补⑥。金银进口日多，福州那印刷

---

① British Parliamentary Papers, 1848, No. 4. Enclosure 7.
② Morse, op. cit., p. 360.
③ North China Herald, February 18, 1854.
④ 此据 Griffin, op. cit., p. 296。又 Morse. op. cit., Vol. I, p. 366。所载数与此不同。
⑤ Morse, op. cit., Vol. I, p. 366.
⑥ Cooke, China, p. 90.

精美的钱庄期票（Native Remittance Note）就无形消灭，金银遂成为流行的通货①。

此外尚有一事值得注意，像1857年福州米谷失收，地方当局未能及时购储，1858年后半年，遂有大量外米进口。此本为一暂时现象，不料一则因当时国内茶区多受太平军之蹂躏，使中国茶价上涨，一则因外米售价远在福州本地产品之下，遂使福州附近许多稻田变成了茶林，外米进口就日益成为经常的贸易了②。

（E）宁波　宁波正式开港于1843年12月。此港距离上海太近，没有较大的腹地，也就没有繁盛的对外贸易。开港之初外人希望甚大，1844年贸易总值即达500000元，可是5年后，贸易值反而缩得不足5万元了③。不过对外贸易不发达，并非宁波不销售洋货之谓，由上海进口的洋货是源源进入宁波去的。且就在这个小市场上，洋货也早就发生了竞争。当时便有人说美国斜纹和市布能战胜英国货，而俄国和日耳曼的毛织物也已开始和英国货争市场了④。出口方面有少量茶叶，惟显不足抵付洋货价款，当有入超无疑。

鸦片战争后，中国商船为了逃避海盗或便利走私，常常凭挂外国旗帜，希图得洋人的保护，此在宁波，早在1845年就已发生。该年3只华船悬挂美旗，航行于舟山宁波之间。其后，此风日盛。初则利用小型快艇，继则用美国内河式汽船；先还限于鸦片走私和苦力输送，后来也就从事上海宁波间的埠际贸易。这些买卖，也不单由华商经营，有些美商及若干不来梅港来的船只也

---

① S. Wells Williams, op. cit., p. 185.
② Griffin, op. cit., pp. 37, 296—297.
③ Morse, op. cit., Vol. I, p. 359.
④ Cooke, China, pp. 196—198.

都加入的①。

(F) 香港与澳门　研究本期中国对外贸易，除上述五港之外，还当注意香港与澳门两处。

1843年6月26日，中英互换江宁条约，正式宣布香港永久割让予英。此时，香港是一个荒岛，乃窠藏鸦片走私船的好窟穴，对于中英双方，都无多少经济价值。不过香港的港汊可容舰船，香港的位置当海运要冲，所以很早就为英国人所垂涎的。及至正式割让了，英国人抱着很大的希望，把它算作直辖殖民地（Crown Colony），筹建港埠设备，预备把它造成一个大的自由港，一个商货转运站。

事实上，香港的初期发展，却很使英国人失望。首先，这地方草莽未辟，疠疫盛行，新来的人，从总督至水兵，全都难逃疾病，死亡率极高，几乎成为疫疠恐怖世界，使人不敢住下去。其次，虎门条约对香港与新开各口间的贸易船只，定有检查制度，中国官方即据以严格执行，对正当贸易也多留难，因此香港这"天堂城"（City of Palaces）并未立即成为东方大港。1841年英国对香港的输出原超过70万镑的，1844年几达100万镑，但1845年只有80万镑，此后即逐年减少，到1853年，就只剩30万镑了。并且这些货品是否真的湾泊过香港，还不无疑问。1845年有一商人说道："香港一点商务都没有，这只是香港政府及其官吏的一个驻在地，有少数英商和奇啬贫困的居民而已。"② 次年，有一美国人说："现在香港除驻有少数鸦片私贩、土卒、军官和水兵而外，什么也没。"③ 诚然，当时香港还只是零仃第二，

---

① Griffill, op. cit., p. 301.
② J. Eitel, History of Hongkong.
③ Ibid.

一个鸦片走私的巢穴而已。英国人不独未能从香港赚一笔，且为行政费军事费等开销赔了很多的本钱。所以当时英国人颇有主张放弃香港的。

不过，1848年后，香港终从寂寞中日益活跃起来。该年，香港广州间成立内河汽船的定期航班，这个孤岛和内陆的联络，先即加强。恰在同年，加利福尼亚又发现金矿，次年便开始吸收华工；加之英国在澳亚两洲殖民事业的进展，终使香港成为中国苦力输出的转运站。1851年后，太平军横行两广，香港又成为两广富室的避难所与南洋华侨的出发港。1854年，日本开放对外贸易，次年菲列宾继之，其后英人更与暹逻签立条约，便利暹米输华。又约在同时，北太平洋捕鲸业与海豹业也日益发达。凡此种种，都正当各种情势使广州商务日益衰落时，香港却获得有利条件，日益繁荣。不过此时香港的发展，未如英人预期的那样成为一个货物存储库，而是一个苦力转运站和船泊停靠港而已。

澳门，在名义上是由中国租赁给葡萄牙人的一个商港，中葡双方都设海关从事收税。香港让英后，澳门政府的船钞迫使船只离澳趋港，故葡方也于1845年11月20日宣布澳门为免税自由港，次年2月2日将中国海关逐退，成一完全自由的港口。惟澳门港深狭浅，停泊远洋船只，同时难容20艘以上，所谓"对外贸易"终敌不过香港，不过到50年代以后这里的苦力贩运却颇与香港同其繁盛，同其惨酷。

澳门商务，始终以附近沿海贸易为主。经营者大都是闽广人，他们使用一种洋式船身而土式帆桅的木船（Lorchas）在澳门政府注册，悬挂葡旗，从事鸦片和其他商品的走私，其业极盛，惜无统计数字可查。

从中国人看来，香港澳门两地，此时都不过是龌龊的所在，罪恶的渊薮，输入鸦片输出苦力，在外国历史上，应该是可耻的两个地名,在中国历史上,也是令人痛心疾首的万恶之源!

(二)中国对英美印三国贸易总论

以上分述1853—1858年各口对外通商状况,欲明了江宁条约对中外通商的影响,应再总述全国对外通商状况,惟限于资料,只能就英美印三国略示提纲——陆路对俄贸易,非始自江宁条约,可略而不论。

(A)英国 用朴鼎查的话说,江宁条约所给予英商的权利,比英商自己所希望的还要圆满,江宁条约所打开的贸易领域倾兰开夏的全部生产也不够供应的。英国工商人士真是喜出望外,等通商章程一经商定,便把大批货物装运到中国来。他们不独把急欲向外推销的毛织品棉织品运来,他们简直把一切想得到的东西都要运来;所以钢琴和吃饭用的刀叉,也都出现于中国市场了[①]。

当时英国商人受江宁虎门两约的刺激,如何着魔般地把货物搬向中国来,以及其搬来后的销售状况如何,可举下列数字来说明。

英国棉毛织物输华价值 (单位:镑)

年 份	棉 布	毛织品
1842	470000	146000
1843	655000	417000
1844	1457000	565000
1845	1636000	539000
1846	1024000	439000
1847	850000	389000

资料来源:Sargent, Anglo-Chinese commerce & Diplomacy, p.130.

---

① G. Wingrove Cooke, China 1857—1858, pp.168—169.

条约规定应该开放的口岸，在1843—1844两年内陆续开放，英商所运来的纺织品也随着日增月长，到1845年，运货狂热发展到最高潮，计这年运来的棉毛布匹足当1842年的三四倍之多。可是货物运到中国市场了，买主还不知在哪里。大批货物只好囤积起来，它们的主人都蒙受很大的损失。1846年起，货物的来路便不得不缩减了。既有条约上那样意想不到的圆满收获，却又有贸易上这样意想不到的悲惨结局；事情未免奇突。所以1847年春，国会也耐不住要组织特种委员会来研究一番。又不料这个委员会的报告书，却充满了悲观的情调。

原来这时对华商务，还是国际商业尚未发展成现代纯货币经济时代的事情。当时国际金融业尚未成为企业家指挥下高度专门化而具有严密组织的事业；当时外商也还不能光将货物卖出买入，而把货价的收受支付转账清划的事情交给银行家去一手包办。换言之，当时中国的对外贸易，还未完全脱离以货易货的阶段。所以外商脱售货物的最好办法，就是把货物卖给一个中国商人，而由这个中国商人的手去抵除他购买土产时所应付的货价。如果外商由洋货卖出的收入不够支付他购买土产的价格时，他就需要运一批金银来补充。这就是为什么当时"易货价格"往往与"现金价格"不同的原因①。这样表面看起来，中国进口贸易的盛衰是要随着出口贸易盛衰转移的。中国不是卖了很多的茶叶么？那笔收入全用来支付鸦片账了。所以英国驻广州领事于1847年2月的报告便说："须知进口贸易完全受出口贸易所规约所转移，故惟有出口的增加始能诱成进口之相应的增加。对华贸易，本质上是一种直接易货贸易，除非

---

① Cooke, op. cit., pp. 201—202.

吾人对他们主要的出口品——茶叶，能有办法更加多多地购取，则英国产业家因上次战争使吾人在中国所得之新地位而起之希望，即希望所得之利益，殊属有限，此乃明白易晓者也。"① 怎样鼓励茶叶的出口呢？当时中国的茶出口税只有30%至37%，英国的进口税在普通品质为200%，在较坏的品质则高达350%②。幸而英国人对此点都能表现公正的精神，他们异口同声地说中国的课税甚轻，而英国则太重③。所以英国人为推销呢绒哔叽市布斜纹之类，应该把进口茶税减低。况且特种委员会的委员们说："中国人对我们的产物税得这样轻，而我们对中国人的却税得那样重，（减轻些茶税）也不过表示我们还算对得过中国人而已！"④

英国人曾否减低茶叶进口税，这里不必说它，总之，我们知道事实证明英国人又做了一场噩梦。中国对英的丝茶出口确实是增加了，不过中国对英国棉毛织物的消费却并未有多大的长进。今先列丝茶输英量如下。

英国本土输入丝茶数量表　　　　（单位：磅）

年　　份	茶　　叶	生　　丝
1845—1849 平均	52000000	1820000
1850—1854 平均	67000000	2860000
1855—1859 平均	74000000	4410000

资料来源：Sargent, op. cit., p. 132.

① Sargent, op. cit., p. 131.
② British Parliamentary Papers, Report from the Selected committee, 1847, p. V.
③ 按当时美国对产地输入茶叶完全完税。
④ British Parliamentary Papers, Report from the Selected Committee, 1847, p. V

英国输华棉毛织物数量如何，没有统计数字可查，不过英国输华物品，以棉毛织物为主，从其输华物品总值中，便可窥见棉毛织物的输华大势。今列英国本土对中国进出总值如下：

大不列颠本土（不包括印度及其他属领）对中国直接贸易

（单位：镑）

年　份	出口至中国	年　份	出口至中国	自中国进口
1842	969381	1850	1574145	5849025
1843	1456180	1851	2161268	7971491
1844	2305617	1852	2503599	7712771
1845	2394827	1853	1749597	8255615
1846	1791439	1854	1000716	10588126
1847	1503969	1855	1277944	10664315
1848	1445960	1856	2216123	10652195
1849	1537109			

注：中国包括香港在内。

资料来源：British Parliamentary Papers, 1857, Returns of Trade from China, 1833—1856.

根据这个表，可知英国确实多买了不少的中国产品，光是1850—1856这六七年间差不多就增加了一倍，且其趋势是很稳定地在增加，然同时期内，英国本土输至中国的产品，却不过增加50%的样子，且其趋势异常不稳，相对说来，中国对英的出口是提高了，中国自英的进口却依然如故。英国人没有得到预期的收获，贸易入超了，抵补入超的有效办法，便是多多地运些鸦片来出售，不足，那就只有搬些金银来了。鸦片问题，以后再说，今可列英国本土输华白银量如下：

英国本土白银输华量	（单位：盎司）
1850	244860
1851	511580
1852	259080
1853	2278480
1854	9602480
1855	5471080
1856	12666080

资料来源：British Parliamentary Papers, 1857, Returns of Trade from China, 1833—1856.

对华贸易入超，乃是英国朝野人士绝不及料的事情。历10余年的经验，英国才了然于中国何以并不销售英国棉毛织物的原委。原来中国人经悠久的岁月，已发展出足以自给的手工业来，谁能阻止中国人消费他们自己价廉物美的产品呢？外国人要想在中国销售工业品，那就必须在效用与价格两方面和中国土产竞争①。英国棉毛工业固已历经数十年的技术革命了，惟要它航过好望角来对中国手工业作决定性的打击，19世纪70年代以前，尚非其时。1843—1858年间，英国棉毛织物之输华诚有增加，惟与中国人的消费量相比，那真是九牛一毛。故在本期末年，英国货只不过在这个大帝国的边缘上略为一二人士所闻知而已②。当时"中国人相信他们真正的贸易政策是出卖而不是购买"③。

在英国人看来，他们的棉毛织物是必须要出卖的，中国也是

---

① British Parliamentary Papers, 1857—1859, Correspondence Relating to Earl Elgin's Special Mission, 1857—1859, pp. 246—247.

② G. W. Cooke, op. cit., p. 203.

③ G. W. Cooke, op. cit., p. 15.

应当购买的，中国的手工业应该打倒。因此，中国应当开辟更多的口岸，中国那本来已低得可怜的进口税则，还该减低些；中国人士往往存排外的念头，必须膺惩，这就是中英第二次战争的主要导因。

（B）美国　江宁条约后和中国有密切贸易关系的第二个国家是美国。江宁条约后，中国输美茶叶进展极速，其势有如下表：

美国茶叶进口量及价值

年　份	自中国进口		自亚洲其他各国进口		进口总计	
	数量（磅）	价值（元）	数量（磅）	价值（元）	数量（磅）	价值（元）
1845	19629155	5730101	34780	15236	19663935	5745337
1850	28743376	4585720	394867	32087	29138243	4617807
1855	24366615	6806463	656861	102525	25023476	6908988
1860	30558949	8799820	1094473	107239	31653422	8907059
1880	36187314	9995499	34886865	9492232	71074179	19487731

资料来源：Statements of Imports of Tea & Coffee into the United States, 1789—1882, pp. 423—424；Quoted in Griffin, Clippers & Consuls, p. 312.

如计算华茶所占美国进口茶叶总量的成数，则1845年为99.8%，1850年为98.6%，1855年为97.4%，1860年为96.5%，1880年为50.9%。此有可注意者，华茶所占地位，在1860年前，约每五年减低1%，在1860年后，20年间，即自96.5%落为50.9%。缘中国输出茶叶，随数量之增多，掺杂亦盛，华茶令誉，日益跌落。1856年，日茶开始出现于美国市场，4年后，日本人学会了中国制茶法，不数年间，日茶就威胁华茶的在美销路了。到了1880年，日茶势力，几已和华茶相等；该年日茶输美33688577磅,华茶亦不过36187314磅而已!

华茶输美,在中国对美总输出中之地位甚高,在1821年占42.5%,1845年占78.6%,1850年占69.5%,1855年占61.6%,1860年占64.8%。这种比例,也是逐年减低的。又输美华茶,在中国茶叶总输出中之地位亦甚高。其数仅次于英国。如据美国领事麦菲的报告,则1854—1855年间,上海、广州、福州三港共输出茶叶118024900磅,其中输美者为31515900磅,所占比例达26.7%①。上表记明输美华茶数量,自1845年之19629155磅,增为1860年之30558949磅,这自然是可喜的现象,惟就上述比例数之增减言,则前途亦未可久持乐观也。

中国对美输出的第二项重要商品是丝货。丝货输美绝对量颇有增加,惟相对地位亦在低落中。50年代前半,华丝占美国生丝输入的百分比,平均每年为62%(575000元),至后半,即落为54.5%(1133000元)。丝织品方面,情形更劣。中国丝织品在美国丝织品进口总值中,1823年原占60%者,到1853年便落为4.1%,到1863年只占到0.1%!盖中国丝织业不悉国外市场情形,生产方法不加改良,致成品多不合销售。在1820—1860年间,美国日渐舍弃中国绸缎而改用法国织品,最后法国货终将华货市场夺去。同时,美国也施行保护政策,奖励本国丝织业,中国绸缎终无立足地。

尽管丝茶贸易的相对地位未容乐观,中国对美的全部贸易情形,依然是处于有利地位的。缘此时美国输华的最重要商品为棉布。此类棉布,成本尚未低减至足以彻底破坏中国手工业的程度,故其数量之增加,亦未能如茶丝出口品之迅速,结果美国对华贸易,遂有出超,其势如下:

---

① Based upon Letter from Murphy to Marey, 1855, cf. Griffin, op. cit., p. 313.

美国对华进出口贸易　　　　　　　　（单位：元）

年　份	自中国进口	输入至中国		
		美国货	非美国货	输华共计
1845	7285914	2079341	196654	2275995
1850	6593462	1485961	119256	1605217
1855	11048726	1533057	186372	1719429
1860	13566587	7170784	1735334	8906118

注：中国包括香港；数字包括金银。

资料来源：U. S. Bureau of Statistics：Commerce of Asia & Oceanica, 1898, pp. 1280—1281.

中国对美贸易，出超甚多，美国自然需要向中国运入金银，以备支付。据吾人所知，1849 年自美国本国运来的金银值 9967 元，到 1860 年，此数达 1545914 元。此外，自美进口所谓非美国货，差不多全是拉丁美洲的银币，1860 年达 1556828 元之多①。美国和英国一样，自条约获得许多新的权利，然此种贸易反使美国对华贸易入超，遭受金银流出的损失，这显然不是美国人始料所及的。

（C）印度　江宁条约前，中国对印贸易，一向以输入鸦片和棉花为主，此二物以外，绝少其他输入品，输出几等于无。江宁签约后，棉花进口，尚继续数年，有人计算 1843—1856 年广州进口印棉，平均每年为 244629 包，价值 550 万元至 600 万元②。自佛山被毁后，印棉进口即无足称道，所余唯一重要物品便是鸦片了。

---

① Griffin, op. cit. , p. 310.
② S. Wells Williams, op. cit. , p. 88.

中英第一次战争,在中国人心目中是为鸦片问题而起的。可是中国打败了,中英江宁、虎门各约对鸦片禁否问题只字不提。就是后签各约,也只中美望厦条约有美国市民贩运鸦片即剥夺其本国法律保护的一条规定。不过,事实证明鸦片问题,关键不在条约曾否规定禁卖,而在满清官吏之能否洗心革面严格禁烟。

鸦片走私,在外商倚势包庇,宵小百般钻营和官吏无耻贪污的合作之下,就在鸦片战争期间,也未尝停止过。五口通商后,鸦片贸易既非合法的,也非非法的;严格说,只是一种轨外行动。口岸增多了,外商又得了许多特权,鸦片走私遂异常便利。外商宵小和官吏,这些老搭档如今又伙作一团,其作恶的程度,真不知要比战前厉害多少倍。在50年代前半,鸦片虽已公开行于通衢,究竟还未经官方承认。1856年起,上海海关公然征收鸦片关税,每担银12两。同年,福州亦以"洋药"为名,收关税每担20元①。次年,上海税则又经官方施之于宁波②。尽管缴税手续与普通商品有异③,鸦片进口总算是经官方默认的事情了。

从江宁条约至天津条约这10余年间,中国消费多少鸦片?下面有一个估计。

中国消费鸦片估计 (单位:箱)

1842	28508	1851	44561
1843	36699	1852	48600
1844	23667	1853	54574

---

① British Parliamentary Papers, 1857—1859, Mr. Consul D. B. Robertson's Memorandum on Commereial Relations with China, p. 169.
② Morse. op. cit., p. 551.
③ J. Scarth, Twelve Years in China, p. 297.

续表

1845	33010	1854	61523
1846	28072	18S5	65354
1847	33250	1856	58606
1848	38000	1857	60385
1849	43075	1858	61966
1850	42925		

资料来源：Morse. op. cit. , Vol. I, p. 556.

  这些鸦片，大都来自印度，它在英国对华贸易上占有极端重要地位：抵补入超；它在中国近百年史上也占有极端重要地位：使金银外流并伤害人命。鸦片这两项作用，都是难以数字估计的。然我们还当注意它另一个无形的作用，那就是促进一切非法行为，潜移默化，使中国这个社会根本成为一个毫无法纪秩序的垃圾堆！

  原来鸦片战争以后，外国人凭着他们所得的权利，在中国横行霸道，包庇走私。鸦片走私盛极一时，外国人和他们的旗帜就使尽了威风，满清官吏宵小也一同丧尽了廉耻。走私，初还限于鸦片，此风一长，接着便走私军火，贩卖苦力，乃至一切商品，无不走私逃税！最初的走私，外国人只是把鸦片运囤洋面荒岛，由中国宵小驳运分售；接着外国的旗帜便飘扬在中国船上，以为包庇；到后来外国人干脆用自己船只自行贩运起来。此次中日战争前，远东有一位在实业、金融、乃至政治上极为显赫的人物，他的资产算不清，权力无边。若要查起家世来，这位上流人的祖先，不过是一个漂泊在印度的犹太流浪汉，其发财起家，却正靠着贩卖鸦片哩[①]！

---

① 见张白衣"远东金融巨子沙逊论"，财政评论，5卷4、5期。

当时外国人怎样在中国无所不为地恶作剧呢？历史是不好杜撰的，请用外国人自己的话来说。

1850 年香港外国人办的一种月刊这样称赞走私道："这个国度（中国）里，似乎没有别的事情比走私更调度得好的，也没有别的生意比走私做得更加条理井然有系统的。"①

1852 年上海外国人办的一种周刊说："外商行动肆无忌惮。领事本有强迫完税的权力，他们亦不惜干犯致力安排他们的生意。大量货物都无税通过海关。这对于他诚实的同行人给予莫大的损害……本口走私情势，日益不堪闻问了。"②

再过 6 年，同一周刊又说："中西最早的商务记录，充满了外国冒险家那种目无法纪的行为所造成的恶果。这些冒险家们，远离他们自己政府的管辖。行为不法，罪恶昭彰，致令全体外国人的名字都被人深恶痛绝。"③

期刊杂志的言论，代表私人的观感，或有不实不尽之处，为慎重计，我们可再查一查官书。曾经驻沪数年的上海英领事阿礼国曾向英国外交部作如下之报告：

"来自各国的这群外人，生性卑贱，无有效之管束，为全国（中国）所诟病，亦为全国之祸患，他们和正公人士争夺商业地盘，把入境权和贸易权变成傲慢强暴的护符。在这种生涯中，这些人不怕他们本国政府的管束，却在条约权利之下多受中国政府的保护。中国人自受其祸，但受祸者，亦并不限于中国人。"

接着他说："外商在海关上与中国官方发生直接关系时，多多少少都贪鄙腐化，加入大批走私或逃税阴谋，中国法律与条约

---

① Chinese Repository, Vol. XIX, July 1850, p. 393.
② North China Herald, May 15, 1852.
③ North China Herald, October 9, 1858.

明文同受蔑视，有时是单方面的武力违抗商埠规章，而常常则是用贿赂沟通的。"

最后，他慨然于这些人的肮脏，说到租界了："蔑视中国一切威信，不顾传统权利，经常触犯条约的规定，放纵强暴，这些欧洲各国人民的渣滓，倒到中国来，便强劫中国和平的人民——这就是这个重要让争权（租界）的第一结果。"①

三 结语

根据上面的叙述，我们可作如下的结论。

（1）江宁虎门各约，使中国对英开放五口通商，并予英人若干贸易有关权利。协定关税之恶例，确系中英各约所开，惟税率并非按值百抽五原则议定者。

（2）中英双方，都主张五口开放政策，无意于专惠一国或一国专利，故中国给予英国之贸易权益遂亦推施于美法等国家。

（3）江宁条约后10余年间（1843—1860），中国对外贸易中心，渐自广州移往上海，贸易平衡渐自入超变为出超，其扭转点均在50年代初头。

（4）贸易物品，出口之丝茶两项增进极速，英美销华主要物品为棉布，其势增进甚缓，致英美殊为失望；惟鸦片一项，增加甚多，否则中国出超必更大。

（5）分别言之，广州、厦门、宁波三港贸易当为入超，上海、福州两港当为出超；香港、澳门两处为鸦片走私与苦力贩运

---

① British Parliamentary Papers, 1857—1859, Correspondence Relating to Earl Elgin's Special Missions, 1857—1859, Enclosure No. 49. Memorandum by Mr. Consul Alcock.

的集中点。

（6）从中外贸易方法——物物交换，交通工具——帆船，及英美棉工业发展程度——决定棉布在中国市场的竞争力，诸点观察，现代性中外贸易关系尚未开始。

（7）欧美航运业已开始侵占中国固有航运业务：如英美大帆船之于中国南洋间，及北日耳曼各港所来小汽船之于沿海各港间，皆明白可见。

（8）外人凭借特殊权利，作种种非法行为，加之中国官吏宵小的勾结，走私逃税之风甚炽，影响所及，致使通商口岸成为一无法律无秩序的社会，中国社会今后的纷乱，于此10余年间已肇其端。

总括言之，鸦片战争，中国是失败的，失败在清政府力不足以卫国；各次条约，中国也是失败的，失败在军事的屈服和清朝官吏毫无外交常识。然而，就在这两重失败之余，观乎丝茶出口之盛，棉布进口之少，以及贸易平衡之好转，可知这10余年的中外通商上，中国却是胜利的，成功的，成功在晓光篝灯时，竹轮木梭之不息地运转上，成功在山野桑林间，茶农蚕妇之卑贱的劳力上！至于鸦片，既有人卖，便有人吸，贩卖吸食，都不算犯法，至多不过是心灵上一层罪恶而已。罪恶这一层，外国人自己有他们的宗教好超度，并且，外国人也会给中国来超度的。不信，有诗为证：

"最堪忆，那些辰光，
我们这宝贝船，离开老家，飘洋，
飘向孟买，飘向加尔各答；
我们把甜酒，鸦片，成堆，成堆地，
卖给那不信上帝的异教国家，

接着，我们的教士便去超度那些孽障！"①

1943 年 5 月 24 日　李庄
（原载《经济建设季刊》第 2 卷第 1 期，1943 年 7 月）

---

①　Julian S. Cutler, The Old Clipper Days, Quoted in Griffin, op. cit., p. 206.

"浮动地狱"里的滔天罪行

19世纪40年代,英美侵略者用炮火强迫中国人民承受世间最恶毒的毒药——鸦片;紧接着,同一群罪犯又施展海盗手段,开始世间最残酷的罪行——掠夺中国劳工。英美侵略者不顾一切人道、教义与法律的禁令,以及无数人民的抗议、诅咒与忿恨,用各种想得到的方法进行这贩毒、贩人两大罪行,前后都继续了近百年之久。在这两大滔天罪行上,英美侵略者充分暴露了他们的本来面目,把他们"祖先所特有的那种海盗的掠夺精神"(马克思语)真是发挥到登峰造极的程度。他们是真正的强盗,不折不扣的刽子手!

下面介绍一些劳工运输船的故事。当时被英美海盗刽子手所掠夺了的中国劳工,被称为苦力,又名曰"猪仔"。英国人自己替运输苦力的船只起了一个名副其实的绰号,叫做"浮动地狱"。经营浮动地狱的,并不限于英美人,这是一门利润极高的行业,法国、意大利、西班牙、秘鲁乃至小国如萨尔瓦多,全都加入这一行。不过在19世纪60年代以前英国人实居于独占的地位。从60年代起,美国巴尔的摩造船业发明了一种新型快船(Clippers),这种船客量大,速度高,很快地就拿取了英国旧式商船的生意，成为太平洋上独占苦力运输业的最大凶手。

被掠夺的苦力，极大多数是运到南、北美洲去的，其次则运往澳洲和太平洋各岛。在当时那都是历时很久的辽远的航程。譬如去古巴，全程要走168天，两次穿过热带，去秘鲁要在热带航行120天，我们被掠夺的劳动人民是怎样熬过这辽远而又酷热的航程的呢？

顾名思义，"浮动地狱"里是不会有医药设备的，当然更说不上娱乐。据下面所载威佛莱号的航海日记看来，则苦力连饭都吃不饱，甚至被逼得要用鸦片来麻醉自己。然则那里面的苦力能够得到足够的睡眠休息吗？英国旅客法案本规定海船上每客至少要占15平方英尺的空间的，1855年通过中国旅客法案时认为15平方英尺对于亚洲人种太大，不必要，所以改为12平方英尺，即2英尺宽，6英尺长。然而事实上不要说美国商船不会遵守英国的法律，就连英国的商船，也绝少遵守的。有人说通常的地位只不过8平方英尺，在这样的地位上，成年人是无法睡眠的，顶多只能屈膝坐着。1855年美船威佛莱号（Waverlley）上有许多苦力，在船还没有起航的时候，就感觉腿发酸，就是这个缘故。

然而究竟多数商船能否得到这么大的地位，还成问题。1854年英船茵格伍德号（Inglewood）在宁波装了44名女孩子，其中最大的只有8岁。这44名儿童所占的舱房长18英尺，宽9英尺，每个儿童所占的面积还不足3.7平方英尺，这样的空间就是放上初生的婴儿也是无法容纳的！

英美海盗刽子手把中国劳工当作真正的"猪仔"运输，其结果是造成极大的死亡。1850年有740名苦力分装两只船去秘鲁的开劳（Callas），途中死亡247名，死亡率合33%。1852年一艘去巴拿马的船装苦力300名，途中死去72名，死亡率为24%。同年另外3只船装苦力811名去英属圭那亚，途中死去

164 名，死亡率为 20%。1853 年有两船苦力去古巴，700 名中死去 104 名，死亡率为 15%；另一船苦力去巴拿马，425 名中死去 96 名，死亡率合 23%。1854 年某船装 325 名去开劳，死 47 名，死亡率合 14%。1856 年英船仆得兰公爵号（Duke of Portland）装苦力 332 名从香港开往古巴，中途因疾病和自杀死去了 128 名，死亡率合 39%；而同年约翰·加尔文号（John Callvin）装 298 名去古巴，途中死去 135 名，死亡率高达 45%！

以上所说，只不过是偶尔的极少数例子，事实上没有一艘"浮动地狱"没有很高的死亡率的，有一个统计说 1847—1857 年间从香港去古巴的苦力凡 23928 名，途中死去 3342 名，总平均死亡率达 14%。这是就苦力船安全到达目的地的数目说的，如果加上中途失事，人船俱毁的数字，那死亡率恐怕不在四分之一以下！

苦力在"浮动地狱"里遭受非人的虐待，必然是要反抗的。反抗行为中，消极的、个别的，就是自杀，积极的、集体的，就是起事。自杀行为在当时"浮动地狱"里是极普遍的。譬如前述 1856 年那艘仆得兰公爵号从香港开出后的第三天，就开始有自杀的记录，从那以后一直到巽他海峡这段航程里，平均每天有 3 个人自杀。1855 年美船威佛莱号从厦门装运苦力去开劳，在还未出海的时候，就已有人自杀，出海后自杀成了家常事，到了航行两周以后，形成大规模的集体自杀，就是自行上吊，或是互相绞死，半夜间 450 名中死了 300 名！

起事反抗有些是成功了的。1850 年法船阿尔伯特号（Albert）装苦力去秘鲁，因为船长要剪去苦力的辫子，激成团结起事，杀了船长，然后在中国海岸登陆。1851 年英船胜利号（Victory）去秘鲁，苦力也起事杀了船长，在中国海岸登陆。1852 年，秘鲁船罗沙·艾里亚斯号（Rosa Elias）的苦力起事，杀船长后在新加坡登陆。同年美船罗伯特·布隆号（Robert Brown）装载苦力410名开往加利福尼亚，船长命令剪掉苦力的辫子，"并用硬扫帚擦洗身体"，就是在现代帝国主义代言人嘴里，船长这种措施，"无论从清洁观点上说是多么需要的，毕竟还是超出中国人忍耐力的一件太大的侮辱"，此太大的侮辱成为激起苦力集体反抗的直接导火线，结果被苦力得机杀了船长和一部分船员。1870年法船新潘纳罗浦号（Nouvelle Penelope）装苦力310名去开劳，途中也被苦力得机杀了船长和几名水手。

苦力在"浮动地狱"里，都被严密地锁在舱底，起事反抗，成功的机会是非常之少的。不成功的起事，总是使苦力遭受更残酷的虐待。1857年英船格尔耐号（Gulnare）从汕头运苦力432名去古巴，出发的第一天，苦力就企图起事，被平伏了，其后又进行放火，也未成功。于是该船乃停止开行，靠到香港去。结果香港政府把18名苦力当作海盗判罪，其中一人处死刑，其余17名则终身流放。1872年西班牙轮船发财号（Fatehoy）装苦力1005人去哈芬那（Havana）途中苦力曾三次举事，一次放火，都没有成功，到埠后立刻就被卖掉，"其身份和当时古巴全国通行的黑奴全无二致"。

从19世纪50年代起，香港报纸上常有这样的标题："又一次海上惨剧""再一次海上惨剧"。这是指苦力船人船俱毁或是船上发生大流血的惨剧而言的。

1871年香港最高法院主审官斯马莱（Smale）谈到澳门的苦力贩运时说："我曾把发生苦力起事全船毁灭的案件列成一个表，这个表是不完全的，可是我相信在短短时期内焚毁或经其它事变毁灭的苦力船，足足有六七艘之多，其所装苦力约3000人，生命的损失极其惨重。"另一个统计说1861—1872年间，英、法、意、比、萨尔瓦多和秘鲁六国苦力船发生过严重的苦力暴动达14次。1874年有人统计说,过去25年内一共发生"海上惨剧"34次!这些大惨剧中每次都要牺牲几百人。1859年有一艘装苦力850人的船因苦力起事沉没,那850人里无一生还。据美国人西瓦德(C. F. Seward)所说,某次美国船威佛莱号装运苦力道经马尼拉,有些中国人要求上岸,发生口角,被打死了一个,其余的统统被锁在舱底,连升降口也用夹板密密钉牢,第二天早上打开一看,里面活活闷死了251个人!意大利船加拿佛努号(Canevero)也把企图暴动的苦力,和威佛莱号一样地钉在舱里。那班苦力不愿活活闷死,就放火烧船,结果船员逃生了,全部苦力都烧死在船里。

  为了防止苦力暴动,在航行中苦力总是被锁在舱里,不许走到甲板上来。如果苦力起事,则船员为了害怕狂怒的苦力危及自己的性命。或者为了报复,尤其不放苦力逃生,也绝不让他们能到甲板上来,因此失事的苦力船,几乎毫无例外的都是全体苦力被锁在舱里同时遇难,每次总是几百人。这里有两个很著称的实例可以说明苦力因为被闭锁而全体或大多数遇难。1871年秘鲁船唐焕号(Don Juan),从澳门装苦力640人,到了洋面,被苦力放火,当时甲板上只有几个苦力,多数又都是锁上铁链的,其余苦力都被锁在船里,火起后,据说那把锁着升降口铁格子的锁的钥匙却找不到了,等到苦力群凭人力冲开了前舱升降口,只逃出了50人,其余的都已烧死了。本文后面附录史料中所说的那艘美国船秃鹰号(Bald Eagle),当苦力企图冲破升降口的铁格子上甲板时,船长船员就从升降口铁格子孔里向苦力进行残酷的屠杀,最后终激起苦力放火,那火种就是从被手枪打着了火的尸体衣服上抢得的。无论苦力的哀号是怎样凄惨,烈火怎样把人肉烧得发出恶臭,秃鹰号船长始终没有动用那把钥匙,所以全部苦力都随着秃鹰号的焚烧,沉溺海底。

然而无论怎样看守严密，苦力还是要反抗的；尽管把苦力锁在船底，要他们全部毁灭，这种毁灭也必然危及船员生命。正如美船威佛莱号的大副所说："装一大批中国人在船上是非常危险的。"苦力船的惨剧实在太多了，多得教那班船员刽子手也恐惧起来，有些人就不敢继续从事运输苦力这份勾当了。1853年有人报告说："如果有别的差使可做，船长们非常不愿意从事运送移民（苦力）的。"事实上这一年南澳就有一驶往古巴的苦力船麦的那号（Medina），厦门也有驶往秘鲁的苦力船尼泊尔号（Nepaul），船员们都因为对于装载苦力深怀恐惧，坚决拒绝出发。据另一艘苦力船梯的斯（Thetis）的船长说："假如我们到达目的地的时候，我们的头还有留在颈子上的可能……那么运苦力倒是一件很美的交易。"看罢，被锁在船底里的劳动人民就是用自己的全体毁灭做武器，进行着和敌人同归于尽的斗争，从而吓破了那班家伙们的狗胆的。

中国劳动人民是怎样在"浮动地狱"里集体自杀的？又是怎样被锁在底舱里用全体毁灭做武器进行着和敌人同归于尽的斗争的？这里有两个文件，可以说明当时的实在情况。这两个文件都是那班刽子手自己招供出来的，并且都是身临其境的当事人自动招供出来的，文件的真实性当然绝对无从抵赖。这两个文件，一个记载威佛莱号事件，一个记述秃鹰号事件，两条都是美国"快船"，尽管船长和船员有些非美国籍的人，但船是在美国造的，挂美国旗的，归美国人所有的，苦力也是由美国人投资贩卖的。从此我们可以看到百年前的美国资产阶级刽子手是怎样残害我们劳动人民的。美国刽子手这样滔天罪行的铁证，必须不惜篇幅全部记录下来。我们每个中华儿女都必须把这个文件深深记在心里，讨还这份血债！

一　美船威佛莱号航海日记

威佛莱号大副记，美国驻厦门领事海亚特（T. Hart Hyatt）抄录原文，1856年6月1日发送美国国务卿马赛（W. L. Marcy）。

（按，海亚特在致马赛的公文中，对航海日记曾加说明如下:）"关于去年马尼拉附近海面美国快船威佛莱号上所发生的骇人惨案——致死生命约300人的事，阁下前此想必已得到官报。但阁下手头可能还没有必要的全部的详细而真确可靠的资料。这条船是从本港（按，指厦门）开出去的，出事后不久，又回到本港来。我认为我的责任应该把该船的航海日记摘录送来。"

"航海日记是法籍大副记的。据此事情好像是这样：1855年9月27日威佛莱号泊在厦门外港停泊处；在船长迈尔曼（Capt. Mellman）指挥之下，装上苦力353人，10月2日离开停泊处开往汕头，4日到达；8日在汕头又装上苦力97人，共得苦力450人，8日夜里，逃掉了一个苦力——假定这个人已游上岸去。"（按，以下是航海日记原文）

10月11日——苦力8人病得很重，由医生照顾，另外很多苦力感觉腿发酸；夜里有两名苦力跳海淹死了。

10月12日——离开汕头，目的地开劳。

10月15日——夜间，轻病的苦力2人跳海，我们还没有来得及放下救生艇，就淹死了。迈尔曼船长生病，17日死去。

10月18日——苦力生病的很多，不生病的简直都是海盗窃贼。

10月19日——通译员和木匠还在生病，苦力又有8个生病。我认为谨慎计,不当继续原来航路,所以改航马尼拉,时船在北纬 16 度 37 分,东经 160 度 32 分。

10 月 22 日——早上 7 点,一个汕头苦力身死,他们把他扔下海。

10 月 24 日——早上九点航过考里吉多(Corregidor)给苦力开饭。10 点大批苦力冲到栅栏边来要鸦片,我不得不给他们一点,好让他们安静。下午 9 点又有一次骚乱,苦力冲到栅栏边,要把一个汕头苦力赶出去抛下海。米克斯(Mecks)替这个人解了围。夜 11 点停泊,水深九呎。夜里有一个苦力身死。

10 月 25 日——要不是每月发放工资,(中国)厨子就拒绝做饭。苦力要求每天吃三餐,并要求在开船前,每人发给一块钱,卫生员上船来执行停船疫疠检查。

10 月 26 日——今天早上苦力冲到船尾栅栏边要鸦片,为了教他们安静,多少给了他们一点。上帝命令我们今天早上开到加罗达(Cavita)去埋葬迈尔曼船长的尸体,可是船员拒绝起锚,说是他们不安全。

10 月 27 日——早上 7 点开始拔锚,挂满帆直开加罗达停泊。11 点苦力厨子到船尾来,说是要不按月发放工资,再也不做饭了。我答应他上岸的时候要尽量想办法,然而他们还是不满意。所有的苦力都冲到船尾来,想要伤我的命,于是米克斯君把所有的船员都喊到船尾来,把甲板上的火器装配起来,开始示威射击,这结果打死了四五个,其余的都被赶到舱里头去了。下午 3 点,必须装水上甲板,我们下舱去,发现苦力把子母舱口盖的锁扭断了,并也弄到一些吃的东西,其中有一个非常轻率,我当即把他击毙。下午 4 点,我们听到他们在破坏前舱舱口盖,有两个站在楼梯上拼死命要上甲板,但是终于被赶了下去。清洗船内外。8 点,和一个官员 6 个水手对表。我以为如果我们能在船上给苦力找到一个好译员，一个医生，他们就不会再找我们的麻烦了；这乃是运苦力最大的困难，装一大批中国人在船上是非常危险的。

10月28日——27日至28日之间的夜里12点，放开舱口盖让苦力到甲板上来一趟，我提着灯笼自己下舱去找他们上来，然而我们惊骇极了——我们发现他们互相处死，他们把舱口盖的木棍和两三架床拆了下来当作武器，这真是一幅可怕的景象呵！有的人上吊，有的人推下水槽，有的人割断喉咙，而极大多数是绞死的。我们动手收拾，把所有的尸体拖上甲板，给活的一点水。活的都是船上最衰弱最多病的人。下午3点，政府派来一条船在距我们十分之一浬的地方停泊，放来两只大划子装尸首，到下午10点各事完毕。

10月30日——上午9点岸上医师上船来检查那16个病了的苦力。船上所剩连医生一共还有苦力150名。

11月3日——有28名士兵和若干海关官员上船来。

11月4日——25名西班牙军官和士兵上船来，并留在船上，以防我们在他们调查案件时逃走。

12月17日至18日——在马尼拉。港口长和士兵上船来，为的监视不要有人阻止苦力离船。但是苦力不愿意走开，说是他们愿意先死。他们变得非常激动，把头俯到甲板上，如果强迫他们下船，他们就比划着砍头的样子，我不懂是砍他们自己的头，还是砍我的头。我要给他们每天五餐，他们也拒绝接受。我相信明天他们必须上驳船，驳船就靠在旁边。今晚有6名士兵在升降口守卫。

12月19日——苦力绝食，下午6时替他们煮了很好的米饭放下去，并有几个吊桶的水，水是取去了，但是一直到现在——下午9点，还是没有人碰过饭。医生说他们是决心要死的。

12月21日——潘（Penn）上船来，说是苦力下船问题，西班牙政府今天没有行动。上午11点我们自己动手，到9点，所有的中国佬都未受伤害的运上驳船了，下午1点都已安全地送上三桅船路易断号（Louise）。苦力138名点收无误。苦力拿到绞盘上的木棍和小刀以资自卫，但是我们安排得极其周到，他们没有用上这些武器。（见 E. Griffin, Clippers and Consuls, pp. 413—414）

二　一个目击者关于美国快船秃鹰号惨剧的叙述

按美国快船秃鹰号曾从事贩卖苦力多年，某次装载苦力500人，向开劳航行，走到马尼拉以东500英里的海面，苦力起事，想冲上甲板未果，最后乃放火烧船。船长当场枪毙了许多苦力，始终不把升降口的铁格子打开；致苦力500人全部被锁在舱底和秃鹰号一同烧成灰烬。据一个逃出秃鹰号的爱尔兰水手报告，当时他所看到的情形如下：

海面强风鼓帆，秃鹰号轻轻快快地每小时可以航行十个海里。下午5点钟的时候，底舱好像一切很平静，突然闻传出一声刺耳的尖叫，接着中国佬就像山崩一样冲向升降口的楼梯，他们已经把床架子拆下来做武器了，但是船员正好及时赶上把铁格子盖上升降口，加锁，于是疯狂的天朝赤子终于上不了甲板。

当时船长是个葡萄牙人，他的办法是拔出手枪就从铁格子口里对准苦难的苦力射击，他的助手们也依样照办。可是哪怕就是耗子，到狭道里去追打，有时也会出危险的。这回正是应上了这句话了。中国人狂怒到了极点，根本就没有把子弹放在眼里。他们挺立在铁格子下面，直对着发射手狂叫咒骂，前仆后继，于是死的，伤的，辗转痉挛着的天朝子民之躯层层相压，几乎堆得和升降口的铁格子一般高。而正是这样,所以才造成最后的大惨剧。原来手枪枪口,和那堆中国佬的尸体离得太近了,有一颗子弹发射出去的火焰,就把最上层的尸体的衣服打着了火。疯狂的中国苦力,立刻没命的冲向那身着了火的衣服,完全不顾喷向他们的子弹,死生相抱,拼命也要保存一块冒烟的布片。刹那间有一个人就从尸身的肩头撕掉了一块,到手后马上吹风防它熄灭。一颗子弹打死了他;第二个人跟着就抓过去继续吹风,又被打死,这样就为那块还有烟火的布片,屠杀勾当继续不止。前面抢着这块命根子引火布的被打倒了,立刻就有人上来接替,一直等到最后,那块花了如许代价的星星之火并未熄灭,终于从升降口下面不见了。

半小时后船头和中央升降口开始冒出烟来,疯狂了的中国佬放火烧船了。他们显然以为放火可以迫使船员打开升降口使他们有机会冲上甲板劫持这条船,然而那班葡萄牙人,是无意于冒这个危险的,他们把甲板凿出小洞,用洗甲板的水管向下面灌水。几百名狂怒的苦力要保住火焰,这样灌救法自然是徒劳无益的。不多一会,火势就扩大起来。高热浓烟把中国人赶向升降口的格子下面来,可是当他们发现船员无意把他们放上甲板的时候,为时已经太晚,他们自己不能扑息火势了,请想象他们的失望吧!

如今情景,真成了但丁所描写的地狱了。铁格子下面苦难的中国人变成破了胆的人群,沸腾着,扭转着,背后火烧烟熏,那班绝望的伙伴把铁格子下面的人挤得如沙丁鱼一样。就从这块人饼子里,发出一种恐怖的长啸,尖锐的刺入逐渐黑暗的天空。从上面看去只见一片吓得发青的面孔,额头眼球突出,大张嘴发出怕人的哀号,长啸不止。火焰越烧越近升降口时,另外又添上一种令人丧胆的现象,原来在每个铁格子方孔下面的人临于大火时,这片人群的外围正在焚烧,燃烧中的人肉,发出怕人的恶臭。

　　船员早已停止救火，只在设法安全逃出这条船了。正当黑夜降临时，秃鹰号掉转船头打算向风停航，然而这是极端困难的，因为甲板上冲出浓烟，船员有如堕入大雾中，根本也不能呼吸，同时震耳欲聋的尖锐号叫，也使人听不到官长的命令。

　　"尽管日落时分就已倾盆大雨，然而到了 8 点钟，秃鹰号还是从头到尾都在狂烧，慢慢地燃烧中的中国佬的哀号停止了，最后一个苦力在冷酷的铁格子下面燃于狂火烈焰了，于是怕人的沉寂统治了海面。"（见 B. Lubbock, The China Clippers, pp. 45—48）

（原载天津《进步日报》1951 年 9 月 21 日，
《史学周刊》第 37 期）

五口通商时代疯狂残害中国人民的英美"领事"和"商人"

经过了一次鸦片战争,外国侵略者从清政府手里获得一连串的"条约权利",根据这些权利,他们的所谓"领事"就以外交官的身份驻到五个通商口岸去,他们的所谓"商人"就泛滥东南沿海从事所谓"贸易"。

恩格斯在评论第二次鸦片战争时曾经指出这个时代英美侵略者的特性,他说,他们还"保留16、17世纪英美两国祖先所特有的那种海盗的掠夺精神"。① 事实上,这时来到中国的外国侵略者,特别是英美侵略者,无论"商人"或"领事",都是一丘之貉,人人无异于海盗。他们残忍、狡猾、阴险、无耻、肆无忌惮,无恶不作。他们走到哪里,哪里就成了恐怖世界。

南京条约(1842年)以后,那班英美领事和商人在中国的侵略行动,是一种原始掠夺。他们对中国人民的残害,最严重的不在销售商品,而在走私鸦片、掠卖人口、破坏海关征税制度、霸占沿海贸易、自做海盗而又自己护航。到了50年代的末尾,

---

① 恩格斯:《英人对华的新侵略》,《马克思恩格斯论中国》。

他们这些行径都已构成严重的问题,并且他们也造成这些问题的当然的解决途径,于是而有天津条约与北京条约,一则完成形式上的条约手续,一则开拓进一步侵略的根据与借口。

或许有人会把领事和商人分别看待,以为"领事"负有履行条约义务的责任,他们的行径会和商人有所不同。在条约上,各国派驻清政府的领事,确实也拥有非常奇突的重要地位。按照1842、1843两年的各项条约与章程,领事实质上成了清政府和外国商人之间的中介人。他们有权掌握报关纳税程序上的一定手续,据说是为的"担保"外商缴纳各种税饷,"严禁"商人走私漏税;他们又有权审判外商的不法行为,条约说他们是要"秉公"处理的。这里我们且先来看所谓领事是些什么人物,他们又怎样履行条约义务吧。

就在签订各种条约章程以后的第一年——1844年,英国驻上海领事巴富尔(Balfour)发现英商怡和洋行(Jardine, Matheson & Co.)走私鸦片,如实地把事情报告到他的上级官员全权代表朴鼎查(Sir Henry Pottinger)那儿去。朴鼎查给巴富尔下了这样一道训令:

"我自己和我的属下将严格履行条约的义务。……然而不管条约的明文怎样规定,关于非法的鸦片贸易和合法商品的走私,防止之道,还是要靠他们(清政府)自己,除非办理得法,他们必然会受到税收上的损失的。"[①]

这就是说,亲手签订条约的英国全权公使自己就是没有打算

---

① 1844年3月2日朴鼎查致巴富尔发文第20号。见1857年7月9日巴夏礼(H. S. Parkes)致克拉兰敦(Lord Clarendon)发文第82号附件,F. O. 228/235。转引自费正敬《1853—1854年上海的临时制度》(J. K. Fairbank, The Provisional System at Shanghai in 1853—1854),见《中国社会及政治学报》(以下简称《学报》)(The Chinese Social and Politcal Science Review),1935年1月号,第462页。

履行条约义务的。自从这个案子以后,英国在华的一切官员,永远没有干涉过英商"非法的鸦片贸易或合法商品的走私"。1850年有这么一件事:该年第一季里,上海英商林塞洋行(Lindsay & Co.)走私的规模不如别家之大,相形之下,自己就是受到"损失"两万元,于是大老板浩格(Hogg)就上书英领阿礼国(R. Alcock),"清清楚楚地告诉阿礼国"说是他"要和任何人一样地大事走私了",他"认为如今这并不能算是丢面子的事情",阿礼国的答复说:

"这有两条路可以走,——实行走私,否则,你就根本不必做生意罢!"①

事实上,这个时代英国驻清公使、领事之类,一个个都是领导侵略的典型的海盗人物,其居心之贪狠绝不下于任何"商人"。这里,我们还是举阿礼国为代表罢。阿礼国这时已是历任厦门、福州、上海、广州四口领事的英国女王的代表。在他看来:"自然法则与道德规律之统治国家的生命,昌盛与衰微,正与其统治人类生命一样的明显……人类尽瘁文明,殊途同归,总是到达一个唯一的结果,就是弱者拜伏于强者之前",而商业乃"文明真正先驱……是主上施舍下来,把人类从野蛮孤立所造成的卑贱与丑恶中解放出来的人间使者。"在他眼里,中国人是卑贱丑恶的,中国"尽可在奄奄待毙中苟延一时",最后"总是必然要倒亡的"。② 我们不难想象,对于商业抱着这样看法,对于中国抱着这样态度的这样一个海盗人物,将会怎样伙同所谓

---

① 1850年12月20日林塞致巴麦尊(Lord Palmerston)私函,F. O. 17/173。见《学报》第473页。

② 阿礼国:《对外关系上之中华帝国》,《孟买季刊》1856年4月号(The Chinese Empire in Its Foreign Relations, Bombay Quarterly Review),转引自《学报》第484页。

"商人"肆无忌惮，无所不为，成为二位一体的侵略政策的急先锋。

如果英国政府驻清政府的外交代表乃是如此这般的一类人物，那么其他侵略国的公使、领事就越发和商人分不开了。因为这个时代里，英国的驻华外交代表还是英国政府的专职官员，而其他各国所谓领事，却根本都由"商人"兼任，连薪水都是没处去领的。

随便举几个商人领事的例子罢。在50年代初叶，上海有这许多领事：宝顺洋行（Dent Beale & Co.）的大老板比尔（F. C. Beale）以一个英国人而兼任葡萄牙领事、荷兰副领事与普鲁士代理领事；前面所说要"大事走私"的那个林塞洋行的浩格，以英国人而任汉堡领事；斯密斯洋行（Smith King & Co.）的金氏（D. O. King）以美商而任普鲁士领事；所谓法国驻沪领事爱棠（B. Edan）本是法商利名钟表行（D. Remi's Watch Store）的伙计；美商旗昌洋行大股东之一的金能亨（E. Cunningham）原是美国驻上海的"领事代表"（Consul Agent），但是外国"商人""为了客气的缘故"，都称他为副领事。① 最奇突的是，这些商人"领事"，和清官吏又有血肉关系，比如苏松太道吴健彰也是美商旗昌洋行（Russell & Co.）的股东，所以外国商人说他们"二位一体"。② 而吴健彰恰恰同时又是上海海关的行政首长！

大家知道旗昌洋行是美商中侵华最久、规模最大的一家公司，其所以取得此等领导地位，是因为它向中国走私鸦片历史最

---

① 费正敬《1853—1854年上海的临时制度》第一篇，《学报》第492—493页；又，第二篇，《学报》1935年4月号，第82页。

② 1853年4月12日上海怡和洋行达拉斯（A. G. Dallas）致香港怡和洋行大卫·查甸（David Jardine）函，见怡和公司档案。

久,规模最大。同时,又因为它具有如此领导地位,所以它掌握驻华领事的职位也历史最久,人数最多。美国驻华两大领馆(广州和上海)的历史上都有所谓"旗昌洋行时代"。自从30年代美国在华设置领事的时候起,美国驻广州的领事、副领事,一直掌握在旗昌洋行手里凡20多年。1844年宁波开港贸易,那个美国驻广州领事旗昌洋行的福士(P. S. Forbes)就和开设分店一样,把他行里的伙伴吴利国(H. G. Wolcott)分派到宁波去做美国驻宁波副领事。他报告美国国务院说,此举是为了宁波"需要一个人到海关上去申报进口船只",不用说,同时也不妨为了挂起美国国旗,使他行里的鸦片船不到海关上去申报进口。到了1846年,上海的业务比宁波更加重要,于是这个吴利国又变成了美国驻上海领事,留下宁波的职位,则拉来一个莫卡堤博士(Dr. D. B. McCartee)者代理。从此以后,一直到1854年,上海美国领事馆才结束其"旗昌洋行时代",而由美国国务院派来一位支领薪水的专任领事。

厦门的情形更特别,那儿的美国领事,从1849到1861年,几乎全在布拉特雷(C. W. Bradley)和希亚特(T. H. Hyatt)两家父子手里。他们都是所谓"商人"。1849年老布拉特雷任厦门领事。当时英国驻厦门领事的牌调很大,拥有很多馆员,于是老布拉特雷"单纯地为了在地方当局面前抬高领事的地位",就拉出他的儿子小布拉特雷来做副领事,并且自掏腰包雇了一个很好的中国通译员。到了1853年老希亚特继任领事,同时把布拉特雷这套抬高身价的办法也承继下去,拉出他的儿子小希亚特来,先做代理领事,后做副领事。

为什么"商人"乐于自掏腰包,挂上一个"领事"头衔呢?有事实可以回答这个问题。1859年,一向是走私贩毒、掠卖人口中心地之一的汕头开放贸易,前面所说那个小布拉特雷立刻谋取美国驻汕头领事的职位,并兼任西班牙领事,美国人自己说:"布拉特雷是为了他自己的方便而去谋得那个带有商务特权的领事职位的!"①

条约既然把领事摆到清政府与外商之间的中介人的地位上去,那么领事的职位对于商人自然是大大有用的。据英国全权代表文翰的自供,福州英美两国领事都曾经用停止纳税的威胁手段,要挟清地方当局答应他们的某种要求。在1858年前,英国领事要挟过一次,美国领事三次。② 像这样,谁能希望商人领事会到清海关上去申报自己的走私船只呢?作为商人,他有照章纳税的义务,作为领事,他又有拒绝纳税的威风。所以领事职位是"带有商务特权的"。

领事职位既带有商务特权,所以不必要和清政府订过条约,正式建立外交关系的国家才会有人去做他们的领事,葡萄牙、西班牙、荷兰、普鲁士、汉堡都和清政府没有正式外交关系,但是都有英美商人替他们做驻华领事。怡和公司档案里有一封国书副本(1849年6月1日发),任命大鸦片贩子英人约瑟夫·查甸(Joseph Jardine)做"广州及其他各口总领事",说是约瑟夫将代表夏威夷国王加梅哈梅哈三(Kamehameha Ⅲ)到中国来保护夏威夷商人在中国的利益,敦睦邦交云云。我们从来没有发现这个时代有夏威夷王国的商人到中国来过,该国外交部长魏理(R. C. Wyllie,英国人)通知约瑟夫此项任命的公文里,也并没有谈到任何夏威夷商人,而只是详详细细地向约瑟夫解说夏威夷王国驻外总领事的制服式样,要他在中国就地备办,同时又通知

---

① 以上据格里芬《快艇与领事》(Eldor Griffin, Clippers and Consuls),第245、263、287、293页。

② 1858年4月2日额尔金(Elgin)致克拉兰敦,F. O. 17/287。

他说:"伦敦方面会把合用的纽扣送给你的!"① 这简直是传奇故事了。

领事头衔不独带有商务特权,而且特别威武。这里我们可以讲一个故事。

在厦门有两家从事掠卖人口的大公司,即所谓德记行(Tait & Co.)和合记行(Syme Muir & Co.)。他们在厦门肆无忌惮地绑架人口。德记行明目张胆地就在他们洋行的隔壁设一所"监牢"专事圈禁绑来的苦力,等候适当的船只好运送到南美去。1852年厦门人民张贴告示,反对这种滔天罪行,清政府被迫逮捕了一个受雇于合记行的中国绑匪,而合记行的老板西姆竟从清政府手里把他抢走。这种肆无忌惮的行为引起厦门人民的极度愤怒,遂有10月21日攻击西姆、西姆的助手和德记行一个伙计的反抗行动;于是西姆和德记行老板泰德等便对厦门人民展开大规模的屠杀暴行,结果死伤达28人之多。这个时候泰德是全厦门特别威武的人物,请看他的头衔罢:他以一个英国人而兼任西班牙、葡萄牙、荷兰三国的驻厦门领事,而他行里一个伙计竟又是美国驻厦门的代理领事!②

以上所说,就是五口通商时代侵略国家派驻清政府的所谓"领事",——一群走私商人、鸦片贩子、绑匪、杀人犯!这些绝大多数都是英美国籍的所谓"商人",他们带着五颜六色的领事头衔,享受这种头衔所"带有"的"特权",同时,不用说,又以商人的身份受到英美炮舰的支持。

在如此这般的领事伙同行动之下,外国"商人"——(绝

---

① 怡和档案,"私人通信"火奴鲁鲁—伦敦盒。
② 甘贝尔:《中国移民论》(B. G. Campbell, Chinese Emigration),第95、96、101页。

大多数是英美"商人")的海盗行为是极端猖狂的。

江宁条约规定中国开辟五个口岸对外通商，然而，所谓外国"商人"的活动范围，从来就不限于那五个"条约口岸"，实在是走遍中国东南沿海一切大小港汊、岛屿、城镇，无所不到的；从来就不仅通商，而且也掠卖人口，走私贩毒，乃至在陆上焚掠村庄，在海面洗劫船只。

关于外商侵入非条约口岸的经过，那个曾经把持中国海关行政多年的魏尔特（Wright）有一句简单扼要的说明："外国商人违反条约规定，把商船势力伸张到许多未开口岸去上下货，按情况需要，不惜用武力示威，或真的动用武力来支持他们的通商议论。"①

具体说来，从江宁条约到天津条约这中间十几年里，外国侵略者经常上下货物的非条约口岸有汕头、淡水、温州、镇海、舟山等处，其所经营的对外洋货和沿海土货的贸易数量都很庞大。特别是汕头北销的糖，淡水内销的米，温州出口的茶，早在50年代就已成为外商经营的对象，而使中国帆船航运业遭受了严重的失业威胁。据英国公使馆秘书尼尔（Neale）的考察报告，1856年到达淡水的外商船凡45艘，载去货物达一万吨。② 又第二次鸦片战争时英国全权代表额尔金（Lord Elgin）亲自看到外国商船在汕头上下货，据悉1857年一年内出入汕头的外商船只达120艘之多。③ 根据条约，这些船只的活动没有一艘是合法的。

大家知道，英美侵略者是武装进行鸦片走私的。鸦片趸船公

---

① 魏尔德：《中国关税自主沿革史》（S. F. Wright, China's Stuggle for Tariff Autonomy, 1843—1938）第88页。

② 1861年12月30日尼尔致卜鲁斯报告书，见同日卜鲁斯致罗索（Lord Russell）发文第203号附件，F. O. 17/358。

③ 1858年3月6日额尔金致克拉兰敦发文第58号，F. O. 17/286。

开地经常地停泊在他们认为适宜的地方,吴淞、宁波、南澳、黄埔等,没有所谓"条约口岸"与"非条约口岸"的差别。而流动的鸦片走私船只则巡回于东南沿海的每个角落,卖鸦片,同时也测量水道,侦察情况,担任下一次武装侵略的最先锋。就凭武装走私,鸦片的销量飞速地增加起来,1842 年还只有 28000 多箱,10 年以后便已超过 61000 多箱,成为当时英国对华贸易上绝对不可缺少的支付手段,也给英印两国政府提供 800 多万镑的税收来源。①

  非法的鸦片贸易,天然需要走私;就是合法的商品贸易,为了逃避关税,也不妨武装走私。这时代走私之盛,连英国公使卜鲁斯(F. Bruce)也不得不承认。据他说,上海一口,开关不久,走私就猖獗起来,其规模之大,"使得海关税则实质上已失其作用"。② 据 1853 年英国驻广州领事巴夏礼(H. S. Parkes)的报告,当时广州的海关已经不能直接向外商征税,他们常常被迫经过第三者之手向外商接洽上税,实际外商所纳的税饷只抵得上法定数额的 1/2 至 2/3;"从前那一套由领事备文报关的制度根本放开不谈了。"③ 1854 年 4 月,英国驻上海领事阿礼国这样报告政府:"我自己过去 10 年在〔厦门、福州、上海〕三外口岸的经验,使我不得不承认……关于忠实征收中国皇帝在对外贸易上应得的一切海关税饷的事情,条约已无异于废纸。事实证明,条约所建立的制度,整个儿是空想,不能实现。……由于政治理

---

  ① 密切尔报告书(Mitchell Report)见 1858 年 3 月 31 日额尔金致克拉兰敦发文附件,F. O. 17/287。

  ② 1860 年 10 月 26 日卜鲁斯致罗素,见英国下院蓝皮书《有关中国事件的往来文书,1859—1860 年》(Correspondence Respecting Affairs in China, 1859—1860)第 284 页。

  ③ 1853 年 8 月 9 日文翰致克拉兰敦发文第 84 号,F. O. 228/151。

由，他们［中国官员］对海外强权和外强人民尤其不敢有任何公开的冲突或敌对行动。"① 大体说来，早在1850年的后半以至1851年的开头几个月里，外商走私逃税的行为已经普遍猖獗起来，致使"整个儿海关机构实际上已经垮台了"②。侵略者在已开未开口岸经营沿海贸易，贩毒走私，同时也从事劫掠。他们当海盗洗劫中国商船，同时也向中国商船勒索买路钱，美其名曰"护航"。鸦片战争后，澳门葡萄牙人首先从事这种贸易、洗劫与护航三位一体的行当，泛滥东南沿海，而以舟山、镇海、宁波为中心。不久，英国人也加入一行，到1854年左右，英国人便已造成独霸的地位了。③ 英国公使卜鲁斯（Sir F. Bruce）曾有这样的招供："值得我们严重注意的事实是：镇海、舟山、温州的中国当局和居民，原来对于到那些地方去的欧洲人都是很好的，毫无侵害地让他们在那儿住下来，在温州且做了很大的生意。不幸在没有任何权力加以管束的情形之下，坏蛋逐渐聚集起来。这些坏蛋经常凌辱那些毫无抵抗能力的居民还不够，终于在这几个口岸及其邻近水面当起土匪和海盗来了。""镇海已成为各国坏蛋的渊薮。这班人借口护航，或雇给中国当局当兵，面向中国商船勒索金钱以维生。最近他们干脆就在港口里抢劫商船。"④ 英美刽子手当海盗，同时又掠卖人口，后一项罪行，尤其惨绝人寰；这项罪行开始于40年代之末，到了1852年左右，被绑架掠卖的"苦力"，已经多到现有船只赶不及装运的程度。在我们所说的时代，英美刽子手在上海、吴淞、镇海、宁波、厦门、汕

---

① 1854年4月10日阿礼国致文翰发文第32号，F. O. 97/99。

② 魏尔德：《中国关税自主沿革史》，第88页。

③ 1854年11月22日包令（Bawring）致克拉兰敦；又1855年5月26日包令致克拉兰敦，F. O. 17/228。

④ 1861年5月30日卜鲁斯致罗素发文第56号，F. O. 17/352。

头、南澳、香港、澳门、黄埔、广州各地公开诱拐中国"苦力",诱拐之不足,益以武装绑架,终致许多城市成为恐怖世界,居民不敢出门。1859年英国驻广州领事阿礼国报告广州的情况说:"本口苦力贸易的欺诈横暴行为,最近已经达到残忍的绝顶,致使人民中间普遍地充满了惊恐,群情激动愤怒……这种罪行之不可忍耐的性质及其程度,已经造成自寻解决的道路了。因为,就在光天化日之下,只要人们离开自己的住宅,哪怕是走到通衢大街,谁也免不了有被人假借债务纠纷或私人嫌隙推架而去的危险。这些人被绑匪带去,就成为囚徒,按每头若干价钱被卖给苦力承包人,运出海面以后,就再也听不到他们的消息了。广州城和邻近各地的全体人民中,已经掀起一种塌天大祸的感觉。当局对于这种行为是姑息放任的。那自然的后果就是使人民起来把任何落到他们手里的任何一个万恶的绑骗党徒,实行野蛮的处置办法,以图自卫。过去十天里,就曾有过几个绑匪被暴徒用复仇的酷刑处死了的。"①

阿礼国尽管污蔑采取自卫行动的中国人民为"暴徒",但这个典型的海盗人物也不得不供认他们"商人"掠卖人口的行为"已经达到残忍的绝顶"。

走私贩毒,掠卖人口,都是有组织的行动。事实上,到中国来的外国侵略者,就是一两个人也无孔不入,到处逞凶。1858年3月,英国全权代表额尔金有一次经历:当他的船驶到福州外港的时候,有两个美国人自称领港,上船不给他引水,其中一个根本没有领港执照,另一个有执照却也不能领入闽江口以上去。后来额尔金探问中国领港何以不做闽江口外的引水业务,那个领港说,

---

① 莫克奈:《中国近代史资料选读》(H. F. MacNair, Modern Chinese History Selected Readings),第409—410页。

他"不敢那样做,因为美国人太'猖狂',说时用手切过喉咙,作杀头状,表示他如果领外港,他就会受到那样的待遇"。①

为引水可以杀人,不为任何理由也可以杀人。鸦片战争前,侵略军对于中国的怨恨之一就是在法规上,他们的活动范围,不能超出十三行面前那一小块空地,虽然事实上他们未尝不任意乱闯。鸦片战争后,他们获得在口岸近郊任意行动的合法权利了,于是就成群结队,携带猎枪、手铳走入乡村。但大量记载都说他们的足迹,总爱走向农民的果园;沿途所见,全是妇女;而猎枪的准头则常常指向母鸡、小猪,乃至儿童、老人。上海是1843年11月17日正式开港的,第4天,英国"商人"就在小东门外乡间打伤了两个儿童。据英国领事巴富尔自己所说,这两个孩子是在住宅周围的篱笆里面被打伤的。"除非不顾人命,无论如何,谁也不该那样打枪!"② 这个时代外国人所办的报纸上充满了外商无故杀人的记载,他们也常常发议论,说是这种行为将引起中国人的恶感,于商务不利,所以呼吁外商多少应该小心一些。1847年10月21日香港英国人所办的《中国邮报》列举了许多最近发生的无故杀人的例子,其中有一件是这样的:有一个"青年人"到九龙去游玩,把他的枪口对着一家农舍门口的母鸡在瞄准,一位老者举起手来表示反对之意,于是老者自己就受到了轰击,不久,这位不幸的老人就死在香港医院里。③

我们所说的事例,是典型的,绝非例外。我们可以说,来到中国的外国侵略者,都是一丘之貉:土匪、海盗、杀人犯。英国驻上海领事阿礼国也不得不承认"来自各国的这群外国人,生

---

① 1858年4月2日,额尔金致克拉兰敦,F. O. 17/287。
② 1843年12月2日巴富尔致朴鼎查发文第2号,F. O. 228/31。
③ 《中国邮报》(China Mail) 1847年10月21日第140号。

性卑贱，无有效之管束，为全中国所诟病，变为全中国的祸患，他们……放纵强暴"，乃是"欧洲各国人的渣滓"。① 如果，要从这一堆渣滓里选择罪魁，那应该属于盎格鲁撒克逊人。据另一英国驻上海领事罗伯荪（Robertson）的报告，1856 年截至 12 月 12 日为止，他一共处理了 503 个刑事案件，其中包括：杀人犯 4 件，重罪犯（Felony）103 件，侵入住宅犯 9 件，重罪嫌疑犯 23 件，绑票犯 13 件，接受赃物犯 9 件，勒索犯 14 件，非法侵夺财物犯 17 件，酗酒犯 29 件，行凶殴人犯 48 件，有意破坏犯 11 件，其他刑事犯如强奸等 191 件，各种嫌疑犯 32 件。把这一年常驻上海和到埠后又离去的英国人合并计算，全体得 630 人。② 630 个英国人，在不足一年的时间里闹出 503 件刑事案件来！

1853 年美国驻华公使马沙利（H. Marshall）初到中国，一眼就看到英国人这样肆无忌惮的行为，于是忘却美国人自己的暴行，不觉发出嫉妒的怨声道："大不列颠的东方征服行动，表现他既不畏惧冥冥苍天，又不顾及人间正义。"③

面对这样的"商人"、"领事"——土匪、海盗、杀人犯，清统治者和中国人民采取怎样的态度呢？这里我们不必细述各个口岸的情况，只举出一个文件就够了。1861 年英国公使卜鲁斯描写了外国"商人"怎样在温州当土匪和海盗以后，接上说："中国人〔按，指清统治者〕现在的态度是在任何情况下连碰都不敢碰到外国人。……〔外国人〕罪案累累，终至逼得人民起

---

① 英国下院蓝皮书，《有关额尔金特使的往来文书，1857—1859 年》阿礼国备忘录。Correspondence Relating to Earl of Elgin's Special Mission, 1857—1859, Memorandum, by Consul Alecock.

② 1856 年 12 月 12 日，罗伯荪上包令备忘录，F. O. 83/80。

③ 1853 年 9 月 31 日马沙利致国务院第 31 号发文，转引自费正敬《1853—1854 年上海的临时制度》第一篇。

来用群众暴行寻求报复了。"① ［按，着重点是英国外交部人加的——本文作者］

英美侵略者是"既不畏惧冥冥苍天，又不顾及人间正义"的；中国人民是用以牙还牙的惩凶行动对付侵略者的；然而清统治者却是'连碰都不敢碰到外国人的"。这就是五口通商时代中国人民遭受侵略的基本情况。

事实发展到了1860年左右，几个主要问题都已走上它必然的解决途径了。例如既然海关机构在外商武力抗税与走私的破坏之下，"已经垮台了"，那么顺理成章的解决之道，只好由侵略者自己来直接掌握中国海关行政权。1853年英国驻上海领事阿礼国开始篡夺海关的行政权，到了1858年中英通商章程上，便有清政府"邀请英人帮办税务"的规定，其后两三年内，全国的海关行政权便彻底归入外国侵略者的掌握之中了。同一章程，又规定开放沿海贸易，把外商侵夺沿海贸易与航运业的既成事实予以合法化。最可痛心的是贩毒、贩人两大罪行，也在1858年的天津条约和1860年的北京条约上加以合法化。前者名曰"进口洋药"，后者则称为"华民情甘出口"。而为了更广泛地施用武力，天津条约又加上这样一条："英国师船别无他意，或因捕盗驶入中国，无论何口，一切买取食物甜水，修理船只，地方官妥为照料。"这就是说，英国侵略者始则自当海盗，继则自己护航，最后则又借口捕盗，取得兵船任意乱闯的"条约权利"。兵船可以巡逻到"无论何口"——只是不能爬上大陆罢了！

（原载1952年6月20日天津《进步日报》，《史学周刊》第76期）

---

① 1861年5月30日卜鲁斯致罗素发文第56号，F. O. 17/352。

马克思是中国人民的伟大的朋友
——纪念马克思逝世七十周年

为世界劳动人民的解放战争贡献了毕生精力的卡尔·马克思,是中国人民的伟大的朋友。

今天,当中国人民已经粉碎了一直武装到牙齿的敌人,已经站立起来,成为世界和平不可摇撼的柱石的时候,记起了70年前马克思对中国人民的深厚友谊,就像沐浴在春光下面一样的温暖。

马克思是经常关心中国人民的。在他的著作里,在他和战友们的通信里,我们随处都可以看到他以殷切的心情,关怀着中国人民。

在马克思的时代,中国人民遭到了资产阶级海盗式的抢劫。在1840—1860年这20年间,先后两次经受过侵略炮火。

从1853—1860年这几年里,马克思曾以无比愤恨侵略的心情,写下了一系列的讨论中国问题的论文,彻底揭穿侵略者的丑恶嘴脸,声援中国人民。

英法侵略者发动了两次鸦片战争,他们制造各式各样的借口,发布各式各样的伪造文件,采取极端严格的机密措施,来掩盖自己的丑史，但这一切都逃不过马克思锐利的分析，终于使侵略者原形毕露。

为了拆穿英国资产阶级用鸦片来吮吸中国人民膏血的罪行，马克思仔细地研究了东印度公司对华贸易的长久历史，简括地叙述这个罪行说：英国政府"以印度政府的资格""强迫孟加拉省种植鸦片"，"它强迫一部分印度农民种植罂粟，用垫款办法来引诱另一部分农民也去种植，用严格垄断的办法操纵这种毒药的全部生产，雇用整批的正式侦探来监督罂粟的种植，罂粟之交到一定地点，罂粟之蒸晒和鸦片之调制，使之适合于中国吸鸦片者的口味，使之装入为便于偷运而特别制成的箱子，最后并监督鸦片之运往加尔各答，在政府市场上，由国家官吏拍卖，卖于投机商人，以便由此落到私贩手上，再由私贩运往中国"。"英国政府在印度的财政，实际上不只依赖于对华的鸦片贸易，而且还依赖于这个贸易的偷运性质"。但是"戴着基督教假面具的、始终空谈文明的英国政府"，却"以帝国政府的资格，装腔作势，好像它与私贩鸦片的事情绝无关系，它甚至订立禁止这种贸易的条约"！[①]

第二次鸦片战争发生后，马克思更密切注意事态的每个细节，尽情地揭发侵略者的无耻嘴脸。

1856年10月8日的早上，广州的清军官兵到一艘绿壳船亚罗号上去逮捕海盗，带走了12个人。亚罗号一度在香港英国殖民地政府进行了登记，曾经悬挂过英国旗子。事情发生后，英国驻广州领事巴夏礼立刻借机大吵大闹起来，他说满清方面破坏条约（1842年善后条约规定如有盗匪藏匿在英国船上，满清方面不得自行搜捕，需请英方逮捕引渡），扯下挂在桅杆上的英国旗子，并且

[①] 《马克思恩格斯论中国》，解放社版，第101—102页。

撕毁那面英国旗子——这就是污辱英国旗子,所以要求清政府交出被捕人犯,并对辱旗事道歉,保证以后不再犯同类行动。

事实怎样呢?

1857年2月下旬,英国上下两院曾进行关于中国问题的辩论,马克思就根据这种狗咬狗的供词,揭发了事实真相。

原来亚罗号是一只由中国人建造,由中国人出卖,由中国人买得,由中国人驾驶的纯粹中国船只,只是为了便利走私,一度在香港政府登记,算作英籍船只,当清军官兵登船捕盗的时候,英籍执照久已过时失效,船上也没有任何旗子。不仅如此,亚罗号所曾据以进行登记的那项法律根据,即1855年3月香港政府所颁布的命令,根本是一纸空文。因为这个命令不独破坏了中英间的现存条约,而且还和英国的《商人航运法》相抵触;即令按照这个无效的命令,亚罗号也不得借此来辩护,因为亚罗号并不合乎这个命令所规定的条件,不该取得英国执照;何况那执照早已过期失效,而船上根本也没挂任何旗子。其实这一点就是坚持清军官员污辱了英国旗子的英国全权公使包令自己也承认。他说,亚罗船"当时不在我们保护之下"(意指未悬挂英国旗子——本文作者),但他立刻又说"可是中国人不知道这一点。千万不要把这点告诉他们"。包令实质上等于说:"我们明知道中国人没有犯破坏条约的过错。可是我们却不要把这一点告诉他们;我们坚持主张要赔款,要依特别礼节送回被捕人。要是不依这种礼节送回被捕人,那就要采用何种办法呢?很简单的,那就要抢夺航船,抢夺兵船。要是这还不济事,那就要占领更多的东西,一直到强迫着他们屈服为止,虽然我们明知道他们有理而我们不讲道理。"①

---

① 《马克思恩格斯论中国》,解放社版,第57页。

特别的礼节又是什么呢？不依特别礼节送回被捕人，英国侵略者又采取何种行动呢？

1857年1月，英国政府曾发表一个公报，企图掩饰他们在广州的海盗行为。马克思恰恰就是根据这个公报来揭发英国政府的罪行。马克思从公报发表的双方照会里整理出的事件的经过是这样的：

原来当时负责对外交涉的两广总督叶名琛在英国海盗的压迫之下，在10月22日曾把被捕的12个人（其中有3名已经讯明是海盗）送交英国领事馆，但巴夏礼拒绝接收人犯，也不接受叶名琛的照会。过了一天，即24日，当广州人民和叶名琛一样地被装在闷葫芦里的时候，英国海军上将西马縻各里所率领的船队轰击广州的炮火却响开了。这种轰击继续了6天，到11月1号，西马縻各里才照会叶名琛解释巴夏礼拒绝接收人犯和接收照会的理由，说是因为叶名琛没有把那12个人"公开地"送回去。这就是说，叶名琛没有按照巴夏礼所幻想出来的"特别礼节"办事，西马縻各里就炮击广州，并且先轰击，然后再说明这种礼节是什么。

事情自然不简单是礼节问题。西马縻各里的胃口是跟着炮火扩大的，"在占领了炮台、破坏了城墙、轰击广州达6日之后，这位海军上将却突然发现一个十分新鲜的行动目标"，① 那就是要进广州城。

原来鸦片战争以后，广东人民反侵略的情绪极高，他们一致拒绝外国侵略者进入广州城，而根据任何条约，任何侵略者都没

---

① 端那·陶尔编《马克思论中国》（Dona Torr, Marx on China, 1853—1860, Articles from The New York Daly Tribune, Lawrence & Wishart, London, 1951），第14页。

有这个权利。广东人民这种强烈的反抗精神，逼使中英两方在1846年成立协定，把进城问题无限期延缓下去；但由于英方的要求，1847年第二次协定又预定两年后许英人入城；1849年第三次协定中，英国公使则又放弃进城的要求，发出布告，禁止英人入城。这回西马縻各里又提出这个业已放弃的要求。

叶名琛没有立即答应西马縻各里的要求，于是西马縻各里就再度炮击广州，而且是更大规模的轰击。

在这里，马克思得到这样的结论："这出外交又兼军事的把戏截然分成两幕，——第一幕介绍中国总督破坏1842年条约，引起英方炮击广州；第二幕，那位总督顽强地坚守1849年协定，于是英方继续炮击广州，并且是更大规模的轰击。因此，广州首先是因为破坏条约而遭轰击的，接着则又因为遵守条约而遭轰击。"①

但是，正是这么一个大英帝国的全权公使包令对于西马縻各里"向毫无抵抗的居民实行无耻的进攻"的行为，大事庆贺，说它是"光荣的成绩，无上的勇敢行动，军事艺术和英勇精神两者绝妙的配合"②。而帝国政府则向西马縻各里海军上将"表示女王陛下政府对他们的赞扬"，赞扬他"行动的温和，以及他尊重中国人生命财产的态度"。③

多么无耻的嘴脸呵！连英国统治阶级内部也有人说这种行径"真是空前卑劣的行为"。马克思则斥之为"大规模的海盗抢劫"。④ 他怀着无比的愤怒说从中国来的这样的消息"令人愤

---

① 端那·陶尔编《马克思论中国》（Dona Torr, Marx on China, 1853—1860, Articles from The New York Daly Tribune, Lawrence & Wishart, London, 1951），第22页。
② 《马克思恩格斯论中国》，解放社版，第55—56页。
③ 端那·陶尔编《马克思论中国》，第31页。
④ 《马克思恩格斯论中国》，解放社版，第62页。

恨","这段历史自始至终只能令人厌恶"!①

第二次鸦片战争就是从亚罗号事件开始的,战争当然不是什么旗子问题,特别礼节问题,进城问题,甚至也不单纯是赔款问题。关于这一点,马克思也给我们留下极端深刻的分析。

英国对华的两次鸦片战争,都是在那个阴狠狡猾的资产阶级独裁者巴麦尊手里发动的。这个善于排演悲喜各剧,英雄与小丑都扮的人物,在1847年外交大臣任上就训令英国驻华使节恫吓满清当局;1849年的训令则干脆告诉英国使臣说"只消时机需要,不列颠的军事力量能够毁灭广州城,叫它片瓦不留,给该城居民以一次最厉害的惩罚";②1852年他把另一个凶狠的人物包令从广州领事提升做全权公使,便是"惩罚"广州人民的准备步骤;1854年包令已经准备动武,但当时英国正在和俄国作战,巴麦尊的傀儡——外长克拉兰敦只好教他"等到海军凑手的时候才动手";当亚罗号问题发生的时候,包令正好听到对俄战争已经停止,"事实上,海军也正受命开向他那边去",于是亚罗号事件就被捡起来做题目了。据此,马克思断然肯定地说:"屠杀中国人的事情是由巴麦尊子爵亲自策划的,这是毫无疑问的。"③

巴麦尊为什么策划屠杀中国人呢?原来这个时代,英国广大人民群众被剥夺了选举权与被选举权,他们正在要求政府,实行大改革,国会内部的发展趋势也是走向有利于群众的方向的。对外侵略战争给中产阶级制造扩张国外市场的幻觉,稳定一部分人的不满情绪,从而斩断这种自然的发展过程。所以,作为英国资

---

① 《马克思恩格斯论中国》,解放社版,第65页。
② 端那·陶尔编《马克思论中国》,第30页。
③ 同上书,第31页。

产阶级的独裁魔王的巴麦尊就拼命制造战争。其结果,马克思称为"巴麦尊的独裁代替了不列颠人民的政治解放"。①

看呵,这就是资产阶级维持自己统治权的手段——用对外侵略战争来堵塞人民群众政治解放的道路;读了马克思将近一百年前对于英国独裁政治的解剖,真使人以为他就是在替今天的美帝国主义画脸谱。无怪恩格斯说,英美两国资产阶级都还保留不少十六七世纪他们共同"祖先所特有的那种海盗的掠夺精神"。②

但是,对外侵略战争到底能给资产阶级带来什么呢?

1840年,英国资产阶级曾经对中国发动了第一次鸦片战争。这次战争确乎逼迫满清政府开放了5个通商口岸,给予英国种种便利商品侵略的权利。但是历史事实说明了,这次"打开中国大门"的结果,只是大大地促进了印度鸦片的对华输出,大大地促进了丝茶的对英输出,而英国工业品的输华量却几乎没有增加,其结果就是英国对华的贸易逆差更加扩大。马克思肯定地说,"1843年的条约,不曾扩大美国和英国对华的输出,反而只是加速和加深了1847年的商业危机。"③

马克思指出,"惯于夸耀自己道德高尚的英国人"是"宁愿用海盗式的借口经常向中国勒索军事赔款来弥补自己商业的入超"的。④ 还在第二次鸦片战争进行中,有一个消息说,清政府将偿付对英军事赔款1500万至2000万镑,这个消息"一经传出",马上就"安慰了""最清高的"英国人的良心。《经济学家》杂志以及财政问题论文的一切作者,都高兴地去计算银条

---

① 端那·陶尔编《马克思论中国》,第26页。
② 《马克思恩格斯论中国》,解放社版,第73页。
③ 同上书,第90页。
④ 同上书,第112—113页。

对于商业出入对照和英国银行现金存额所将发生的良好响应。①但是，第二次鸦片战争，除去军事赔款而外，又给英国资产阶级带来些什么足以"安慰良心"的呢？

首先，正在这次战争进行中，即1857年的11月，英国就爆发了有史以来第一次最大的经济恐慌。巴麦尊借侵略战争以维持英国经济繁荣的打算到底落了空。从那以后，历史事实表明，资本主义所特有的那种周期性的经济恐慌，依旧继续发展着，一次比一次更深刻更严重地发展着，这种随着资本主义的发展而日益沉重的痼疾，丝毫也没有因为中国市场的开放而得到缓和。

最后，让我们来体会马克思如何看待中国人民的历史任务。

马克思愤恨侵略，愤恨英美资产阶级对"本性温和的"② 中国人民海盗式抢劫，他是多么渴望中国人民奋然跃起，求得自己的彻底解放啊。

1850年，当马克思听到中国大批民众起义，喊出重新分配财产的口号时，他以极其兴奋的心情，瞩望这种革命运动的成功。他说："就让中国的社会主义与欧洲的社会主义之相差，像中国的哲学与黑格尔的哲学之相差一样吧。可是有一件事终究是值得我们高兴的，就是世间上最古老最坚固的帝国，因受了英国资本家纺织品的影响，8年来已处于社会革新的前夜，这种社会革新对于文明无论如何应有非常重大的结果。"③ 1853年，当太平军已发展到长江流域的时候，马克思对于这支革命力量尤其抱着无限的希望。他甚至认为中国革命将对欧洲革命产生巨大的影响。然而，众所周知，太平天国的革命正是被那班英美资产阶级

---

① 《马克思恩格斯论中国》，解放社版，第116页。
② 同上书，第71页。
③ 同上书，第213页。

海盗勾结满清统治者去扼杀了的。

　　1857年4、5月间，英国盛传中国南方各省的民众已积极地狂热地参加反对外人的战争，甚至婆罗洲的萨纳瓦克、马来亚的新加坡，乃至印度、澳洲等地的华侨，都有从事起义或准备起义的。英国报纸众口一词地诋毁这些反侵略运动为残暴行动。马克思的亲密战友恩格斯则指出这是中国人民的正确道路。他说，正是"英国政府的海盗政策"引起了中国人民的激愤情绪；这样的战争，"终究是真正的人民战争"；恩格斯说，过了不多年以后，人们将会看到"亚洲新纪元的曙光"。[①] 然而，众所周知，这样真正的人民战争也被中外反革命所出卖与破坏，没有完成它的历史任务。

　　但是，历史不停地前进，时间过去将近100年，到了20世纪的20—40年代，中国人民的伟大领袖毛泽东正是掌握了马克思和他的光辉的继承人列宁和斯大林的理论来领导中国革命的。毛泽东领导中国人民进行了真正的人民战争，粉碎了一切内外反动派，把革命领上胜利的道路。中国人民的伟大朋友卡尔·马克思的理想已经实现和正在实现，"亚洲新纪元的曙光"已经普照大地了。一切妄图违抗历史法则的反动小丑，不论是美帝国主义还是蒋介石匪帮将和过去一样，一个一个倒在觉醒了的、胜利了的中国人民的脚下，粉身碎骨！

　　马克思所创立的科学社会主义的真理将永远照耀着中国人民的革命道路，马克思对中国人民的深厚友情，也将永远鼓舞着中国人民前进，更前进。

（原载《光明日报》1953年3月14日）

[①] 《马克思恩格斯论中国》，解放社版，第89页。

英国资产阶级纺织利益集团与两次鸦片战争的史料

19世纪四五十年代英国统治阶级对中国发动了两次侵略战争——两次鸦片战争。列宁教导我们研究国际战争史的正确观点说:"能证明战争底真实社会本质,或正确点说,真实阶级本质的,自然不是战争底外交历史,而是对于一切交战国里统治阶级所处客观地位的分析。"(《帝国主义是资本主义底最高阶段》法文版与德文版序言)以下,我们为分析30—50年代英国统治阶级的客观形势提供一些片断的资料。

发动两次鸦片战争的英国的统治阶级乃是英国的资产阶级。英国资产阶级中和对华贸易直接有利害关系的方面,可以分作两部分。其一是身在中国或印度的所谓英籍"商人",他们利润的主要来源是鸦片走私,可以称之为鸦片利益集团。这是一批资本主义原始蓄积时代海盗冒险家的遗孽。关于他们的活动情况,我们将在另外的机会提供一些资料。

另一部分是曼彻斯特、格拉斯哥、利物浦、伯明罕、伦敦等城市和对华贸易有关的工业资本家、进出口商人、航运资本家、银行家等,他们的利润,主要得自向中国推销制造品和从中国贩买丝茶。这是真正的近代意义上的资产阶级。当时这一批人最迫切需要解决的问题,不是怎样从中国贩买,而是怎样向中国推销。时至19世纪中叶,尽管英国输华制造品的总值很低,可以说是微不足道,但是这时英国资本主义的发展已经到了成熟期而爆发过几次生产过剩的危机了。为了解救危机,英国资产阶级面对当时拥有三亿五千万人口的中国市场,急于想要进行侵略的心情,并不下于具有巨大利益关系的鸦片贩子。

19世纪四五十年代,英国最大的工业部门是棉毛纺织工业,输华制造品中最大的项目也是棉毛纺品。因此,怎样向中国推销的问题,实质上就等于是怎样向中国推销棉毛纺织品的问题。所以这一批侵略者中制造、航运、银行等资本家都是围绕着棉毛纺织利益,特别是棉纺织利益在活动着的,我们可以称之为纺织利益集团。当然,纺织集团和鸦片集团不是互不相关的,而是存在着血肉般的联系的。

纺织利益集团策动侵略的组织,或者是一种特殊团体,叫做"印度中国协会"(East India and China Asscciation)、印度协会,或者就是一般性的商会、工商联合会,等等。不用说,在策动对华侵略上,这些团体是密切联系,互相勾结的,它们往往在很短的时期内分别向首相或外交大臣提出备忘录,有所要求,其内容,基本上是一致的。这些侵略团体,以伦敦的印度中国协会为活动中心,而叫嚣得最凶的则是格拉斯哥和曼彻斯特两个纺织中心的资本家。其目的,无非是想用武力击败满清政府,强迫它增开通商口岸,让予贸易特权,等等。

以下,我们就以棉纺织业为主,提供一些资料。从分析英国统治阶级的客观形势这个角度来看,棉纺织业的历史发展情况和对华关系以及这部分资本家策动侵略的活动情况,是可以当作典型的事例来考察的。

从18世纪的60年代起,英国棉纺织业里出现了一连串的技术发明,从而,英国棉纺织业资本主义的发展便由工场手工业阶段进入工厂工业阶段。技术发明本是资本主义的产物,而其结果,则又加速资本主义的发展。下面第一节的资料使我们可以粗略地看到英国棉纺织业革新技术、建立工厂制度以后,大量的廉价的纱布便使得英国手工棉纺织业因不堪与工厂跌价竞争而逐渐消灭,同时英国棉制品也大量地向国外推销,1815—1835年这20年间,英国纱布大量销入印度,使印度"棉织工人的白骨把印度平原都漂白了"。

第二节辑录第一次鸦片战争以前英国棉制品销华情况的资料。从此我们可以看到,英国棉制品在中国市场上的扩张速度是远不能满足英国纺织利益集团的要求的。当时英商对华贸易,遭受双重的限制,一方面是英国东印度公司享有对华贸易专利权,散商需要获得东印度公司的特许才能到中国来做生意;另一方面是满清政府只许广州一口对外通商,并给广州行商以垄断对外贸易的权力。因此,英国纺织利益集团开拓中国市场的头一个步骤便是反对东印度公司的对华贸易专利权;1833年,他们终于达到了目的,东印度公司的专利权被废止了。

英商在广州做生意,本来是比在英国"更方便得多"的,可是一口通商和行商制度毕竟限制了英商的活动范围,于是纺织集团便积极策动侵略。在第三节里,我们可以看到1834年以后这一集团对英国政府的要求,很快便由和满清政府签订通商条约变为用武力强迫开放商埠了。

第一次鸦片战争以后十几年里,英国棉纺织品在中国销量的扩张,当然不可能符合英国纺织集团倾销过剩产品的欲望。

起初，英国侵略者以为这是中国人民购买力不足的缘故，所以他们承认满清政府是忠实履行条约义务的，要求英国政府减低茶叶进口税，希望借此增加英国人民的茶叶消费量；从而提高中国的购买力，多多购买英国的棉布。可是，经过1847年的大恐慌，空前庞大的过剩纱布逼使他们对中国市场作更深一步的了解。他们发现，英国棉布之未能迅速畅销，乃是由于中国和农业相结合的手工纺织业对洋货具有坚韧的抵抗能力的缘故（参看密切尔报告书）。为了摧毁这种古老的经济结构，他们必须再度削减中国的进口关税，干涉满清政府的国内税财政制度，无限制地进入中国内地，这样，他们才能降低货物的流通费用，把机制纱布送入中国的每个乡村。因此他们就诅咒起中国的内地通过税，以及其他莫须有的贸易障碍来。为了达到目的，当然还是必须动用武力。因此，英国政府便在1856年再次发动侵华战争了。在第四节里，我们可以看到五口通商时期英国棉制品销华情况和纺织集团敦促英国政府进行侵略的一些史料。我们没有找到纺织集团策动战争的直接资料，可是从1857年正月曼彻斯特商会主席特奈尔欢呼英军在广州屠杀中国人民的那篇演说里，我们岂不可以设想纺织集团多半也是这次战争的幕后的策动人物么？

以下资料，凡摘引史料原文者都不加引号""，凡本文编者用自己的话叙述史料原意或加上按语的文字，都放在方括弧［］里。

一　英国棉纺织业的发展与英国棉制品　　对印度手织业的摧残

18世纪的后半期，英国发生了工业革命，后来世界一切文明国家都连续发生了这种革命。工业革命的发生是由于蒸汽机、各种纺机、动力织机以及许多其他机器的发明。在当时,这些机器的价格是昂贵的,所以只有那些有大量资本可用的人们,才能设置。由于使用这些机器,遂完全改变了生产方法,改变了运用那些机器的工人们的性质。其所以能够这样,乃是由于下面的事实,即:用机器能够生产出来比手工业者仍用旧式纺轮和手摇织机所能生产的更便宜更精良的商品。这样,机器的发明,就把工业引渡到大资本家手里,而使工人们的财产(如工具、手摇机器等)变成无价值可言的东西了。很快地资本家就占有了一切生产手段,而工人们就一无所有了,工厂制度首先在纺纱生产方面实行。一经有了这么一个刺激,工厂制度就很快地侵入了所有其他生产的部门。紧接着采用这个制度的,是织布和印刷业、陶瓷和金属工业。①

第一个在一直到现在的英国工人状况里引起彻底变化的发明,是北兰开夏(Nord-Lancashire)卜莱克波恩(Blackburn)附近斯坦希尔(Standhill)织工詹姆士·哈葛雷夫斯(James Hargreaves)底纺绩[纱]机(Jenny,1764年)。这个机器就是以后的走锤精纺机(Mule)底一个粗糙的开端,它是用手转动的,但是不像普通的手纺机只有一个纺锤,而是有16个到18个,只要一个工人就可以操纵。这样纺成的线就可能比以前多很多;以前1个织工总要有3个女纺工供给他线,纺出的线总是不够用,织工常常要等线,现在线多了,在场的工人织不完。对织成的东西的需要本来就在增长;由于这些东西价格比以前便宜,这需要更加上升了;新机器降低了线底成本,所以价格也就下降;需要的织工多,织布

---

① 恩格斯:《共产主义原理》,吴恩裕译,《新建设》1951年7月号。

的工资也提高了。现在，因为织工可以利用织布机赚到更多的钱，就渐渐放弃了田地里的工作，专心来织布。在这时候，1个有4个大人和2个帮助缠线的孩子的家庭，每人工作10小时，每周可以赚四镑钱——等于普鲁士的28塔勒（Taler），如果生意好，工作多，赚的钱往往还要多；1个工人1周用织布机赚两镑钱，是常有的事。这样一来，兼做种田工作的织工就逐渐绝迹，被吸收到新起的纯粹织工阶级里来了，他们的生活完全仰仗工资，没有一点产业，连那点租佃地的象征的产业也没有了，于是就成了无产阶级（working men）。另外还有一件事情，纺工与织工底老关系也取消了。一直到现在，只要可能，纺线与织布总在同一间屋子里进行。现在，因为纺绩［纱］机也同织布机一样需要一双有力的手，男人们也开始纺线了，整个家庭都以此为生；同时别的家庭也把现在已经过了时的落伍的纺车推开，如果他们没有钱买一架纺绩［纱］机，全家就仰仗家主底织布机来生活。在这里开始了在以后的工业里无限发展的在织布与纺线方面的分工。

个别的资本家开始在大建筑物里装设纺绩［纱］机，而且用水力来推动，这样他们就有可能减少工人的数目，线卖得也比单个的只是用手来推动机器的纺工便宜。纺绩［纱］机不断在改进，所以一架机器随时都在变旧，必须改造，或者甚至丢掉；如果资本家由于利用水力的缘故甚至只靠旧机器也能维持下去，对单个的纺工来说，时间一久就维持不下去。即便工厂制度已经在这里开始了，不过由于1767年北兰开夏，普雷斯顿（Priston）的一个理发师瑞恰德·阿克莱提（Richard Arkwright）所发明的纺纱机（Spinning‐throstle），这制度又得到一个新的发展。这个机器在德国普遍叫做Kettenstuhl（经线绩［纺］机），除蒸汽机外它是18世纪在机器方面最重要的发明。它自始就打算利用机器的推动力，它是建立在完全新的原理上的。1785 年佛伍德（Firwood 兰开夏）人克伦普顿（Samuel Crompton）把纺绩［纱］机和经线绩［纺］机特点结合起来，创造了走锤精纺机（Mule），同时阿克莱提又发明了起绒毛机［？］和粗纺机，这样一来，对纺棉花来说，工厂制度就压倒了一切。……但这还没有完；前世纪的最后几年卡特莱提博士（Dr. Cartwright），一个乡村的牧师，发明了机动织布机（Mechanischer Webstuhl），在 1804 年顷已经发展得能够胜利地跟手织工竞争了；由于瓦特（James Watt）底蒸汽机，所有这些机器都有了双重重要性，蒸汽机是 1746 年发明的，自 1785 年起就用来推动纺机。

由于这些从那时候起每年还都有所改进的发明，机器工压倒手工的胜利在英国工业底主要部门里是确定了。从这以后，英国手工业的全部历史只是报告手工工人怎样从一个接一个的岗位上被机器赶走。这样产生的结果是，一方面所有的工厂出品底价格迅速地下降，商业和工业繁荣起来，几乎所有没有保护的国外市场都被征服了……

1771 年到 1775 年每年平均输入［英国］的没有加工的棉花不到 500 万磅；1841 年 52800 万磅，1844 年最少输入了 60000 万磅。1834 年英国输出 55600 万码织成的棉布，7650 万磅棉纱和值 1200000 镑的棉织袜类。同样在棉花工业里有 800 多万走锤精纺机纺锤，110000 架机动织布机，250000 架手织机在工作，经线纺机纺锤还不算在里面。据麦克居洛荷（MacCulloch）底统计，在这三个王国里当时几乎有 150 万人直接或间接依靠这个工业部门为生，其中只在工厂里工作的就有 220000 人；这些工厂用的动力是 33000 马力的蒸汽力和 11000 马力的水力。现在这些数字绝对不够了，我们尽可以设想，1845 年机器的力量和数目，连工人底数目比 1834 年要增加 50%。①

劳动手段一经采取机器的形态，便成为劳动者自己的竞争者了。资本由机器而起的价值增值，与生存条件被机器破坏的劳动者人数，成正比……自操纵工具的事务也归于机器以来，劳动力的交换价值，就和它的使用价值一同失效了。劳动者变成了不能出卖，像不通用的纸币不能出卖一样。……世界史上再没有什么还比英国棉织手工人渐次地消灭（那曾拖延了数十年之久，至 1838 年才算最后完成），是更可怕的悲剧了。其中有许多是饿死的，有许多是长期每日以 2.5 便士养活一家的。反之，英国棉织机器，却在东印度引起了急切的影响。1834—1835 年，印度总督曾说："这样的穷乏，在商业史上，实难有其匹。棉织工人的白骨，把印度平原都漂白了。"②

不列颠侵入者打碎了印度的手织机，摧毁了它的手纺车。英国首先是把印度的棉织品挤出了欧洲市场，然后就实行向印度输入棉纱，最后则以自己的棉织品来充斥这个棉织品王国了。在 1818—1836 年这一时期内，从大不列颠输出到印度去的棉纱上升的比例是 1∶5200。在 1824 年输入印度的英国细棉布不过 100 万码，而在 1837 年就已超过 6400 万码了。但在同一时期内，达卡的人口却从 15 万人降到了 2 万人。……

这些刻板式的细小社会机体［农村公社］大部分已被破坏并且正在完全消失，与其说是由于不列颠税吏和不列颠兵士的粗暴干涉，倒不如说是由于受到英国蒸汽机和英国贸易自由影响的

---

① 恩格斯：《英国工人阶级状况》，导言，季羡林译，《新建设》，1953 年 8 月号，第 46—47 页。

② 马克思：《资本论》第 1 卷，人民出版社版，第 523—525 页。

结果。这些组织得像家族般的公社，是奠基在家庭工业上，奠基在手织业、手纺业和手力耕作业的特殊结合上，这种结合使它们具有自给自足的性质。英国的干涉既已使纺工位置在兰开夏，使织工位置在孟加拉，或是使印度纺工和印度织工一并归于消灭，就破坏了这些细小的半野蛮半文明的公社，因为它消灭了这些公社的经济基础，结果就造成了亚洲极大的并且老实说是亚洲所经历过的唯一的社会革命。①

自1770年至1815年，只有5年，棉工业是陷于不振或停滞状态中。在这开头的45年内，英国制造业者独占了机器和世界市场。自1815年至1821年，在不振状态中；1822年与1823年，繁荣；1824年，取缔工人集会的法律废止，工厂普遍大扩充；1825年，危机；1826年，棉业工人陷于大穷苦中，发生暴动；1827年稍稍好转；1828年，蒸汽织机的使用与输出大增加；1829年，输出（尤其是对印度的输出）超过以往各年；1830年，市场过充，大危机；1831年至1833年，在继续的不振中，东印度公司对东部亚洲（印度和中国）的贸易独占权撤销；1834年，工厂及机器大增加，劳动者不足。……1835年，大繁荣。同时，棉织手工人濒于饿死。1836年，大繁荣；1837年与1838年营业不振，危机；1839年，复兴；1840年，大的萧条，暴动，军队出面干涉；1841年至1842年，工厂劳动者可怕的穷苦。②

我们知道，英国棉工业在最初45年间（自1770年至1815年），只有5年陷在危机与停滞中，但这是英国棉工业的世界独

---

① 马克思：《不列颠在印度的统治》，《马克思恩格斯文选》两卷集，莫斯科中文版第1卷，第325、327页。

② 马克思：《资本论》第1卷，第553—554页。

占时期。第二时期,自 1815 年至 1863 年,共 48 年内,仅有 20 年是复兴时期和繁荣时期,却有 28 年是萧条和停滞的时期。自 1815 年至 1830 年那 15 年间,欧洲大陆与美国已开始与英国竞争了。自 1833 年以来,亚细亚市场的推广,是以"人种的破坏"为手段的。①

[有关英国棉纺织业的发展及其国外市场的统计资料]

表1　英国机制棉纱(百支)每磅市价的跌落情况

年份	先令	便士	年份	先令	便士
1786	38	—	1805	7	10
1788	35	—	1807	6	9
1791	29	9	1829	3	2
1793	15	1	1831	2	11
1799	10	11	1836	5	6
1801	8	9	1842	2	9
1803	8	4			

资料来源:《不列颠百科全书》,第 9 版,第 6 卷,第 499 页。

表2　英国机制棉布价格指数(以 1820 年为基期)

年份	%	年份	%
1820	100	1826	67.5
1821	95.3	1827	62.5
1822	93.8	1828	57.5
1823	87.5	1829	52.5
1824	57.7	1830	51.5
1825	86.5		

资料来源:英国下院蓝皮书《1830 年小组委员会报告书》,卷 5,第 188 页。
注:棉布价格以"长布"(long cloth)为准。

---

① 马克思:《资本论》第 1 卷,第 558—559 页。

表3　　　　　机器竞争下英国手织工人工资收入的跌落

年　份	平均每周工资收入
1797—1804	26 先令 8 便士
1804—1818	14 先令 7 便士
1818—1825	8 先令 9 便士
1825—1832	6 先令 4 便士
1832—1834	5 先令 6 便士

资料来源：诺斯：《19 世纪大不列颠的工商业革命》，第 119 页。

表4　英国之棉花消费量、棉纱生产量与棉纱输出量（五年平均）

年　份	棉花消费量（百万磅）	棉纱生产量（千磅）	棉纱输出量（千磅）
1821—1825	152.1	136921	28350
1826—1830	205.4	185773	50602
1831—1835	289.6	257353	73509
1836—1840	394.1	349255	105080
1841—1845	508.3	424295	135054

资料来源：《不列颠百科全书》，第 9 版，第 6 卷，第 486、503 页。

表5　　　　　英国的棉花输入量和棉制品输出值

年　份	棉花输入量（百万磅）	棉织品输出值（千磅）
1730	1.5	13
1780	?	355
1790	31.4	1662
1800	56.0	5406
1811	91.6	?
1821	129.0	16000
1831	280.5	17200
1841	489.9	23400

资料来源：额谢尔：《英格兰产业史》（Usher, A. P., Industrial History of England），第 305 页。

二 第一次鸦片战争前英国棉制品的销华情况

[1786年] 本年曼彻斯特（Manchester）乡村手机织造的棉布第一次试销这个［广州］市场。［英国东印度公司记录称：］"诺维斯（Norwich）、曼彻斯特和哈里法克斯（Hallifax）的棉布样品都给［广州十三行］商人看过了，他们认为在这个市场上，随便哪一种都卖不出去；棉布成本太高，而中国人是织造多种多样的棉布的，那些布匹虽不怎么漂亮，却更合乎他们服饰之用。"（摩斯：《东印度公司对华贸易编年史》[H. B. Morse, The Chronicles of the East India Company Trading to China, 1635—1834, Oxford, 1926]，第2卷，第120页。按：以下所引编年史资料，凡不加""号者，皆摩斯原文，""号内文字皆摩斯引自东印度公司档案的原文）

[1788年]［东印度公司］董事部运来一些诺维斯、曼彻斯特和哈里法克斯棉布样品。看了样品之后，［行商］石中和（Shy Kinqua）说，这全不像普通做衣服或做装饰品用的料子，特别是染色的剪绒和天鹅绒，绝不会有人要，不过他指出几匹达宁斯布（Denims）［一种粗斜纹布］和皇家立巴茨布（Royal Ribs），说是或许可以做点什么，他不反对订购少数几匹来试试看，不过颜色要和毛织品的颜色相同，即蓝、黑、绿、灰、棕几种，不要黄色和猩红色的，为了1790年试销，每种订购200匹。[行商]潘致祥（Puankhequa）表示同样意见，说是这些布匹，"绝不会通行……商人推销这种布匹是无利可图的。"（摩斯：《编年史》，卷2，第152页）

[1790年] 试销的曼彻斯特棉布（达宁斯布和皇家立巴茨布各50匹），成本612镑，卖得［银］2000两，差不多刚够本。

[按当时汇价每镑约合银三两] 这些布匹"不受欢迎,成本太贵了,得不到许多制造家所自我吹嘘的那么高的评价"。(摩斯:《编年史》,卷2,第179—180页)

[1819年] 7月18日拍卖 [英制棉布], [广州] 本城各处小贩赶来的相当多……市布好像十分难卖,——他们说那是模仿他们的夏布的织品(自然仿得也拙劣)。条子布没人喜欢。他们对于这些布匹的美好好像全没有感觉似的。(1819年广州英商泰勒与马地臣加尔各答莫克茵隉尔公司函,原据剑桥大学藏怡和公司档案,转录自格林堡:《英国贸易与中国之开放》,1800—1842 [Robert Taylor & James Matheson to MacIntyre & Co., Michael Greenberg, British Trade and the Opening of China, 1800—1842, Cambridge, 1951],第99页)

[1821年] 英制印花布4509匹,又剪绒与天鹅绒416匹在广州拍卖脱手……亏本60%以上。很明显的,销售英国棉制品的时代还没有到来。(摩斯:《编年史》,卷4,第1页)

[1821年] 英国棉制品计印花布1744匹,白布1372匹,黑布860匹,仿制广州布720匹,手帕1132打,棉纱5000磅,全部售出结果,亏本35%。(摩斯:《编年史》,卷4,第2页)

[1821年] [广州] "织造棉布匹头的老板和纺工之间,通常总是由老板供给纺工棉花2斤,收回棉纱1斤,棉花和棉纱的售价极其低廉;虽则你们的来货 [英制棉纱] 比中国产品坚韧,可是他们对于一切新奇的东西总是强烈抗拒的……不过我们打算用你们的 [纱] 织一小匹布,试看在土人中能卖多少钱"。(1821年广州英商致印度英商函,格林堡,前引书,第100页)

[1822年] 番舶所来之布名洋布,有小者,其方盈一、二尺,可为包袱,及装池之用。印花有似蜀锦者,有鬼子人物者。大者可为被褥。有大花小花,色备五彩,光艳夺目。近日内地亦

有之，然洋布五色，愈洗愈鲜，内地印花，一洗之后，即模糊矣。(阮元：《广东通志》，卷97，物产4。按，志成于道光二年，所说洋布情况，不详何年，姑按成书系年。)

[1824年]"直到目前为止，中国人对英国匹头的需要还是有限的，不过因为价格低廉，需要可能提高。我们知道有几个富商用印花布给他们小孩做衣服的例子，而在从前这是只用来做被单的料子，如果习尚风行（这不是不可能的），那么摆在英国产业面前的市场是广阔的。"（1824年广州英商通信，格林堡，前引书，第101页）

[1826年][东印度公司]在棉布生意上同样的不幸，只不过卖得的价钱比起前些年来损失较小罢了。1826年度进口棉布已不少[共24000匹]。……其中最后一批2000匹，可能一部分或全部都是美国织品，其余22000匹极可能全部都是英国织品。……[行商]关成发（Manhop）宣称他只能出这样的价钱：

  头等3000匹 每匹10元
  二等1000匹 每匹9元
  三等400匹   每匹8元
  四等及五等2000匹 每匹2元

就是这样价钱，他也要赔上关税，每匹1元，更赔上其他公缴费用。这是能够卖到的最高价钱，成交了。"不过这样售价，[公司]还是要损失委托成本的10%左右。"（摩斯：《编年史》，卷4，第124—125页）

[1827年]曼彻斯特终于站住脚了，英制印花布第一次卖得利润了。本季[东印度]公司自己贩来进口的计15300匹，运上船的批发价21261镑，成本加保险和运费共23241镑；平均每匹卖价7元（关税不在内），共得107100元，合银77112两，按固定汇率折价25740镑，按本季汇票市价折合，则得22090镑。

印花布长40码，7600匹一批来货中宽30吋半者600匹，35吋者3100匹，36吋者3900匹，［公司］委员会建议以后一律宽36吋。（摩斯：《编年史》，卷4，第146页）

［1828年］"目前我们对于这批订货［300包棉纱］，还不能抱任何希望，认为这就是向这个国家委托经售的有利货品。小贩一致认为——纱的粗细程度，自8支至26支，即其价各为每磅10便士，10.5便士和11.5便士的3种，嫌其太粗，不合中国市场需要，销路很小，或根本销不出去，而自40支至140支……其价各在18.5便士，22.5便士……者，更加卖不出去，因为纱支太细，中国人所用的织机不能织造，这个国家的人民亦且很少使用这样细质的布匹；至于中等纱支，自28支至38支，其价各在14便士，16便士，16.5便士，与17.5便士者，则最为需要，可以卖得最好的价钱。［行商］卢文锦（Mowqua）现在已愿意按每担34元的价格承受这次300包的全部订货。"（摩斯：《编年史》，卷4，第187页）

［1828年］中国人自纺的棉纱不如我们从英国进口的便宜，只是他们很难用它［英国纱］做纬纱，通常都是用来做经纱。然而时间会克服这种困难的，果尔，那么消费量必然会大大增加的。（1828年广州英商通信，格林堡，前引书，第101页）

［1829年］英制印花布卖得很好，计22750匹，得价118839两，棉纱又卖得好，共进口2250担［自英国］起岸成本15324镑，［广州］到岸成本17332镑，卖得56700两。……"目前广州市场上，棉花几等于死货；有几个行商手上还存有两年前买进的棉花没有卖出。据我们所知，外国（印度）［进口来的］棉花主要是在广东消费的，从大不列颠进口来的棉织品与棉纱对于［广州棉花］市场的影响当然很大。"（摩斯：《编年史》，卷4，第186页）

[1829 年] 现在中国人正在引用一些高支棉纱。许许多多人来打听，这种货品之用于土法织造还在萌芽阶段，成功是要靠便宜才能赢得的。（1829 年广州英商通信，格林堡，前引书，第 102 页）

　　[1829 年] [英国侵华利益集团代言人，著名政客柏金汉（James Silk Buckingham）反对东印度公司维持对华贸易专利权的公开演词] 中国有庞大的人口，其人富有积极的消费的性格，如果把那个国家的市场开放给自由贸易商人，则英国货在那个市场上的销量将比其余全部世界的总销量还要大；他们乐于接受我们的货物，这是从他们现在就使用美国船从曼彻斯特运去的棉纱和印花布上可以看得出来的。（柏金汉：《生平事略》[Buckingham, Sketch of Mr. Buckingham's Life, Travels, and Political and Literary Labors, London, 1830]，第 25 页）

　　[1829 年] [柏金汉另一次公开演词] 亚洲富有财富物资，或许可以说比地球上一切其他地区的总和还要丰富，可是由于其居民懒惰、无知、褊狭与信奉邪教而可悲地被人忽略了。另一方面，英国却是有力量去利用这些物资的。英国能够传授亚洲所需要的一切——文明、自由、航海技术、制造工艺、通商企业、道德上智慧上的能力，最后而最伟大的是——纯洁的宗教之光。……过去几周里，要求对东方自由贸易的公开态度受到本市各阶级特别是我们商人中最活跃最开明人士的支持。（柏金汉：《为远东导报而编的报告》 [Report, Compiled for the Oriental Herald, Feb. 28. 1829: Proceedings at Liverpool connected with opening the trade to India and China]，第 14 页）

　　[1829 年] [下院议员惠特模尔（W. W. Whitmore）在下院反对东印度公司保持对华贸易专利权的演词] 当我们考虑到这个庞大帝国的庞大人口时，当我们想到她一直伸展到北纬 53 度

时；我们就想到中国人是需要暖和的衣料的，同时却没有我们这样的毛织品；他们是卓越的商业民族，急于在最便宜的市场上购买货物，欧洲人节省人力，大大减低制品价值的新近进步，他们是一件也没有的；当我们进一步考虑到那个国家供应我们帝国全部人民普遍消费的一种物品——茶叶时，考虑到如果茶价减低，则每年茶叶消费量就会很容易地提高2倍至3倍——当我们把所有这些都放入考虑之内时，那么，我说，目前我们［对中国的］出口限于六七十万镑者将扩张至若干百万镑，这并不算夸大。（惠特模尔：《论对印度及中国通商问题演词》［Substance of a Speech, on the Subject of the trade with the East India and China, London, 1829］，第25—26页）

［1830年］［下院考察东印度公司当前情况及大不列颠、印度和中国之间贸易情况小组委员会与作证人的问答记录］

问：在广州做生意方便不方便？

［作证人港脚商人阿肯（John Aken）］答：大为方便。

问：你认为在广州做生意和在你所熟习的任何其他商埠做生意同样的方便吗？

答：我认为广州更加方便。

问：和在印度一样的方便吗？

答：远比印度方便得多。

问：在广州也和在英国同样的方便吗？

答：是的，并且更方便得多。

问：你何以说更加方便得多呢？

答：你只消和一个［行商］商人打交道，别的什么都不用管，而你一经成交，那就什么事都不用烦心了。

问：你认为行商做生意是开明的，还是不开明的？

答：非常开明。

问：你能相信他们忠诚正直吗？

答：是的，我有一切理由相信他们在一切方面都是诚实的。

问：他们遵守他们和别人订的契约吗？

答：是的，我还没有听说有任何人受到他们一丝一毫的损失。（前边小组委员会第一次报告书，卷5，第133页）

〔同前小组委员会报告书结论部分〕绝大多数在广州住过的作证人都一致声称：广州的生意几乎比世界一切其他地方都更方便更好做，据说这些便利，绝大部分是因为每一只商船的生意统统都归同一个人，即行商经理的缘故。作证人并且进一步说，行商常常对外国人预支款项，因而也就帮助了生意的进行。

中国对英国制造品的需要因通商限于广州一口而受限制；虽然中国人在冬天广泛穿用毛织品，可是需要毛织品的地方都在中国的北部，而要把笨重的货物运到北部去，则路途远、捐税重、花费太多，难以如愿。如果没有这些限制，大家想象中国对英国制造品的消费是会大大增加的。（同前报告书，卷5，第6、10页）

〔同前小组委员会作证人、东印度公司驻广州职员莫吉里邦克（Charles Marjoribank）的作证答词〕〔外国货物输入到中国去，销路比较好的是原料，而不是制成品，我以为中国政府有意保护工业。〕从加征羽缎（Camlet）很高的、禁止性的关税上应该可以得出这样的结论。羽缎这种货物在中国普通卖40元左右〔1匹〕，关税高达18元，是即关税几乎高至售价的50%。而羽缎乃是最像丝织品的货物。我们对中华帝国没有像对印度帝国那样的权力。我们曾经用高额的禁止性的关税把印度的制造品排出英格兰市场，又对于我们货物之进入印度市场给以各式各样的鼓励，就用这样自私的（我用这个字眼并无嫉恨之意）政策，我们把达伽（Dacca）和其他地方的土著制造业压了下去，而把我们的货物去泛滥他们的国家。我们对中国并没拥有同样的权力；我们可以用高额的关税排斥他们的货物，可是却不能强迫他们按照我们的条件接受我们的货物。我应该说，在保护自己方面，他们是很够伶俐的。（同前小组委员会报告书作证记录1，第58页）

［同前小组委员会和作证人，广州英商大卫荪（W. S. Davidson）的问答记录］［小组委员会问］按照你的意见，从中国撤退东印度公司，把对华贸易公开以后，会有怎样的结果呢？［大卫荪答］我认为，除非事先经过小心劝诱，或用有力的交涉强迫中国政府和别的国家建立友好合理的关系，那么在中英之间迟早会有一场战争，同时，个人就普遍地、迅速地破产。（同前小组委员会报告书作证记录2，第204页）

［1831年］［中国］人民是以勤劳精励著称的，他们大多从事棉制品的织造工作，虽则中国植棉已久，可是消费量大，所以他们还是不得不进口大量棉花。在中国市场上，一般说来，最好销的还是原料［而不是制成品］。

中国人，特别是沿海的居民，是乐于发展对外贸易的；不过同时他们对于国外贸易之可能损及他们自己利益的事物，也十分敏感，这一点在1831年就已表现出来了。该年从英国输［至中国］的棉纱大为增加，［广州东印度公司］大班报告［公司］理事部说："进口棉纱在广州近郊的两个地方，和距广州20哩的一处地方，引起了居民非常严重的骚动。他们家里的妇女儿童过去是从事纺纱的，这次他们大事埋怨输入棉纱剥夺了他们妇女儿童的生计。他们决计不用进口棉纱上机织布，并且宣布，决定要烧毁进入他们村庄的任何进口棉纱。这些地方人口众多，其人也和中国人普遍的情形一样的勤劳。——这次骚动是英国机器战胜［中国手工］的一个证明，同时，这也表示，这种成功在其他工艺国家的工人阶级中，亦如其在英国一样，也会造成同样的不满情绪的。我们还不知道［满清］政府的官员曾否注意到这些骚动。如果他们用高额的，或竟是禁止性的关税来阻止棉纱的进口，我们相信，走私的规模跟着一定就会进一步的扩大。"［奥柏：《中国志》（Peter Auber, China, London, 1834），第63—64页］

这个报道［指前文广州附近纺工骚动的报道］业经晨报（Morning Herald）的中国通讯员证实了，该通讯员写道："黄埔东北乡那些贫苦人民发现了是进口的外国棉纱夺去了他们纺纱的生意，于是他们就在各乡各镇遍贴告示，声称如有人从广州买洋纱入境，一经擒获，立即处死。目前广州小贩被这个举动吓怕了，外国棉纱的生意已陷于停顿。"（匿名撰：《1832年的英华关系》［British Relations with the Chinese Empire in 1832, London, 1832］，第81页）

［有关英国棉制品销华情况的统计资料］（见表6、表7、表8）

表6　　　　　英国机制棉纱布输华数量

年　份	平织棉布（码）	棉　纱（磅）
1829	910000	500000
1830	600000	380000
1831	1732000	955000
1832	2262776	383600
1833	4492563	400000
1834	5699105	901120
1835	10356047	2344482
1836	13049250	3155769
1837	10567120	1845977

续表

年　份	平织棉布（码）	棉　纱（磅）
1838	23063784	3733580
1839	20567207	1588500
1840	21355763	3419560
1841	22541855	2914250
1842	19358120	4485856

资料来源：英国下院蓝皮书《1847年小组委员会报告书》，卷1，第145、147页。

注：此表系利物浦商人劳生（C. Rawson）提交小组委员会的资料。劳生握有利物浦出口至华商船的每一船记录，此表即系根据英国官方统计并补充他所搜集的资料编成，数字内容包括伦敦与利物浦两港输华量，基本上可以代表英本国全国输华量。

表7　英国东印度公司档案中所见欧美商船输至广州棉制品价值（元）

年　份	英籍商船	美籍商船	各国商船总计
1790	2778	—	2778
1812	15000	—	15000
1813	12083	—	12083
1820	9028	—	9028
1821	13621	179410	193031
1823	21600	161918	183518
1824	24057	154388	178445
1825	2632	240735	243368
1826	50200	261700	311900
1827	173587	357385	530973
1828	254636	174413	429049
1829	299129	414420	713549
1830	341929	359179	701108

续表

年　份	英籍商船	美籍商船	各国商船总计
1831	500724	483582	984105
1832	468953	591468	1051356
1833	627174	—	627174

资料来源：摩斯：《编年史》，卷2—5。

注：1828年后数字包括棉纱在内，1832年数字包括非英美籍之其他国际商船输入值935元在内。美籍商船输入之棉货包括英美两国制品。其中英国制品约占10%。又，公司档案不全，英国商船输至广州的数字并不代表英本国全国输华量。

表8　鸦片战争前夕广州进出口贸易与国际收支的内容结构

出口货或收入	元	进口货或支出	元
茶叶	9450000	鸦片	13794630
丝及丝织品	2747000	棉花	5000000
糖及冰糖	370000	毛织品	1047000
肉桂	240000	棉纱布	2090000
土布	10000	金属制品	261650
其他一切商品	522750	人参	65000
外商船舶税饷及其在华开支	500000	其他一切商品	1741720
金银输出	11160250	金银输入	1000000
共　　计	25000000	共　　计	25000000

资料来源：1844年2月16日朴鼎查（Sir Henry Pottinger）致阿伯丁（Earl of Abercteen）第34号发文，英国外交部档案，编号F. O. 228/32。

注：此为罗伯聃（R. Thom）1843年所作之估计，内容指江宁条约前夕外国船只所经营之对华贸易全体。罗伯聃为英国代表团的人员，当时正参与中英五口通商章程之商谈，他获有向外商调查中外贸易情况的便利。

三 英国资产阶级纺织利益集团策划第一次鸦片战争的活动

[1834年][英国东印度公司对华贸易专利权废止,从此,任何英商皆得至中国进行自由贸易。]自由贸易是意味着英国对内对外的全部财政和贸易政策之改革,以适应于工业资本家底利益,即现在以民族名义出现的阶级底利益。这个阶级严肃地从事于事业。每一个对工业生产的障碍都毫不容情地被铲除了。关税率和整个税收制度都进行了彻底的改革。一切都服从于唯一的一个目的,而这个目的对工业资本家是极其重要的:减低各种原料的价格,特别是减低工人全部生活资料的价格;生产原料[应译作减低原料成本],并保持——如果不更加降低——工资在低下的水平上。英国应当成为"世界主人";其他一切国家对于英国必须成为像爱尔兰一样,即英国工业品底销售市场、原料与粮食底供给地。英国是农业世界底伟大工业中心、即工业底太阳,围绕它经常旋转着数量日益增加的生产谷物和棉花的行星。英国有多么伟大的前途啊!(恩格斯:《英国工人阶级状况序言》,鲍和、岷英译,《新建设》,1952年1月号)

[1835年][6月2日格拉斯哥印度协会致外交大臣巴麦尊(Viscount Palmerston)函][中国行商垄断贸易,压迫英商,且常常发生破产事件,而广州英商又无生命财产的保障]凡此,都妨碍英国对华贸易不得相应于中国的庞大市场与英国开放贸易自由的机会作迅速而广泛的扩张,[因而我会不得不促请陛下政府采取步骤,和中国]签订友好通商条约,扫除障碍;如果可能的话,并恢复从前我们享有的对厦

门和其他北部口岸通商的特权……我们认为直接向北京朝廷去接洽，远比通过地方当局进行交涉更有成功的可能。如果不能得到满意的结果，则我们认为陛下政府尚在中国沿海取得一个或几个岛屿，作为进行贸易的基地，借以避免中国政府的勒索、控制与烦扰，则必将对于我们的对华贸易大有好处。（马地臣：《不列颠对华贸易现状及其前景》[James Matheson, The Present Position and Prospects of the British Trade with China, together with some Leading Occurrances in its Past History, London, 1836]，第128页）

[7月17日财政部巴林（Baring）转交格拉斯哥工商联合会理事会（Directors of Chambers of Commerce and Manufactures of Glasgow）上首相迈尔本子爵（Viscount Melbourne）备忘录] 开放对华贸易的立法所期望获得的利益，势将因中国政府坚持[要外商]遵守的那些交易条件而受到根本的损害。在现行限制交易条件之下，要使贸易超出有限的范围是不可能的。根据中国政府所规定的章则，不列颠商人的货物要放在行商手里去出卖，而货主对于行商卖货收款却又无所控驭，对于他们的交易手续，也不能作任何监督。中国对外贸易背负许许多多的税饷和沉重的勒索，税率和征税方法是随意决定的，绝大部分由政府责令行商负责缴纳，这样英人财产就有被行商用来归还对政府欠债的危险，而大家知道行商多数都是在破产状态中的。只要我们对中国的商务处在这样受限制的不稳固的状态中，所望于对这样一个人口众多、物产富饶的帝国进行贸易的利益，就必然大受损害。但是对于我们这样商业国家的利益而言，目标是太重要了，备忘录提呈人深信陛下政府会采取各式各样的办法来扫除妨害达到目标的障碍。（英国外交部档案，F. O. 17/12）

[7月27日外交部复格拉斯哥工商联合会函] 格拉斯哥商人备忘录所说的问题是极端重要的，他们所申诉的不方便情况是真实的。只是解除的办法还不很明确。但是陛下政府一定严重注意这个问题，不会不加以慎重考虑的。(英国外交部档案，F. O. 17/12)

[7月24日胡夏米 (H. H. Lindsay) 致外交大臣巴麦尊的私人信件] 我们 [的对华关系] 不能让现在这样的反常状态继续下去了。……我不否认律劳卑 (Lord Napier) 在某些方面是做得不对的，但我认为中国人是预先决定侮辱他的。……中国人对律劳卑的阴狠行为如果不是他致死的原因，也加速了他的死。

[经过深思熟虑，我认为有两条路可走：第一，这是我要建议采取的] 就是直接用武力来对过去的损害取得补偿，对将来取得保障；第二，取消一切政治关系，撤回一切代表，[只派一个人去登记船只，办理各项船货证件。中国人是急于要我们国家对于我们的商人加以管束的。而我们国家对我们商人则] 全然不加干涉，一直等到出现了情况，使我们有权利采取另一种态度来规定 [贸易] 条件的时候为止。

诚然，我承认一个人到另外一个国家去应该服从那个国家的法律制度。但是，另一方面，这永远假定你是和一个文明国家相交往为前提的，永远假定你所服从的法律规章有明白固定的条文，可以对你的生命财产作合理的保护为前提的。如今中国却不然，特别是他们所坚持执行的关于杀人犯的野蛮规章与法律和人道原则与理性都是不相容的。

假定政府已经有了充分的理由可以索取补偿，事情应该怎样进行呢？我们已经在那么多的场合使用恐吓手段而又中途退缩了，因而中国人势将在单纯谈判中拒绝一切让步，是毫无疑问的,这就使得动用武力成为必要手段了。

照我的意见,采取恰当的策略,配以有力的行动,只要一支小小的海军舰队,就万事皆足了。我乐于看到从英国派出一位大使,去和印度舰队的海军司令联合行动,对于我们所受的损害索取补偿,并商订一份以自由原则为基础的通商条约。迫使［满清政府］屈服的武装力量可以包括一艘主力舰、两艘大型巡洋舰、六艘三等军舰、三四艘武装轮船,船舰载运陆上部队约600人,以炮兵队为主,以便进行必要的陆上动作,这就满够了。这支武力的绝大部分,印度已经有了,花不了多少钱就可以行动起来,例如［印度］皇家海军假定就提供以下各项：

	74尊炮主力舰一艘	500人
	大型巡洋舰一艘	300人
	小型巡洋舰两艘	320人
印度海军则提供：	三等军舰两艘	300人
	武装轮船两艘	200人
加尔各答提供：	武装轮船一艘	100人
需要从国内派遣：	大型巡洋舰一艘	300人
	小型巡洋舰两艘	320人
	陆上部队	600人
	共　　计	2940人

这支武装之满够达到我们所想望的一切目标,是毫无疑义的。

尽管卑怯如中国人,但是如果我们激起他们民族的反抗精神,他们就可能,并且必然会证明出他们乃是出乎我们想象之外的可怕人物。因此,我们的政策就应该避免激怒人民,在一切场合不对他们怀抱任何敌对的情绪。[着重点是史料编者加的] 敌对行动开始时,单纯地只对沿海进行封锁,在广州、厦门、上海、天津4个主要港口附近各驻以小型舰队。

英国人一般很少认识沿海贸易对于中国人有巨大的意义，更不知道中国某些地区的人的生活必需品整个儿是仰仗沿海贸易供应的。例如，福建省就是从富庶的台湾（台湾不愧为所谓中国的谷仓之一）吸收大米以满足其大部分消费需要的。当我们1832年4月泊在厦门港的时候，我每天看见有一二十艘300吨至500吨的帆船进港，装载大米和糖。我又令人计算船数，在7天内进口100吨至300吨不等的帆船共不下400艘，其中大部分是从满洲来的沿海商船，装载各种谷物，也有不少是从［麻六甲］海峡来的，装有很值钱的货物。

［天津的商务不及福建的繁盛，但天津距北京不足50英里，我们在天津所造成的惊恐大可逼迫满清政府早日结束战争。］

这些行动的结果，会在很短的时间内把沿海中国海军的全部威信一扫而光，并把数千只土著商船置于我们的掌握之下。［中国沿海比世界任何别国的沿海都更宜于进行这类行动，无数岛屿和岸边狭道的深水湾，可容纳任何大舰队，只要一艘兵舰就够防守的。现在中国已有几个印刷所，旗舰上应该再设一个，以便印刷告示，声明不伤害民船，提出我们的要求，他们人民就会请求政府答应我们要求的。一切供应品都严格地照价收买，如此，中国人就会有信心拿各种供应物品纷纷而来。］我甚至于可以这样说，而我也深深地这样相信，就在整个作战期间，只要发给中国商船通行证，还可以做很大的生意。

［最有利于行动的时间是，2月在麻六甲海峡集中舰队，季风一到，就北上中国海，4月中就可以开始行动了。这样是不致妨碍上一季度的贸易的。依我看，3个多月就可以解决了。美、法两国是乐于我们这样干的。］（外交部档案，

F. O 17/12）

　　［编者按：胡夏米是广州鸦片贩子对华航线船舶投资人兼英国国内货物经销商人，1832年乘阿美斯特号（Amherst）自福建至盛京全部沿海进行侦察活动，满清政府的文献称这艘船为胡夏米。实在胡夏米是 Hugh Hamilton Lindsay 的化名。阿美斯特号此行侦察结果，对于今后英国的侵略行动有极重要的意义。就根据这次侦察结果，在中国的鸦片贩子们便形成一个公认的作战方案。上述胡夏米信中所说种种，到1839年又成为伦敦印度中国协会的方案提交巴麦尊（见齐思和等编：《鸦片战争》，卷1，第644—657页），实际第一次鸦片战争中英军的作战计划，有许多就是根据这里所说原则拟订的。这封信是胡夏米为回答巴麦尊向他征求对华问题意见而写的，1836年曾公开印行过，题为与巴麦尊子爵论英华关系书（Letter to Viscount Palmerston on Britisll Relations with China, London），今根据英国外交部档案 F. O. 17/l2 原文摘译如上。］

　　［1836年］［2月曼彻斯特商会上首相迈尔本与外交大臣巴麦尊备忘录］对华贸易维持英国航船十万吨，而这又是可能大为扩张的。中国为英国制造业提供一个销量庞大而又迅速扩张的市场；同时又为印度的出产提供销路，众信其数达300万镑，而这又使得我们的印度人民借以能够大量消费我们的制造品。［为了换取英印进口货物］中国输出茶叶和生丝，生丝价值在100万镑以上，没有生丝，我们这一门极重要的迅速增长着的制造业便将大大地瘫痪了。然而自律劳卑失败以后，对华贸易已陷入不稳定的无保护的状态，横受行商和地方政府的勒索与禁阻。于是，不列颠财产每日都处于危险状态之中：我们的人每日都可受到侮辱；我们的君主已

经在她所派的代表律劳卑身上受到侮辱；我们的产业可能被瘫痪；我们的税收可能每年遭受400万至500万镑的损失。〔因此，备忘录提呈人〕以最迫切的心情呈请不列颠政府施展保护〔英商的〕威力，〔我们认为〕如果直接和中国最高政府接触，将会比通过广州那批低级官吏之迂回而又腐化的中介更有效得多。（马地臣：前引书，第123页）

〔2月利物浦印度协会上首相迈尔本备忘录〕〔对华贸易有两件大灾难：一是地方官吏任意勒收税饷；一是行商垄断贸易。其他种种，都是由这两项派生出来的。如果陛下政府对于律劳卑之死与停止贸易所造成的损失忍受下去，我们认为不独灾难势将加深，且将经常地发生冲突，停止贸易。这对商人固然不利，政府的税收也受损失。须知对华贸易，事关600万镑资本，9万吨航运，400万到500万镑的税收。因此，我们特向陛下政府请求保护。〕（马地臣：前引书，第125页）

〔1836年〕〔4月1日和怡和洋行有密切联系的奥斯瓦尔特·史密斯（Oswald Smith）致书外交部，送交格拉斯哥印度协会与工商联合会分别向巴麦尊所提备忘录，要求保护对华贸易。〕（外交部档案，F. O. 17/16）

〔1836年〕〔7月1日格拉斯哥印度协会第三次向巴麦尊提备忘录，要求保护对华贸易。〕（外交部档案，F. O. 17/17）

〔1837年〕〔伦敦印度中国协会委员会第一次报告书〕〔去年本会曾经注意到并敦促陛下政府注意的另一个问题是对在华英商的利益给以更大保护的重要性问题。不仅从现在所进行的贸易方面去看，这是重要的；而且从扩张对华商务观点去看，也是重要的。本会获悉陛下政府对于这个问题深为忧虑，受命提供意见，并已向外交大臣呈述过本会的看法。本会主张派遣商务代表或领事驻在广州，不赋以任何政治权力，借以避免与中国法律相抵

触。同时，本会并向陛下政府请求为英商在华获取下列各点：] 1. 允许英商及其眷属在广州居留；2. 允许英商有权占有或建造仓库，借以存储货物，保障他们货物的安全；3. 允许英商和一般中国人与行商同样做生意；4. 遇有地方性不平事件影响英商商务时，允许英商和广东当局直接接触；5. 给予英商在厦门、宁波及北部接近北京的另一口岸进行贸易的特权；6. 必要时占据或交涉占有或收买北部海岸的某一岛屿，在那上面和平地维持一个英商商馆，受英国本国法律统治，借以避免和中国人民及中国当局发生冲突与争执。本会已经获得保证，陛下政府在考虑中国问题时将对这些建议作恰当的主意。（同前第一次报告书，1837 年，第 9—10 页，The First Report of the Committee of the London East India and China Association, Present to the General Meeting Held, Jan. 3, 1837）

[1 月 23 日英国驻广州商务监督义律（Capt. Elliot）上外交大臣巴麦尊函] [我已经收到格拉斯哥印度协会上外交大臣备忘录，我认为用什么方法使贸易不致遭受一点点阻碍而又能够获得中国政府的让步，乃是当前陛下政府所要考虑的最重要的问题。关于派代表和北京政府进行交涉的问题，] 我认为靠和平的外交代表去进行交涉，肯定地说，是没有得到一点好处的希望的，正相反，大有制造严重困难之虞。就我所知，绝不对我们求取宽待的要求作任何正式让步，乃是中国政府既定的政策，而我也必须承认，这乃是完全可以理解的原则。用另一种方式来进行交涉，即以陛下武装力量的出现来支持某种条件的要求，我认为，在中国政府觉悟到武装力量除去用作恐吓手段，也还有别的用处以前，也是什么都得不着的，甚至连已经到手的，全都保持不住。……我忠诚地促请［陛下政府］立刻在小笠原群岛建立小型海军基地，常常地、每隔短短的时间，

就把舰队开到该群岛附近的或其他部分的中国沿海去，用和谐的态度把我们所受到的一切损害都提出来，但以顽强的态度坚持下去，凡是经我们沉着坚定的努力幸而获得的一切都应该成为我们的权利，最后，决定不以陛下政府的名义提出请求让步的形式而样样都以索取公正补偿的形式提出来。……（外交部档案，F. O. 17/19）

［1838年］［伦敦传闻中国方面侮辱英国国旗，义律在广州交涉失败，退驻澳门。3月21日伦敦东印度中国协会主席拉本德（G. G. de H. Larpent）、副主席哈斯第（Archibald Hastie）、秘书斯第克门（M. I. Stickman）及理事巴尔麦（J. H. Palmer）至外交部面见巴麦尊，呈述对华问题意见。］（外交部档案，F. O. 17/28）

［1839年］［3月10日，钦差大臣林则徐到达广州。］

［3月18日，林则徐发布文告，责令外商呈缴鸦片。］

［3月27日，英国驻广州商务监督遵令通告"英商"呈缴鸦片。］

［8月5日，义律3月22日自澳门发致巴麦尊的报告到达外交部；同日林则徐禁烟的消息也经私人方面传到伦敦。］（外交部档案，F. O. 17/31）

［8月6日，伦敦印度中国协会主席拉本德等致函外交部，要求谒见外交大臣巴麦尊，巴麦尊批示次日接见。］

［8月7日，伦敦侵华集团为讨论如何掀起侵华战争问题，有一次紧急会议。会议是由曼彻斯特纺织资本家、对华棉货出口商、曼彻斯特商会主席莫克维卡（John MacVicar）召集的，与会的有伦敦印度中国协会主席、下院议员拉本德，银行家、下院议员、巴麦尊的亲密伙伴、对华航运投资人约翰·阿拜·斯密斯（John Abel Smith），斯密斯的两个兄弟、

怡和洋行关系人奥斯瓦尔德·斯密斯（Oswald Smith）和汤玛斯·斯密斯（Thomas Smith），下院议员、对华贸易商人威廉·克劳复（william Crawford），伦敦大银行巴林兄弟公司（Barings Brothers & Co.），对华利益关系公司的拜兹（Bates），宝顺洋行（Dent & Co.）老板、大鸦片贩子颠地（Dent），怡和洋行鸦片走私船船长格兰特（Grant）等9人。会后，莫克维卡、拉本德等8人（拜兹不在内）都依约在巴麦尊私人住宅与巴麦尊会谈约一小时。据威廉·克劳复表示，巴麦尊向莫克维卡等］查问了许许多多的事情，这就把他的企图在我们心上造成深刻的印象。我们预计政府要采取强硬行动，派出足量的海军，让中国感觉得到海军的威胁。譬如封锁珠江口以及珠江到东北一线的沿海，或者还要占领厦门，以便截断台湾米粮的供应——这种供应是福建人所必不可少的。(1839年8月8日威廉·克劳复致罗伯特·克劳复（Robert Crawford）的信，见怡和洋行档案)［按，8月7日至11月4日，英国资产阶级纺织集团和鸦片集团完全合流，向英国政府提供情报、呈献对策、列举要求条款、积极策动战争，进行了3个月紧张的幕后活动，代表资产阶级侵华利益的英国政府基本上就是根据这批人的献议进行对中国的武装侵略的。关于这3个月活动情况的文献，因限于篇幅，难以全录，以下只挑选纲要。］

　　［8月18日，斯密斯致函巴麦尊，送交广州英商寄给斯密斯的情报。］（外交部档案，F. O. 17/35）

　　［8月23日，莫克维卡致函巴麦尊，敦促政府早日决策行动。］（外交部档案，F. O. 17/35）

　　［8月29日，巴麦尊收到义律4月3日自广州发来的报告。］（外交部档案，F. O. 17/31）

〔9月16日，利物浦印度协会致函巴麦尊，敦促政府立即采取行动，保护在华英人生命财产，并为将来对华贸易之永久性安全基础而筹划对策；又要求巴麦尊接见该会代表，面呈意见。〕（外交部档案，F. O. 17/35）

〔9月18日，斯密斯致函巴麦尊，敦促政府早日决策行动。〕（外交部档案，F. O. 17/35）

〔9月18日，拉本德致函巴麦尊，送交他所收到的全部广州方面的报纸资料。〕（外交部档案，F. O. 17/35）

〔9月19日，伦敦侵华集团开会讨论策动对华战争问题，决定由拉本德、查甸（William Jardine）等9人组成委员会，负责进行。〕（怡和档案）

〔9月21日，巴麦尊收到义律自澳门发来的报告，叙事截至5月29日为止。〕（外交部档案，F. O. 17/31）

〔9月22日，斯密斯谒见巴麦尊商谈侵华问题；巴麦尊通过斯密斯嘱查甸留伦敦以备咨询。〕（怡和档案）

〔9月23日，巴麦尊致首相迈尔本（Lord Melbourne）私人信件，提出"实际问题"六点：〕

1. 政府对于义律用政府名义承担下来的两万箱鸦片的责任是承认呢，还是否认？

2. 要是否认这份责任，政府就让受害人听天由命吗？

3. 要是承认这份责任，政府是简单地向国会提议付出那笔钱呢？还是把义律以政府名义承担下来的义务当做强迫中国政府赔补受害人所受损失的义务，而以林钦差办事的暴虐性作为向中国政府提出要求的根据？

4. 财产是如此用其暴力夺去的，政府替他们提出赔偿要求，同时，为了将来把不列颠人民和中国人的关系放在安全的基础之上，政府是否更进一步提出缔结一个条约的要求？并且对于这种行动的整个精神所加于英王官员的绝大失敬（gross indignity）也要求某种道歉或赔偿呢？

5. 如果政府这样决定，那么压迫中国人顺从的最容易最有效的强制手段是什么呢？

6. 截至现在为止，已经建议出来的办法是，强有力地截断中国的沿海贸易。

捕捉并扣押他们一切的沿海船只，据说沿海船只是极多极多的。

占领沿海几个岛屿，此中包括一个小岛上的厦门镇。

为此，需要很大的海军力，两艘主力舰，再加几艘较小的舰只可以够了，印度不难派出足够的陆军去。

已有一艘主力舰在印度，另一艘主力舰和一艘大型巡洋舰正整装待发，途中还可以停靠爱里斯（Buenos Aires），帮助那边进行中的谈判交涉。（桑德斯编：《迈尔本勋爵的文书》［Lloyd C. Sanders, Lord Melbourne's Papers, London, 1839］，第457—458 页）

［9月24日，拉本德等9人委员会集会讨论侵华问题，决定以拉本德、斯密斯和查甸三人组成核心小组，付以行动权力，以便随时和政府保持联系。］（怡和档案）

［9月27日，拉本德等三人核心小组谒见巴麦尊；同日，并与利物浦印度协会代表会晤。］（怡和档案）

［9月27日，利物浦印度协会代表谒见巴麦尊。］（外交部档案，F. O. 17/35）

［9月30日，利物浦印度协会致函巴麦尊，送交利物浦对华贸易资料如下：］（外交部档案，F. O. 17/35）

不列颠制造品自利物浦港输华情况表

年份	船只数	船吨数	棉纱(捆)	平纹棉布(码)	印花棉布(码)	铁(吨)	铅(吨)	共计价值(镑)
1836	31	11869	2992900	10352265	2519325	910	532	781143
1837	17	6313	1889777	8130677	1996952	482	168	444247
1838	23	8513	3841199	19014373	2710197	565	331	768339
1839	15	5336	1590800	16859075	1154565	491	131	584465

[9月30日，曼彻斯特与对华贸易有关的制造家与商人39家致函巴麦尊，要求政府对中国采取强有力的对策，利用机会，为对华贸易获致安全的、稳固的、永久的基础。]（齐思和等编：《鸦片战争》，第2册）

[10月1日，伦敦与对华贸易有关的商人98家致函巴麦尊，要求政府表明意图。]（《鸦片战争》，第2册）

[10月1日，内阁会议决定发动对华战争。据印度事务大臣霍布浩斯爵士（Sir J. C. Hobhouse）所记开会情况如下：]

我们开了一次很早的内阁会议讨论中国问题。巴麦尊把广州事件的详细情况都摆在我们面前。他说明怎样用一艘主力舰，两艘巡洋舰，两三只轮船和几只小型武装船只就可以把从北京到广州的整个海岸封锁起来。我告诉他说，律劳卑死后，胡夏米（H. H. Lindsay）早在1836年就提出过这样的建议了。

[军政大臣]麦考莱（MaCaulay）特别口若悬河地反对中国人，坚决主张采取敌对行动，他和往常一样，火辣辣地滔滔不绝，可是我看他说得太多了。[贸易大臣]拉保契尔（Labouchere）凑近我的耳朵说，假如他总是用这么大力气说话，什么事儿都干不成了。[财政大臣]巴林（Baring）问到商人为了保全义律和其他英国人的生命而缴出鸦片，以致损失两百万镑，事情

应该怎么办？［首相］迈尔本勋爵坚持英国政府不应该付这笔钱。拉保契尔以为东印度公司应该付。麦考莱则主张掠夺中国人的财产［来付］，巴麦尊持同样主张。

我对于封锁约及一千或一千多英里海岸线的结果表示某种怀疑，迈尔本支持我的意见，经过长时间的讨论之后，终决定派遣一支舰队到中国海去，并训令印度总督对于我们兵船司令所采取的任何必要行动予以合作。

散会前，我和麦考莱耳语说，责备我们无所事事的说法是不能成立的；因为第一次内阁会议我们就决定对于以法国作后盾的叙利亚和埃及的主人作战，同时我们又决定对1/3的人类的主人作战。他笑笑说，他对于我们的中国政策没有疑虑，对于埃及政策则感觉保不定。（道切斯特夫人［Lady Dorchester］编：《一个长寿人，布劳顿勋爵回忆录》［Recollections of a Long Life, Lord-Broughton, London, 1911］卷5，第227—229页）

［10月4日，李滋市银行家、商人与制造业者72家致函巴麦尊，谓李滋毛织品销华数量不小，现在已陷于停顿，要求政府采取有效办法，保护现在利益，并为将来建立较为巩固的、较为永久的通商关系。］（《鸦片战争》，第2册）

［10月4日，利物浦印度中国协会54家致函巴麦尊，谓已经推举拉本德、威廉·克劳复与约翰·阿拜·斯密斯三人为代表与政府交换意见，请早日告知政府政策。］（《鸦片战争》，第2册）

［10月7日，莫克维卡面见巴麦尊。］（怡和档案）

［10月8日，卜赖克卜恩（Blackburne）制造家与商人34家致函巴麦尊，要求政府采取断然的处置，强有力的手段，索取赔偿，并将今后对华关系置于较以前更稳固的基础之上。］（《鸦片战争》，第2册）

[10月10日，拉本德等三人核心小组谒见巴麦尊，巴麦尊表示将采取武力行动，要求各人提供情报，拉本德等已将对华贸易应该坚持的各点意见，提交巴麦尊。会后，拉本德即向各方收集情报，准备向巴麦尊提备忘录。]（怡和档案）

　　[10月12日，□□市毛纺织业代表桑复德（Sanford）致函巴麦尊，要求调整对华关系。巴麦尊批令回复桑复德]保证陛下政府完全认识对华贸易的重要性及其庞大数量。（外交部档案，F.O.17/35）

　　[10月14日，拉本德致函巴麦尊敦促早日发出准备武力行动的训令。]（外交部档案，F.O.17/35）

　　[10月16日，拉本德致函巴麦尊敦促发出训令，称斯密斯的快船慕尔号（Mor）专候公文出发，羁留日久，即将受到损失；又谓查甸与格兰特正留在伦敦，等候咨讯。]（外交部档案，F.O.17/35）

　　[10月18日，巴麦尊写成致义律第15号秘密训令，谓政府将采取武力行动，令其早作准备。]（外交部档案，F.O.17/29）

　　[10月22日，慕尔号携巴麦尊致义律第15号训令出发东来。]（外交部档案，F.O.17/37）

　　[11月2日，伦敦侵华集团核心小组拉本德、斯密斯、克劳复3人联名上书巴麦尊，详论过去中英关系，提出作战方案与要求条款。]（《鸦片战争》，第2册）

　　[11月4日，巴麦尊向义律发出第16号秘密训令，告以作战方针；同日，并函海军部要求派出远征军。]（外交部档案，F.O.17/40）

　　[1840年][2月20日，巴麦尊向义律发出第1号秘密训令，提出与满清政府谈判交涉的条约草案。]（外交部档案，F.O.17/37）[参看摩斯：《中华帝国国际关系史》，卷1，第626—

631页。]

　　[3月18日，莫克维卡致巴麦尊私人函件] 自从1834年开放对华贸易以来，我在经营不列颠制造品的对华输出上就做得比任何别人都广泛得多。因此，目前这个时机，我愿就我们对华商务上关系更加直接得多的这一特殊部门［指制造业——编者］——略呈鄙见，我相信，这可能是勋爵阁下所未曾注意得到，并可恕其冒昧的。

　　今有一处市场，它将大量消费我们制造工业的出产品，它也拥有丰富资源足以用我们所必需的物产来交换我们这种出产品。谁要是促请阁下去注意这样市场的重要性及其价值（特别是从现在世界许多地区的外国政府阻碍我们输出的那些限制条件方面去考虑），那就是多余的。

　　东印度公司专利权废除以后，我们对中国的关系尽管混乱，然而我们棉制品的输出却有非常显著的增加。在这个时期以前，棉纱的输出价值非常之小，1838年却超过了20万镑。棉织品方面，1838年的输出高达50万镑。仅仅几年以内，这两种货物的输出，约莫增加了十倍。当前局势，可能提供机会，完成两国关系的改善。随着关系的改善，我们输出的扩张程度将是不可估量的。中国每年约从印度输入棉花25万包，并出产大量棉花以供自己消费。所有这些棉花都经妇女纺成棉纱，不用任何机械去帮助体力劳动，纱布品质恶劣；尽管中国人勤劳耐苦，劳动价格低廉，其成本总远在我们所能用以供应他们的成本之上，因为我们是用机械技巧帮助劳动的。如果我们说，不多年后，现在从印度输出到中国去的25万包棉花就会运到我们国家来，变成棉纱棉布再输出到中国去，从而大大扩张我们的航运业，增加千千万万的制造业劳动人手，这并不是过奢的希望呀。

　　在这次对华交涉中，我们现在所处的地位很自然地使我迫切地恳求你，不仅注意到现在我们对华贸易的重要性，而且注意到将来可能扩张的程度。中国那么庞大的人口，并且一般也都是穿得很好的人民，是能够成为我们制造品之最最重要的大量消费者的。中国输出的茶叶、生丝、丝织品和若干次要商品的总价值，就整数估计，每年约达 600 万镑，当前交换情况如下：

英国制造品约	1100000 镑
印度的棉花	1300000 镑
印度及东方某些岛屿的杂货	200000 镑
共　　计	2600000 镑

余下的 350 万镑，如果不交换鸦片，就要换取白银，或者是制造品。

在我看，最能促进我们制造品贸易的是一份良好的通商条约，用以保障生命、自由和财产的安全。

要有对广州以外其他口岸进行通商的特权，要享受比我们一向所享受到的更加不受限制的和中国人来往的自由。

可能的话，根据下述原则把加在我们进口货和出口货上的海关税则调整到一个适中的水平上，那原则是：这适中的税则既不至于阻止或妨碍货物的自由进口，又不至于减低帝国政府的正当税收。

中国海关要有一部明文条例的海关法规，庶几一方面使中国官吏无权榨取非法的关税，另一方面也使外国商人不至于欺骗中国人。

特别要反对限制外人只和一个小团体（行商）交易的制度。所有的行商都是破产的，我相信，只有两家例外。公行所提供的保证是很不够的，这已由过去五六年中那几家行商因欠了英商大批款项而倒闭的事情证实无疑了。那批债款，尽管由公行负责偿还，但分期摊还达 5 年至 10 年之久，并且有几笔还没有利息。

行商每有新的倒闭，公行所承担下来的债务一般都相应地加到进出口关税上去，而这种负担却又并没有按照它的加税目的去开支，而是浪费到贿赂上去，亦即是被总督和他的下级人员榨取去了。

不几年前兴泰行倒闭的时候增加了新的关税。广州的英籍商人对此未加反对，因为他们看到这是他们找回债务的唯一办法。但是我认为这乃是一种经由帝国海关监督的安排而造成的政府关税，是为了个人利益而阻碍将来商务的负担，特别是就中国法律规定，利用已经集成的资金来还债这一点上去看，尤其如此，因为如果不是因为行商和地方政府分配不当，那笔资金是足够偿还那笔债务的。

目前破产行商积欠英商大量债务，其数可能达75万镑之多，中国政府是承认这笔债务的，在这样一次交涉中，陛下政府自然不会忽略了这笔债。当此陛下政府为自己代表所缴出去的鸦片而提出更直接的要求之时，我只想提出，政府不可允许中国人用损害我们将来对华商务的办法去筹还这笔债务，以免失策。如果相信适中的海关税则大大有助于商务的扩张，而又十分顺应中国人的老办法，允许他们对我们的商务课加新税，借以筹款还债，那我是强烈反对的。

我不以为我们有任何权利去独断中国人和我们做生意的条件。不过，是他们自己陷入了错误的处境，逼得我们不得不走上为国家所受的侮辱，为个人所受的委屈要求补偿的地位。如果曲解自由与正义的观念，现在我们不去为我们和他们之间商务关系上的合理利益而采取被迫采取的态度，这种想法就太过吉诃德化了。我坚决相信，我们这样做法，对于他们文明与道德的进步，会比可能产生直接效果的任何其他做法都要好得多。

帝国政府是确定过进出口货的海关税则的，他们也满意于这种税则，只是广东地方政府及其僚属的腐化行为才把这种税则一天一天地加重起来的。

这里应该提起制定任何新的管理法规，或通商税则的基本原则是要反对实际负担的任何增加，使变动合理化，对那些并不是我们商务范围内的货物，规定适中的税则。

过去我们寄居在广州，最好的情况也还是一种囚禁，这方面必须有很重大的改变。

禁止外国人携带妻室家属的野蛮法令应该更改。

应该有足够的地皮好建造货栈。现在外国人的财产存放在各别行商的货栈里，分散在人烟稠密的广州城厢，并不在外国人自己的掌握之下，随时有遭受火灾之虞，危险性很大，几乎无从予以保险。

依我看来，超乎一切的一桩紧要的事情是占有一处居留地，在那里，我们可以生活在不列颠法律的保护之下，免得遭受那些半开化的汉人子孙的侵害，要是我们有权选择地点的话，我喜欢厦门、福州或舟山。因为如我所知，这些地方拥有安全的港湾，其地位临近中国最为富庶繁华的省区。（按原件本段以下9行字迹不清）

我相信必须派出一位高级人员做特使，到中国去进行必要的安排。

广州是进行谈判的最坏的地点，这不仅是因为广州距离最高政府所在地太远，而且是因为在广州，地方政府是会做出各种各样的阻挠与欺骗行为来的。

中国法律和欧洲法律全然异趣，不列颠臣民根本不能接受它的统治。一命抵一命的法律规定只是一个例子。（外交部档案，F. O. 17/41）

〔4月25日巴麦尊致全权代表懿律（Rear Admfral Elliot）和

义律的第 11 号训令］附送格拉斯哥印度协会给我的备忘录抄件一份。这份备忘录谈到中国省际之间货物通过税太高，因而实际上几乎只有帝国沿海省份的人才消费英国的以及其他国家进口货物；所以备忘录要求和中华帝国进行交涉时，应该尽力使该国这方面的财政规章放松。

这个问题很值得重视，我必须训令你们，在你们和中国政府缔结的条约上，要努力做到有这样一条规定，就是英国货物一经按照我 2 月 20 日发给你们的第 1 号训令条约草案第 4 条（关于商务的）的规定缴纳进口税以后，这些货物自中国此省运赴彼省时，中国皇帝的官员就不得再征任何的税。

如果得不到这样的规定条款，那么你们就要求对于这类的运转货物，确定另加某种固定的税率。这种税率总计起来不超过货物价值的某种不高的百分比，或者相当于进口税的某种确定的比率。后一办法比较好，因为这可以防止货价上可能发生的争执。不过，陛下政府并不坚持上面所说两种中的任何一种方式，只要你们能够获致一条规定，把税率固定下来，这种税率，在你们看来是公允适当的，在确定税额和征收货税时是不致发生争执的，从而不致使英国货物在中国内地的消费受到不应有的阻碍就行。

我附送关于这个问题一条条款的草案，这一条应插在已经发给你们的草案第 4 第 5（关于商务的）两条中间，你们可以向中国代表提出。

你们要知道，陛下政府无意以这一点当作先决条件来坚持；不过我必须训令你们用一切适当的办法和中国政府定下有关这个问题的某种有利条款。

第 11 号训令附件 1：1840 年 3 月 20 日格拉斯哥上巴麦尊备忘录。和中国人交涉时所应该放在心上的目标，大部分已经本会以及其他极其同意本会建议的有关团体提出过了；据了解，这些建议已经政府全面地加以接受，因此备忘录提呈人就不再重复。

不过，备忘录提呈人认为还有非常重要的一点没有受到足够的重视，兹特提请勋爵阁下注意。

大家都知道，中国省际货物通过税的税率过分沉重，以致消费英国和其他国家进口货的，实际上就只限于沿海的人，而沿海人民却只是那个庞大帝国人口中的极小部分。

备忘录提呈人丝毫不怀疑，在任何情况之下，不管是和平还是战争，不管和中国人有无协议，也不管英国货进口是合法的，还是永久禁止的，这些货物仍旧会在某种程度上，通过某种办法，找到进入中国沿海省份的道路的；但是，要是货物的消费者，仅仅局限于沿海省份的有限人口，货物受阻于各省的苛捐杂税，送不到内地广大人民手里去，那么，就是给以最有利的条件允予进口，这进口就绝对不会有多大的重要意义。

备忘录提呈人充分知道，像在中国这样的帝国里，修改国内财政规章的困难是很大的；不过照最近土耳其的事情看来，这种困难之可以克服，也是很明白的；当前我们这个目标，意义重大，殊值得一试。

因此，备忘录提呈人以迫切的心情促请陛下政府经常把这个问题放在心上，并明确训令［陛下代表］在和中国当局交涉中紧紧地要求这一点。

第11号训令附件2：条款草案

兹同意并宣布，凡英国臣民运入中国皇帝领土之货物，一经在输入口岸按照上款所列名目缴纳税金之后，"在中华帝国由一省转运另一省时，中国皇帝所属官员即不得对之再征任何其他税捐"。

如果不能达成上述条款，那么就以下文代替上段引号内的文字：

……中国皇帝所属官员对此项货物自一省转运另一省时所另行加征之税捐总共不得超过此等货物价值的百分之□，或相当于此等货物进口时所已缴纳之税之 1/2 或 1/3。

兹并同意，此项加征之税只在该项货物售予或转售予消费者时所在之帝国省份内加征，并不在货物首次进入之省份加征。（"内阁专用机密印件，有关中国事件的文书"[Private and Confidelltial, Correspondence Relative to the Affairs of China, 1839—1841, Printed Solely for the use of the Cabinet]，第24—26页。）

[6月28日，英国侵略者远征军在海军上将懿律统率之下宣布封锁珠江，鸦片战争正式揭幕。]

[1842年][8月29日，满清政府与英国侵略者签订江宁和约。]

[1843年][6月28日，中英双方在香港议定进出口海关税则，按照此项税则，则外商主要进出口货物关税负担的变动如下。]

表9　　　　鸦片战争后外商关税负担变动示例

货品	每单位市价（元）	征税单位	旧制实征税则（两）	新定税则（两）	旧税率%	新税率%	每年进出口量	每年进出口价值（元）
进口货 棉花	每担 10.0	担	1.7400	0.4000	24.19	5.56	500000担	5000000
棉纱	每担 25.0	担	2.4064	1.0000	13.38	5.56	25000担	625000
头等白洋布	每匹平均3.0	匹	0.6459	0.1500	29.93	6.95	100000匹	300000
二等白洋布		匹	0.7020		32.53			
本色洋布	每匹 2.5	匹	0.3730	0.1000	20.74	5.56	400000匹	1000000
斜纹布	每匹 2.5	匹	0.2861	0.1000	14.92	5.56	20000匹	50000
五种棉纺织品平均	—	—	—	—	19.88	6.01	—	1975000
六种毛织品平均	—	—	—	—	45.93	6.95	—	1037500

续表

货　品		每单位市价（元）	征税单位	旧制实征税则(两)	新定税则(两)	旧税率%	新税率%	每年进出口量	每年进出口价值(元)
出口货	各种茶叶	每担 20	担	6.0000	2.5000	30.89	12.87	350000担	9450000
	湖丝	每担 350	担	23.7330	10.0000	9.43	3.97	3000担	1050000
	丝织品	每担 400	担	8.9371	12.0000	3.11	4.17	1000担	400000
	土布	每担 50	担	2.6507	1.0000	7.37	2.74	200担	10000

资料来源：罗伯聃，《中国对外贸易表》（R. Thom, Foreign Trade of China, 1844），见1844年2月16日朴鼎查致阿伯丁（Sir Henry Pottinger to Earl of Aberdeen）第34号发文，英国外交部档案，编号 F. O. 228/32。

编者注：每两合1.39元，新旧从价税率是编者根据罗伯聃资料计算的。

按此时进口棉纺织品，包括手帕在内，只有8种，总值2090000元，表中所列5种进口量较多者，共值1975000元，此5种可以代表棉纺织品进口税率的一般情况。又毛织品进口凡8种，值1047000元，今选取其中6种，值1037500元。

四　五口通商时期英国棉制品的销华情况和英国资产阶级纺织集团进一步侵略中国的要求

表10　　　　　　　英国输华货物价值统计　　　　　单位：英镑

年　份	输华货物总值	输华棉纱值	输华棉布值	纱布值占总值之%
1840	524198	88748	238389	62
1841	862570	156580	422957	67
1842	969381	245965	470349	74
1843	1456180	215663	655276	50
1844	2305617	117853	1457794	68
1845	2394827	99958	1635183	72
1846	1791439	221856	1024662	70
1847	1503969	?	850000	?

续表

年 份	输华货物总值	输华棉纱值	输华棉布值	纱布值占总值之%
1848	1445959	?	?	?
1849	1537109		1001283	65
1850	1574145		1020915	65
1851	2161268		1598829	74
1852	2503599		1905321	78
1853	1749597		1408433	81
1854	1000716		640820	64
1855	1277944		883985	69
1856	2216123		1544235	70
1857	2449982		1731909	71
1858	2876447		?	?
1859	4457573		?	?
1860	5318056		?	?

资料来源：输华货物总值据英国国会蓝皮书，1864 年，卷42，第23 页；1840—1846 年棉纱布输华值据英国国会蓝皮书，1847 年，卷60，第12—13 页；1849—1860 年据密切尔报告书（Mitchell Report），外交部档案，F. O. 1 7/287。

英国对中国和印度的贸易情况

表11　　　　　　　　（1833—1891）　　　　　　（价值单位：镑）

年 份	自华输英值	自英输华值	自英输华值占英出口总值的%	自英输印值	自英输印值占英出口总值的%	英出口贸易总值
1833—1835	3779385	850159	?	2877881	?	?
1837—1839	4273858	911560	2.04	4079259	9.11	44782320
1842—1846	5323388	*1783888	3.30	6841661	12.67	53997893
1854—1858	9157001	*1964342	1.79	12824921	11.71	109474924

续表

年　份	自华输英值	自英输华值	自英输华值占英出口总值的%	自英输印值	自英输印值占英出口总值的%	英出口贸易总值
1859—1862	9886403	4440402	3.45	18857904	14.63	128856683
1878—1882	12662927	8054823	3.72	29697715	13.71	216586191
1883—1887	9951754	7956483	3.54	33807300	15.03	224943231
1888—1891	6717512	8585911	3.45	32078482	12.91	248558960

资料来源：英国国会蓝皮书，1894 年，卷 60，《皇家鸦片问题委员会第一次报告书》，第 712 页。

编者注：*此二数与表 10 数字微有出入，原因待查。

表 12　　世界各国消费英国棉纱布情况（1853）

国　别	人口数	消费英国纱布总值（镑）	平均每人消费值 镑	先令	便士
英属洪都拉斯	14600	56865	3	17	10.77
阿根廷	100000	255808	2	11	1.94
荷兰	2444550	2247178		18	4.62
英属西印度与圭那亚	944800	395026		8	4.35
澳洲英属地	2695000	1040521		7	8.66
智利	1600000	593085		7	4.96
秘鲁	2000000	658315		6	7.00
乌拉圭	860000	264442		6	1.80
英属北美	2456046	749252		6	1.22
巴西	6000000	1788366		5	11.53
美国	27000000	4182901		3	1.18
葡萄牙（本国）	4530000	664363		2	11.20
菲律宾	2500000	344155		2	9.04
委内瑞拉	1267692	158923		2	6.09
希腊	1000000	108048		2	1.93
加利福尼亚、墨西哥、中美	8000000	754347		1	10.63

续表

国别	人口数	消费英国纱布总值（镑）	镑	先令	便士
爪哇	5000000	448265	1		9.52
海地	860000	76474	1		9.34
比利时	3533538	299236	1		8.32
意大利	24000000	1537664	1		3.38
挪威	1050132	54430	1		0.44
厄瓜多尔	500000	19569			9.39
印度大陆	150000000	5680069			9.09
丹麦（包括冰岛）	2900000	101158			8.37
瑞典	2864831	54637			4.58
西班牙	14557210	151408			2.50
法兰西	36897152	155710			1.01
中国	360000000	1408433			0.94
俄罗斯	70000000	193999			0.67
其他未列名各国	115070194	8270255	1		5.25
共计	850665745	32712902			9.23
大不列颠与爱尔兰	27512687	21224494		15	5.15
世界总人口与英国总供给值	878178432	53937396	1		3.01

资料来源：曼彻斯特工商联合会理事会第 34 次年报，1854 年。

[1843—1860 年英国棉纺织业发展的一般情况] 1843 年，大穷苦；1844 年，复兴；1845 年，大繁荣；1846 年，当初还是继续高涨，然后有反动的象征，谷物条例撤废。1847 年，危机，在"大面包"的名义下，工资一般降低 10% 以上；1848 年，还是不景气，曼彻斯特要由军队保护。1849 年复兴。1850 年繁荣；1851 年物价下降，工资低，罢工频仍；1852 年，开始好转，罢工继续，工厂主以输入外国工人来恐吓；1853 年，输出增加，蒲勒斯登市罢工 8 个月，大穷乏；1854 年，繁荣，市场过充；

1855年，美国，加拿大，东亚各处市场上破产的消息频频传来。1856年，大繁荣；1857年危机。1858年，恢复。1859年，大繁荣，工厂增加；1860年，英国棉工业繁荣的极点。印度、澳大利亚，及其他各处的市场都过充，直到1863年，还是不能全部售出。（马克思：《资本论》第1卷，第554—555页）

[1845年][曼彻斯特商会]理事会对于现行加在进口中国茶叶上的过重的海关税率，久已予以严重的注意，理事会认为这种税率极其严重地阻碍我们对该国贸易的发展，——因而决议向财政大臣提出备忘录，说明茶叶几乎是中国人能够用来交换我们制造品的唯一支付手段；并且说明，除非对于茶叶的进口税率大事削减，从而诱导我国对于茶叶的消费大大地扩张起来，那么，中国对于本地生产事业如市布、棉纱等的需求的利益便会从我们纺业家和织造家手里消失，纵然不是全部地消失，也几乎是全部地消失。这份备忘录已经送出去。（曼彻斯特商会理事会[Board of Directors of the Manchester Commercial Association]1845年报告书，第11页）[按，这个商会是曼彻斯特的制造家、商人、银行家，以及其他工商界人物组织的团体。曼彻斯特是英国棉纺织工业的中心，这个团体代表和棉纺织业有关的资本家集团的利益。商会活动减低茶税的另一个目的在于减低茶价，从而降低英国工人阶级的早餐开支，以便削减工资。]

[1846年][2月7日、12月5日，曼彻斯特商会两次联合利物浦及其他城市商业团体推派代表谒见首相皮尔（Sir Robert Peel），与外交大臣罗素（Lord John Russell），呈述过分沉重的茶叶进口税对于对华输出的恶劣影响，要求政府减税，以便扩张对华输出。]（该商会理事会1846年报告书，第7页）

[1846年]1月1日香港英商中国邮报（China Mail）社论：我们和中国人的关系仍旧是最最友好的。……迄今为止，上海是

新开各口中进行大规模贸易的唯一港口，但上海的贸易量已经达到许多人所预期于所有北部港口者的总和。其他各口的潜在力量还没有发挥出来，但这不是中国人民厌恶贸易的缘故，也不是他们的统治者设置障碍的缘故，而是由于我们自己方面的努力不够和时间可以补救的一些原因造成的。

［1847年］英国的工商业大恐慌；这次恐慌促进了［1848年法国］革命的勃发。在1845年秋季，铁路股票投机的整批失败，就已表露恐慌的先兆。在1846年中，有许多偶然的事项，如迫近目前的谷物进口税的废除等。把恐慌延缓，但在1847年秋天，恐慌终于爆发，最初是伦敦的殖民地货物商人的破产，接踵而起的是土地银行的破产，英国工业区域的工厂关门。（马克思：《法兰西阶级斗争》，柯柏年译本，第12页）

［英国下院小组委员会研究结果，认为满清政府已"忠实履行五口通商条约"，只是广州的贸易，尚有困难。］但耆英是一位杰出的政治家，在一切情况下，他都表现出他是一位和平交往的朋友，其情并不逊于他之成为他的国家利益之开明的维护者。过去的困难多半来自广东人民之动乱的性格与敌对态度，以及远在北京的那个政府的软弱性，而不在当权人那方面抱有任何恶意或缺乏信义。……关于内地加税问题，至今尚无可资非议的根据。［1845—1846年英商对华贸易，大多数都受亏损，英国制造品输华约亏损35%至40%。此种失败，既非因为中国对英国货物没有需求，亦非因为有其他国家与英国竞争，唯一原因在于中国可以动用的现银，被鸦片所吸收，从而对于自英国进口的制造品，即缺乏支付手段。驻广州英领莫克格里格（McGregor）估计1846年进口鸦片所吸收的白银值200万镑。委员会认为扩张英国制品输华的有效办法，在于提高英国茶叶进口量，借以增加中国购买英国制造品的支付手段。现行英国茶叶进口税，在中等

品质合200％，在劣等品质合350％。减低茶进口税，可以提高英国茶叶消费量，亦即可以扩张英国制造品的输华量。］（英国下院蓝皮书，1847年，《小组委员会报告制》，卷1，第3、6—7、8—9页）

江宁条约后，人们纷纷谈论我们这次可是一举而要为全世界1/3人口的需要效劳了，这个消费我们货物的新市场的美景被人们在公共集会上和新闻报道上，广泛而动听地宣传开来——人们告诉公众说，只消中国人每人每年需用一顶棉织睡帽，不必更多，那英格兰现有的工厂就已经供给不上了；人们完全没有想到，远在英格兰人知道有棉织物的许多世纪以前，这三万万居民的祖先从来就绝不稀罕这种东西，而如今人们都以为这是他们"野蛮人的奢侈品"。

不幸的是，错误不仅止于公众发言人和报纸上的作家，商人和制造家正是根据英国棉毛织品一经进口，这三万万人就愿意并且必然要买这样的假设进行冒险的，他们忘记了，或者是根本不知道，中国人不独是棉、麻、丝各种纺织品的伟大制造家，而且还是各种原料的生产者；这些纺织品产量庞大，足以供给消费者的需要，而恰恰惟有这些消费者才可能消用我们的货品。

早在外国制品开始输入中国以前，利用土产原料织成的南京土布曾大量出口。为了要给外国制品找到主顾，那就必须要用低廉的售价去克服中国人喜爱土制品的偏好，而我们对他们的语言与需要，茫无所知，这就阻碍我们达到目的，——并且还有另外的严重困难：五口的通商方法，直至现今为止，还是依靠少数经纪人作为外国人沟通消费者，或进而与本地制造家相竞争的唯一中介人。这些经纪人的主要目的是出卖而不是购买，他们之所以接受所交换的货物，并不是因为这些货物在内地有销路，而是因为那是现存的货物，并常常是唯一的交换品。究竟这些洋货怎样脱手,我们不大了然。不过有时必然无利可图,因为小贩零卖英国织品,其贩来的成本比曼彻斯特的原来成本还要低。

假想市场的美景冲昏了商人的头脑,使他们看不见障碍……很快地供给就太多了,其结果就产生停滞。……商人增多了,商业却萧条了。1844—1845年自英国来货之多,乃贩运太多所致,而非出于需要。……最后,形成了亏本生意,照小组委员会的意见,"公平地说,亏本35%—40%。"(香港《中国邮报》[china Mail]1847年12月2日社论)

[1848年]为了使我们的贸易能在健全、繁荣而永久的基础上作更进一步的扩张,我不相信在现在情况下,我们从中国出口的任何提高可以成为有效的办法。我已经表示过我的信念,为我们对华商务之大规模的充分的发展,还有别的根本条件,其中尤以进入初级市场,排除限制我们货物自然流通的障碍,以及取消一切阻碍内地旅行的限制,最为重要,最有效力。如此,则有更多的资源可以开发,有别种物产找到出口,新的需要随即创造出来;这一切,也就进而推动活泼有利的商务扩张。(1848年4月14日英国驻上海领事阿礼国[R. Akock]上英国外交部的报告书,见史当登《中国杂记》[Sir George Staunton, Miscellaneous Notes Relating to China, and our Commercial Intercourse with that Country],伦敦,1850年增订第2版,第42页)

本年[1848年]秋季上海发来的建议使人对于[英货输华萎缩不振的造因]问题有了进一步的了解,那就是中国人在关税问题上有了非公开性的不守信义的行为。朴鼎查条约批准后随即议定,并予以公布的海关税则,因其充满自由主义精神而大受欢迎;我们的制造品也正由于进口关税之低以及其他原因才被吸引到中国市场上去的。但是,人们疑心除去在口岸征收的关税而外,在通到内地去的路上还强征一种内地税,虽然由于外国人的活动严格地被限制在沿海几个少数地点,事实还未能积极地予以证实,但大家已经知道,距海岸不远的大城市里,钱庄和资本家的联合组织确已控制口岸市场,其势与进口商最为不利。对于所有这一切的解救之道,无疑地乃是进一步深入内地的权利。为此,本理事会在 10 月 12 日便给巴麦尊子爵上了一道备忘录,要求勋爵阁下和中国政府举行谈判,为英国商人在适当限制下取得进入中国内地的权利。勋爵的答复说是,他将训令我王陛下驻华全权代表,要他利用各种适当的机会,努力从中国当局方面取得这种更进一层的通商便利,以便英国国民毫无危险地享受这种便利,加速我们对中国商务之更进一步的发展。(1848 年曼彻斯特商工协会理事会第 28 次年报〔Annual Report of the Board of Director of the Chamber of Commerce and Manufacturers, Manchester〕,第 15—16 页。按,商工协会是曼彻斯特工商业资本家的又一个团体,1858 年和前引商会合并后成为英国资产阶级最有力的团体之一,在策动英国对外侵略上非常活跃。)

过去 3 年的对华贸易是亏本的,有许多情形简直是破产性的买卖,这不是因为英国人没有多喝几杯茶,也不是因为中国人不便于多穿几件我们的棉布料子,而是简简单单地因为人们没有依照对于可能需求的精确估计谨慎地调节这个市场的供给的缘故。不幸我们国内的商人正是受我所引证过的那样的推论所引导,就是假定我们多买茶叶,中国人也会按比例地多拿出钱来买我们的棉制品,这一项就是那一项的真确尺度。所以,条约签订以后,运来的货物是这样的和中国市场上的实际欲望或需求情况不相称,以至于紧接上就是滞销,继之,便归结为必然的跌价。不特此也,这庞大的超量供应的货物是必须要带回头货的,于是运回更多的茶叶,超出英国市场适当的需要以上,所以在链子的那一头便也遭到了同样的跌价与破产。……

在此次和以前的报告里，我已经提出我的坚强信念：除去单纯地增加我们从中国的出口以外，还必须有其他条件。我已经努力指明，这其中基本的、最重要的条件是：进入初级市场，去除旨在限制我们货物在内地的自由流通以及限制土产从内地流到海口的一切财政上的借口，或是给以有效的监督，最后，废除一切可耻的内地旅行上的限制，这种限制比任何事情都更其流于付给中国统治者以一种权力，让他好对外国人继续保持敌对的傲慢的态度，让他用最最有害的苛征暴敛和留难的手段钳制我们的商务。（英国驻上海领事阿礼国 [R. Alcock] 上香港总督报告书，1848年3月23日，见米琪：《在中国的英国人》[A. Michie, The Englishman in China] 卷1，第206页）

[1849年] 像中国这样疆土辽阔人口众多的帝国，如能不需作战就对首都作有力的封锁与围困，那好处是非同小可的，而这恰恰又是在我们掌握之中的事情：每当早春时节，北京仰赖漕船通过大运河供应当年的食粮，我们开一支小小的舰队到运河口去就可以达到 [封锁首都的] 目的了。这种要挟手段，比毁灭20个沿海或边境上的城市还要有效。须知身在饥饿的宫廷和饥饿的人民之中，皇帝只有两条路可资选择：不逃走就得屈服。……

战争：过去了，战争的时机又已到来。现在我们又再度在这样的境地上：或者是承受已经扩张了的，但是还是有限度的利益作为最后的结果，或者是我们的政策就是面向那些必然引起改变现状的纠纷，制造那些纠纷，从而试图获得更多的利益。……

目前中国人所取于英国每年7000万镑生产总值中的份额远在200万镑之下。他们所吸收的比例是如此之小，以致作为主顾来说，他们对我们的重要性，抵不上西印度殖民地，意大利诸岛，或欧洲一个较大的国家。驱策我们前进的远景是这样的希望：眼看中国销纳我们的制造品和全欧洲一般多，不是200万，而是创造 2000 万以上的需求。我们具有茶叶和生丝的来路，鸦片和印度棉花的市场也是我们的。为了我们的制造品——棉织品、麻织品、刀剪，这都是我们拥有无限生产能力的制造品，——我们还需要同等广大而有利的市场。(1849 年 1 月 19 日阿礼国上香港总督文翰[Borham]建议书，《论吾人目前在华地位与对华关系情况》，见米琪：《在中国的英国人》卷 1，第 416、421—422 页)

  我们对中国的商务遇到了反对，这种反对起源于人民的偏见，政府当局也秘密地从事掀动，特别是广州附近如此。……本理事会已向巴麦尊子爵申述过意见，他回答说我王陛下政府必将经常地注意这个问题。本理事会深恐中国政府在自由主义进口税则的外衣之下，努力用秘密的间接的方法蛊惑土人猜忌，庇护土人排外，借以反对外国制造品的推销。……严格而强制地限制在沿海 5 个地点通商，阻碍民族间个人好感的生长，也掩盖了我们对华商务发展不健全的真正原因。在通过和平协商，以取得深入这个国家的更大自由以前，想往中的目标，一个也达不到。[又理事会另向巴麦尊提出备忘录，要求改善英国对朝鲜与越商关系，因为自朝鲜可以将货物销往中国东北及北部各省，自越南可销往南部各省云。](1849 年同前商工协会理事会第 29 次年报，第 18—20 页)

  [1850 年]我恐怕这么一种观念，即所谓对英国货的口味可望在中国腹地庞大人口中间大大广泛地传布开来，必然是靠不住的。中国人久已利用他们自己的资源，花费很便宜的成本，掌握了一切生活必需品和绝大部分的奢侈品。中华帝国的领土和人口超过全欧洲，她的疆域内部，壤土气候之多样性，亦不亚于欧洲，她的几省之间的国内贸易就已经使她几乎能够享受到小国家对外贸易上所能获得的一切利益。虽则中国人是很少或者根本不

懂得科学，只有非常笨拙的机械，可是他们拥有多种多样艺术上的工艺上的技术，而他们又以极其勤劳精励的精神来运用这些技术。他们是一个特殊的讲究实际的民族。他们是不会接受我们任何新鲜而漂亮的货物的，尽管货物已极尽精美完善之能事，只要这些货物成本极贵，或是不合乎他们现在文化情况与社会条件的需用，他们是不会接受的。然而，无论如何，我们能够利用我们科学化的机器和制造技术，生产出和他们现在所用的东西有同样用处的货物，而同时又售价较廉或是售价相同而品质较好，那么我相信，人民的偏见也罢，政府的禁令也罢，全不能阻碍货物的推销，并且这销路几乎又是无限广阔的。这情况已经由最近输华棉纱的增加上明显地证实了。我相信，许多其他货物也会日益如此的。（史当登：《中国杂记》，1850年增订第2版，第10—11页）

外人到内地去仍极危险，土人对外还保持野蛮的敌对态度。……有强有力的理由足以证明这种态度是由地方当局掀动起来的。最近已经征派新税，广州对于茶叶的国内外贸易采取了管理办法，而这办法本质上就是从前行商独占制度复活，是间接和条约相抵触的。（1850年同前商工协会理事会第30次年报，第15页）

［1851］［理事会于4月向外交部提备忘录，要求注意中国官方的排外态度，设法改善。］（1851年同前商工协会理事会第31次年报）

［1852年］1848年后的情况变迁，有利与不利的两方面。道光不再坐在他的宝座上了。道光对于我们武力的优越性是有屈辱经验的，在他在位期间深愿避免再起冲突，这是大家所公认，而他自己也承认的。他那年轻的继位人不接受他父亲的经验教训，已经表现出非常明显的趋向不同政策的征象。另一方面，南方诸

省严重而又旷日持久的［太平军］叛乱，却也耗空了他的国库，削弱了他的权力，如今除非他找到用武力或是用贿赂去平定叛乱的办法，否则，在不久的将来，叛乱就会动摇他的皇位的。假如新皇帝年轻人的狂妄自大竟使他有意冒险组织对抗西方列强的十字军，那么他在他自己［南方］诸省之危急的处境就不得不使他谨慎行事，至少也得踌躇观望，等待更适当的时机。因此，就我所能得知的一切而论，我毋宁以为这两种相反的力量会互相抵消，咸丰尽管怀有敌意，但在目前，由于特殊的困难处境，若再加上威胁手段，那么，他是会和他的前任在上次战争结束的时候一样地易于就范的。

从中国的政治局势方面看，我认为现在这个时候要比以后任何时期都更宜使用威胁手段取得成功。至于一年中可以选择的季节，从扬子江的航道和漕船的转运两方面考虑，则封锁行动的开始应不得迟于4月。……

目前封锁行动究竟能否获得预期的效果，——这是说，在5月以前实行封锁——我丝毫不觉得有任何疑问。自然，这多半要倚仗袭击的突发性，从而也就要倚仗事先的秘密性；更多半要倚仗所用武力的行动性能。除去两三艘大型船只而外，我坚决相信至少还应该有两艘小型的浅水轮船，一两艘两桅方帆船，这些船只对抗中国人所能够攻来的任何武力满可以和大型船只同样的有效，并远比大型船只便于行动，便于服役，而又省经费。假如没有即时获得预期的结果，那么就必须再度占领镇江府作为行动的基地，分遣两三艘小型船只去看守运河或别的通入扬子江的支流的入口……我自己的印象以为，要是不加警告，不给以事前准备的时间，那么封锁开始后一个月以内，我们的要求就会得到承认的。（1852年1月13日阿礼国上文翰机密报告，见米琪前引书卷1，第429—430页）

经过和这么一个大国家开放贸易10年之久,并且双方都已废除了一切独占制度,而拥有如此庞大人口的中国,其消费我们的制造品竟不及荷兰的一半,也不及我们那人口稀少的北美或澳大利亚殖民地的一半,赶不上法国或巴西,赶不上我们自己,不在西印度之上,只比欧洲大陆上某些小王国如比利时、葡萄牙或那不勒斯稍微多一点点,这好像是一个奇怪的结局。但是在充分熟悉这个特别的民族,注意到他们节俭习惯与不倦劳动的人看来,这个好像奇怪的结局却是十分自然的。我们且从头说起罢。

10年以前,当我们打开这个国家的沿海省份使其对英通商的时候,关于即将出现的对我们制造品的需求问题,形成若干最愚妄的想头。我们曼彻斯特的朋友们,甚至就在中国现在的那些曼彻斯特朋友的同道们(这些人应该知道得清楚些)一想到和3亿或4亿人开放贸易,大家好像全都发了疯似的。他们勇往直前地开始和想象中的"全人类1/3的人口"做起生意来,没有人能使他们相信,新开放的市场也会到货太多卖不出去的。朴鼎查告诉他们,说是他已为他们的生意打开了一个新的世界,这个世界是这样的广阔,"倾兰开夏全部工厂的出产也不够供给她一省的衣料的"。……

……在商务部统计表上,我们所看到的惊人的事实是,1850年末我们出口到中国来的制造品几乎比1844年末减少75万镑。不错,尽管我们对中国的出口严重地削减了,我们从中国进口的茶叶和生丝则大为增加,不过,这个结果,完全是由我们的鸦片和金银换来的,并不是由大量制造品换来的……

当1843年新贸易开始的时候,我们应该牢记在心的头一件事情是我们即将和世界上最大的从事制造的民族开始竞争了,远在西方各国还披着羊皮的时代,这个民族已经自行织造布匹了;其次,我们制造品在这个国家的任何发展,如果可能的话,也必然是非常迟缓的，因为在一个古老而人口过剩的国家，每消费我们的棉布40码，必然是我们的布正好代替了土制棉布40码。……

我们唯一可能大量销到这个国家来的货物——我们的棉制品，适应这个民族里大多数人的需要到什么程度，那就是说，适应劳动阶级的日常耐穿到什么程度呢？还有，假定我们的货物是适用了，和他们自己生产的比较起来，我们生产出来，运输约两万英里的路程，并销到他们的门口去，能否更便宜些呢？这显然是从头到尾决定成败的两项基本条件，是永远决定我们制造品能否在这个国家推广的两项基本条件。换句话说，除非我们能为中国人生产出这样的棉货，其用途至少和他们自己的一样，而要他们花更便宜的代价就可买到，否则，对于我们织品的需求是不可能如我们所预料的那么没有限度的，再没有比这个更清楚的道理了。过去将近10年的时间里，我曾在3个省份住过，我可以很有把握地肯定说，除去我们的家机布［手工织的布］而外，我还没有见过一个靠劳作生活的中国人穿过一件用我们的布料做的衣服。如果这样，那么我们预想中的主顾这一下子就去了9/10，而赤裸裸的事实正证明我们的货物在品质上有其极不适于这个民族大多数人口消费的地方。没有一个从事劳动的中国人愿意做一件经不起顶粗的粗工磨上3年的新衣服的。而像那样一件衣服，和我们出口到中国来的最厚的货物比较起来，其所织进去的棉花，至少要重上3倍，这就是说，那比我们运来的最重的斜纹布或家机布还要重3倍。……

福建具备一种美好而简单的经济体系，在对抗外国货的竞争上，这是一种真正无从侵入的体系。一个福建农民，除去种植其他作物之外，还生产某种数量的蔗糖。到春天，他把糖运到最近的一个海口去卖给商人，商人则在东南季候风的季节，把糖运到天津或其他北部港口去，至于他欠农民的糖价，一部分用现金支付，一部分则用带来的北方的棉花来归还，后者大约是4个月到6个月期以内的事情，因为普通沿海这一趟航运就是需要这么多的日子。到了秋天，农民收回他的糖价的一部分——棉花，秋收以后，农家一切人手，老老少少，全部动手清棉、纺纱、织布，他们就用这种自家织成的材料，一种厚重耐穿的布匹，自己做衣服穿，这种材料适于粗穿糙用达两三年之久。至于自用而有余，便运到最近的城市中去，城市的店铺则买下来以便城里人和水上船户之需。这个国家9/10的人都穿这种自织的布匹，其品质从最粗的到最细的，通统都是农舍里生产出来的，其成本，真正地并不在原料价值以上，或者毋宁说不在农民用以换得棉花的自产糖的价值之上。就粗布而论，我们的制造品没有一点点竞争的机会。

中国每个小康之家都有织布机，这或许要算是世界各国中独一无二的特殊国家了。别的国家里，人们只是清棉、纺纱，而把纱送给职业职工那儿去织成布匹，中国则自清、自纺、自织，并且很少光是为自己家庭需要而生产的，而是把这项生产当作季节活动的主要劳作，为供给邻近城市与水上人口生产一定量的布匹。就这样，福建的农夫不独是一个农夫，而且还是园艺家、制造家合而为一的人物。在庄稼收割以后，在下雨天，在田里无工可做，或不能做户外劳作的时候，总之，在全年中一切可以利用的空闲时间里，这些农夫就动员自己的妻子儿女乃至雇工在家从事纺织。一位曼彻斯特的制造家看到农舍里那种原始的布机及其粗笨的零件是会发笑的，可是这种布机完成了工作，而这个民族之不息的劳动则代替了蒸汽动力，他们人数庞大，因而他们就胜过蒸汽动力。……

我们把我们的一切制造品推销到印度去，如今每年达八九百万镑,并还在增加中,因此,我们兰开夏热心的朋友叫起来了,"中国的人口抵得上印度的3倍;为什么我们对中国的贸易每年达不到800万镑呢?"须知我们这里只谈到福建一省,而据我们所知,同样的制度实通行全国,交易的货物,在此为糖与米,在彼为茶叶、染料与药材,我们可以说整个帝国的南部与北部就这样形成了锁链,使各部分的劳动互相依存,而全中国的劳动,就好像有意是要把外国人及其新奇货物关在大门以外似的。美丽的经济呵!

沿海城市里一部分富裕阶级穿用我们的洋布,在夏天,为的节省丝绸与绉纱,在冬天,则加上棉絮,节省皮衣和厚重的缎子。商行的账房先生和店员穿我们洋布也相当普遍。洋布比同等的土布染色好而显得光滑,可是对于要求新衣服顶顶耐穿的阶级,不论他们的职业如何轻松不费力气,谁也不穿我们的洋布。就在富裕阶级,其所以穿,也不是因为洋布好,而是因为做起需要的衣服来,碰巧洋布比他们土布便宜罢了。你永久遇不上一个中国人会承认我们的料子是和他们的一样好的。而就我对于衣料的知识而言,他这种偏见却也是对的。

开关以后两三年里,英商从中国运去的生丝是用洋布打包的,再没有比这样的事情更能证明中国人之贱视我们的布匹了。用我们的洋布打包,就表示当时中国北部[江浙一带]最没有价值的东西就是我们的洋布。洋布之不适于穿着竟比他们所常用以打包的杭州粗布尤有过之!……

有人告诉我们说,我们的货物在内地被沉重的通过税挡住了去路。另外的人说,我们领事监督的束缚是绝大的障碍,因而应该让商务自寻出路,换句话说,应该放任我们的商人自由自在地走私进来,走私出去。……像这样的国家,我们大可放心听任我们的商人永远按照他们自己所乐意的任何办法解决他们自己的问题。然而假定今后10年内，允许我们的商人不付分文的税，把布匹放到各省的心腹地带去，其结果，仍旧不会使洋布的消费有任何令人满意的增加。中国手工业之胜过我们动力织机者远在5%以上［按进口税约5%］。还有比前二类更聪敏的人告诉我们说，这是因为我们不能自由进出这个国家的原故，苏州应该开放，福州关闭，宁波则换以杭州或天津，扬子江及其支流，乃至北部一切运河都应该自由通航……这些议论中唯一有些分量的是内地通过税问题。对我而言，我是不相信此地某些人广为传播的那种说法的。我以为下述情况是判断问题的很好证据。在厦门与广州或其附近并没有这种税，这是确定的。我曾经就在运输我们货物的船上从厦门溯江北上，这条江是通到人口众多的头等城市漳州去的，我这样走过6趟，我能保证，事实是：那条路一个小钱的税也没有征过。在北方，我相信，事情也充分证实了，我们的货物运到内地大城市如苏州与杭州去，并无任何通过税或别的负税足以发生严重的影响。既然如此，那么以为我们货物在内地的传布是被禁止性的通过税挡住了的说法，当然就不能成立。……只要就是上列那几个人口众多的大城市（我们知道我们的货物运到这些城市去是不纳税的）靠我们供给衣料，那么我们出口到中国来的棉布也会10倍于现在的数目。1844年朴鼎查所向往的灿烂的景色也就实现不少了。在内地外国货运进去，中国货运出来，无疑地，多多少少总要负担某种税。如果所有的内地各种征税都无条件地用条约扫除干净，哪怕因此而在进口口岸增加我们货物的第一道征税，也是极好的事情。可能的话，税负应该一劳永逸，特别是当我们去不得内地的情况下应该如此。在我们明确控制之外的任何征税，必然成为一个怀着猜忌的政府手中的现存的危险的工具。……（1852年3月密切尔报告书［Mitchell Report］，见1858年3月31日额尔金致克拉兰敦发文，英国外交部档案，编号 F. O. 17/287）

［1853年］［4月香港总督包令（Sir John Bowring）收集宁波土布40种，并附各种土布市价表送交曼彻斯特商会。商会收到后，即在曼彻斯特举行展览会，以便制造家与商人研究此类土布对英制棉布的竞争力。］（1853年曼彻斯特商工协会理事会第33次年报，第20页）

［1854年］［1月26日同前商工协会向外长克拉兰敦提备忘录，强调指明两点］：一、不许进入内地，则我们对华商业必然是要长此受阻而不能健全发展的；二、英国制造品之向内地运销是被不知名的，无限制的内地课税阴险地阻挡住的。（同前商工协会1854年1月26日会议录）

［1854年］［包令命各通商口岸英国领事收集当地中国人民衣着样品。结果于本年8月送交曼彻斯特商会样品两箱。"都是劳动人民服用的普通衣着"，各领事并有详细报告书，说明各式衣服的用途、缝制成本等。另，又有各色染料多种，但为量太少，不够做化学分析之用。衣着样品在曼彻斯特展览，观众极多，预计在曼城展览会后，将再送格拉斯哥展览，然后送贸易部永久保存。］（据1855年同前商工协会理事会第35次年报，第10页）

自从去年［1854年］9月以来，［英国］工商业危机已经开始了，其严酷性、普遍性与剧烈程度是不容歪曲的。谷物法废除［1846年］以后，自由贸易论者几年来一直在喧嚷着不可能发生市场过充的说教，工商危机的严峻的铁掌这一下子就把他们那张浅薄的嘴巴堵死了。市场过充就在眼前，过充的一切后果及其最尖锐的形象也就在眼前。正是只不过几个月以前还告诉制造家们说是他们绝不致生产得太多的经济学家们，面对着市场过充，又责怪起制造家缺乏减产的远见，责怪得比任何人都更热烈些。我们很久就已让人注意这种病症是以慢性的形态存在的。这一次自然也是由美洲的困难促其加深的，是那儿的危机使得我们的贸易萧条起来。印度和中国虽已过充，还是当做出路继续销去——加利福尼亚和澳大利亚也是如此。当英吉利制造家在国内市场上不复能够销出他们的货物，或者是，宁愿在国外去跌价也不愿在国内销售时，他们就应用荒谬的办法，把货物委托经销到国外去，特别是销到印度、中国、澳大利亚和加利福尼亚去。这种办法比起把货物一下子抛在国内市场上来，短时期内尚能使生意在不大的困难中继续下去；可是当货物到了目的地的时候，困难立刻就造成了，大约在去年9月的末尾，英格兰开始感觉到这种结果。

接着，危机就由慢性的形态变为尖锐的形态。头一批感受危机的是花布印染厂；有许多印染厂，包括曼彻斯特及其附近的若干历史很久的厂家在内，垮台了。其后，跟着就轮到船舶所有人，澳大利亚和加利福尼亚商人；再就是中国商人，最后，则轮到印度商家。所有这些人物都轮流到的，其中绝大部分受到严重损失，有许多不得不关门停业；没有一家得免于难。相反的，这情况还在扩大中。丝织业受到同样的影响；他们的生意几乎已经缩减等于零了，凡是还在经营的地方，也已经受到，并且还继续在遭受着最大的萧条。其次还有棉纺织厂，其中有些在我们上次发出警号时就倒台了，更多的厂家必然也会如此。我们还得悉细支纱的纺纱厂已经开始每周只开三四天，粗纺厂家不久也必定会采取同样做法。可是他们之中，又有多少能够长期这样维持下去呢？（马克思：《英格兰危机与不列颠宪法》，原载1855年3月

24日纽约《每日论坛报》,译自《马克思恩格斯论英国》,莫斯科1953年英文版,第411—412页)

[1856年] [10月8日广东满清官兵至鸦片走私船"亚罗号"上逮捕水手12名。该船一度在香港注册,悬挂英国旗号。英国驻华舰队司令海军上将西马糜各里硬说满清官兵侮辱英国国旗,于10月24日未经警告,突然炮轰广州城,第二次鸦片战争就此揭幕。]

[1857年] [1月19日曼彻斯特商会年会主席特奈尔(J. A. Turner)致词]我们同中国正在发生争执。我以为,像炮轰广州城,使那个国家流血这类事情之出现,我们可以说是大为遗憾,然而尽管遗憾,我们还是必须这样说,必须教训中国人,要他们懂得条约必须履行的时候已经到了。(会员呼声:"听!听!")我相信,虽然引起最近冲突的事件本身殊不必小题大做,采取如此严厉的手段,然而情况是到了这样地步,必须教训中国人,要他们尊重条约的时候已经到了。(会员:"欢呼!")因为他们没有履行那个[江宁]条约上的许多重要规定。他们不许[外国人]进广州城;他们强征为条约精神所不许可的税;他们几次无缘无故地以最粗暴的态度污辱不列颠国民。(听!听!)现在,他们必须受教训,要教他们懂得什么是对的,而除去用强硬手段以外,好像也没有其他的办法可以教育他们必定尊重他们所已签订的条约。(《曼彻斯特商会1857年年会报告书》[Report of Proceedings at the Annual Mecting of the Manchest'r Commercial Association],第4页)

[1858年] [第二次鸦片战争第一阶段结束,中英签订天津和约。同年,中英双方在上海会议修订中国进口海关税则,结果进口洋货的关税负担再度减低,大大地便利了英国棉纺织品的对华倾销。]

表 13　　1858 年修订税则前后进口洋货关税负担的比较

进口货名	市　价	征税单位	1843 年税则（两）	1858 年税则（两）	1843 年税率 %	1858 年税率 %
棉　　花	8.5 元（担）	担	0.4	0.35	6.54	5.72
斜　纹　布	2.2 元（匹）	匹	0.125	0.08	7.89	5.05
斜纹布(美)	3.0 元（匹）	匹	0.1	0.1	4.63	4.63
印　花　布	1.95 元（匹）	匹	0.2	0.07	14.25	4.98
袈　裟　布	1.95 元（匹）	匹	0.15	0.07	10.68	4.98
棉　　纱	20.0 元（担）	担	1.0	0.07	6.94	4.86
平均					8.49	5.03
床　　毡	6.0 元（对）	对	0.1	0.2	2.31	4.62
小呢番绉等类	1.1 元（丈）	丈	0.07	0.045	8.83	5.68
羽　　纱	1.1 元（丈）	丈	0.07	0.05	8.83	6.31
羽　　缎	2.2 元（丈）	丈	0.15	0.1	9.46	6.31
平均					7.36	5.73

资料来源：《额尔金伯爵对华、对日特使有关文件，1857—1859》（Correspondence Relative to the Earl of Elgin's Special Missions to China and Japan），第 418—423 页。

(原载《经济研究》1955 年第 1、2 期)

英国鸦片贩子策划鸦片战争的幕后活动

辑译说明

下面辑录一些有关鸦片战争的资料。主要的资料来源有如下几种：

（一）剑桥大学图书馆藏怡和洋行档案　这里所辑的怡和文件，原件都是散页的，按信件的性质、发信地址和发信年代分类装在纸盒里，所以有"私人通信""火奴鲁鲁—伦敦"盒，"伦敦通信""1836—1844年"盒等。

（二）伦敦档案馆（Public Record Office）　藏英国外交部档案　这里所选文件的分类号码 P. O. 17，意指外交部档案第17类，是有关中英关系的一类，包括外交部和英国其他政府机构之间、和英国驻华使节之间、和各种工商团体或私人之间的一切往来文件。这些文件的原件已装订成册，按时间先后排列，如 F. O. 17/31，意即第十七类的第31卷。

（三）不列颠博物院手稿部藏私人文件　这里选用了布劳顿勋爵通信文件中的几封通信，发信人奥克兰勋爵当时任印度总督，收信人霍布浩斯爵士当时任印度事务大臣。霍布浩斯后来封为布劳顿男爵，所以他的通信文件称为布劳顿勋爵通信文件。

（四）公开出版物　有几个文件是从公开出版品上转录来的，但出版品也是从档案上录来的，它们的真实性绝无疑问。

个别的外国资产阶级史学家曾经分别利用过恰和与外交部档案的某些部分。但是他们唯恐暴露历史真相，对于这里所录的文件，不是故意隐秘，就是断章取义，极力歪曲。如今我们不厌其烦地把它全文发表出来，揭露英国侵略者发动第一次鸦片战争的内幕，不管怎样狡猾的敌人，对于这样自己招认的供词，总是没法抵赖的。

文件的次序是按伦敦的发出日期和收到日期编排的，这样就能反映以伦敦外交部为中心的活动情况。我们所选的第一个文件是1839年8月5日到达外交部的那封义律致巴麦尊的报告。这是关于林则徐通令鸦片贩子限期缴烟的最早一次报告。就在这同一天，广州的鸦片贩子也把这个消息传到了伦敦。所以，只隔一天，伦敦和鸦片利益有关的那些下院议员、银行家、商人、鸦片走私船的退休船长等便策划于密室，积极进行掀动战争的幕后活动了。

从1839年8月7日到同年9月底，是伦敦鸦片贩子们策划侵略战争的第一阶段，活动的中心目标是挑起战争，其结果就是10月1日那次内阁会议的决定——发动侵略战争。这个决定，经巴麦尊于10月18日以第15号秘密训令通知了义律，指示义律早做战争准备。

10月这一个月，是伦敦鸦片贩子们策划侵略战争的第二阶段，活动的中心目标是侵略战争的政略和战略方案，其结果，集中表现在11月2日拉本德、斯密斯、克劳复三人致巴麦尊的私人信件上。隔了一天，即11月4日，巴麦尊便根据这封信上所说的方案草成第16号秘密训令，送交义律。不过在计划中，远征军是要到1840年4月才集中新加坡的，所以第 16 号训令还不曾指示更详细的行动步骤。到了 1840 年 2 月 20 日，巴麦尊才把全盘计划，告知两个全权代表——义律和懿律。至此，鸦片贩子们的幕后策划便具体化为英国对华进行侵略战争的行动纲领了。

巴麦尊对华政策的这个龌龊的根源，可用 1840 年 1 月 28 日伦敦的印度与中国协会委员会提交全体大会的报告书和 1842 年 4 月 28 日巴麦尊致斯密斯的私人信件证明，毫无疑问。在国际战争史上，我们还很少看到一个国家的外交大臣根据这样龌龊人物的情报、意图来决定对外和战大计的；揭露战争起源的文献，也很少能有这样丰富的秘密文件，可以说明得这样确切的。

美国派到中国海关上进行过多年侵略活动的马士（H. B. Morse），早就见到过巴麦尊 1840 年 2 月 20 日的训令了。他把这一天巴麦尊的第一号训令作了一些不很重要的删节，收为他《中华帝国对外关系史》第一卷的附录二，把这号训令的第二号附件，即巴麦尊致大清皇帝钦命大臣书收为附录一，而把这号训令的第一号附件，即巴麦尊致英国海军部公函，和第三号附件，即条约草案，却故意略去不录。关于马士收录的前两个文件，读者可查中译本《中华帝国对外关系史》第一卷，马士故意略去的后两个文件，今全文译载于后。

这里应该附带说明，鸦片贩子们酝酿侵略战争的计划，蓄谋已久。1832 年他们曾为了这个目的，特派胡夏米（H. H. Lindsay）和郭士力（K. Gützlaff）乘阿美斯特号（Amherst）。对中国沿海情况作了一次侦察，这就是清政府文件上所说的胡夏米船事件。从此以后，在鸦片贩子中间，不断地根据多年的侦察结果和胡夏米所得的情报，酝酿侵略战争的具体步骤，甚至连需要多少兵力，应用何种舰只，也都计划到了。在短短的两三年内，他们已作出一份相当成熟的方案，于1835年7月24日由胡夏米以私人信件的方式向巴麦尊献策。可以设想，从1839年8月7日伦敦那群幕后策动者第一次会见巴麦尊的时候起，一系列阴谋活动中，这群阴谋家，所献的计策也无非和胡夏米献策类似的内容。在这期间，进行幕后活动的活跃人物，虽有斯密斯、拉本德、克劳复等十来个，但幕后的幕后，实以大鸦片贩子威廉·查甸为核心。当时查甸之为鸦片贩子，就在伦敦也已臭名昭彰，所以他是不便多出面的。他的情报、要求、作战方案等常通过斯密斯、拉本德、克劳复传到外交部。这一点，我们也是有直接证件可查的，那就是1839年10月26、27两日威廉·查甸致巴麦尊的私人信件。不过11月2日拉本德、斯密斯和克劳复三人致巴麦尊的信件说得更加明确系统罢了。

我们辑录的这些文件，足够说明第一次鸦片战争是什么人、为了什么目的掀动起来的。简单说，基本上就是鸦片贩子为了强迫中国接受鸦片毒药掀起的。特别是印度总督奥克兰写给印度事务大臣霍布浩斯的那几封信，充分表达了当时英国侵略者对鸦片问题的卑污意图。当然，英国资产阶级的其他人物，特别是棉、毛纺织资本家也是积极进行策划活动的。这一方面，齐思和等所编《鸦片战争》第二册已译载了一些文件，我们也已另编了一些资料，发表在《经济研究》1955年第一期上。这里需要补充说明的是，所谓纺织资本家常常也就是鸦片贩子，而归根结底，英国一切对中、印贸易有利害关系的人物，不论他们是否直接从事鸦片走私，他们的利益都是和鸦片走私分不开的。这一点，只消分析当时中、英、印三角贸易的情况就很明白了。

除上述问题外，有两个文件，特别值得提请读者注意。一是1839年5月30日义律从澳门发给外交次官拔克浩斯的报告。这个报告承认5月24日怡和洋行鸦片走私船赫鸠里号在司令官巴里的指挥之下,曾经开炮轰击清政府水师船舰,并命中一艘水师船;而巴里却正是由义律任命去指挥全部走私船队的一个官员。这就是说,早在5月24日,那群侵略者就已经在英国官员的指挥之下公开挑衅了。当时义律还没有得到大队英军的支援,所以,没有继续进行大规模的军事行动。关于这次罪行,义律这个怯弱的窃贼对清军不敢直认不讳,提出什么庆祝女王生日作诡辩;对巴麦尊,也不敢直言无隐,却违反常规,向外交次官拔克浩斯做了报告。

另一文件是亚当·艾姆斯里1839年9月3日至6日的日记。这份日记生动地描述了这几天英军在义律指挥之下首先向九龙清军开炮挑衅的经过。就连这个家伙也不得不承认清军"打得顽强而相当准确",而侵略者则吓得"瘫痪了","说不出话来"!可见九龙之役,清军是很英勇的。

以上两个文件足够证明鸦片战争的炮火首先是由英国侵略者揭幕的,战争的罪责当然必须由英国侵略者去负担。

*　　　　*　　　　*

列宁教导我们研究国际战争史的正确道路,不在分析战争的外交史,而在对交战国"统治阶级所处客观地位的分析"。(《帝国主义论》,法德文版序言)本着这个原则,我们为了揭露英国资产阶级发动鸦片战争的阶级本质,就应该分析产业革命以来英国统治阶级的政治经济地位和他们对中国与印度的经济联系。我们这里所提供的资料,没有企图对这种"客观地位"作全面的介绍。不过,这里所出现的人物,是可以当作处于英国资产阶级"客观地位"上的、集中的、代表人物来看待的。为了帮助读者更易掌握这些人物的阶级本质,我们再选出几个角色,根据手头资料,简略介绍如下:

①巴麦尊　巴麦尊子爵（Viscount Palmerston，1784—1865），一个爱尔兰贵族。在爱尔兰拥有大地产，可是同时在威尔士（Wales）和孔威尔（Cornwall）也投资于工矿产业①，在伦敦又从事股票投机，可以说，是一个资产阶级化土地贵族的典型人物。

从1807年到1865年这58年间，巴麦尊先后做过海军部委员、军政大臣、内政大臣、外交大臣和首相，几乎毫不间断地掌握政权，成为英国资产阶级宦海里的一个不倒翁。这期间，英国统治阶级内部的势力对比，有过巨大的变动，巴麦尊官运亨通，当然不是没有理由的。原来在1807年至1828年间，巴麦尊一直投靠托利党，并当了近十年的军政大臣，到了选举改革法前夜的1830年，他看到新兴的"工厂贵族"（马克思语）和愤怒的中等阶级与工人阶级来势凶猛，以土地贵族为中心的托利党，前途黯淡，于是便使出股票投机家的看家本领，断然急转，叛入辉格党。

巴麦尊一经叛入辉格党，立刻就成为辉格党内阁第一流的要人，当上他久已想往的外交大臣，这件事情很有点蹊跷。1853年马克思在他写给恩格斯的一封信里说，"对这高贵的子爵20年来的经历，经过严密的考察"以后，达到了一个结论，"即巴麦尊数十年来是出卖给俄国了"②。这个到世界的各个角落去放火侵略的疯狗，长期亲俄，也很稀奇。

到了20世纪，人们发现了列文夫人（Princess Lieven）的大批信札、日记、回忆录等文件，我们才有直接证据揭开这个谜

---

①　魏布斯特：《巴麦尊的外交政策，1830—1841》（Sir Charles Webster, The Foreign Policy of Palmerston, 1830—1841, London, 1951）卷1，第11、18页。

②　李季译：《马克思恩格斯通信集》卷1，第581页。

底。原来当时沙皇驻伦敦公使列文亲王（Prince Lieven）的老婆列文夫人，是一个和英国两党高级领导人物长期保持亲密联系而又极有手段和魔力的怪物。据她的日记所说，巴麦尊这时不断地跟着她城乡奔波，"多次听我的话"，"大力支持我们的东方政策"，"为了报答的缘故"，她就在和巴麦尊并不相熟的葛雷勋爵（Lord Grey）面前"帮了他一点点儿小忙"①，于是巴麦尊就成为葛雷内阁的外交大臣了②。

当然，资产阶级统治寡头的个人作用，必须在他本阶级的利益范围之内实现，所以，后来巴麦尊也还是和列文闹翻了。不过这也正应上马克思对他的诊断，"谁要是把他当作朋友，肯定地就有毁灭的危险"③。

在1830—1865年这三十多年里，巴麦尊一手包办英国的对外政策。这个时代，正是英国"自由资本主义"的黄金时代。当时在"世界工厂"的基础上建立起来的英国海军，可以说是无敌舰队。这就是巴麦尊外交政策的物质基础。如果说巴麦尊的外交还有所亲的话，除一度亲俄之外，别无所亲；如果说他的外交还有原则的话，除去售货商人的原则之外，那就只有海盗的原则。1807年9月，英国舰队突然炮轰丹麦首都哥本哈根，并捕捉丹麦商船。在下院辩论中，巴麦尊未尝不承认当时英丹两国正处于完全和平的状态，但是他仍然认为这种海盗暴行是完全正当的。据他说，因为丹麦可能对

---

① 谭伯莱编《列文夫人未经发表的日记与政治劄记》（Harold Temperley, The unpublished Diary and Political sketch of Princess Lieven, London, 1925），第167—168页。

② 有的资产阶级史学家否认列文日记的可靠性，如魏布斯特，见前引《巴麦尊的外交政策》，卷1，第13页。

③ 《马克思恩格斯论英国》（Karl Marx and Frederick Engels on Britain, Moscow, 1953），第396页。

英国采取敌对态度云云。——这个时候,巴麦尊是以海军部委员的身份出来做辩护的。到了他掌握外交大权以后,截至1855年2月为止,马克思做过这样的概括:"再没有别的不列颠外交大臣(像巴麦尊这样)到地球的每个角落去这样行动的了:封锁(荷兰的)斯刻尔特河(Schelt)、(西班牙的)退加斯河(Tagus)、(葡萄牙的)杜罗河(Douro);封锁墨西哥和爱里斯(Buenos Aires)。远征那不勒斯,远征太平洋,远征波斯湾;为了建立'自由'而和西班牙作战,为了推销鸦片而和中国作战;北美边界之争,阿富汗之战,圣·若安(St. Jean d Acre)的轰炸,为西非(奴隶船的)搜查权而争斗,甚至拼到太平洋上去;所有这一切,还要更伴以大堆的威吓性照会、成捆的议定书和许多外交抗议书,才算齐全。"① 在马克思写下这一段概括的时候,殊难逆料一年以后,巴麦尊还是为了推销鸦片而再度和中国作战!——所不同的是,1840年发动第一次鸦片战争时,巴麦尊官居迈尔本内阁的外交大臣,1856年发动第二次鸦片战争,则升为首相罢了。

对于外国人民,巴麦尊是一个海盗;对于英国人民,巴麦尊是一个魔王。这一切,马克思曾经专门为他费过不少的笔墨,刻画过极其生动的脸谱②,这里我们就不再多说了。但是有一句巴麦尊自己的话,必须附记下来:人们已经屡次看过巴麦尊在会议里激昂慷慨地发表演说,无所不用其极地诋毁中国人民,可是,请看他私下里是怎样说的罢,他说"中国人是地球上唯一最不

---

① 《马克思恩格斯论英国》,第394页注。
② 参看马克思著,伊琳诺编《巴麦尊子爵的生平故事》(Marx, Eleanor, ed, The Story of the Life of Lord Palmerston, London, 1899)。

好战争的民族"①!

②罗素 我们这里的约翰·罗素伯爵（Earl of John Russell, 1792—1878），正是马克思所说在"光荣革命"以后，大规模盗掠国有地与教会财产，靠"圈地"起家的一个显赫贵族贝得复公爵（Duke of Bedford）的后代②。19世纪英国著名政论家柏克（E. Burke）说，罗素所霸占的地产、森林、塞堡和乡村宅第之多，令人"十分难以相信"。在19世纪30—60年代，罗素窃据英国内阁的职位达二十多年，成为当时英国寡头政治上首要的寡头之一。因而，他的双手是沾满了中国人民的鲜血的。试看在1839年发动第一次鸦片战争的迈尔本内阁里，他先是内政大臣，后来就担任了军政大臣与殖民大臣，第一批英国侵华舰队就是由他亲手装配起来的。1847年大恐慌以后，英国侵略者为了扩大中国市场，倾销英国的过剩产品，不断地制造纠纷，寻找借口，这期间，罗素先后担任过首相（1846—1852）、外交大臣（1852）、枢密大臣（1854）、殖民大臣（1855），到了1859年第二次鸦片战争正在进行中的时候，他又担任了巴麦尊内阁的外交大臣，训令英军侵略头子额尔金（Lord Eigin）进兵白河，攻入北京，强迫清朝政府订下了城下之盟的北京条约。

罗素多年地窃据要津，好像是有什么本事似的；又由于1831年的选举改革法是由他提出来的，被称为"自由主义的山雀"，好像又颇激进。其实他乃是凭出身、凭社会关系、凭奸诈手段钻营官位的典型，是英国贵族寡头中的侏儒。按马克思的分析，他的真实才能不在别的，只在他具有把世界大事缩得无限微

---

① 见1851年10月□日巴麦尊致罗素勋爵私人信件，载古西编《罗素勋爵后期函件集》（G. P. Gooch, The Later Correspondence of Lord John Russell, 1840—1878, London, 1928）卷1，第270页。

② 马克思：《资本论》第1卷，第915页。

小而又把小事吹得无边庞大的本领。然而这个"平凡的天才"却是善于装腔作态的。为了侵吞公款装填自己的荷包，罗素不断地钻营官位；为了钻营官位，他发明一套理论，认为不列颠人自从"光荣革命"以来就欠下了像他这样天生的贵族寡头的恩情，所以应该向他效忠①。这套理论当然不够赢得职位，于是他就利用机会装模作样，耍起手腕来。马克思说："他的一切活动都是为着卑鄙的目的所作的一系列的小手段"；他打小算盘，"经常地狐疑踌躇，经常地东闪西躲；或则大踏步前进一番，丢尽面皮而退，或则骄横一阵，但却龟缩得很聪敏；大言不惭地写下包票，丧尽廉耻地去实践诺言；假如没有别的法术可施了，他就呜咽涕泣，以企动人怜悯。"罗素"整个地生活在虚伪的姿态里：议会改革的虚伪姿态，宗教自由的虚伪姿态，自由贸易的虚伪姿态"；"整个他这个人乃是一副虚伪的姿态，他的全部生命乃是一个弥天大谎"；他甚至于"真心诚意地相信虚伪的姿态就颇能弄假成真，竟至于装模作样，不仅扮作不列颠的政治家，并且也扮起诗人、思想家与历史学家来了"；"世界史上大约再不会出现别的像他这样渺小得伟大的人物了"。②

在处理外交关系上，罗素有一句话可以概括一切，据他说，根据他的经验，"再没有比我们的海军舰长更好的外交家了"！③

③巴林和拜兹　1839年10月1日那次决定对华作战的内阁会议上，提出了由谁来赔偿鸦片贩子所受损失问题的是巴林。这

---

① 伍德瓦德：《改革时代》（E. L. Woodward, The Age of Reform, 1815—1870, Oxford, 1946），第95页。

② 参看马克思《约翰·罗素勋爵》，1855年7月25日作第一篇，同年8月1日作第二篇，《马克思恩格斯论英国》，第426—445页。

③ 泰勒：《泰勒自传摘抄》（Henry Taylor, Extract of so Much of the Autobiography of Henry Taylor as related to the Operations of Charles Elliot in China in 1839—1841, Privately Printed in 1874），第191页。

个巴林,就是弗兰西士·桐希尔·巴林爵士(Sir Francis Thornhill Baring)。当时他是财政大臣,同时又是巴林兄弟公司(Baring Brothers & Co.)的大老板。

弗兰西士·桐希尔·巴林爵士是英国资产阶级首脑人物的另一类典型。

巴林家族的发展,可以追溯到18世纪的后半叶去。这个家族不像罗素家族那样靠大规模盗掠国有地和教会财产发家致富,而是靠另一种原始积累方式——承销国债起家的。在1793—1816年间,英国资产阶级政府借拿破仑战争的机会发行过9.11亿镑的国债,实收现金只有5.9亿镑,其余的3.21亿镑都以折扣和利息的方式流入承销人的荷包里去了。此中最大的承销人就是巴林兄弟公司。1813年巴林兄弟公司和拜因公司(Barnes & Co.)两家一次就承销了2800万镑;1815年又和斯密斯·派茵·斯密斯公司(Smith, Payne & Smith Co.)两家,一次承销了3000万镑。就是凭这种办法,巴林兄弟公司成为当时资产阶级极口称赞的"(伦敦)城的台柱","欧洲第一号商人","商人之王"。揭穿来讲,无非是英国资产阶级对外进行侵略战争的产儿。可以设想,他们是很喜欢战争的。

值得注意的是,巴林发家史上,一样地充满了鸦片的毒雾。巴林家族的乔治·巴林(George Baring)曾于1811年在广州和一个以葡萄牙人名义常驻中国的苏格兰人大卫荪(W. S. Davidson),合伙开设一家走私公司,即巴林公司。我们的资料里说,1839年8月7日集会的那几个"和对华贸易有关的人"中,有一个巴林兄弟公司的拜兹(Joshua Bates)。此人本是麻萨诸萨州的一个穷学徒,但是由于到广州做了12年(1818—1830)的生意——当然主要是鸦片"生意",便腰缠万贯,先开一个公司和巴林兄弟公司竞争;后来,在1828年,又妥协加入了巴林兄弟公司①。入伙后，拜兹并担任经理，拥有1/4的利润分配权。由此可知，这时巴林兄弟公司的资本，大约共有1/4来自拜兹的鸦片利润。

不仅如此，巴林兄弟公司乃是一个世界性公司。它的分支机构和关系公司遍布欧洲大陆、美洲、印度和中国。它的营业政策是不让任何一家公司在国际商业的金融上能站在它的前头。在广州，它和英商中仅次于怡和洋行的鸦片贩子宝顺洋行（Dent & Co.）及美商中头号鸦片贩子旗昌洋行（Russell & Co.）密切合作，大量投资于茶叶和票据生意。这种联系已使巴林兄弟公司和鸦片走私分不开。1835年它又特别买了一艘发尔康号（Falcon）开到中国来，大家知道，这又是在中国走私鸦片的一条著名的快艇!②

对中国，早在1793年，巴林兄弟公司的创建人弗兰西士·巴林爵士（Sr Francis Baring）就以东印度公司理事会主席的身份致书两广总督，企图假借增进贸易的幌子扩大侵略them③。到了1839年，作为财政大臣而和鸦片走私有那么多血缘联系的弗兰西士·桐希尔·巴林爵士，难道会在内阁会议上，提出什么见得

---

① 英国蓝皮书，下院东印度公司问题特别委员会第一次报告书，作证答词1830（B. P. P. First Report of the Select Committee of the House of Commons On the The affairs of the East India Company, 1830, Evidence），第164、204、208页；又上院东印度公司问题特别委员会报告书，1830（B. P. P. Report of the Select Committee of the House of Lords on the affairs of the East India Company, 1830, Evidence），第545—546、637、570页。

② 昔德：《美国贸易与金融上的巴林公司》（Ralph W. Hidy, The House of Baring in American Trade and Finance, Harvard University Press, 1949），第26—27、41—42、52—54、104、190—192页。

③ 史当东：《大不列颠国王大使出使中国皇帝的可靠记录》（Sir George Staunton, An Authentic Account of An Embassy form King of Great Britain to the Emperor of China, 1799, Philadelphia），第23—24页。

了人的主张来吗？

④威廉·查甸、詹姆斯·马地臣、约翰·阿拜·斯密斯 威廉·查甸（William Jardune，1784—1843），苏格兰顿弗里郡（Dumfreishire）人。1802年首次来到远东，1803—1814年间在英国东印度公司来华贸易商船上当过外科医生。这个职务使他有机会了解到在澳门与广州什么生意最能发财致富。大概凭公司商船允许船员以小量舱位自行贩运货物的机会，查甸颇赚得一点意外之财。到了1818年，他就和伦敦老南海公司（Old South Sea House）的托马斯·魏丁（Thomas Weeding）和孟买的一个巴希人（Parsee）弗拉姆季·考瓦斯季（Framjee Cowasjee）合伙，买了一条商船萨拉号（Sarah），自己做起生意来了。托马斯·魏丁是伦敦的一个颇不算小的富豪，"至少有财产十万镑"，后来始终是查甸在伦敦的重要代理人之一，曾经替他向巴麦尊进行过政治活动。考瓦斯季是孟买的一个鸦片巨头。他们的萨拉号则是中国沿海一条著名的鸦片走私船。

1819年，查甸完全脱离东印度公司，留在孟买做生意。这期间，查甸经营对华贸易的主要业务是贩卖鸦片。在中国方面的业务是委托给一个从18世纪末叶就常驻在广州和澳门活动的荷林瓦斯·莫克尼亚克（Hollingworth Magniac）代为经营的。到了1827年，查甸便加入了这个老牌的鸦片贩子所开设的莫克尼亚克公司，和这个家族更紧密地纠结在一起了。这一结合，后来在政治上也是有作用的。

詹姆斯·马地臣（James Matheson，1796—1878），苏格兰色得兰郡（Sutherlandshire）人。从爱丁堡大学毕业后，曾到伦敦学过生意，1813年至加尔各答他叔父开的马金淘西公司（Mackintosh & Co.）做买卖。1818年，马地臣首次来到广东，从这以后，一直到1841年这23年里，除去两次暂时离去外，始终都常驻在澳门和广州干走私鸦片的勾当。

马地臣和查顿的直接结伙是1828年的事情。这一年，马地臣也加入了莫克尼亚克公司，和查顿同为这个公司的重要股东。20年代初叶以后，正是鸦片走私从黄埔退到伶仃，并在沿海迅速扩张的时期。不用说，查顿和马地臣的荷包也是迅速膨胀的。所以，到了1832年，他们两人便别创局面，另挂一块招牌，这就是后来一直侵略中国百有余年的著名的怡和洋行（Jardine, Matheson & Co.）。两年以后，莫克尼亚克公司的荷林瓦斯·莫克尼亚克也在伦敦另开一个门面，叫做莫克尼亚克·斯密斯公司（Magniac Smith & Co.），这个公司的所谓斯密斯就是我们文件里所说的约翰·阿拜·斯密斯，奥斯瓦尔德·斯密斯和汤玛斯·斯密斯三兄弟。

伦敦的莫克尼亚克·斯密斯公司和广州的怡和洋行不仅同出一源，互为代理人，而且有直接的血缘联系，因为自从1835年起，怡和的詹姆斯·马地臣也正是莫克尼亚克·斯密斯公司的重要股东之一。因此，这两个公司的利益是分不开的。1837年，英美发生了一次金融危机，伦敦许多商业金融巨头都蒙受很大的损失，唯独怡和洋行赖有莫克尼亚克·斯密斯公司的大力支援，得免于难。由此可知这两家业务关系的亲密。

鸦片贩子从中国人民身上吮吸了多少鲜血，并依靠这套资本，回国去登上政治舞台，也有一些迹象可说。

荷林瓦斯·莫克尼亚克从中国回去以后，正是靠他在中国走私鸦片所赚得的大量资金，买下了贝得复郡（Bedfordshire）的大片地产，继贝得复公爵（Duke of Bedford）之后而为奥克来猎场（Oakley Hounds）的主人，过起公爵一般的以猎狐取乐的优游生活。同时，又拿出大量资本，创办了莫克尼亚克·斯密斯公司。这家公司乃伦敦经营对外贸易与金融业最称显赫的巨头之一。可见他从中国带回去的荷包是很可观的。而斯密斯兄弟中的约翰·阿拜·斯密斯却又是伦敦资产阶级政治舞台上一个非常活跃的人物。他非但是下院辉格党一个有力集团的首脑,并且还是巴麦尊的"亲密朋友"。明白这一切,我们对于1839年秋冬两季查甸、斯密斯、巴麦尊这些名字怎样会牵在一起,以及巴麦尊怎样为鸦片贩子的利益而发动侵略战争,也就不难得其底细了。

查甸是1839年正月看到禁烟问题严重化而溜回国去的。据说这时他拥有价值一百万镑的财产。由于他发的财大,早在回国以前,就已在英国臭名远扬,成为商人冒险家景仰崇拜的一个英雄人物了。1836年利物浦所造的一艘最新式快船,就是以他的名字命名的!当然,也正是由于他发的财大,所以在1841年也就轻而易举地当上苏格兰阿希布顿(Ashburton)的下院议员。不过查甸的政治生命并不长久,到1843年的2月便物故了。

马地臣很早就热衷于政治活动。这是一个蓄谋、鼓吹,并积极策划大规模侵略中国的凶犯。早在1823年,马地臣就已经向中国沿海做过四百英里的长途侦察旅行了。1827年,他又在澳门创办广州记录报(Canton Register),这是侵略者在中国国土上创办的第一家报纸,不断地公开鼓吹侵略。1834年英国驻华首任商务监督律劳卑(Lord Napier)物故以后,马地臣特别伴送这个侵略头目的未亡人返回伦敦,并经过她的介绍面见外交大臣威灵吞公爵(Duke of Wellington)。当他发现威灵吞还无意于立刻动手时,便向曼彻斯特、利物浦、格拉斯哥等地的工商界去煽动,并撰写《对华贸易现状及其前途》(Present Position and Future Prospects of the China Trade)一个宣传性小册子,公开向英国资产阶级尽情地诋毁中国人民,狂喊动武。

马地臣是在1841年溜回英国去的。他究竟从鸦片走私上赚了多少钱回国,还没有人知道,所可知者,他在回国以后的第二年就把苏格兰西海岸的整个路易士岛（Ishnd of Lewis）给买下了。另外，仅仅为了开垦这个岛，他又花了32.9万英镑！在英国资产阶级社会里，金镑就是一切。马地臣从1843—1862年这19年里，一直坐在英国下院席位上当英国"民主"政治的"代表"，成为巴麦尊独裁政治的一个有力支柱。不仅如此，他还在1846年被维多利亚女王（Queen Victoria）封为爵士；而五年后，则又被选为皇家学会的会员，所以，马地臣俨然又是大不列颠联合王国的第一流"科学家"呀！①

⑤拉本德和莫克维卡　在策划鸦片战争的幕后活动中，以资本家集团的代表身份，不断地和外交部保持密切联系的一个重要人物，是拉本德。拉本德（G. G. de H. Larpent）是伦敦的印度与中国协会（London East India and China Association）的主席，一个辉格党下院议员。伦敦的印度与中国协会是东印度公司以次，英国远东利益群最大的、也最有力的组织。这个协会是1836年成立的，一开头，就聚集了109家和印度或中国贸易有关的大公司，包括进出口贸易、航运、金融等各界的巨头，例如巴林兄弟

---

① 以上所述，主要系根据下列各项资料综合而成，为避免烦琐，不一一注明出处。资料来源是：

1. 斯图亚特，《怡和公司，1832—1932》（James Steurt, Jardine, Matheson & Co., 1832—1932, Privately Printed, Hong Kong, 1934）。

2. 格林堡，《不列颠贸易与中国的开放，1800—1842》，（Michael Greenberg, British Trade and The Opening of China, 1800—1842, Cambridge, 1951）。

3. 勒柏克，《鸦片快艇》（Lubbock, The Opium Clippers）。

4. 莱特，《20世纪香港、上海及中国其他条约口岸印象记》（Arnold Wright, Twentieth Century Impression of Hongkong, Shanghai and Other Treaty Ports of China, 1908）。

5. 英国蓝皮书，下院东印度公司问题特别委员会第一次报告书，作证答词，1830（B. P. P First Report of Select Committee of House of Commons on the Affairs of the East India Company, 1830, Evidence）。

公司就是这个协会的组成分子。出席协会的各公司代表中，有不少下院议员，例如副主席哈斯堤（Archibald Hastie）就是一个①。因此，这个协会不仅在经济上拥有极其雄厚的势力，而且在政治上也不乏自己的发言人。他们的活动说明他们乃是英国资产阶级中积极要求侵略远东的典型团体。

伦敦的印度与中国协会自从成立那天起，就积极进行对印度和中国的侵略活动，经常和政府有关各部，特别是外交部，保持联系，书面地或口头地供给情报，提出意见，鞭策英国资产阶级政府为自己的利益加紧侵略远东。今天我们还可以在英国外交部的档案里看到这个协会送交外交部的许多备忘录和情报。拉本德个人写给巴麦尊的信件和要求会见的便条，更是屡见不鲜。

根据当时中、英、印三角贸易关系去判断，伦敦的印度和中国协会这个组织和鸦片走私的联系，无论如何是分不开的。在文献里，我们发现 1838 年这个协会竟向印度事务部提出交涉要求减低鸦片税②，大约当时在伦敦投资于鸦片生意的人，并不隐晦这行买卖，所以托利党人干脆就把拉本德等人叫做"鸦片贩子""鸦片世家"（Opium gentry）③。从怡和洋行的档案里，我们发现拉本德在广州有一个关系公司，叫做拜尔公司（Bell & Co.）；哈斯堤则又自己贩运鸦片，委托怡和洋行代为销售④。由此可见，这个协会的主席与副主席，虽然身在伦敦，却也真正是两个鸦片贩子。

---

① 伦敦印度与中国协会第一次报告书，1836。
② 伦敦印度与中国协会第三次报告书，1838。
③ 1841 年 4 月 15 日文汉致皮尔爵士函（F. R. Bonham to Sir Robert Peel），见不列颠博物院手稿部藏皮尔文件（Peel Papers），编号 ADD. MSS. 40492。
④ 1835 年 7 月 2 日《哈斯堤致怡和洋行函》，伦敦发，见怡和档案，伦敦通信，1835 年 4 月至 12 月盒。

莫克维卡（John MacVicar）是战争前夕，在幕后进行鼓动的另一个资本家集团的代表人物。他是曼彻斯特商会的主席。曼彻斯特商会是英国棉纺织中心曼彻斯特的制造家、银行家、进出口商以及其他工商界人物的一个团体。这是鞭策英国资产阶级政府对远东实行积极侵略政策的又一群强盗。他们在经济势力上虽不如伦敦的印度与中国协会，但是由于棉纺织业不断地出现周期性危机，侵入印度和中国市场的要求特别迫不及待，所以他们叫喊得也特别凶，特别露骨。

在19世纪英国政治史上，有所谓曼彻斯特派（Manchester-School），挂着"自由贸易"的招牌，实质上就是对外要求打击弱小，推销棉纱布；对内要求废止谷物法，降低工资。人们只要记起曼彻斯特那些纺织资本家怎样残酷地剥削儿童和妇女，就可以理解他们对外国人民的心肠。

在远东问题上，曼彻斯特那群资本家在1814年前为了打破东印度公司对印度贸易的垄断权而大肆叫嚷过一阵。在1834年前为了打破同一公司对中国贸易的垄断权又叫嚷过一阵[①]。到了东印度公司废止对华贸易专利以后，他们多次地为侵略中国而向政府提交备忘录、请愿书；到了第一次鸦片战争以后，他们又为进一步侵略中国而年年不断地向政府提交备忘录、请愿书[②]。莫克维卡就是这样一群资本家的一个头目，在1839年秋和1840年初也几次地上书巴麦尊、面见巴麦尊。

值得注意的是，我们在怡和档案里也发现一些信件，足以证明莫克维卡原来也是一个鸦片贩子。怡和洋行有一个匹头部，专

---

① 雷得复：《曼彻斯特商人与对外贸易》（Arthur Redford, Manchester Merchantsand Foreign Trade, 1794—1858, Manchester University Press, 1934），第111—125页。

② 严中平：《中国棉纺织史稿》，第62—66页。

门运销国内纺织品。它在曼彻斯特的"机密代理人"正是这里的莫克维卡①。另一方面，莫克维卡经营茶叶进口的生意，也常用委托怡和洋行给他代销鸦片的办法筹集贩茶资金。例如1835年7月初，莫克维卡一次就运送土耳其烟50箱给怡和，估计可卖得2.5万镑，用以采买茶叶②。到了1838年，莫克维卡大约感到这种假手于人的办法很不过瘾，所以就自己动手，在广州开了一个莫克维卡公司，干脆自己做起鸦片走私的勾当来了。这是英国资产阶级和鸦片走私怎样发生血缘联系的又一个例证，——可是，谁又会想到，身在纺织业中心曼彻斯特的一个商会主席竟也是如此这般的人物呢！

义律致巴麦尊

1839年3月22日澳门发，8月5日收到　见F. P. O. 17/31

附件此刻刚刚从广州递到，迈尔本子爵号（Viscount Melbourne）即刻就要开航，我仅有转递附件的时间。

勋爵阁下大可放心，陛下海军小型巡洋舰拉茵号（Larne）正在这里；我可以向陛下政府保证，我将以最为机敏的行动对付钦差大臣和省地方当局这种不正当的恐吓行动。

我已经给江门府和广东巡抚送了便条去，要他们告诉我，中国政府的目的是否是要对我国的船只与人员作战；明天早上我就要到虎门去，要求对整个事情作坦白而明确的说明。

---

① 格林堡：《不列颠贸易与中国的开放》，第102页。
② 1835年7月3日，巴罗（R. A. J. Barrow）致怡和洋行信，又同年7月7日巴罗致怡和洋行信，伦敦发，怡和档案，伦敦通信，1835年4月至12月盒。

毫无疑问，坚决的言辞，坚决的态度，就会挫败省地方当局的鲁莽态度的；可是我应该向勋爵阁下提起我同时已经向他们提议，一旦中国政府把合理的目的正式通知我，我是要尽我的力量去满足这种要求的。

附件一：1839年3月18日钦差大臣林谕各国夷人呈缴烟土稿（略，参见齐思和等编《鸦片战争》第二册，第243—244页）

附件二：1839年3月17日钦差大臣林谕洋商责令夷人呈缴烟土稿（略，参见《鸦片战争》第二册，第240—242页）

威廉·克劳复（William Crawford）致
罗伯特·克劳复（Robert. W. Crawford）

1839年8月8日伦敦发　见"私人通信""火奴鲁鲁—伦敦"盒

少数几个和对华贸易有关的人，昨天早上开了一个会，商量是否应该见见巴麦尊勋爵。出席的有约翰·阿拜·斯密斯（John Abel Smith）——一位银行家，我们的下院议员，是由他的两位兄弟奥斯瓦尔德·斯密斯（Oswold Smith）和汤玛斯·斯密斯（Thomas Smith）找来的，这两位兄弟和查甸（William Jardine）的公司有关。此外还有颠地（Dent），拉本德（Larpent），巴林公司（Barings & Co.）的拜兹（Bates）、莫克维卡（MacVicar）（会议就是由他带头招集的）、曾任查甸快艇船长的格兰特（Grant）和我。拜兹以为目前和政府任何联系都达不到目的，所以我们应该等政府收到［义律］从中国发来的公文以后再说。斯密斯［指约翰·阿拜·斯密斯，下同——译者］起初很同情这样见解，不过后来也随着会场上的空气转变了。大家以为我们对于女王代表的地位与权力能否向鸦片损失人保证赔偿这个问题，就是希望政府随便用什么方式来考虑考虑也是不可能的。大家感觉目前不是讨论这个问题的时机，为谨慎计，还是不要谈它为妙。不过鉴于陆路邮班即将出发，我们应该向巴麦尊勋爵表明，不论政府采取什么行动，抑或不加干涉，其结果都将影响我们在华友人的处境，我们急于尽量向他们多多报告消息，以便他们在任何情况下，都好进行生命财产的保卫。

我们终于去见了巴麦尊勋爵，拜兹借口事忙没有去。巴麦尊在他的住处和我们相会，谈了一个钟头。他向我们查问了许许多多的事情，这就把他的企图在我们心上造成深刻的印象。我们预料政府要采取强硬行动，派出足量的海军，教中国感觉得到海军的威胁。譬如封锁珠江口，以及珠江到东北一线的沿海，或者还要占领厦门，以便截断台湾米粮的供应——这种供应是福建人所必不可少的。你可以把这一切看作是我自己的猜测，或许我对于〔政府〕做法的猜测并不正确；不过我们大家都十分相信会采取这类步骤的。因此，假如在进行这类步骤的同时，还能够相当有秩序地进行交易，我们非常需要在下半年内早早地把1839—1840年度的买卖结束掉。然而不论我们和中国的最近关系如何，我以为直到你能够判别此地的行动在中国所产生的后果以前，你也会非常小心谨慎地处理1840年度的进货的。

你和你的朋友们，绝不要以为我们没有注意到义律上校答应下来的大量赔款，文件的到达，必然就向政府揭开这个问题。我们是看到必须克服的困难的。第一，赔款要求的数量可能引起许多人的反对，要是别的损失，这种反对是不会强烈的；第二，僧侣和教友派的人（Quakers），现在已连成一气，他们会以鸦片贸易败坏道德为理由，高叫禁止的。

查甸还没有到达我们国境，我听说下礼拜可到。我们收到他从那不勒斯发来的一封信,罗伯逊(Robertson)和他一道来。你可向杰姆塞特依(Jamsetjee)保证,我们会经常而细心地注意孟买备忘录里所说的问题的。

威廉·克劳复致费利浦·布鲁克(Pi'pp Broak)

1839年8月10日伦敦发　见"私人通信""火奴鲁鲁—伦敦"盒

　　本月7号我随同一个代表团为中国问题去见巴麦尊勋爵,附来的信件副本［未见——译者］就是那次会晤后的第一天——8号写的。昨天约翰·斯图亚特(John Stewart)到布鲁特街来看我,他知道在这次没有卡里爵士(Sir Charles)参加的会晤上,我们做了些什么事儿。我告诉他说,我们有意的避免谈到赔偿问题,我们的目的只在探听政府的看法,好对将来的远景有些观念。谈话所得,给我们一个印象,那就是政府的行动是会强硬有效的。斯图亚特告诉我说,卡里爵士收到杰姆塞特依一封非常之长的信,我想这该是我们中人所收到的第一封情报了。卡里爵士想知道是哪些人在备忘录上签字的,很可能是为了要和签字人在这儿的代表们取得一致行动,可是我不能告诉他。备忘录预料将有极其严重的后果,我不能说明参加这次行动的都是哪些人。

　　目前我重新和你谈起这个问题,我要告诉你我自己的意见。我以为若干时间内,政府对于受害人的要求是不会采取有利的步骤的,甚至我可以说,在下次国会开会以前,一定不会;而国会下次会议的召开,不会早于圣诞节后一个月。到了那个时候他们多半要被迫不得不捡起这个问题的。尽管利害有关的各方用尽一切努力,我深恐问题的解决,还要大大地拖延时间。赔款自然会向中国政府去讨还;何时并如何可以满足这种要求,却非常难以猜度。我敢说,有许多人远比你乐观,不过我大大怀疑事情会早日成功,这是我切盼你牢记的一点。任何希望早日取得金钱赔偿的事,我都不干。这个问题上,正确地说,无论在政府方面,还是在本行商人中间,卡里爵士的地位,都不能起什么作用。

舆论对义律并不利,也有人说,当鸦片持有人如此轻易接受义律的要求时,他们对自己的利益不是没有想到的。……

巴麦尊致义律

1839年8月17日伦敦发　F. O. 17/29

1838年的发文已经训令你,利用任何有利的机会,获取中国沿海贸易场所和东印度群岛中诸海岛的情报,为了这个目的,我现在授权给你,你可以允许你僚属中任何一个你认为适于这项工作而又不必需要他留在广州或澳门公干的人前去从事这项工作。从事这项工作的人返回以后,可以把他所到地方的商业、工业的情况,以及他所获悉的任何有关地理方面,博物方面的知识,向你作成详细的报告,以便转呈陛下政府。

义律致巴麦尊

私人机密件　1839年4月3日广州发,8月29日收到　F. O. 17/31

我的首要责任是说明我鄙陋的信念。我认为陛下政府的一切努力,无论是和平协商,还是以武力做后盾的交涉,都不能安定人心,使广州的贸易恢复到最近那么大的规模。安全感整个儿粉碎无遗了。

事实上，我的勋爵，从这个政府的实际行动上所可推断出来的头一条真理是极端关系重大的，我这是说：离开我们的船只到中国大陆上去，根本就是不安全的。几个小时以内，在华外人的生命、财产、自由，连同一切庞大的商务上财政上的利益就都横遭这个政府的任意摆布了。如果这次骇人的消息到达英格兰和印度的时候，我们获得释放和我所采取的必要行动的消息还没有到，那么，我极其害怕，这个消息所引起的震动将是沉重得不可想象的，并且影响所及，极其广泛。我真正希望陛下政府一经接到我这批发文，立刻就宣布政府的一般意向，借以稳定人心。

现在，我的勋爵，我马上就呈献对策。鄙见以为中国方面这次可耻的挑衅行为乃是陛下政府对于过去所受一切损害取得补偿的最好理由，这是把我们将来和这个帝国的商务安放在稳固而广阔的基础之上的最有希望的机会，这样对策的正义性是丝毫不容怀疑的。

我认为，我的勋爵，对于所有这一切不可饶恕的暴行的反响，应该出之以迅速而沉重的打击，事先连一个字的照会都不用给。

中国政府对陛下官员与臣民已经犯下了突然而残酷的战争罪行，用最近这样方式强迫缴出英国人的财产就是一种侵略，这在原则上是如此其危险，在实行上又如此其不能容忍，所以，为每一件损失要求完全的赔偿，已成为文明的高尚义务了。

就地球表面这么一个最最渺不足道的权力，竟至破坏世界上国际交往的正当原则而言，我仁德陛下实对整个基督教世界负有为真理与正义而成为这次挑衅行为的合适裁决人的一切责任。

我的勋爵，中国人这样做法，并不是因为他们不懂得这乃是邪恶的行为，而是因为他们昧于陛下政府表现愤怒的力量。不管怎样，教他们明白过来，乃是适宜而且需要的。

我以最最忠诚的心情献议陛下政府立刻用武力占领舟山岛，严密封锁广州、宁波两港，以及从海口直到运河口的扬子江江面。陛下政府将从此获取最最适意的满足。

然后，我建议，应该经过白河口向朝廷致送通牒（不在前一步之先致送），提出要求：林邓两人撤职惩办；就那些对女王多次失敬的行为提供适当的道歉；对于暴行所造成的沉重损失给予一定的金钱赔偿；正式把舟山岛割让给英王陛下；并以充分而毫无保留的上谕，明令准许帝国人民在那些岛上和一切沿海港口和我们做生意；等整个赔款付清，一切其他条款都忠实履行了以后，才解除封锁。

如赔款500万镑，除去补偿所受到的巨大损失而外，我以为是不会有剩余的，不过我以为陛下政府会想到，要是拿这个数目中的一部分掉换更为有利的办法，例如替英国货物取得自由输入广州、宁波、厦门与南京的权利，为期十年，那也是切实可行的。[按，原件经巴麦尊把这一整段划上了注意符号——译者]

我的勋爵，我还必须以最最迫切的心情建议，应该使用足够的武力，并以西方国家对这个帝国所从来没有过的最强有力的方式进行武力行动的第一回合。迅速而沉重的打击，会使今后许多年内不再发生这类惨剧，必须教训中国政府要它懂得对外义务的时机已经来到了。

鄙意一向认为西方国家对待中国人的态度，在天公地道的范围以内，应该尽量地容忍。不过同样的我也确信，容忍侵略行为将引导中国人大踏步地走向不义与暴戾，一直走到这么一个隘口，彼时可能使地球上这一部分社会的全部组织归于瓦解的广泛措施就有必要了。

巴麦尊致斯密斯

9月14日温莎宫发　见"大不列颠私人通信""1836—1845年"盒

我抱歉今天不能如愿进城来,且在下周末以前,一直不能来。不过关于对华问题,政府认为适当的行动如何,也没有任何积极意见可以奉告。义律上校的最近来文还是在囚禁中写的。我们在最后决心采取适当步骤以前,必须等候更详细的报告。

威廉·查甸(William Jardine)致
詹姆斯·马地臣(James Matheson)

1839年9月16日伦敦发　见"伦敦通信""1836—1844年"盒

陆路邮班下午六点就要停收邮件,我不能空空放过这趟邮班,不给你略写几行。要不是情况特别,我会详详细细地报告你很多事情的,如今许许多多的打扰使我没法细谈。等我比较空闲的时候,我要给你描写我们长征回国的旅途经过的。

我们在热那亚听到广州出了乱子的消息,随即兼程赶回国来,希望收到信件,获悉你们不幸遭遇的实况。[听到消息时]我的头一个思想,是抱憾我没有和你在一道共患难。……[中略——译者]我以为在义律上校怯弱的屈辱政策之下,我辈中人没有哪个能有任何好办法。

多谢你给我信,并为私人的汇款操心。生丝可以获利五□□[纸张破损——译者]元。M.S.公司[指 Magniac Smith &Co.——译者]正替我们的□□,茶叶大可赚得很高的利润。

我希望你把你自己的汇款也买成丝茶运回来。茶叶每磅已涨起□，我以为必定还是要大涨的。

自从我到了此地，我们就求见巴麦尊勋爵，可是我们没有成功。他不在外交部公干，却到温莎宫（Windsor）参加女王和比利时王的舞会去了（比利时王是来看望这个小妇人的）。不几天前斯密斯（J. A. Smith）写信给他，要求接见。这位勋爵指定礼拜六下午在外交部召见。我们准时到达，发现许多人在那儿等着，却不见我们的巴麦尊勋爵。斯密斯此刻（礼拜一下午三点）收到一个便条，今抄一份附来。［按，即前件9月14日巴麦尊致斯密斯函——译者］斯密斯、格兰特、颠地还有几位别的人见到过他，然而，彼时他勋爵还没有机会和他的同僚商量过。他几乎也承认必须有所作为，不过又说，他们必须等待事情有进一步的发展。

现在和印度及中国有关的各方面，正变得很不耐烦，声称要到温莎宫去。有人谈到召集会议，起草一封上巴麦尊勋爵书，甚至于给女王陛下去信。不过尽管拖延不决很足令人冒火；可能的话，我们还是宁愿静悄悄地干。□□我想巴麦尊勋爵和其他大臣必定会把污辱和抢劫当作一回事儿来考虑的，□□□他们可能同时要求北部各口的通商自由。我注意到义律不许再有任何船只进口。当然他会允许你□现在在黄埔的船只□□出口的，我希望你能够派出□□□。尽你的能力从商人身上多挤出一些［现金］来，也是一个目标。我以为，假如有任何国籍的外国船只准予进口的话，你能够用丹麦旗帜把我们的船只送进几只去，就教这几只替不许进口各船来回运货。其实我确信，在你认为需要，并实际情形也办得到的时候，你是会打主意进出货物的。

斯密斯嘱我千万问候你，他非常忙碌，不能写信。□□□一旦广州□□我认为你自己应该住到澳门去，或者住到船上去。广州必有大量库存，那可以让亚力山大·马地臣（Alexander

Matheson)和安株·查甸(Andrew Jardine)留在那儿去看守。□□□我已看到律劳卑夫人(Lady Napier),今天并要和她那个出了嫁的女儿同进晚餐。她们殷殷垂询,对你非常关切。

约翰·阿拜·斯密斯致巴麦尊

1839年9月18日伦敦发,同日收到　见F. O. 17/35

本月14日勋爵阁下从温沙发给我的便条已经收到了。感谢您在多种约会之中还记得我要在上礼拜一印度陆路邮班出发之前和您相见的愿望。

伦敦这里,和孟买及中国有关的许多许多人想知道政府处理最近广州事件的意向和适当的步骤,其心情自然是已经迫切到了极点。关于这个问题,最近侥幸和我一同到斯坦霍布街(Stanhope St.)和您拜见的先生们尽管一直避免向您提出任何公开申诉,或公开宣布任何意见,我觉我还是有这个责任奉告您,他们之所以这样做,只是因为他们对您抱着一种希望,以为您不久就会给有关各方提供政府意向的消息,好让他们据以掌握他们在本国的生意,并保护他们在远方的利益的缘故。

我相信,上次和您会谈的内容,什么也没有在伦敦泄露出去,这是我非常引为满意的。但是,那次一切经过之隐秘不宣这种事情本身,自然也就增长人们的迫切焦急情绪,急于要知道一些您对于本问题的看法。据我所知,目前和东方贸易有关的许许多多人正在采取步骤,促请政府立即注意他们的事情——也就是注意广州方面打击国家荣誉,损害私人权利的事情。

这个时候,我个人非常不愿意向政府作公开申诉,因为政府如果决定(我对于这一点深信不疑)要中国政府去赔偿,那么政府可能采取的任何步骤，不是可能被人错误地认为是出于有关方面的公开鼓动，而不当作是陛下政府之公正的决定，因而大大地削弱其力量吗？

至于您来条所说理由，说是必须等候义律上校更多更详细的报告，以便作进一步的考虑，我请以最诚挚的心情向您提醒一点，您所已经知道的事实，难道不已经是政府要求中国政府就它对英国公众和私人所犯下的错误提供赔偿的充分理由而有余了吗？一切迟延岂不冲淡所受损害的印象吗？

尤有进者，我还可以向您奉告，尽管那次谈过中国事件的每一个人都完全确信陛下政府是不会忍受这场污辱的，可是还有别的人不知道事实真相，正在打算运出大量白银希望贸易照常进行呢。

根据斯坦霍布街所经过的情况，我已经命令我们指挥之下的一只船做好随时出发的准备，它在接到通知后 48 小时以内就可以起航。这只船是超乎寻常的快的，可望在三个半月多一点的时间内赶到广州。如果您有意利用比平常方法更快的办法向陛下政府在广州（或是他从广州退居的地方）的代表传递文书，我荣幸地让这只船听候您去调度，何时出发，悉听尊便。

孟买商会的议决案

见"有关对华鸦片贸易当前情况的若干文件"〔按，这是一个小册子，收录 1839 年 3 月至 7 月林则徐责令外商缴烟，具结的通告，义律令英商缴烟的通告等 12 件；又孟买与加尔各答商会的决议案、函件，与印度总督府往来文件及孟买加尔各答英商上伦敦枢密院请愿书等 15 件。这个小册子大约就是孟买或加尔各答商会编印的，秘密分发，没有公开发行。1839 年 9 月 21

日经一个不具名的人送交巴麦尊,此件今收在 F. O. 17/35 里。]

1839年6月3日星期一,孟买商会全体会议一致通过下列议案:

本商会的目的之一,是用各种方法保护本省商务的普遍利益,对于有关各方而言,陛下政府就义律上校许给在华鸦片持有人的保证问题即早宣布意向,乃是极端重要的事情,为此,本会兹决议:

(一)这次会议应赶上即将出发的陆路邮班,向大不列颠各地东印度与中国协会发送一封信,就要求政府尽可能早日说明其对赔偿损失所采取的方针问题,求取他们的有力合作;

(二)义律上校报告中国最近事件的公文将引起公众注意我们对华商务关系的一般问题,所以,即将发致各地协会的这封信也要恳求他们敦促陛下政府利用这次机会把这项重要贸易安置在前所未有的更加安全与永恒的基础之上;

(三)决议——现在经过宣读并采用的这封信应立刻发送伦敦、利物浦、曼彻斯特、格拉斯哥、纽卡索和赫尔各地的东印度与中国协会——并且也抄送所有对东印度与中国贸易有利益关系的公众的或私人的各个公司;

(四)决议——上述那封信也抄送加尔各答商会与马德拉斯商会。

孟买商会致大不列颠各地东印度与中国协会书

6月3日 见"有关对华鸦片贸易当前情况的若干文件" F. O. 17/35

贵会无疑必已得悉最近中国方面的特殊事变,即鸦片贸易的突然摧残，其结果使不列颠在华财产遭受了巨大的牺牲。除开这项牺牲而外，目前印度所存鸦片，几已毫无价值之可言，这项损失也是巨大的。

贵会必然久已熟悉造成这次惊人事变的各种条件，此地不必申述。根据所说某些重要理由，陛下驻广州商务监督通令所有不列颠人把鸦片都立刻呈缴给他，他自己则代表不列颠政府对鸦片所有人负责，承认他的政府将向鸦片所有人照价赔偿。这样，国内陛下政府立刻就这项赔偿宣布意向就有其必要了。因为中国事变的消息传到后所引起的震惊，使得目前印度全面的商务，特别是本地的商务，正在遭受着灾难，而现今的疑虑与不安则又大大地加深这种灾难。为了恳求贵会竭力运用强有力的势力迫使不列颠政府即早宣布其对于这个问题的意向，孟买商会全体特别会议兹决议函请贵会赐予援助与干预。

关于鸦片贸易政策是否适当问题，此地不需讨论。这项贸易是在不列颠政府的授权与明令照准之下，由印度政府完全为了国家的目的，加以鼓励、怂恿与指导，而通过她的臣民之手的资本、劳力与企业发展起来的。印度政府就用这样方式从鸦片贸易上取得了庞大的收入，近来每年达到200万镑，几乎抵得上印度全部收入的1/10。不列颠政府和印度政府都知道：出口鸦片专门运销中国，而在中国，这却是一项非法的、走私的生意。

从附表上可以看到，鸦片贸易已经被政府鼓励培植到这么一个规模：如今它已占到孟加拉和孟买［两省］总出口的2/3以上。表上还可以看到，政府从中国收来用以鼓铸钱币的白银价值有多大，而这项来源主要是由鸦片贸易吸收来的。把广州不列颠贸易的公开数字拿来稍一检视，就会发现印度对中国的贸易价值对于广州到英国的直接贸易具有何等巨大的重要性，而印度对中国的贸易价值主要地却又得自鸦片贸易。没有印度贸易，［东印度公司］董事会不可能这样顺利地为"国内开支"取得他们大量的汇款，英格兰的商人也不可能买到现在那么大量的茶叶而不需向中国送出大量的白银。不管过去一个国家的政府从事这么一种物品的贸易该受多大的责难，像现在这样，不列颠帝国从那上面所获取的巨大利益这一点，说句公道话（对那些经过他们之手从而让他们也有所利得的人们而言），总是不该视而不见的。

鸦片贸易对政府是最重要最有价值的贸易，这一点，现在请列举几件事实证明给你们看。

在中国呈缴给不列颠当局的财产，估计其价值高达两百万镑，这样一笔价值本身必然能够使你相信它在印度商务上会产生悲惨的后果了，而这笔价值中，有一半是孟买人所有的，所以孟买市场也痛切地感受到这种后果。往常那种回流［资金］的短少，已经造成了严重的现金缺乏，而现金缺乏则阻塞于对于不列颠进口货的采购，严重地损害信用，把本港商务罩上一层普遍的悲观气氛。解决赔偿要求的办法拖得越久，或是不列颠政府处理这件事情的真实意向越是迟不公布，那么我们现在所忍受的苦难也就越是同比例地拖长时间，加深程度。对于一个关系如此其重大的问题，应该尽可能地缩短拖延的时间，因此，我们以最迫切的心情恳请你们的大力援助，以最为活跃的行动迫使陛下政府及早宣布他们的意向。

人们以为多少就正是因为有鸦片贸易，并且这对于印度收入又有其重要性的缘故，所以不列颠政府至今一直没有勇气去坚持，把我们对中国政府的商务关系放置在从来未有的更加安全、更加稳固、更其合乎不列颠荣誉的基础之上。

假如鸦片贸易曾经构成这样的障碍，现在这种障碍总是扫除了。强制囚禁不列颠代表的事情，当然是要要求某种赔偿的。我们相信贵会就会联合大不列颠所有的商界势力，以最强有力的方式要求政府,利用这次机会,采取适当的手段,一劳永逸地把我们对中国的商务关系安置在稳固而荣誉的基础之上的。

1839年6月3日发自孟买　主席戈登(H. G. Gordon)

附录统计表

		加尔各答与孟买输出总值（卢比）		加尔各答与孟买进口白银值（卢比）	
	年　份	输出总值	其中鸦片输出值	进口总值	其中自中国进口值
加尔各答	1836—1837	67077409	18015422	6448495	2339469
加尔各答	1837—1838	65045959	21292386	10841609	5509393
孟　买	1836—1837	59905978	24249821	13478368	10074282
孟　买	1837—1838	42604168	11242325	14650829	11849508

孟买英籍商人和居民上枢密院请愿书

6月1日　来源同前

请愿人是中国方面大量鸦片的所有人。

[中略]请愿人受到如此大量财产的损失,感觉最为痛切,损失已经构成他们商务活动的最为严重的障碍;所以请愿人乃以最为迫切的心情恳请陛下政府就赔补他们的要求一事迅速决定办法,尽可能地少作拖延。

[中略]鸦片贸易是在不列颠政府和国会明令核准与授权的条件下,由印度政府鼓励推动起来的,而从最近一次讨论[东印度公司]特许状延期问题时下院所提详细的证据上,也可以

看到，不列颠政府和国会也充分认识到鸦片贸易专门是对中国的贸易，并且在中国，这乃是走私的、非法的。事实证明鸦片贸易乃是印度政府的一项收入来源，在过去20年中，每年这项收入从50万镑增加到近年的200万镑；从帝国观点上看，印度收入的茂盛，其重要性并不下于祖国更直接的财源。因为自从东印度公司对华茶叶贸易专利权废止以来，主要地正是由于有鸦片贸易的缘故，所以东印度公司才能够经常地每年从印度收进大量的款项并以如此其有利的条件汇到英国去作为"国内开支"之用；也正因为同一理由，所以英籍商人才能够顺利地采购大量的茶叶，输入到英国去，而进口茶叶却又每年给不列颠政府获取非常重要的茶税收入。

[下略]

加尔各答经营鸦片生意或与鸦片生意有利害关系的英籍商人与英籍居民上枢密院请愿书

7月4日　来源同前

请愿人是加尔各答对华鸦片贸易的经营者或关系人。

孟加拉不列颠政府是孟加拉全省鸦片的唯一生产者。尽管公认中国政府从来就是禁烟的，可是中国人还是热烈地追求鸦片，印度不列颠政府还是用尽心智策划各种各样的办法把鸦片贸易扶植到最近这么大的规模。印度不列颠政府是贝哈尔土（Behar）和班奈尔土（Benares）的唯一种植者与制造者。这个政府利用一切机会探询中国消费者的需要和愿望。鸦片运到中国以后，要是中国人发现其品质不像国家所保证的标准那么好，这个政府就提供赔偿。这个政府有时甚至通过在中国的代理人直接经售鸦片，为的是要从实际经营中去了解那个帝国的人是否愿意接受新的包装方法。有一回，鸦片的分量不足，于是就有要求赔补不足数额的支票开到东印度公司来，公司对这张支票是照数付了款子的。

这项贸易的规模，可以从下列摘自加尔各答海关册的资料上看得出来。关册是把直接运销中国和运销一切其他各地的鸦片量分别记载的。从这个表上可以看到，六年中从加尔各答运出的鸦片共计79466箱，其中直接运到中国去的是67083箱。政府海关文件上记明装载鸦片的船只明明白白地是以前往中国申报出口的，这就证明上列数字是正确无误的，从而，这也就使人无从申辩说，政府对于鸦片之对华贸易并不充分了解，或者说，政府事实上并没有眼望着这项直接贸易，把它当作一项重要的财源。处理这次请愿问题时，把这样的事实牢牢地记在心里是很重要的。

加尔各答海关统计所载鸦片输出量（箱）

年　　份	至中国	至其他地区	共　　计
1832—1833	7598	1810	9408
1833—1834	10216	1790	12006
1834—1835	9485	1510	10995
1835—1836	13094	1757	14851
1836—1837	10393	2213	12606
1837—1838	16297	3303	19600
共　　计	67083	12383	79466

尤其不应该忘记的是，这项贸易是经过大不列颠政府和帝国议会清清楚楚地认可过的。这项生意的净利每年替印度政府赚得100万至200万镑的庞大收入。事实上，正是凭借这种收入，东

印度公司的股东们才能够得到那笔由新特许状所规定、由国会予以保证、非常之高的红利，直到如今的。

中国法律规定输出白银者处死刑。正和其他半开化的、不懂得政治经济学原理的民族一样，中国人也认为银的输出有损于他们的幸福。雷厉风行的谕旨，严禁"纹银之走漏""银元之外溢"，好像这种输出真的就是国家的损失一样。要证明这种想法的错误，无须多费唇舌。中国拥有价值庞大的银矿，但其开采规模却很狭小，政府严格限制产银只许在帝国疆土以内流通。这些银矿是取之不尽的，今政府横生疑惧，禁银出口，真是可悲！譬如不列颠政府禁止铁路同火车，说是因为前者将耗尽不列颠之铁，后者将耗尽不列颠之煤，难道也算是个道理吗？从印度输出的鸦片，打破了中国禁银出口的政策，从而也就使得那个帝国的银矿，以远超过银不出口时的规模，广泛地开采出来，借以填补不断流出白银所造成的流通不足，所以，输出鸦片对于商务是有重大利益的，这就是把那个人口最多、资源最富的帝国的财富吸收出来，而用鸦片换来的白银则使英属印度的大片土地喜气洋洋，人丁兴旺，——也使得英国制造品对印度斯坦的输出大为扩张，——更使得这方面的海上航运与一般商务大为兴盛，——并且，还给英属印度的国库带来一笔收入，其数超过整个孟买全省的田赋总额，——放开印度政府开支上必不可少的全部利得300万镑不论，单是在伦敦付给公司股东的红利，每年即达63万镑之多呀！

［中略］不管和平或战争的问题怎样决定，也不管我们将来的对华关系怎样安排，这里所提出的赔偿损失的要求是有人所共知的不列颠民族的良好信用和荣誉作基础的，其解决应在最早的日期实现。

说到这里，我们还不得不声明一句：贩运鸦片人的利润是很少超过政府售价的 5% 至 15% 的,而制造鸦片者的利润,亦即印度不列颠政府的利润,却达到制造成本的 200% 至 500% 的庞大数字呀!

［下略］

加尔各答商会决议案

7月4日　来源同前

兹决议:将上述请愿书［即加尔各答经营鸦片生意或与鸦片生意有利害关系的英籍商人与英籍居民上枢密院请愿书］送交伦敦东印度与中国协会,以及和本会有联系的［不列颠］国内各地商会,迫切要求他们支持这次请愿,因为这与加尔各答的商务有致命的关系。

巴麦尊致迈尔本(Lord Melbourne)私人信件

1839年9月23日　见桑德斯编《迈尔本勋爵的文书》
(Lloyd C. Sanders, Lord Melbourne's Papers, London, 1839),第457—458页

实际问题六点:

(一)政府对于义律用政府名义承担下来的两万箱鸦片的责任是承认呢?还是否认?

(二)要是否认这份责任,政府就让受害人听天由命吗?

(三)要是承认这份责任,政府是简单地向国会提议付出那笔钱呢?还是把义律以政府名义承担下来的义务当做强迫中国政府赔补受害人所受损失的义务,而以林钦差办事的暴虐性作为向

中国政府提出要求的根据？

（四）财产是如此其用暴力夺去的，政府替他们提出赔偿要求，同时，为了将来把不列颠人民和中国人的关系放在安全的基础之上，政府是否更进一步提出缔结一个条约的要求？并且对于这种行动的整个精神所加于英王官员的绝大失敬也要求某种道歉和赔偿呢？

（五）如果政府这样决定，那么压迫中国人顺从的最容易最有效的强制手段是什么呢？

（六）截至现在为止，已经建议出来的办法是，强有力地截断中国的沿海贸易。

捕捉并扣押他们一切的沿海船只，据说沿海船只是极多极多的。

占领沿海几个岛屿，此中包括一个小岛上的厦门镇。

为此，［不？——译者］需要很大的海军力，两艘主力舰，再加几艘较小的舰只可以够了，印度不难派出足够的陆军去。

已有一艘主力舰在印度，另一艘主力舰和一艘大型巡洋舰正整装待发，途中还可以停靠里斯（Buenos Aires），帮助那边进行中的谈判交涉。

威廉·查甸致詹姆斯·马地臣

1839年9月25日伦敦发　见"伦敦通信""1836——1844年"盒

你听到这样消息会感觉奇怪的：大臣们的意向究竟如何，我们什么也听不到，我也没有看到巴麦尊勋爵。三天前，斯密斯会到他，告诉他说我急于要离开伦敦到苏格兰去，短期内不想回来。我们勋爵说，他有许多问题要问我，一直渴望和我见面，随后又加上一句说："我认为，他能够告诉我们应该怎样办。"……他要我在会前不要离开。谈话中他向斯密斯表示，就他个人的感觉而论，他确信这么大的污辱和抢劫行为是应该予以严重注意的，不过就是对他这位亲密的好友斯密斯，他也不作进一步的表示。

威廉·查甸致詹姆斯·马地臣

1839年9月27日伦敦发　来源同前

等了两个钟头之久，巴麦尊勋爵终于接见我们了。斯密斯、格兰特（就是那个我们从前船上的司令员）和你的贱仆——我，带了许多地图、表册之类去。一开头我们就把图表之类摊开，为的是大臣老爷们要是决心要求赔偿的话，好让我们的巴麦尊勋爵对于对手国家有个清楚的观念。他对于天朝的力量，不，毋宁说是对于天朝的没有力量，决定地没有认识，他开头就指出海岸线太长，难以封锁许多港口，等等。我们失败的可能性也谈到了。此外，舰艇的只数、陆军的人数，必要的运输船只等，也全部讨论到的，只是没有在必要时就决定动用武力的直接而明白的表示。

会谈结束时，勋爵留下图表之类，说是他们要在下礼拜一举行内阁会议，并希望下礼拜再度和我们见面。这一切颇令人不满，不过我们必须耐心地等着。政府的真实见解如何，如今是难以捉摸的；可是要说他们会不动声色，忍受污辱，拿两百万镑（缴出的鸦片值两百万镑）去买得合法贸易的继续进行，那也更加难以令人相信。我们且慢慢瞧着罢。

1839 年 10 月 1 日内阁会议讨论中国问题情况

见道切斯特夫人（Lady Dorchester）编《一个长寿人，布劳顿勋爵回忆录》
（Recollections of a long life, Lord Broughton），
伦敦，1911 年版，卷 5，第 227—229 页

我们开了一次很早的内阁会议讨论中国问题。巴麦尊把广州事件的详细情况都摆在我们面前。他说明怎样用一条主力舰，两条巡洋舰，两三只轮船和几只小型武装船只就可以把从北京到广州的整个海岸封锁起来。我告诉他说；律劳卑死后，胡夏米（H. H. Lindsay）早在 1836 年就提出过这样的建议了。

麦考莱（Macaulay）特别口若悬河地反对中国人，坚决主张采取敌对行动。他和往常一样，火辣辣地滔滔不绝；可是我看他说得太多了。拉保契尔（Labouehere）凑近我的耳朵说，假如他总是用这么大力气说话，什么事儿都干不成了。巴林（Baring）问到商人为了保全义律和其他英国人的生命而缴出鸦片，以致损失两百万镑，事情应该怎么办？迈尔本勋爵坚持英国政府不应该付这笔钱。拉保契尔以为东印度公司应该付。麦考莱主张掠夺中国人的财产［来付］，巴麦尊持同样主张。

我对于封锁约及一千或一千多英里海岸线的结果表示某种怀疑，迈尔本支持我的意见，经过长时间的讨论之后，终决定派遣一支舰队到中国海去，并训令印度总督对于我们兵船司令所采取的任何必要行动予以合作。

散会以前，我和麦考莱耳语说，责备我们无所事事的说法是不能成立的；因为第一次内阁会议我们就决定对于以法国作后盾的叙利亚和埃及的主人作战，同时我们又决定对 1/3 的人类的主

人作战。他笑笑说,他对于我们的中国政策没有疑虑,对于埃及政策则感觉保不定。

威廉·查甸致孟买杰姆塞特依·介依布浩依
(Jamsetjee Jejeebhoy)

1839年10月5日伦敦发　见"私人通信""火奴鲁鲁—伦敦"盒

至今为止,巴麦尊勋爵对于中国问题,一直故意保持沉默。他回答国内各代表说:"我的耳朵是开着的,然而我的嘴巴是封着的。"他同我们这一伙倒是健谈得很。他仔细研究我们带去的地图、表册,提了许多问题,问到出产茶叶的地区,茶叶运到广州的路线,沿海最容易遭受攻击的地点,以及〔中国〕战船的作战力,等等。

我集中全副精神回答他的问题。当他问起我建议什么办法时,我说"教他们对于污辱女王陛下代表的事情道歉;赔偿从这位代表手里抢去的财产;签订一个商约作为不再发生这等行为的保证;为我们的航运业开放北部海口;来一次计划周到的武力示威,并由一位冷静果断的交涉家统率其事,那样极可能不发一枪一弹就会达到前两项目标的"。勋爵听取大家谈论中英之间的长远距离,以及要干就必须干得有效等,可是很小心地避免承认采取任何行动方针。下礼拜一我们可以听到他一些意见。

在收到义律的字据以前,我们不能公开鼓动鸦片赔偿问题。不过,随着人们进一步了解事情的是非曲直,一般意见也逐渐变得对我们有利了。过去全然不懂事实真相的若干方面,抱着许多错误的看法,存有许多错误的印象,我不得不和他们搏斗。我对于鸦片之获得赔偿,全无疑虑。我所焦急的倒在我们政府应该毫不迟疑地立刻负起责任来,防止信心的丧失;失去信心,其影响所及,将使印度和中国商务发生悲惨的后果。你可以确信我会尽我一切力量,用各种方法去求得赔偿问题的早日解决的。

义律致拔克浩斯(J. Backhouse)

私人函件　1839年5月30日澳门发,同年10月7日收到　见F.O. 17/31

此间在本月24日发生一最不幸事件,谨以私人函件的形式向你略作报告。事情好像是这样的:[澳门或伶仃?——译者]海面许许多多的船只大事庆祝[女王]陛下的寿辰,过分高兴之下,赫鸠里号(Ifercules)的司令官爱德华·巴里(Edward Parry)下令开炮若干发,中国人宣称,有一发或两发打中了一只中国的水师船,不过没有说明是否有人死伤。一般说,巴里君是一个颇为稳健有能耐的人,他开炮全然不会含有什么不良的意图。然而,毫无疑义,炮是开了,虽则我还没有收到和这有关的任何正式照会,[中国水师?!——译者]官员已经给我送过几次信来了。我的答复说,这是在本可许予举行的典礼中发生的,在典礼中去妨碍军官,没有不白费力气而又大失体面的;并没有人员遭受伤亡;参加欢庆的有许许多多的人,开炮的有许许多多的船,除非开炮者自愿承认,要我来确定炮弹来自何方,实有难以克服的困难,而开炮者自愿承认却又是不会的。在我看,径直可以肯定来说的是,这回事件并没有严重的后果或不良的用心,我希望他们接受我的忠告,把全盘事情放下不谈算了。不过,我恐怕事情不会就此罢休,我预计随时会有照会递过来的。最最幸运的是,在事情报告到广州去以前,我已经离开广州了,否则,毫无疑问,我是会被重新囚禁起来的,尤其是因为这只船是怡和洋行的船，而怡和却又是列在驱逐出境的行家之内的。

请为我向巴麦尊勋爵恳请原谅，我那封由阿里尔号送回来的报告殊不如我意愿的那样明白完备。实情是，我从广州回来，被这次严酷的非常事件打击得极其厉害，我缺乏休息。从来没有一个公职人员经历过这样大竭耗精力的焦急状态达九个礼拜之久的。我的职责是运用和平的言辞为商人躲开灾难，绝大多数商人是极其微妙地和鸦片问题缠在一起的，但是，先生，我可以向你保证，要让这个政府懂得对她的报应就近在眼前，却不是一件容易的事情。［按，原件以下有40字笔画模糊不清——译者］适中的目标，敏捷而强有力的行动，必定能把这次事件转变成广大而长远的利益。陛下政府可以向中国人提出要求，获取比单纯金钱赔偿更加重要的让步，我认为扩张商务，并为商务立下稳固而光荣的基础，无疑的，乃是轻而易举的事情。

［下略］

［外交部秘书伦诺斯（Lennox）］备忘录：赫鸠里号是英商的一只主要船只，该船船长巴里君就是3月间由义律任命来指挥商船，预备在必要时对抗中国人，进行自卫的那个人。

威廉·查甸致詹姆斯·马地臣

1839年10月14日伦敦朗巴街（Lombart Street）发，阿里尔号（Ariel）送 1840年2月23日收到 见"伦敦通信""1836—1844年"盒

送交阿里尔号转递的邮件今天下午就要发出，我借这个机会报告你，你所来的一切信件以及把鸦片移交义律上校后我们向政府要求赔偿的各项有关文件都收到了，至谢至谢！

文件清楚明了，而你所说关于鸦片价格问题的道理，也是公

平无可争辩的，凡是没有偏见的人，都会承认。至于政府的人对于这个问题怎样看法，我们还不知道。斯密斯以为巴麦尊勋爵是倾向于偿付的，而两天前老欧文（John Irving）却告诉我说，霍布浩斯（Hobhouse）"尽管高谈阔论，好像他能把中华帝国一把就捏碎了似的，可是他却又觉得照付赔款的想法好笑"。大部分公众对于这个问题怎样看法，现在还难说，有些是对于我们有利的，有些却不，然而大多数人对于这回事情都所知有限，也不很关心，就是对于所受到的污辱，也毫无愤怒的表现就轻轻放过了。

不过巴麦尊勋爵告诉过我们，说是大臣们已经决心要采取决定性的行动，就污辱以及女王陛下在华人民生命财产所受的损害要求赔偿；此点你可从附来的备忘录［未见——译者］上看出来，这是那上面所列各人在 11 号和巴麦尊勋爵的会谈记录。

我们打算明天早上给巴麦尊勋爵送一份暗示性的文件去（Paper of hints）我还不能确定各有关方面意见如何，所以不能把它抄给你。我擅自建议严格封锁沿海各港口，从鞑靼城［Tartrar Wall 意指长城起点山海关——译者］一直封锁到电白。此外，我还要提议在沿海占领一个，两个，或三个岛屿，为的是到谈判条约时当作把柄，而不在永久地全部占有它。你说台湾、厦门小岛和舟山如何？占台湾可以附加厦门镇和厦门港。阿里尔号已经送出政府公文，如今慕尔号（Mor）又已整装待发，一两天内就要带着同一份公文的抄件出发的。……

我们在这儿会注意到你的一切愿望的；大家把财产交给义律以保全他的性命，我希望大臣们终会认识清楚，还是赔了财产合适些。你所说义律政策的□□，以及说他有政治家风度的看法，我不十分同意，因为大臣们好像并没有任何表示足以教他相信：如果他对中国人铸了大错，政府会用行动来替他收拾。如果大臣们不重视这回事件,他的行动就必然造成最悲惨的后果了。

现在我相信大臣们会按照该做的办法做去的。巴麦尊勋爵好像已经觉悟到必须好好处理,他似也觉悟到,要是失败了,会有恶劣后果的。……

威廉·查甸致孟买杰姆塞特侬

1839 年 10 月 14 日伦敦发　　见"私人通信""火奴鲁鲁—伦敦"盒

巴麦尊勋爵终于满足公众的希望,说明大臣们已经决心为污辱与抢劫要求赔偿了,只不过还没有决定要采取的确切步骤,为此,他说他们渴望大家供给各种情报,我们正在替他们预备一份文件,把许多暗示混杂在大批有用的情报里。

发到中国去的政府公文和信件,两三天内就要由政府邮递机构送往苏彝士,从那儿再由阿里尔号(Ariel)转递,公文副本则由慕尔号(Mor)发送。许多航运家值此来货可能减少的时机,急于想到中国碰碰运气,向我们兜揽货运,我们都加以阻止,否则就向他们指出各种有利与不利投机的因素,让他们自己去决定。

上次信上我提到我们正在等候从中国发来的鸦片收据,好让我们向政府提出被劫财产的赔偿要求。同时我们也正在努力探询大臣们对于这个问题的看法。现在国内对我们的态度分为两派,一派同情我们,一派反对我们。据报告巴麦尊勋爵是主张付给赔偿的,而约翰·霍布浩斯爵士(Sir John Hobhouse)却宣称,他个人是反对的。这个,我是从和霍布浩斯谈话的那位绅士那儿听来的。为了对我们的要求取得法律上的支持,我们正在做起诉的准备。不过我们极其乐于由政府自行承认,不承认,我们当然就必须尽力做各种活动,以取得人们,——特别是国会议员们,对我们的同情了。

威廉·克劳复致罗伯特·克劳复

1839 年 10 月 14 日伦敦发　来源同前

在上一次陆路邮班的那封信里,我已经把一切有关中国问题的事情都告诉你了。现在我还得承认,关于义律上校惹出来的赔偿问题,要和此地当局讨论出任何有利于直接利害关系人的办法,目前还不可能,这或许要使你的许多朋友大大失望的。加尔各答备忘录的原件是由水怪号(Water Witch)传送的。我们还没有收到,不过我已经接到一份排印本,附有截至当时为止,已经到达加尔各答的来自中国的其他公文。受托照顾各方利益的人,其一切行动都会完全协调一致,实属毫无可疑之处。我希望杰姆塞特依和你别的朋友们既已信任我,我可以保证,我会毫无保留地尽我最大的力量为他们的利益而奋斗的,此外我没有更多的话好说了。我应该告诉你,复拜斯·复拜斯公司(Forbes, Forbes & Co.)不参加中国问题的一般行动,你可以看到 9 月 19 号大会所推选的九人委员会中有马康生(Malcohnson)的名字;马康生出席那次大会时也是赞同那封上巴麦尊勋爵书的意见的,可是后来他拒绝行动,也拒绝代表公司在信上签名。无疑地,这是卡尔爵士教他这样做的。

9 月 19 号推出来的委员会,24 号开了一次会,决定推派一个小组会,由拉本德、斯密斯和我组成;为了和政府保持联系,委员会特别付给我们行动权力。27 号小组会有一次会议,并接见利物浦派到伦敦来的代表,他们也委托我们照顾他们那边人的利益,大家以为曼彻斯特的人也会同样委托我们的,不过自高自大，独行其是的莫克维卡先生要感觉不舒服罢了。不几天前莫克维卡见过一趟巴麦尊勋爵，我这儿附寄曼彻斯特《卫报》的剪报［未见——译者］那就是莫克维卡关于那次会议的报告。我们已见到了巴麦尊勋爵，我现在把会晤后拉本德立刻向报界发表的记录附来。除此之外，我没有别的更好的办法报告你会晤经过了。这记录中有一部分确是巴麦尊勋爵口授的，特为向伦敦和利物浦某些商人公开发表而说，据估计，截至本年5月30号，在运赴中国途中的商货价值达100万金镑。大家知道阿里尔号正在红海等候政府的公文，不过我不相信这次邮班会把政府公文送出去。慕尔号（Mor）已受命开往发尔毛斯（Falmouth），巴麦尊勋爵说他的发文在下礼拜末尾可以预备好，慕尔号要在发尔毛斯等候公文。这儿大家极其称赞马他伦海军上将（Admiral Maitland）的判断力、应变机智和坚定的意志，计划中派往天朝帝国海岸去的武力，很可能就是由他来指挥的。我们要尽力把一切问题一举解决。武力行动的头一步骤，预计在明年4月开始，为了使英国人的财产不致遭受这次行动的损失，我们相信1839—1840年度的生意，可以在明年4月以前和中国人交结清楚，并及时撤退财产。

没有旷日持久的斗争，我们方面所要坚持的目标，似乎既不会为中国方面所承认，又不会为我们所放弃。当这儿的消息到达你手里的时候，印度的棉花和其他的输出品正在生长或制备中，我看不出有什么理由可以使你到市场去经营这些出口货。而没有货物输进中国去，则中国的出口确实是必然非常有限的。就说是广州存有茶叶生丝之类，实际也有时间让你经营出口生意，你们下年度的棉花收成，又将怎样办呢？中国是已知的唯一棉花市场，这样棉花价格必然会跌落的，一直跌到引起对英输出为止。

为了调整我们将来对中国的贸易所应该坚持的各点，我们（我是说拉本德、斯密斯和我）已把我们的意见交给巴麦尊勋爵。现在我们首先要和比我们更熟悉本地情况的人协力密切注视事态的发展。我认为鸦片受命搬送北京的消息，在公众心目中已对赔偿问题发生良好的影响。没有一个人怀疑，鸦片最后是会卖到市面上来的，花了50万元去运输，自然不是为的送到北京去当着焰火烧的。这项运输成本的估计，是巴麦尊勋爵告诉我们的，我们以为那是义律上校报告给他的，我希望你能够向杰姆塞特依说明，我正在和他所有朋友们协力行动，他们一致主张把备忘录迟一点呈交政府。你们方面应该无须顾虑，我们的行动方针是谨慎周密的。政府握有义律上校的来文，这已给鸦片赔偿要求提供足够的理由，而最近中国方面无意于毁去鸦片的事实，更大大地加强了这种要求。

附件 1839年10月10号礼拜四，巴麦尊勋爵在接见拉本德、克劳复和斯密斯的会晤中宣示下列各点：

"根据7月13号马他伦上将从孟加拉湾发来的公文，可知他在收到中国事变的报告以后，就派遣28尊炮的巡洋舰福来基号（Volage）到澳门去保护英国利益，不过他以为没有获悉政府将来的行动方针，他自己还是不必率领威莱斯莱号（Wellesley）亲自到中国去；威莱斯莱号有炮74尊。同时他又说，如果以后消息使他认为他必须为保护英国人民而出现于中国海面，他是随时准备前去的。就目前所知而论，印度总督认为问题太大，非他自己权力所能处理得了的，所以他可能要接到国内政府的通知以后，再有所行动。

"由此可知，关于保护在华英人财产，政府似已有所行动。巴麦尊勋爵曾向代表团保证，将来的贸易问题，已在政府严重考虑之中。至于究竟怎样做法，他自然没有透露任何消息，不过他一再要求和中国有关的商人小心照顾自己的生命财产。代表团没有听到什么消息足以使他们相信,商务监督的任何行动会改变广州澳门5月间的状态。

"另一方面,代表团提出澳门财产安全问题,又问及印度总督和印度舰队司令官对于最近广州事件的意向如何;本月14号邮班即将出发,人们对中国和印度方面的朋友们应该怎样说法等,巴麦尊勋爵口授的答复说,他只能说明问题是在政府严重考虑中的,不几天内就要给义律上校发出训令,训令将由阿里尔号投送。他又重复前面说过的话,说是广州的商人应该谨慎从事,小心自己的生命财产;他似乎认为义律的通告,与其说是出于要商人小心谨慎的好意,毋宁说是命令他们离开广州,要是留在广州,那应由他们自己负责。

"关于将来步骤,巴麦尊勋爵让代表团从会场的普遍情绪上去推测政府的观点。同时,在行动开始以前,不应该有什么说话和行为去惊动中国人,也是明白了然的道理。

"我们心中留下这样的印象,武装力量将在1840年四五月西南季候风的时节到达中国,在广州做1839年度生意的人必须尽他们最大的努力保护自己。他们不该把人员或财产暴露在中国敌对行动的危害之下。同时,关于政府意向,巴麦尊勋爵并没有任何诺言,他也没有用过'武装力量'这样字眼。他愿意商人对这个问题表示意见,普遍地并相当详细地说明应该达到哪些目的。政府是要努力从中国政府手里求达这些目的的。"

巴麦尊致义律

第15号发文,机密件,1839年10月工18日伦敦发　见 F. O. 17/29

我利用开到中国来的一只快船的方便通知你,我所收到的你的来文,已到了5月29日所发的第23号,并且秘密告诉你,陛下政府对于今年春天广州事件所已经形成的意向,为了指导你的行动,这是很重要的,你应该首先得知其事。

陛下政府感觉,对于中国人所加于不列颠人民和女王官吏的暴行,不得不表示愤怒;陛下政府认为绝对必须把大不列颠和中国的今后关系安置在明确而安全的基础之上,为此,陛下政府意将派遣海军到中国海去,可能还有少量陆军。据悉这样远征军开到中国的时期最好在3月,因为那时一季的贸易差不多已经结束,风向也开始便于向北部航行。所以陛下政府意欲使远征军在3月到达中国海,其具体行动,尚待充分考虑,不过将给印度总督、海军司令和你自己留下高度的决定权力。陛下政府现在的想法是:立刻封锁广州与白河或北京诸河,封锁广州与白河之间认为适当的若干处所;占领舟山群岛中的一个岛,或厦门镇,或任何其他岛屿,凡是能够用作远征军的供应中心与行动基地并且将来也可以作为不列颠商务之安全根据地的就行;陛下政府是有意于要永久占有这样地方的。陛下政府还打算立刻开始捕捉,并扣押海军所能够弄得到手的一切中国船只。采取了这些步骤之后,海军司令应该进到白河河口,向北京政府送一封信,告诉他们不列颠政府何以采取这样的行动,要求如何;并说明,这样行动将继续下去,一直等到他们派遣适当的官吏,有权并携有训令到司令的船上答应大不列颠的一切要求的时候为止。

这是陛下政府当前意图的一个纲要,进一步考虑后,自然可以修改;我希望你用心研究实现这样一个计划的困难条件和便利条件。和对华贸易有关的商人和制造家一致要求两件事情:第一,对中国人实行强力行动;第二,这样行动延至本季商务结束的时候开始,那就是说延至明年3月。因此,你对这次发文的内容应该严守秘密,不要做出可能打断这一季合法贸易的行为来,这都是极端重要的。随着3月的来临，你可以好好劝告不列颠人连人带财产从中国势力之下撤退出来，因为到远征军出现于中国沿海的时候，他们如果还在中国当局的掌握之下，那是很不方便的。

我将由阿里尔号给你送来更详细的训令。

［译者按：巴麦尊迟至11月16日始将上述训令按照惯常的方式抄送内阁各阁员。见11月16日约翰·拔克浩斯（John Backhouse）上巴麦尊签呈及批。P. O. 17/29］

威廉·查甸致詹姆斯·马地臣

1839年10月19日伦敦发　　见"伦敦通信""1836—1844年"盒

我的建议是派一支海军去封锁中国沿海，从鞑靼城一直到电白，也就是说从北纬40度一直到20度［？——译者］。这一支海军包括两条主力舰、两条巡洋舰、两只内河用的平底轮船，外加足够的运输船只，装运6000—7000人；兵力进到北京附近，直接向皇帝提出要求，要他对污辱我们的事道歉；……赔偿所缴鸦片价值，签订平等的通商条约，允许我们自由到北部各口通商，如厦门、福州、宁波、上海等地，如果做得到，应该加上胶州［？——译者］。

前两个要求很容易就会达到目的，第三、第四可能被拒绝。因此，我们就必须着手占领三四个岛屿；譬如说台湾、金门和厦门，或只占后两处，而截断通台湾的贸易。我们还应该占领大舟山岛，该岛接近北京，可以当作大大困扰皇帝的根据地。如果这些岛屿落到我们手里，中国人极可能以我们退出岛屿为条件答应我们一切要求，我注意到你是主张占领台湾的，可是该岛太大，除非那儿的居民对我们有好感才行。我们还没有把这个建议送交巴麦尊勋爵，更不知道他会接受到什么程度。

威廉·查甸致詹姆斯·马地臣

1839年10月21日伦敦朗巴街3号发，第一封，
阿里尔号送，1840年4月3日收到　来源同前

三天前我进城来的时候，顺路去外交部一趟，问问他们由慕尔号递送的公文是否已经预备好。回答说是"我们不知道慕尔号的事，也没有经慕尔号转递公文的指示"。我当即对这样的说法表示惊讶。

回到这儿的时候，我就要斯密斯写封信给巴麦尊勋爵，告诉他说，船已起航，正在开向普里毛斯（Plymouth）的路上，就要在那儿等候公文的。回信说是大臣们正在等候东印度协会（East India Association）委员会的一份文件，我们预料他们的文件在下礼拜三以前是预备不出来的，所以一直迟到这会儿最后的机会才给你和别的朋友们写信。

今天礼拜六，下午一点左右我回到这儿来的时候，正遇上外交部派来的人在这儿等着要斯密斯·莫克尼亚克公司给慕尔号船长下命令，要他接受政府的公文，并立刻开航。

斯密斯先生在乡下，礼拜一以前是不会回到城里来的。不过我们还没有听到慕尔号船已到普里毛斯的消息，我们相信到礼拜一，总会预备好信件送出去。无论如何，我们的信件不至耽搁慕尔号的航期到24小时以上。慕尔号此行带去这许多文件，关系极其重大。

本月14号经阿里尔号递送的那封信里，我告诉过你，巴麦

尊勋爵已经表示过，大臣们有意于严重考虑林大臣［林则徐］的行动，他并曾要求我们供给他情报。因此，拉本德先生、斯密斯先生，就向各方征求暗示性的意见，根据这些意见，他们就可以会同克劳复先生起草一份文件，提供政府考虑。这份文件将在礼拜一送去。

我的建议是派遣一支海军，其力量足以封锁中国沿海，从鞑靼城一直封锁到电白，这就是说从北纬40度到20度，兵力包括两条主力舰、两条巡洋舰、两条至三条单桅兵船，附带几只大型轮船、两只内河用的平底轮船，外加足够的运输船只，以备运送海军、炮队等，全军各项人员共达6000或7000之数。这支兵力进到北京附近，直接向皇帝提出要求，要他对污辱女王陛下监督官［按，指商务监督义律——译者］的事道歉：赔偿缴出鸦片的价值；签订平等的通商条约，允许到北部口岸，有通商自由，试举三四个例，如厦门、福州府、宁波、上海和扬子江，要是我们能够办得到，还要加上胶州［？——译者］。

我以为前两个要求是很容易地就会答应的，第三、第四两项可能被拒绝。因此，我们就必须着手占领三四个岛屿，譬如说台湾、金门和厦门，从后两个岛屿的停泊处可以截断对台湾的贸易。我们还应该占领大舟山岛，那个岛接近北京，可以当作大事困扰皇帝的根据地。

占有三个岛屿在手，中国人极其可能以我们退出岛屿为条件来答应我们的要求。我注意到你是主张占领台湾的，不过台湾太大了，除非岛上居民对我们有好感才行。我们还没有把这个建议送交巴麦尊勋爵，所以不能知道他会怎样接受法，由慕尔号送出的发文内容怎样，我们也没有听到。

昨天我们收到广州的消息，据说来的这条船在海面（或在巽他海峡附近）碰到一条美国船，那船长表示要去黄埔，而货主却不愿违抗义律上校阻止他进去的命令,截至 6 月 4 号,并没有出什么重要的事故。应该放一条兵船到虎门去防止这类的事情。我们必须耐心地等待更多的消息。我对于杰姆塞特依(Jamsetjee)的棉花比对什么都着急,因为这种东西占地位大,又是一种危险货。……

威廉·查甸致詹姆斯·马地臣

1839 年 10 月 21 日伦敦朗巴街发,第二封,
1840 年 2 月 15 日收到　来源同前

上礼拜六写了第一封信以后,我就到外交部去,打听打听他们是怎样发出公文的,我发现他们〔按,指大臣们——译者〕还在温莎宫,部里已通知巴麦尊勋爵,公文将在礼拜一傍晚预备好。

我努力打听政府发给义律上校的训令是怎么说的,可是部里的老爷们一无所知。他们不知道训令是绥靖性的还是带有战争气的。我在外交部打听到,政府并没有把公文交最近开出的轮船送出去,所以,在阿里尔号送出的公文打包以前,我们可能得到一些消息,他们打算在本月 26 日或下月 4 日送出。投耐尔公司(Turner & Co.)的罗伯逊(Robertson)先生昨天离开伦敦去马赛,想从那儿乘慕尔号转阿里尔号去中国。

我在离开伦敦北行以前会再给你信的。关于我们缴出鸦片的赔偿问题,大臣们的意见如何,在收到缴烟收据以前,我们不能得到满意的答复。可能的话,我打算在周末离开伦敦,等 A. 马地臣〔按指亚力山大·马地臣 Alexander Matheson——译者〕回到伦敦,我再回来。

最近东方贸易问题引起许多人注意，远非通常情形可比。据说乔治·斯塘顿爵士（Sir George Staunton）已成为大臣们讨论中国问题时的顾问人物；有人说要委他做谈判代表，可是还不晓得以什么名义去，我看他年纪太大了，还是留在国内的妥当。……

兹附来莫发公司（Moffat & Co.）本月 10 号所出茶叶存底统计。从此你可以看到我们进口的数量终于比消费掉的为少了，自从东印度公司专利废止后，我们的存底没有这样少过。只要你们来货每年不超过 4000 万磅，那么用中常价格从中国买茶来，必然能赚厚利。因为你们在广州有麻烦，我们以为下年来货不会超过 3000 万磅，可能还要少些。买主跟上我们的价格时，我们就慢慢地卖出。……

詹斯顿（Johnston）和格兰特都在城里，斯密斯在乡下，要到明天才进城来。莫克尼亚克（Magniac）在乡下，我们打算在去苏格兰的时候，便道去拜访他。

我们已经雇妥佛拉西菲尔特（Freshfield）律师，请他研究我们对政府债权的性质，并和《泰晤士报》办妥交涉，教他给我们说好话，不过我还没有听到他已做得如何。

威廉·查甸致詹姆斯·马地臣

1839 年 10 月 22 日伦敦朗巴街 3 号发，阿里尔号送
1840 年 4 月 3 日收到　来源同前

慕尔号开出泰晤士河以后，我们在劳伊咖啡店（Lloyds Coffee）就没有听到过她的消息，不知她的航程如何。我写这信，希望能在普里毛斯赶上她。

政府由慕尔号发出去的训令，意向如何，一点消息也没有透露出来，不过我们希望一两天内打听出来，是否已发出封锁广州港口的命令，丹麦的旗帜是可以有用的。

威廉·查甸致詹姆斯·马地臣

1839年10月26日伦敦朗巴街3号发，阿里尔号送
1840年4月3日收到　来源同前

今天是陆路邮班出发的日子，尽管委实没有什么重要的事情好说，我还是不愿沉默不谈。

由慕尔号递送的政府公文是怎样的性质，我们还是茫无所知。外交部一点消息都没有透出来。我们中也没有人能够会到巴麦尊勋爵。假如发出重要的训令，我乐于看到他们严格保守秘密。

东印度协会的核心委员会（Condensed Committee）迟钝到极点，他们还没有把关于需用兵力，要求条款等建议送给巴麦尊勋爵，在这种情况下，我已经决定给勋爵送一封信去，说明我自己的意见，指出应该采取的路线，如何做法，所需兵力，等等。这以后，我就要到苏格兰去。等亚力山大·马地臣回来，拿到义律所发缴烟收据后再到伦敦来。

就赔偿我们的财产损失问题而论，《泰晤士报》正在为鼓动我们的事儿铺路；然而有一班人，并且还是一班强有力的人，却在那儿幻想中国人并没有做错，所以我们的政府不独应该保持沉默不管，而且应该坚决地要公司停止种植那种可恶的植物［罂粟］。……

威廉·查甸致巴麦尊

1839 年 10 月 26 日伦敦发　　见 F. O. 17/35

可能陛下政府对于中国政府所加于陛下在华［商务］监督的污辱,已经决定要求赔补。并对于中国政府用恐吓手段从他手里掠夺去的财产要求赔偿,因此,我谨冒昧向勋爵阁下奉呈下列意见,我希望这些意见是会有用的。

头一个问题是,应该怎么办？为了回答这个问题,我建议提出下列四点要求:

对于污辱事件充分道歉;

赔偿用恐吓手段掠夺去的财产;

订立平等通商条约以防今后重犯同类行为;

可能时,开放全部帝国口岸对外通商,不然,尽可能地多多开放,譬如说,福州府、宁波、上海、扬子江和 Kuen‐son‐chow［？疑有误——译者］。我们可以通过这些口岸去和毛织品消费区与丝茶出产区取得更直接的接触。

要取得上述要求,必须用充分的武力作交涉后盾,武力用以封锁中国沿海的主要港口从约莫北纬 40 度的山海关起,一直封锁到约莫北纬 20 度的电白或海南岛,并至少占领两三个近海岛屿,暂时掌握在手。然后,随即进到北京附近,经由特派人员把我们的控诉放到皇帝面前去。

我确信,我们不必动用武力,就可取得第一、第二两项要求,但是为了其余两项,却必须占领沿海某些岛屿,例如约在北纬 30 度的大舟山岛,和约在北纬 25 度［？——译者］的厦门和金门岛。这些岛屿拥有安全而广阔的战船停泊港,如果认为不必占领台湾大岛的话,就从这些岛屿上也可以很容易地截断对台湾的贸易。

关于台湾问题,熟悉中国沿海情况的人意见分歧,有人主张占领,有人反对,反对的主要理由是说这个岛太大,并且岛的西部海岸也缺乏优良港口。

我以为上述几个岛屿已经够了,要是中国人的表现,很是反对我们占有,那么我们就可以建议放弃占有,而以达到要求为条件,特别是要达到最后那一项——即开放沿海港口的要求。

如果我们认为我们必须占有一个岛屿或是占有一个临近广州的海港,可以占香港。香港拥有非常安全广阔的停泊港,给水充足,并且易于防守。

谈判交涉,中国当局可能抓住鸦片问题,果尔,我看答复是极其简单的:"文明国家通常是互相不干涉财政措施的,各国保卫自己的海岸,施行自己的法律,请你们记得,我们从来没有保护过走私的鸦片船,也从来没有埋怨过中国政府对这些船只的任何侵害。"

"我们所控诉的是你们攻击我们的代表,而缴出的财产也是在外海上面,并不在中国管辖之内的。"

〔按,外交部遵照巴麦尊的指示,将查甸来信于11月2日抄送印度事务大臣,同月16日抄送海军大臣。——译者〕

威廉·查甸致巴麦尊

1839年10月27日伦敦发 来源同前

昨已奉上一函,今再就实现建议所需武力问题,奉呈附件。熟知中国沿海与中国战船威力的人,都认为这样的武力就已经足够了。

据我所知，比我更适于这份任务的人们正在准备类似的意见书，不过这件事情已经拖延太久了，不管我的备忘录如何不够全面，我总不愿不把它提出来就离开伦敦。

如果认为我有留在伦敦的必要，请立即通知朗巴街斯密斯先生。

附件 关于1839年10月27日查甸信中所说，为了实现他前一天信上所建议的步骤而需要的充分武力的备忘录

第一级最大型战舰一艘——这不是说实际就会用到这么大威力的一艘战舰，这样一艘集中威力的战舰之出现就可以教中国人信服我们力量的强大，觉悟他们的软弱。有这样一艘战舰泊在一个安全的港湾里，许多小型鸦片船就可从她那儿获得武装，并归入皇家海军军官们的指挥之下。船上的大副水手（他们一般是非常熟悉中国海岸和岛屿的）接受他们的命令行动。

74尊或80尊炮战船一艘。

大型巡洋舰两艘。

小型巡洋舰两艘。

小兵船两艘或三艘。

大型轮船两艘。

小型平底轮船两艘，以便在内河行动；这种船只可能必须拆开来运去，到了中国以后再装配起来。

运输船只需有两千吨的容量，水兵须配足6000人至7000人。

［按，外交部遵照巴麦尊的指示将27日信及备忘录于11月2日抄送印度事务大臣，同月16日抄送海军大臣。——译者］

拉本德、斯密斯、克劳复致巴麦尊

1839年11月2日伦敦发　见 P. O. 17/36

我们遵奉勋爵阁下的嘱咐，奉呈我们自己对于当前英国对华商务的看法和我们所得到的结论，并冒昧建议行动办法，以备陛下政府裁夺。

首先，我们来简单谈谈鸦片问题。据说，最近广州事变的起因就在于此。我们并不要辩护这行生意本身，只是对那些涉及这种药物的运输及其经营人物的谣言谰语和严重的非难作些回答。我们知道，在东印度公司辖境之内，鸦片的种植是一行严格的专利事业，产生大量的财政收入。鸦片烟是由印度政府在公开市场上卖出的，鸦片的目的地如此其明确周知，甚至东印度公司政府在1837年实际竟公开通告，拨出大量的款项，给予该季转运鸦片到中国去的船只，作为额外利润。我们又知道，上下两院的小组委员会都曾仔细地调查过鸦片的种植以及鸦片对于印度岁入的贡献问题，他们对于鸦片的最后目的地充分了解，同时，却也毫不犹疑地得到这样的结论，"放弃一项如此其重要的岁入来源是不适当的"。我们看到上下两院小组委员会的委员中间，以及经过他们调查的人们中间，是包括大臣、东印度公司理事、旧任印度总督、各党派人士以及德性最高尚的人士在内，尤有进者，我们知道印度事务部是由一位内阁阁员担任大臣的，该部对于东印度公司的行为握有强有力的控制权，是能够制止该部不予批准的行为的。当我们记起所有以上这些情况的时候，我们不得不承认，对于如此其直接间接由最高当局核准了的鸦片贸易或经营这项生意的商人投以任何责难憎恶之词，都是极端不公平的。

[中略一段述广州官吏包庇鸦片走私；又一段论鸦片商不得要求政府保护，应听其受中国法律裁制。——译者]

鸦片贸易加上输华金属品、制造品，构成英印进行对华贸易的手段，便利茶叶和生丝的买进，并且扭转了贸易平衡，使其对我们有利，这可以清清楚楚地从下列数字上看得出来。自1837年7月1日到1838年6月30日，广州的对英贸易额达11700000元，其中：

自中国出口：

茶叶	9561576 元
生丝	2052288 元
其他	976060 元
共计	12589924 元
	合 3147481 镑

用以支付上述各货之英商进口货，计：

英国制造品与金属品	620114 镑
棉花	1640781 镑
鸦片	3376157 镑
共计	5637052 镑
中国方面的贸易逆差	2489571 镑

这项逆差，主要地由中国向英属印度输送白银去支付，而白银则又是靠鸦片吸收来的。[过去]两年中，从中国运至加尔各答和孟买的金银便值29772652卢比，或300万金镑。据广州[英商]商会所说，1837—1838年度从该处出口的白银达8974776元。因此之故，这确实成为中国人坚决抵抗鸦片贸易的一个主要理由。不管鸦片贸易对于政府官吏怎样有好处，对于国家却毫无收入可言，何况还要输出这么大量的金银。

如此说来，鸦片贸易是绝不会合法化的。只要它还在继续，那就必然会由一些无所顾忌的人冒很大的危险去经营。但是我们依旧还有很重要的贸易需要保护即英国制造品和金属品每年约1250000镑［？与前表不符——译者］，英属印度和中国之间的贸易年约2000000镑，而这些又都是可能大为增加的。

如今茶叶已变成联合王国全体人民的生活必需品，每年在中国购茶的成本将近300万镑，这必须用英印制成品和出产品去支付，或是用英国劳力向别的国家去换得贵金属支付。禁止用鸦片当作购买手段以后，起初将使丝茶采办商必须部分地运用白银，不过，由于我们制造家的技巧，以及这项贵金属的分配发生变动，其结果中英两国的物价是会发生变动的，从而使得我们的制造品通行于印度的同一个主要理由——低廉物价，也会在中国发生作用。我们所要求于陛下政府之即时而有效的保护者，正是这种在目前，在将来，对于大不列颠工商业都有如此深刻重要意义的这种庞大而又日在增加中的商务。

［中略四段述东印度公司在广州遭受种种"污辱"与"勒索"，但一贯保持对华"屈辱政策"及公司专利废止后，自由商人即需要保护，否则彼等将自由行动。——译者］

以上观察说明了，自从东印度公司专利废止以后，价值庞大的对华贸易是在种种非常特别的困难条件下进行的，应该考虑的问题是——采取什么步骤，并怎样采取那些步骤去把将来的贸易安置在稳固的基础上？我们以为除非把两国关系上任何新的协议都建立在欧洲式的原则上，这种希望是不会实现的。如果让中国人享受欧洲所了解的国际法上的权利，那么他们也应该在他们对欧洲国家的关系上承认欧洲国家处理他们相互商务关系时所采行的那些原则。但是中国人却对不列颠人装作优越种族的样子，同样对于在华外人也就犯上各种污辱与暴虐行为。而绝大多数欧洲国家是允许外国人在他们国内居住的，只要外国人遵守他们的法律,他们就给以保护。中国政府以为让一切外国人住在中国只是一种容忍,他们不许外国人和本国人自由交往,要外国人遵守中国法律,却不给他们以对等的利益,并以最武断而污蔑性的态度干涉外国人在社会方面、家庭方面,或是商务方面的一切行动。我们知道有这样的鸿沟存在,两种制度是不容易调和的。不过我们希望要是为了清楚、明确而公正的目标,刚柔并用,示以威力,甚至动用武力,也是可以得到最大成就的。果然如此,那我们不能不迫切陈词,努力是应该的,尝试是应该的,因为否则事情就极其惊人了。如果事情像现在这样下去,那么女王代表是不能忍受污辱,必须离开的;如果不列颠商人被视为劣等人,那么品德高尚的人就不会留在中国,于是商务就会坠落成走私,可能变为海盗行为。于是——排外对抗走私——中国人对英人财产的抢劫——[英国]快艇在沿海或任何地方所抓得到手的财产。

在这种情况下,不列颠政府为经营不列颠对华贸易的人从中国人手里获取比较开明待遇的道路,似乎只有两条,一条是屈辱的道路,另一条是用足够的武力为后盾要求某种特权的道路。为了判别这两种对付中国人的方式,我们可以大略检查过去三十年的历史,看看过去所推行的哪些办法可能达到当前的重要目标。

[中略八段,历述1808、1812、1814、1816、1821、1831各年中英交涉史,凡"强硬"者皆成功,"妥协"者皆失败。——译者注]

检查1808年以来贸易史的结果,使我们心中得到一个深刻的印象,那就是,在目前,屈辱只会增加灾难,我们应该用强大的武力做后盾,从中国人手里获取特权,庶几使得贸易建立在稳固而永久的基础之上。我们很高兴地发现管理过东印度公司在华事务的若干杰出的人物,也是支持我们的这种意见的。

[中略三段述旧任东印度公司驻华大班斯当东爵士、林塞、莫乔里邦克(Majoribanks)、普劳登(Plowdon)等人皆主张采取

强硬政策。——译者注]

听取在海军方面有经验并熟悉中国沿海情况和中国人性格的人们的意见,我们如今把他们对于这次行动所需兵力的数量和性质的看法列入附录,提供勋爵阁下鉴核。

然则我们所希望的,仅仅用足够的武力示威就可以从中国政府获得,从而把我们将来的贸易安置在使商人满足的基础上的那些特权究竟是什么呢?今请为勋爵阁下呈之。

对于陛下官员的污辱要求道歉,对于抢去的大量鸦片要求赔偿。这些鸦片不是在走私行为中被抢去的,而是由〔商务〕监督命令缴出的。当时监督自己、英国以及其他外国驻在广州的人,不论是否和鸦片贸易有关,通统有丧失生命的危险。这个问题必须由陛下政府去裁决。

我们只是指出,要获得中国人的尊敬,对于污辱和这样性质的暴行必须不能轻易放过。

为将来贸易着想,极其需要签订一个通商条约,要中国人允许:

(一)不单单在广州,也允许到北部某些港口去做生意,例如北纬29度至32度之间的厦门、福州、宁波、扬子江和Ke-Van-Chow〔?字迹不清——译者〕,这些港口接近生丝、土布和茶叶的出产地,英国毛织品大呢(Longells)、羽缎(Camlets)之类基本上也是销在这一带的;

(二)在广州或上述港口,普遍地和中国土人维持商务关系,我们极其强烈地反对限制商务只和某些行商交易,但是如果要这样限制,那么,中国政府就应该是他们所选出来的行商的债务担保人;

(三)中国政府或官员不该把在中国进行合法贸易的英国国民看做劣等人,应让他们在社会关系上、家庭关系上自由采取欧洲习惯,自由占有仓库、自由携带妻子家属,在中国的法律保护之下，不受污辱，不遭迫害；

（四）中英两国政府协议固定的出入口海关税则，除非互相同意，不得变更；

（五）允许作为商务监督的女王代表和皇帝、大臣以及地方当局直接联系，并许他驻在北京，或一个指定口岸，以便保护英国国民，管理贸易；

（六）遇有触犯中国法律事件，惩罚应以犯罪人为限，不列颠国民不得视为相互负连带责任，各人只对自己行为负责，不得混淆无辜与有罪；

（七）如果中国人拒绝普遍开放口岸，则用购置或其他方式取得一个岛屿，以便建立英国商馆。

我们相信，在这些条件之下，英国对华商务会进行得对我们国家有利的。设或必须用武力取得这些条件，我们不相信大不列颠人民和一般欧洲人会反对动用武力，至少我们建议，这种做法是值得的，因为不这样，唯一的选择似乎只有放弃这项重要而又日在扩张中的商务，委诸走私与海盗一条路了。

附粘备忘录

年　份	英国茶叶进口量（磅）	英国茶叶税收额（镑）
1830	30255299	3387097
1831	30648348	3344918
1832	31548407	3508835
1833	31829619	3444102
1834	34969651	3589361
1835	36574004	3832427
1836	49142236	4674535
1837	30625206	3283840

中国沿海的行动时间应在西南季候风季节，即4月到11月。为了利用这个季节，舰队应在2月中或3月初集中麻六甲海峡，准备进入中国海去截断由西部向东北部海岸运输食盐的政府船只，这项生意是有很高价值的政府专利事业。

舰队还可以捕捉米船，4月间有大量船只从台湾运米到福建去，福建是从台湾获得米粮供应的。

舰队包括一艘英国海军的最大战舰，教中国人认识可以用来进攻他们的海军威力是怎么回事。

第二级或80尊炮战舰一艘。

第一级巡洋舰两艘。

28尊炮巡洋舰两艘。

小兵船两艘。

大型轮船两艘。

约600吨级运输船7艘或8艘。

小型铁壳轮船两艘，以便在内河征服帆船之用；这些船可以拆散运去，需要时再装配起来，这是没有困难的。

第一级战舰一艘除去携带它本身的军火外，还可以顺便运去水兵400人。人员输送计：

第一级战舰	400人
第二级战舰	300人
大型巡洋舰每艘120人，两艘共	240人
小型巡洋舰每艘80人，两艘共	160人
小型兵船每艘20人，两艘共	40人
铁壳轮船每艘100人，两艘共	200人
运输船每艘150人，八艘共	1200人
共计	2540人

一部分士兵应为正规炮兵部队,以备进攻炮台或防守占领中的岛屿。

再加上后备部队3960人,连前共得6500人。

要少数几艘载重500吨的运输船,为供应铁壳轮船需要一艘,为特殊供应品或储备品需要两三艘。

13英寸或10英寸臼炮若干尊,为的安放在中国海军船只上使用,只要几天的工夫就可以把这种船只俘虏到足够用的数目了,而安上臼炮以后,就会在海边有很大用处的。中国人没有巨型炮,为了海边作战,这也是需要的。又另需12磅短炮若干尊,用以武装鸦片快艇。全部鸦片快艇都可以调用。派若干英籍水手和印度水手到上面去,由一个海军上尉指挥,快艇原来的队长留充船长。这样一来,全部鸦片快艇就归入总司令的指挥之下,可以很有效地用来封锁中国沿海。

封锁了沿海,截得了中国的公私财产以后,兵力应该立刻进到北京附近去,最重要的目的既然是获达上述目标,那么就该立刻向皇帝提出交涉,说明我们所受的损害,要求补偿,如果这种要求整个儿被拒绝,那么就继续封锁,并占领一二岛屿。

要是认为台湾太大,兵力不够占领,则占领厦门与金门岛,那儿有非常优良的海港,从那儿就可以截断台湾的贸易。舟山群岛也极其重要,我们可以占领北纬32度的大舟山岛。普陀距舟山不过几英里。这些岛屿的占领,以及从那儿对山海关至电白一线海岸的有效封锁,就可能使中国人屈服了,及至获得了最重要的目标,即对东北海岸诸港自由通商以后,便可以放弃占领。

附录:　　汉得孙(A. Henderson)致拉本德私函
　　　　　　　　10月21日利物浦发

当前公众的注意力一致集中在我们对中国的关系上,有关这个问题的情报已经成为普遍的迫切需要了。今提供下列意见,这是根据1817—1837年间16次前往中国所获得的经验写成的。

[中略]正是因为过去的暴戾行为没有遭到惩罚,所以帝国政府才敢于采取这样恶魔般的步骤的,——逮捕并囚禁不列颠居民作为呈缴200万镑财产的人质,而这些财产,当时却又远在外洋海面,那就是说,不在中国政府的辖境以内。

[中略]就不列颠的利益而言,中国政府的这次失当行为却是一件幸运的事情,因为这给了我们从事战争的正当理由,这把我们放到一个终必可以专断我们条件的地位上去,这样的机会是不可再得的;如果最近这次的污辱与暴行竟也放过不管,那么在中国,生命财产两不安全,其情况将不下于从前的阿尔及尔(Algier),我们将被中国人所轻视,乃至被那些深受中国人影响的土人所轻视。

所谓中国的国力,不过虚妄之谈,现今这乃是世界上最为孱弱的力量,只靠妄自尊大的上谕说着成套的谎话,并把广大人民闷在无知之中去支持罢了。

中国人所常说的,他们不需要对外贸易的话头,好像已经使得英格兰的许多人相信,对外贸易真的对他们就无关紧要似的。所有到过中国的人必然人人都知道这种想法何等的错误。广东、福建两省人民之依存于对外贸易,正和英格兰人一样。福建沿海乃不毛之地,但是人口密度却最高,其人乃所有中国人中最为勤劳干练者,整个儿依靠贸易为生,从台湾、马尼拉、暹逻和柬埔寨输入大米;用他们自己的船只对婆罗洲、爪哇、新加坡和暹逻经营大量的航运,据中国人告诉我,如今该省去到这些国家的移民每年达20万人之多。我在海上看到他们的船只,为数极多,沿海也布满了渔船。有几个美丽的港口是我们的航行人员所非常熟悉的,没有防御力量,小小的武力就很够封锁全部海岸了。

[中略]敌对行动的兵力可由现在印度皇家海军和好望角舰队所抽得出来的舰只组成，加上由英格兰派出的两只蒸汽巡洋舰，印度海军的三四只轮船，从锡兰抽调300名欧籍士兵，从马德拉斯调一团土著部队，配上一小队欧籍的与土著的炮兵和火箭兵，这些兵力，连同现在已在那边沿海服役的几艘小型船只，就已经很够对中国海岸作有效的封锁了。

我还建议应该由不列颠政府备就一份适当的宣言，翻成中文，以备到中国去散发。这个文件是会收到效果的，因为中国人对他们的政府没有好感，他们把那班人看作外国人，而那班人也的确是鞑靼人。这个文件可以简单叙说我们所受到的污辱和委屈，说我们是为过去要求赔补，为将来求得安全的，开列我们认为必要的调整办法，并威胁要进行敌对行动，一直等到满足要求的时候才肯罢休。中国人的特殊性格会使这种情况下的协商比不协商还要坏的。于是舰队就立刻占领虎门炮台，逮捕一切找得到手的上级官吏，放几名回广州，给他们一份宣言，令其上达北京，并要求广东省政府在两天以内给我们回答；就在这同时，我们则用轮船把宣言和其余逮捕到的官吏送去北京，我们可以提出，如果广东省政府的哪个官员愿意搭我们的船去北京，我们可以把他带去。

就凭这样勇敢而强有力的行动，地方政府立刻就被解除他们最好的武装——延宕手段了。

既经决定采取的任何行动，必须尽一切努力去实现。对待中国政府也和对待一切其他懦弱的政府一样，不可信赖一次勇敢的强力行动所获得的成就。不过通过这么一次行动，我们就可以恢复我们在中国人民心目中的地位。从我们的利益和政策着想，除非中国政府拒绝答应我们的正当要求，我们必须避免采取任何损害中国多数人民的行动。

不列颠政府所必须忍受的唯一牺牲只是茶税收入将延迟六个月至八个月左右，而这样，我们却把中国人一直用来恐吓我们的武器——停止贸易，反转来用以对付他们。不过，这种做法是会造成很大灾难的，所以最初应该只限于对外贸易和食盐贸易——食盐贸易是归政府专利的。单凭这些步骤，三个月以内就会把广东和福建造成不安状态，逼得政府答应任何要求，否则，我们就截断沿海贸易和沿海的捕渔业。

用上面所述的那点兵力就可以完成下面各项任务：以虎门或安蚝海湾（Anson's Bay）做司令部，在进口处放上两条小船，用一支兵力占领虎林山附近食盐码头的炮台，这样就把整个西部海岸封锁起来了。

向东，可以把兵力放在大潭湾，用以看守 Sima Channel ［待考——译者］，大潭湾是可以避风的。

封锁厦门，需要三只小船，福州府也要一点兵力，这两处都是福建省生意繁盛的地方。

巡逻舰艇也应该进到浙江省的镇海或宁波和上海县与扬子江口，后两个地方是和江南省相通连的。至于随同轮船开往北京海口——塘沽的兵力则是北京谈判中充分表现我们威力的兵力，如果交涉不满意，那么我们应该占领大潭湾和岛屿，做我们自己的港口（我认为一部分理由是用它当做被劫鸦片的补偿），这个港口比澳门好，水深，面阔，有陆地环抱，船只随时可以进港，并且地居要冲，易于防守。那儿有较大的陆地，垦种起来，足以自给。在岛的西北部伸入海中的地方有一处优良的所在，可作商埠，恰当所有北部来船的航路上，中国政府是没有力量防阻沿海船只运茶叶和生丝到那儿去和我们交易的。

巴麦尊致义律

1839年11月4日伦敦发，第16号发文　机密件　见F. O. 17/40

兹送来我发给海军部的一封信的复本，从此你可以获悉，陛下政府对于中国政府最近所加于广州不列颠臣民的暴行，有意采取行动，获致满足；以后，我还要把这封信里所提到的致中国政府书送给你，并发给你和马他伦（Sir Frederick Maitland）两人训令；授予你们和中国政府进行交涉的全权。

远征军将在4月到达中国海，你可以采取适当步骤及时把所有不列颠臣民从广州撤退出来，并尽量撤出那儿的英人财产，庶几在远征军开始行动时，不再有不列颠臣民留在中国政府的控制之下，如果还有英人财产在他们的控制之下，也很少。

你可以利用收到此次发文以后，到远征军开到以前这段时间，尽力收集对马他伦有用处的情报。

陛下政府对于大不列颠和中国之间必须讨论的问题的看法，以及陛下政府当前的意图如下：

不列颠政府承认每个不受条约约束的独立国家，都有权按照自己的意愿去管制它的人民和外国人的商务关系；随意允许或禁止经营任何本国工农物产或外国进口货；对进出口货征收它认为适当的海关关税；并制订适合于国境以内的商务的规章；（不列颠政府从来绝对没有为英王臣民要求享有进入那些和大不列颠未订通商条约的外国国家去的权利，也没有在这些国家要求商务上的特殊权利，或免受该国已有的法律规章所约束）。[按，11月23日外交部致义律第19号训令附送一份新训令以代替这次第16号发文，新训令内容除删除此处括弧内（不列颠政府从来绝

对……)一句外,其余完全相同。外交部并令义律将旧第16号发文原件送回本国。——译者]

所以陛下政府并不否认中国政府有权禁止输入鸦片,陛下政府也不否认,如果外国人或中国人违反了正式公布的禁令,携带鸦片进入帝国疆土以内,中国有权将其拘获,并予以没收。

但这些财政禁令应该不偏不倚地坚决地执行下去;不得给外国人布下陷阱,一个时候,放任禁令成为具文,甚至允许政府官员公开协助违禁,到另一个时候,则并不适当地通告执行禁令,突然缉拿外国人带进去的货物,——这些货物正是政府当局实际上长期弛禁所引诱进去的。现在的情形是,中国政府于允许其官员公开做了伶仃广州烟运经纪人多年之后,不经适当通知,亦不首先惩办自己那些曾充鸦片生意保护人与赞助人的官员,却突然采取严峻措施,攫取并没收伶仃船上的鸦片,所以陛下政府尽管并不否认中国政府有权在它的辖境以内缉拿并没收违禁物品,然而对于这种纵非有意欺诈,至少也是反复无常的行径,还是认为有理由提出诉怨。

中国政府的这次行动是不能用任何原则去辩护的,国际法也罢,抽象的正义也罢,都不中用。因为,那个政府允许其官员长期地公开破坏烟禁,甚至充当招引那种商品的工具,不断地获取人所共知的定额利润,之后,突然变更制度,可是却又感觉自己的力量不足以惩办真正的犯人,不足以缉拿进口船只上的鸦片,于是就用暴力对待所有居留广州的英国商人和陛下的商务监督,而广州英商中却有许多人与鸦片贸易无关,商务监督则又是我国君王的一个官员,根本与任何贸易无关;中国政府不仅威胁要用残忍的饥饿方法处死这些人,并且也真的把这种威胁付诸实行,其终止实行的条件就是要那些不在它的控制之下的其他一些人来赎取这些商人和这位公务人员,呈缴中国政府凭自己的力量抓不到手的大量财产来买回他们的生命。

陛下政府首先必须为不列颠君主所派官员个人所受的暴行,从而也就是不列颠君主所受的污辱要求满足,其次,对于以强力囚禁不列颠人民而以其生命勒索去的赎金必须要求补还;由于被中国政府当作赎金收取去的特种物品不能归还回来,陛下政府必须坚持那种物品所值的价值应由中国政府给还。

趁这次机会,陛下政府还意图要中国政府偿还行商所欠某些不列颠商人的债务;既然中国政府强迫不列颠人只和行商交易,那么中国政府正应该对这些行商的债务负责;最后为了索取补偿而派遣远征军到中国,将支出庞大的开销,中国政府必须支付其一部分。

陛下政府今次对待中国人的做法,有意采取多少像中国人自己所惯手实行的那样,那就是说,开头先来一个打击,然后再说道理。

因此之故,第一步行动是封锁珠江,到两广总督问起封锁的理由时,便把打算送到北京去的那封信的复本送给他,要他转交政府;第二步就占领舟山群岛,拦截沿海商船;最后,海军司令就出现于北直隶湾的白河河口。

陛下政府意图保有舟山群岛,一直等到中国政府对各事都有满意的解决的时候为止;从舟山撤退的一个条件可能是这样:在那些岛屿中,许给不列颠人以某种像澳门似的居留地,并以条约保证允许不列颠人到中国东部沿海所有港口或某些主要港口去进行贸易。

不过,关于这类事情,我还要给你进一步的更具体的训令:现在告诉你,只是为了要你注意这些,庶几你可以尽力收集情报,到将来收到训令时好帮助你执行那些训令。

附件　　　　　　**巴麦尊致海军部**
　　　　　　11月4日　　机密件　　见 F. O. 17/40

　　我必须奉告贵部，陛下政府已就最近中国政府对待陛下驻广州监督及居留该城经商的陛下子民的行为，作最严肃、最细心的考虑，达到了下列决定：为不列颠的商务利益计，为女王陛下的荣誉计，都必须采取行动，就陛下官员和陛下子民被迫忍受的污辱与损害向中国政府要求，并获取满足与赔偿，为此，陛下乐意于命令派遣海陆军到中国沿海去。

　　这支远征军之进入中国海，意在占领中国沿海的某处岛屿，以之作为供应与行动基地。指挥远征军的海军司令必须有权便宜行事，按照他就地取得的情报，选择所要占领的岛屿；不过他应该选择这样的岛屿：它要有良好而安全的停泊港；它要便于防御中国方面的任何攻击；如果情况需要永久占领，它要便于永久占有。陛下政府倾向于相信舟山群岛中的一岛很合乎这样的要求；该群岛当广州、北京之间的中途，接近可航大江的三角洲，从许多方面考虑，适于做总司令站。

　　远征军一旦在一个安全的基地站住脚，海军司令应该不失时机，立刻对中国沿海的某些处所实行严密的封锁，封锁的地点，由他就贸易量最大而他所指挥的武力又便于监视的地方去选择。于此，陛下政府有理由相信监视四个或五个主要地点就够了，例如珠江、厦门城、台湾岛、舟山群岛附近沿海、黄河口，流入北直隶湾的白河，即北京河的河口。

　　海军司令同时应该捕捉或扣留一切找得到的悬挂中国旗帜的商船，不管是政府的或其臣民的，都是一样；扣留到的商船应该遣送到总部所在地去，就在那儿看守起来。海军司令扣留这些船只，不必要扣留各船上太多的水手，只需他们足以把船开到囤积地点，并能适当地照顾货物就够了，这是为的当事情的演变需要给还船只与货物时,那些货物不致损坏变质,交还其所有主。至于为这样目的所不需要的水手则可以在中国沿海最近最方便的地点送上岸去。

这些行动的目的是双重的:首先是以截断沿海贸易来困扰中国政府;其次尽可能地多多掌握中国人的财产,用以保证中国政府答应提出来的要求。有人报告陛下政府,沿海商船极多,从广东向北部港口运盐的,在各口之间运米的,航行于台湾岛与大陆之间的,起初可能有大量的商船落入陛下巡逻舰艇之手,接着为了避免被捕捉,其余船只,就会留在港里,帝国所有沿海省份都会痛切感受贸易停顿的影响的。

海军司令应该立刻前往北直隶湾,亲自组织白河的封锁,遇到从出口港开到首都去的粮船尽可能地多多捕捉,这些粮船是运输贡赋的。

到了白河口之后,海军司令应该立刻把陛下外交大臣致中国大臣书送到北京去,这封信将由商务监督转交给海军司令;不过,海军司令应该经过他最先接触到的中国当局之手把那封信送达北京;他不该让任何不列颠人落入中国政府或其官员之手。

发送书信的用意是告知中国政府,何以陛下政府对中国政府采取敌对行动的理由;说明陛下政府必须提出的要求如何;并宣布,在中国政府答应这些要求之前,陛下武装将不停止敌对行动。这封信并也说明,今当中国当局对广州不列颠人民和不列颠君主的一位官员犯下暴行之后,中国政府尚未向大不列颠就过去给予满足,就将来提供保证之时,不列颠政府不可能让任何不列颠人落入中国政府的掌握之下;因此,中国政府若愿意举行谈判,解决争端,必须派遣中国的全权代表到海军司令的军舰上去进行;可以告诉中国政府,陛下方面已经授予海军司令和随同海军司令前来的陛下商务监督以全权进行谈判。我有责任给海军司令和商务监督发去充分的训令以作他们进行此项交涉的指导；我需要请求贵部指示海军司令以全权代表的身份服从他和商务监督所将收到的关于此事的外交大臣的训令。

陛下政府有理由相信中国政府的海军数量很小，其性能与装备极端无用；因此，上面所说的行动，可以用很小的兵力就执行成功，这兵力远较就其活动的漫长海岸线及其任务规模初看起来所需要者少得多。

据对中国有丰富知识的人说，像我所描写的那样行动，有这样的海军力就能完成，即双层甲板的主力舰两艘；巡洋舰三艘，其中至少有一艘应是大型的；轮船两艘或三艘，再配上相当数目的小型一船只；最后一点，据说海军司令就地可以发现大量的私人贸易船只，专为快速航行而造的，配备良好，武装齐全，只要派出超额的军官去担任指挥，很容易雇作此次临时服役之用。

由于我们对华关系对于陛下印度领土的利益有其更大的特殊意义，陛下政府认为这些行动之一般的监督与布置应该委诸印度总督之手；不过海军司令和商务监督在广州和中国当局的一切接触中，还应该根据陛下的授权，以陛下名义，向他们提出要求，进行交涉。

因此需要通知印度总督，要他为实现陛下政府的意图进行他认为适当的布置，这次行动很自然地将委任印度舰队的海军司令去担任，因而贵部应该给他训令，要他把整个事情和印度总督取得联系，商妥全部的布置和即将采取的步骤。

尽管远征军的主力首先应该开到海军司令决定占领的岛屿方面去，海军司令还应该派一艘快船先到澳门，接出陛下商务监督，商务监督将受到训令，准备携带在海军司令和他自己作进一步行动时有所助益的僚属，一同登上海军司令的军舰；海军司令路过广东海面时，应该留下封锁广州的舰艇，并命令指挥官立即开始封锁港口，拘留商船。

远征军需要在4月里到达中国海，这是西南季候风开始的月份，同时，广州上一年度的贸易事务也结束了，所有的欧洲人也都会离开广州前往澳门去的。

从以上所述，贵部可知陛下政府对中国政府有某些要求，需要对该国政府施以压力，好迫使该国政府答应要求，但也无须施用压力到不必要的程度；陛下政府特别愿意避免对中国人民采取任何不必要的暴虐行为。因此除去对于要占领的一岛或数岛而外，如无必须，或没有遇到挑衅行为，陛下政府无意要海军司令去进攻炮台，破坏或毁灭城镇，或对中国领土的任何部分采取任何积极的敌对行动。

澳门可能集有许多不列颠人和若干不列颠财产，所以必须要充分准备防守；但是这个发文所说到的各点，都必须给海军司令留下充分的自由，只要他坚持训令的精神，必要时，他可以不受训令的文字所拘束。

现在我奉告贵部，陛下乐于将上述内容的训令送致印度舰队的海军司令；并采取行动把我上面所提到的海军交他指挥，以便在中国海服役。

威廉·查甸致詹姆斯·马地臣

1839年11月4日伦敦郎巴街3号发，阿里尔号递送，1840年4月3日收到

见"伦敦通信""1836—1844年"盒

东印度协会的核心委员会已经把他们关于商务的，以及解决中国问题所需兵力的备忘录送进去了。还没有透露出一点消息来，不过使用武力的说法，在这儿已很流行了。

约翰·巴罗（John Barrow）致拔克浩斯

1839 年 11 月 17 日 见 F. O. 17/35

明多勋爵（Lord Minto）一旦从苏格兰回来，我要注意把你送来的关于中国问题的文件呈交给他。

前次匆促之间，我已经把我认为合适的办法向巴麦尊勋爵提过一个轮廓，目前我只对查甸的特别建议，略说几句。

查甸的头一封信建议四点要求：一、对污辱作适当的道歉；二、赔偿用恐吓手段抢去的财产；三、订立平等商约；四、开放帝国口岸对外通商。我认为可能诱导中国人答应第一、第三两点。但是他确信第二点也可以不用武力就获得让步，我感觉全不是这么一回事。为了成功地榨取这种让步，查甸知道该要多少武力吗？

然而，为了获致第二、第四两点，查甸认为或有占领沿海某些岛屿的必要，他列举了几个岛屿的名字。进一步他就说，如果可能的话，订商约开放帝国口岸对外通商，并列举了七八个港口的名字；接着他就说明所有这些向往中的要求如何取得。而这些要求，我坚决相信，如果有可能（而这是不可能的），也会根本破坏了整个目标。

占领他们几个岛屿是开头时相当强有力的行动，对于为了我们的商务利益而要去对付的那班对手不会是一种安慰。岛屿之一的台湾，大得不像一个岛。但是这并不是他建议侵略的全部，他告诉我们说，为了得到这些要求，必须拿足够的武力做后盾，这支武力要足够封锁约从北纬 40 度的长城起，到北纬 20 度的海南岛为止的全部中国海岸。这就是说，封锁一条长达 1500 英里以上的、充满了港湾的海岸线。作这种有效的封锁，需要把英格兰舰队的一半兵力都开过去。诚然，查甸先生所建议的兵力，不论船只或人员，都不算多。但是，不谈封锁，他多少前后矛盾地说是要立刻前往北京附近"通过一个特派代表把我们的控诉放到皇帝面前去"。

查甸先生所建议派遣的兵舰之一，他称之为"第一级最大型战斗舰"。这样一条有甲板炮120尊的战斗舰，去北京附近！北京在内地140英里，可泊64尊炮军舰的最近海岸的最近港口深入北直隶浅湾15英里有余，假如他竟有机会进得去，他就再没机会出得来！而那位被委任为代表去向皇帝呈上我们控诉的人物，却还是没有机会望得见北京。从前洪任辉（Flint）到北直隶去"把我们的控诉放到皇帝面前"，他自己却被放到监牢里去过了好多年。

凡是看过马戛尔尼（Macartney）和阿美士德（Amherst）大使以及范布龙（VanBroam）的出使记载的人，立刻就会晓得从北京当局那儿是什么也得不着的，温和妥协的行径也罢，强硬不屈的态度也罢，最下贱的屈辱也罢，什么也得不着。样样事情都推到广州去，广州是他皇帝陛下普天恩泽，垂顾外人，许予进入，让他们获取那些上苍拒给他人，而惟独出在他的领土上的物产的唯一口岸。这就是北京的态度，别的什么都不让步。老乾隆皇帝是一个仁厚好心肠的人，他朝廷上的大僚也都如此。他们对待马戛尔尼勋爵的态度是一贯诚挚友好的，但是谈到对外人开放口岸，或是广州以外的任何一个口岸，那就彬彬有礼而又坚持不渝地拒绝要求了。最近事件将使他们更加坚持不让，难道还有疑问吗？

然则怎么办呢？除非我们像美国人所表现的那样，接受那么严酷的条件在广州做生意，否则事情是不能就像现在这样下去的。

不管怎样,陛下代表总是受到了人身污辱的,他被置身于困难境地,可以说是被强迫行事的(就像东印度公司职员多次受到过的显然是同等情况一样)。我们有了很好的理由,但除非拿强大的武力做后盾,我认为任何方式的交涉,都不可能获得成功。但是,就是有了这么一支武力,首先,我还是满足于占领香港,把行动局限在广州。香港在虎门口外,有很好的停泊港可容许多船只,淡水充足。在香港架上少数几尊炮,做些工事,有一艘战斗舰就足够保护商船了,别的海军则用于封锁珠江口,占领黄埔。黄埔扼珠江内河及其主要出海水道,就从那儿和两广总督取得联系。

我强烈建议海军司令应是进行交涉的唯一人物,由国君授予全权,(因为中国人严格重视这种权威),在这样远距离的条件之下,尽量给他明确训令,但不要限制他便宜行事的权力。他应该明明白白地让两广总督了解到,必须开始谈判,不得拖延。或者是他自己前往总督府,或者是在他的旗舰上接见总督,但不可只是他自己一个人而没有陪伴。遇有借故延迟会见时,指定一个最远的延迟敌对行动的日期是合适的,因为中国人是惯于拖延的。碰到这种情况,那么,如果我对他们的性格了解得不错的话,派一两只轮船到广州去,向城内打上几炮榴弹或火箭,很快就会教总督和高级官吏感到危机而就范的。

如果总督要求等候皇帝答复的时间,这乃是蛮漂亮的借口,也不是不可能的,那么就可以告诉他,封锁广州之余,还有足够的海军可以受命到北直隶去向皇帝提出同样要求。而当广州完全失败时,这也确实是可以做到的。我不能想象在广州会完全失败。不管怎样,海军司令官应该是唯一的谈判代表。

假如在广州和北直隶都失败了,那么除去摧毁沿海贸易而外,就没有别的办法了。这样做,对于我们并没有好处,却把几百万可怜的无辜人民投入最悲惨的境地。沿海航运是由大帆船装载的。这种帆船分成许许多多的舱格,由许许多多的家庭占用,每家各装小量货物,各家自然都有好多人口,我们把各人摆到哪里去呢?还有的船只是在海南至北直隶之间运盐的,我们能拿许多盐怎么办?所有的白银、漕米、谷物、茶叶、生丝都经过大运河运输。东印度公司商馆的一位先生印过一本小书,说明把福建茶叶经海道运到广州,就节省多大的费用,物主顾主两都有利,但是没有人采纳他的话。行商说,从内地运惯了的,不能改弦更张。

说到义律的备忘录,要是1837年鸦片贸易合法化了,或许还可以行得通,但是现在却不可能了。相信造成最近暴力行动的,不全在于鸦片之不道德的、毁灭性的作用,是有理由的。银币的通常成色降低了[?],而这则是纹银换了鸦片的结果(这是不错的)。

伦敦印度与中国协会委员会提交全体大会的第五次报告书

(5th Report of the Committee of the Lodon East India and China Association, Present to the General Meeting held at the Jerusalem Coffee House) 1840年1月28日,见报告书第13—14页

从最近陆路邮班传来的消息中,我们发现,由于[政府]采取了和本会提交外交大臣的方案非常相像的行动方针,我们很有理由预期对华纠纷很快地就可以结束,和平关系即将以两国签订条约而恢复起来,这是本会引为极端欣慰的事情。……我们希望,温和与坚决并用,现有纠纷即可得到调整,从而和那个帝国

之间的有价值的贸易也可安置在有利而永久性的基础之上。

威廉·查甸致詹姆斯·马地臣

1840年2月4日伦敦发，1840年5月30日收到
见"伦敦通信""1836—1844年"盒

1号收到你9月24日的来信，非常感谢。

义律一天比一天憨蠢了，然而女王陛下的大臣们还是没有说要把他调回来，他们也不愿意说明他们究竟打算怎么办。巴麦尊勋爵完全了解这回事情。自从瓦伦（Warren）的小册子出版，并分送上下两院以来，议员们对于这个问题的认识也开始有点儿好转了；不过圣徒们（Saints）还在反对我们，而真正荒谬的是东印度公司的理事（East India Director）阿思台（Astell），是他诅咒贩卖鸦片，诽谤我们全是罪恶的走私贩子，他走到什么地方，什么地方的教友派的人（Quaters）就反对我们，不过我对这些倒也并不惊奇。威灵吞公爵（Duke of Wellington）、斯坦莱勋爵（Lord Stanley）、山登勋爵（Lord Sandon）、乔治·斯塘顿爵士（Sir George Staunton）、约瑟夫·休谟（Joseph Hume）以及其他许多人都是帮我们的。我打算明后天求见罗伯特·皮尔爵士（Sir Robert Peel），今天下午和巴麦尊勋爵有约会。

我们已经雇妥佛拉西莫尔特和另外一位律师，大约叫做奥斯力佛斯顿博士（Dr. Osliverston）之类。他们都是头等的角色。我们又雇妥考特奈（Courtney）先生在下院里从事布置，希望能召集一个委员来调查我们对政府的赔偿要求。本城议员克劳复（Crawford）先生起带头作用，不过斯密斯才

是我们最有号召力的台柱，他并希望带动他的两位堂兄弟议员和他一道干。卡尔斯·福布斯爵士（Sir Charles Forbes）反对惩膺中国人，只赞成付款子给我们。他并不在国会里。我想我们德风郡（Devonshire）的议员是不可靠的。我在苏格兰的时候，曾尽力向他们以及许多别人进行开导说服，相当成功。我希望瓦伦的小册子对我们有极大的帮助。我曾供给瓦伦资料，我本以为我在他身边，供他咨询，可以把小册子写得更好些，如今是白想了。他可以把篇幅缩短很多，那样就大大地便于议员们阅读了。出版家麦莱（Murrey）是我们一边的人，要是我早点认识他，他可能答应出版瓦伦的《鸦片问题》这本书的，瓦伦自己和他接洽过，他没有答应。律劳卑夫人问了许多关于他的小册子的问题，并给我提了许多很好的意见。

我向你保证，就是我们要中国人赔偿缴给义律的鸦片的希望失败了，我们还要尽我们的能力想各种方法来取得赔偿的。缴出去的鸦片是全毁了的吗？这儿许多人都表示怀疑。

威廉·查甸致詹姆斯·马地臣

1840年2月6日伦敦朗巴街3号发，1840年6月28日收到　来源同前

本月4号我已由陆路邮班给你写了一封长信。现在听说布朗特号（Blonde）巡洋舰要带一包邮件直放中国，中途只靠好望角处，我借这个机会再给你写几句。……

本月4号我和巴麦尊勋爵有一次会谈，我提醒他注意外国商人被逐出广州以前，客行所欠他们的债务问题。我告诉他债务的了结办法，已有定案，那是我们所能获得的最好办法了，并且也

是经过皇帝诏准的。头一年摊还的数额已经付清，剩下的部分以及自我离开中国以后所发生的其他债务，到谈判条约时，必须考虑到。我相信，到我们作战至若干时日以后，迟早是要谈判条约的。

勋爵说没有人向他提过这些问题，于是就问我债务是怎么发生的，至今为止，是用什么款项偿还的，要我把这些问题写一份备忘录给他，我答应立刻给他。他提到由许多在广州的商人以及少数其他商人签名而没有我名字的一封请愿书，是由英格斯（Inglis）送来的，他指出这些人一面自己在进行协商解决，一面又向政府来请愿，在请愿的答复到达以前，他们已把问题解决了，他说这是荒唐的，我听了好乐。

义律在去年9月23日来信上说，关于在港口外做生意事，他希望下一次的发文就能有好消息报告，巴麦尊勋爵看到这消息很高兴。大臣们必然渴望弄到茶叶；不惜任何手段地去搞，要是再没有来货，14个月后，税收就要受损失了。

奥克兰勋爵（Lotd Auckland）
致霍布浩斯爵士（Sir. J. C. Hobhouse）

1839年12月21日印度锡拉（Syra）发，密件，1840年2月13日收到 见不列颠博物院手稿部藏布劳顿勋爵通信文件（Broughton Corresponde Nce），编号 ADD. MSS. 36474，卷19

我对于我们现在的开支规模害怕极了，到达加尔各答以后，我的头一个目的就是要立刻把我们的财政情况很好地仔细研究一番。……[中略——译者] 我要着手把政府和地方的罂粟种植利益逐渐分开，努力划清合法贸易和非法贸易的界限。

奥克兰致霍布浩斯

1840年1月23日印度勒地（Nuddy）发，密件，1840年2月13日收到
见布劳顿勋爵通信文件，编号 ADD. MSS. 36474，卷19

关于对华意图问题，你的来信说得更为全面坚定。……[中略——译者]除去用武力做后盾向中国索取赔偿而外，我想不出你还有什么别的途径可走，虽则我把这个问题看得极为严重，许多困难将由此而来，但是我们会尽最大的努力克服困难的。正如你信末所说，连带着来的更其令人焦急的是财政问题。我们许多方面的开支正在膨胀，紧缩的时期似乎得放到更远的将来去，而不在目前。我们的鸦片收入已经受到惨重的损失了，不过别的收入来源是好的。我相信我们库里还会有可观的存底。我回到加尔各答，首先就注意这一切。

亚当·艾姆斯里（Adam Elmslie）致威廉·艾姆斯里（William Elmslie）

香港发［估计在1840年2月20日前送达外交部］见 F. O. 17/35

9月3日。自从上次给你来信以后，中国政府有了很大的转变。7月8号，有几个水手到［澳门］岸上去散步，走到一个村庄里去，中国人不喜欢他们，在庙子那儿向他们投掷石子，于是就发生了斗殴，中国人一名当场毙命。所有和这案子有关的水手都受到了审讯，有几个被判处监禁三个月，另几个监禁六个月。钦差大臣［林则徐］对于这种判决不满意，他说英吉利人杀死

一名中国人，必须交出一名英吉利人抵命。这完全是不可能的事情，首席监督义律宣称，他决不交出任何人。8月12日，钦差大臣命令所有的中国仆役离开英吉利人，断绝一切粮水供应。这个命令受到严格的遵从。8月21日我们在澳门就得不到新鲜食物了。葡萄牙人受到警告，如果他们敢于给英吉利人任何支援，则他们的供应也将同样地被断绝。我们又接到命令，限三天内离开澳门。23日陛下代表机构的人员乘小艇路易沙号（Louisa）来到了此地［香港］，最初，大家以为中国政府是要逮捕义律的。第二天，我们也来了（为了避开中国政府的困扰）。如今最苦恼的现实临头了。我们是在大群的商船队中来到香港的，这乃是世界上最大最优美的商船队（当时共有51艘），可是却不可能从岸上获得米和淡水来活命。岸上所有的井都放了毒，各有一个招贴说，"留神，此井已放毒，本地人莫动，饮用此水，必至断肠。"为此，大家主张吊起井水来看看，结果起出大量的树叶子和别的杂物（谁也说不上是什么东西），这些东西是包装起来，加进石子放下去的。大家认为必须把这情况报告给中国官员，看是否是由政府下命令这样做的。于是在25日，义律就派遣四艘武装船只去致送文件。第二监督詹斯登（Johnston）乘第一艘，船头悬英国军旗，陪同前去的有两位官员，26个人，炮4尊，毛瑟枪20支，另手枪、长矛，等等。第二艘船上有艾里（Airey）上尉和我自己，英国水手14人，船头上有9磅炮一尊，还有大批的毛瑟枪。第三船有一个军官和6个人；第四船，30个人，两尊炮，都是如上一艘地武装着。我们在正午十二时开船。下午一时望见九龙湾面有两艘水师船。二时，开到距最近一只水师船几百码的地方，我看到一个人在分发火绳枪，每人一杆，艾里上尉立刻命令人们站到大炮旁边，此时炮已装上火药和炮弹。詹斯登企图靠近水师船，但中国人拿炮对他瞄准，这可能在詹斯登开火之前，就把他们全部毁灭的。于是我们四只船就在这两艘水师船之间排成战斗行列。（水师船的位置使他们如果开放大炮，就会彼此互相受到轰击）文书终于递过去了，我们得到了答案。三时，我们离开水师船，中国官员大为高兴。

9月5日，在陛下海军小艇路易沙号上现在来叙述我的第一次战斗行动。上午九时，我和义律及皇家海军军舰伏莱基号（Volage）舰长斯密斯（Capt. Smith）以及其他几位登上军用小艇路易沙号，到九龙去向中国官员获取供应品，随行的有巡洋舰珍珠号（Pearl）和伏莱基号的一只附属快艇。正午十二时到达该镇，那儿舶有三条大型水师兵船，有一座强固的炮台。经过和官员的长时间会谈以后，路易沙号、珍珠号和伏莱基号附属快艇就在距离水师兵船很近的地方停了下来。下午二时，义律给官员送过一个通知去，告诉他们说，如果在半小时以内还不备好供应物品，他就要轰沉水师兵船。半小时过去了，没有送来供应品，于是斯密斯舰长就命令附属快艇开火，这命令立刻被执行了（附属快艇船头有18磅炮一尊）。于是水师兵船拼力张起网绳，就在一半手枪射程的距离以内和我们搏斗起来。我们的炮是备好了火药和炮弹的，第一炮打过去以后，他们所有的炮都对我们展开了骇人的轰击，并且打得相当准（每只水师兵船有炮10门，他们把所有的炮都搬到和我们接战的这边船舷上来了）。路易沙号有10门旋回炮和4门3磅长筒炮。附属快艇船头有18磅炮1尊，珍珠号有6磅炮6尊。水师兵船上的炮火，谢谢上帝！是不够充足的，被压制下去了；否则就不会有人生还来叙述这幕历史了。我们的主帆被打中了19炮。我可以向你发誓，我们在偏舷上的辰光是不快活的，所有的人都必须为火炮奔忙。炮台也向我们开火，打得顽强而相当准确，因为路易沙号悬有长旒，所以炮台上所有的炮火都打向这只小艇，绝少有炮弹落到珍珠号甲板上去的。路易沙号的司令官战斗得很优异，打到四时半，计发炮104发，弹药打完了，不得不退出战斗，这使我大为高兴。可是水师兵船一经发现这种情况，立刻就扬帆向我们尾追而来，等到他们追到我们的时候，我们已备好了44副弹药，于是我们把小艇的右舷转向来船，珍珠号则以左舷船头相向，如此，我们就以三面船舷的炮火把他们打得落花流水。我们第四次装备弹药以后，一炮连一炮地打去。甲板上的尖叫声音是骇人的，但是我并不害怕，这是我有生以来使人类流血的第一个日子，我希望这也就是最后一天。但是我不怕，因为第二天一大早，我又投入战斗，去登陆占领炮台了。到了下午五时，听到炮声赶来援助我们的英国船就已经出现了。正当我们第二次停在海湾口外重整装备的时候，威廉要塞号（Fort Williams）的艇船首先赶到。这只艇船有20名人员和足够的武器，一经开到，立刻就拿起了武器。在弥天炮火之中，我受命下划子到英国兵舰上去提取武器，谢谢上帝，我安全无恙。当时我以为我就是纳尔逊（Nelson）第二，所有的人都把眼睛看着我。当一颗6磅或9磅炮弹清清楚楚地洞穿我们的防雨布时，人们都瘫痪了，我则说不出话来。不过最后我还是上了划子，不一会就上了威廉要塞号，取得了武器。此时伏莱基号随着微风开进海湾，我则划过伏莱基号靠近路易沙号，而路易沙号却已经得到弹药的增援了。我从下风一面上了路易沙号，路易沙还在出色地锤击着水师船只。剑桥号（Cambridge）船长道格拉斯（Douglas）率领16名英籍水手（全穿的白上衣蓝裤子）驾船靠近路易沙号，要求从后面攻上水师兵船，这个要求被允许了。他去得很勇敢，当他划近水师兵船船尾四十码的时候，他放下了桨，向水师船打了两排毛瑟枪，打得很准。水师人员随即转到船尾，把他们的火绳枪架在主帆上向道格拉斯船的人群中心作咬定目标的射击,有几个人应声而倒。当他们靠近水师船尾的时候,道格拉斯已被打穿了胳臂。这个时候,伏莱基号停住了,但射程赶不上,风又息了,不能深入到海湾里去。六点半钟的时候,有信号教我们撤出战斗,但是因为天还有些亮,所以路易沙号、珍珠号和伏莱基号附属快艇还是把最后一排的甲板炮打了过去。然后我们就受命靠近伏莱基号,我们执行了这个命令,喝到了一些掺上水的酒。九时,我们到达香港,各自回船。但是有命令要我们第二天一大早备好船艇集合。我回到自己的船上,吃了一顿丰盛的晚餐,大受赞扬,洗清了火药气。

9月6日。我在夜里十二点钟上床,睡得很甜,直到早上四点,才有人叫醒我,准备到九龙去重新作战。上午五点,我们上了艇船,由14个印度水手划船。我们每人各有一杆来复枪、一把手枪和一柄战斧。我们是去征服,或者说是去杀人的。但是你看,当我们装好了来复枪和手枪绕过九龙沙尖的时候,我们却看见伏莱基号停在海湾外边,路易沙号和珍珠号靠在她的旁边。三只水师兵船仍在他们的老地方。我们说不上这是什么理由。义律说没有向三只水师兵船进行攻击,是因为他觉得向三只不中用的水师兵船开火会有损陛下皇家海军的名誉。但是如果他不想毁灭兵船,火烧村庄,他为什么又首开第一炮呢?我思想上认为不列颠旗帜的荣誉是已经被破坏了。假如他无意于把浮在中国水面的政府船只、划子、排筏通统毁灭干净的话,那么他为什么敢于在盛怒中开火呢?中国人自然很可以说他们把我们揍了一顿。最大的那只水师船上的司令官打掉了一只手,不久以后,就因为所受路易沙号的炮弹伤而死去了。我希望我绝对不再参加这种战斗,从这次战斗里,我们已经被揍得很够受的了。

巴麦尊致海军部

1840年2月20日机密件（1840年2月20日巴麦尊致在华全权代表海军上蒋乔治·懿律［George Elliot］和义律第一号训令的第一号附件）见 F. O. 17/37

关于我去年11月4日发致贵部的那封信，我现在奉告我王陛下进一步的意旨，这是关于向统率前往中国海的远征军司令下达最后训令的。

可能印度总督已经确定远征军的海陆各军要在新加坡集中，奉派参加此次服役的军舰目前似有立即出发，开赴该港的必要了。

根据中国方面过去所发生的事态，这次远征军宜于这样：离开新加坡后，首先应该开往珠江口，以便在那儿建立有效的封锁线，同时，捕捉附近一切易于得手的中国船只，并加以扣押。但在那个地区，除非是为了封锁、或是为了被扣船只的安全有其必要，不必进行任何陆上的军事行动。广州距离北京太远了，所以那儿的任何行动都没有决定性意义；有效的打击应该打到接近首都的地方去。尤有进者，任何使广州人厌恶英国人的行动都是不合政策的。

海军司令于建立珠江封锁线并公开宣布封锁以后，应即起程北上，途中，应采取措施，切断台湾和厦门之间的运输；封锁舟山群岛对岸通向杭州府的那条江口；并封锁扬子江口与黄河口；他又应该占领舟山群岛中他认为最适于用作司令站以便长期占领的岛屿，同时，就像在珠江口那样，捕捉并扣押可能找到的一切中国船只，然后，他就可以前往北直隶湾以便和中国政府进行接触了。

如果北京政府屈服了，中国全权代表签订了堪称满意的协定，并经皇帝予以诏准，那么，海军司令就可立即解除各地的封锁，放回所扣私人的船只与货物。至于中国政府的那些船与货，却应该留作抵押，直到我方所要求的赔偿有一部分业已交付的时候为止。在中国政府答应下来的一切条款全都充分实现以前，应该继续占领所占岛屿；到那以后，除去协定条款上规定割让给我王陛下的中国领土而外，我军应从一切中国领土上撤退出来。

如果中国政府拒绝谈判，或者何时谈判决裂，那么，海军司令就应该根据他所指挥的兵力，并按照他认为用这些兵力困扰中国政府以何种方式为最有效的办法去进行更加活跃的敌对行动。在这种情况下，他可以派一支兵力进入黄河，直到黄河与运河交叉点，在那儿切断南北诸省的交通，捕捉并掳走船只与货物；或者，他也可以派一支兵力进到扬子江与运河交叉点，那儿有两个大镇，聚有大量的船只与货物，可以掳走；或者，如果他认为兵力足够，他还可以占领厦门城。这些行动，应该给海军司令留有最充分的自行决断的余地，以便他根据他自己的判断，用最有效的办法进行他的敌对行动；在这样的情况下，如果中国政府拒绝满足我们或中止谈判，或迫使陛下全权代表中止谈判，那么海军司令的敌对行动就不该停止，也不中断，一直等到中国全权代表签下足称满意的协定，并由皇帝诏准该协定的时候为止。

海军司令应该知道，初步敌对措施乃是一种强化要求的压迫方式，这种措施不该像中国政府拒绝顺从英国要求以后所采取的敌对行动那样的严酷而紧迫。

发致全权代表的训令已经说明，如果中国政府俯首就范，就该放弃所扣船只与货物。但如果中国政府拒绝谈判，或谈判决裂而又并无早日恢复的希望，那么，由于被扣货物中可能有许多易于损坏的东西，而海军司令也可能扣押得太多，以至难以看守，所以，海军司令可以在当地附近或在印度把船只与货物按最高价卖出，不论这些东西是中国政府的还是它的臣民的，都同样处理；至于卖得的收入，则应汇解陛下国库，以便作为满足大不列颠向中国所提出的金钱要求之用。

如果后来中国政府俯首就范了，那么卖出船只与货物所得的收入，应从对中国的要求中减除掉，其仍在海军司令手中尚未卖出者，则按此信前文所述办法处理。

指挥此次服役中陆上部队的司令官将从印度总督那儿接受命令，他将受命在海军司令执行贵部训令时和他合作。

鉴于海军司令是在空间时间两都辽远的地方，按训令采取措施从事行动的，所以必须要给他保留广阔的自行决断的余地；但是变通训令以适应新情况时，他应该仔细记牢训令的精神。

对华条约草案

1840年2月20日巴麦尊致懿律与义律训令的第三号附件

第一条

自今以往，大不列颠、爱尔兰联合王国女王陛下与中国皇帝陛下以及两方臣民之间和平敦睦，两方臣民各在对方疆土之内得享人身财产之完全的保障与维护；中国皇帝陛下允准，不列颠男女臣民及其家庭或铺户所属之一切人等得在广州、厦门、福州府、上海县与宁波（如有其他城镇应予提名者，则加入之）自由居住，不受限制，不受虐待。不列颠臣民与彼等船只前往此等处所经商时，应受礼遇，并得到恰当的保护。

第二条

为照管并保护不列颠臣民利益起见，不列颠君主得自由委派一名首席监督及多名监督，或一名总领事与多名领事，驻扎上款所开中国港口之任何港口。此等监督或领事必要时得自由与北京中国政府或各口政府当局直接接触。彼等人身应受到恰当的尊重，不得在任何时候以任何借口加以约束，彼等房屋财产应不受任何侵犯。

第三条

中国皇帝陛下将位于接近中国海岸（指出位置、经纬度等等）之□□［空白——译者，下同］岛屿割让予大不列颠、爱尔兰联合王国女王陛下，永远属于女王陛下，陛下子孙继位人所有。女王陛下同意接受此项岛屿作为最近中国当局对陛下所派监督及陛下在华其他臣民所作暴虐行为的补偿。

第四条

中国皇帝允予付出□□箱鸦片之价值共□□元，此等鸦片系经广州中国当局于1839年3月间以强力囚禁并以处死威胁不列颠君主陛下监督与不列颠君主陛下若干其他臣民，作为赎身之物者。上述款项应由帝国政府官员依照下开方式在广州付给不列颠陛下首席监督或总领事或不列颠君主陛下指定接受此款之其他人员，以便汇解不列颠政府，作为后日由该政府配给有权收受该款之人之用。

第五条

至今为止，中国政府强迫驻华英商只和某些向中国政府领有对外贸易执照的中国商人（所谓行商或客行）进行交易，而防止英商与其他中国商人交易，中国政府兹同意今后不再续行此项办法。其行商中业已破产而尚积欠英商大量款项者，按本条约附粘并业经双方全权大臣签证之件所计总额共达□□元，兹协定由中国政府，依照下开方式付给不列颠陛下首席监督或总领事或不列颠君主陛下指定接受之其他人员，俾便转付有权接受还欠之各方人士。

第六条

中国当局在广州对不列颠臣民的暴虐行为迫使不列颠政府花费大量开支，派遣远征军索取补偿，中国皇帝陛下兹允准偿付不列颠君主陛下所费款项。不列颠政府将尽速备妥有关此项开销数额之说明，递交中国政府；中国皇帝兹允准按下开方式付出此项款额，交予不列颠君主陛下首席监督或总领事或其他经不列颠君主陛下指定接受此等款项之其他人员，以便汇解不列颠政府。

第七条

兹议定中国政府根据上开三款之规定支付不列颠政府之款项按下列方式支付之：

本条约第四第五两款所规定支付之款共□□元，将在广州交予不列颠君主陛下之首席商务监督或总领事或其他由不列颠君主陛下指派接受该款之人，款额平均分摊为4次（或6次）付清，每半年交付一次，其第一次交付应在本条约签订后之□□星期以内交接。上开应付各款之利息按年利百分之五计算，其第四款所开之款自1839年3月30日起息，计算至交付款项之日为止；其第五款所开之款项则自行商破产之时起息，计算至交付款项之时为止。

本条约第六款规定支付之款将在广州付给不列颠君主陛下首席商务监督或总领事或其他由不列颠君主陛下指派接受该款之人，平均分作4次（或6次）付清，每半年交付一次，其第一次交付将于上开第六款所规定之款额说明递交中国政府之后之□□星期以内交接。

第八条

现议条约一经中国皇帝陛下诏准之后，不列颠君主陛下海军对中国沿海所进行之封锁立即终止；凡经不列颠君主陛下武装所扣押之一切船只与货物即行释回；中国政府一经付清本条约规定应付之款的（譬如说四分之一），不列颠君主陛下武装所扣押之帝国政府的一切船只与货物即行释回；中国政府一经付清本条约规定应付之全部款项时，不列颠君主陛下即行自中华帝国一切领土上撤退，惟本条约第三条规定永远割让予不列颠君主陛下之领土则例外。①

第九条

本条约用英文与中文书写，二者相互对照，使成一个单独文件，准备一式两份，统由签约两方全权大臣加以签署。但今相互议定，遇有对本条约文字之解释发生疑问时，概以英文本为断。

第十条

本条约将在□□日以内，由中国皇帝陛下诏准，由于中英阻隔辽远，大不列颠与爱尔兰联合王国国王将予10个月内予以诏准；各方诏准之件应尽速递交对方全权大臣。

备忘录

如中国政府表示不愿割让岛屿而愿允许英人在大陆上建立商馆，成立关于贸易之永久性协议，则取消上列草案中之第三条，而将下列五条，即标为第三、第四、第五、第六、第七（商务）各条列入于草案第二与第四条之间。如采用此项条款，其指示性质之"商务"一词自当取消，而上开草案自第四条以下之编次亦必须改变。

---

① 如不割让岛屿，自应省去"惟……例外"一句。[原注——译者]

第三条（商务）

第二条所开各镇将许不列颠臣民建造房屋、仓库与商馆；许其与任何愿与交易之人进行交易，而不得以任何形式或名义限制彼等与任何特殊个人、或任何商行、团体或公司进行商务活动。在任何情况下对于买卖双方皆应给以绝对自由，俾其对进出中国皇帝领土之任何货物彼此自行议定价格，买卖双方并得自由依照自己认为最为便捷的方式以铸币、纹银或其他商品支付或收受所议买卖商品之价格。

不列颠臣民得自由自行管理彼等事务，或将此等事务之管理委托予任何彼等乐于指派之捎客、经纪人、代理人、翻译员、通事或买办，无论选择何人，概不受限；并不须对彼等所不乐雇用之任何人支付任何薪金、报酬或规费。彼等亦得雇用中国人作为家庭仆役。

第四条（商务）

在中国皇帝诏准此次条约以后之□□月内，中国政府应在第一条所开各镇公布清单，开列依法得予进出口之一切货物所应照付之进出口关税；上述各口之皇帝官员不得对照章进口或出口之任何货物，征收较此项清单所列之关税更高之关税，或征收此项清单所列以外之其他关税。

如中国政府有意对此等关税欲作任何变动，应在此项变动生效以前之12个月前，将意图改变之处通知不列颠女王陛下首席监督或总领事。

第五条（商务）

中国在任何时候禁止进口或禁止出口任何特定商品，此项禁令应适用于一切外国列强，不得偏颇。

中国政府同意将现时任何外国列强之臣民在中国所得享有之商务上一切特权推及不列颠臣民及其商务；今后如对任何外国列

强许予更多的任何同类特权,此项特权亦同时并以同等条件许予大不列颠臣民及其商务。

第六条(商务)

如任何不列颠臣民向中国运入经中国法律禁止输入之货物,中国政府官员得扣押并没收此等货物。若缴纳关税即得合法进口之任何货物,未经纳税而走私运入中国,则中国政府官员于充分证明走私事实后,即得予以扣押与没收。

但今明白规定,在任何情况下,不列颠臣民不得因非法进出商品所引起之任何事件而受人身虐待。

第七条(商务)

为在来华不列颠臣民中维护良好秩序,并防止彼等与中国臣民之争执与冲突起见,不列颠监督官或总领事经其本国政府命令后,得自由设立法庭,制定管辖在华不列颠臣民之规章与条例。任何不列颠臣民在中国领土内犯有任何罪行恶行,应受监督官或总领事为此目的所开设之法庭审理;如实属有罪,其惩处由不列颠当局执行之。不列颠在华臣民在一切诉讼中身为被告时,统由上述法庭审理。

[?] 致杰姆塞特依

1840年3月13日伦敦发　见"私人通信""火奴鲁鲁—伦敦"盒

关于在广州奉英国商务监督之命缴出去的鸦片的问题,我但愿能给你任何满意的消息。可是女王陛下的大臣们显然不会建议国会赔偿你们各人这种惨重的损失的,你们取得赔偿的唯一机会还在中国人身上。谁也不知道女王陛下的政府关于这个问题已经发出什么训令,不过许多人都相信,我们远征中国的行动,获得成功时,会向该国政府提出要求赔偿你们各人在广州被劫鸦片所受的损失的。不瞒你说,我认为你们从中国人取得赔偿的希望是非常辽远的,我生怕最后你们还是不得不决心忍受如此大量财产的损失,有一个时期我以为你们可以向女王陛下的法庭提出对政府的诉愿,借以取得补偿,如今我恐怕这办法也不能成功。然而就缴出大量财产这件事而论,毫无疑义的,你和其他受害人,在英印两国都已获得好的法律上的评断。我想你知道鸦片贸易在英国非常不受欢迎;大家以为很久以来,鸦片就是凭走私进入中国的,违反该国的法律禁令,大大地有害于该国人民。鉴于这种感觉在英格兰如此其强烈,我确实无从想象大臣们会说服下院去通过议案,赔偿缴出财产人一个先令,就是他们有此意向,他们也不会这么做法。像我这样知道广州鸦片贸易真实情况的人,实不能不对英国人中流行这样的印象表示忧虑。我看我们正要和中国作战,希望不久我们就可以听到消息,我们已在北京指派了我们自己的要求条款,女王代表受污辱是不能甘休的,英国人民及其财产,也不能受虐待损害而全无补偿。这正是教训这班野蛮人的时候了。

约翰·莫克维卡致巴麦尊

1840 年 3 月 18 日   见 F. O. 17/41

自从 1834 年开放对华贸易以来,我在经营不列颠制造品的对华输出上就做得比任何别人都要广泛得多,因而,到目前这个时机,就更其直接关系我们对华商务的这一特殊部门,略呈鄙见,我相信,这可能是勋爵阁下所未曾注意得到,并可恕其冒昧的。

今有一处市场，它将大量消费我们制造工业的出产品，它也拥有丰富的资源足以用我们所必需的物产来交换我们这种出产品，谁要是促请阁下去注意这样市场的重要性及其价值（特别是从现在世界许多地区的外国政府阻碍我们输出的那些限制条件方面去考虑），那就是多余的。

东印度公司专利权废除以后，我们对中国的关系尽管混乱，然而我们棉制品的输出却有非常显著的增加。在这个时期以前，棉纱的输出价值非常之小，1838年却超过了20万镑。棉织品方面，1838年的输出高达50万镑。仅仅几年以内，这两种货物的输出，约莫增加了十倍，当前局势，可能提供机会，完成两国关系的改善。随着关系的改善，我们输出的扩张程度将是不可估量的。中国每年约从印度输入棉花25万包，并出产大量棉花以供自己消费。所有这些棉花都经妇女纺成棉纱，不用任何机械去帮助体力劳动，纱布品质恶劣；尽管中国人勤劳耐苦，劳动价格低廉，其成本总远在我们所能用以供应他们的成本之上，因为我们是用机械技巧帮助劳动的。要说不需经过太多的年头以后，现在从印度输出到中国去的25万包棉花就会运到我们国家来，变成棉纱棉布再输出到中国去，从而大大扩张我国的航运业，增加千千万万的制造业劳动人手，这并不是过奢的希望呀！

在这次对华交涉中，我们现在所处的地位很自然地使我迫切地恳求你，不仅注意到现在我们对华贸易的重要性，而且注意到将来可能扩张的程度。中国那么庞大的人口，并且一般也都是穿得很好的人民，是能够成为我们制造品之最最重要的大量消费者的。中国输出的茶叶、生丝、丝织品和若干次要商品的总价值，就整数估计，每年约达600万镑，当前交换情况如下：

  英国制造品约   1100000镑

  印度的棉花   1300000镑

印度及东方某些岛屿的杂货	200000 镑
共计	2600000 镑

余下的 350 镑，如果不交换鸦片，就要换取白银，或者是制造品。

在我看，最能促进我们制造品贸易的是一份良好的通商条约，用以保障生命、自由和财产的安全。

要有对广州以外其他口岸进行通商的特权，要享受比我们一向所享受到的更加不受限制的和中国人来往的自由。

可能的话，根据下述原则把加在我们进口货和出口货上的海关税则调整到一个适中的水平上，那原则是：这适中的税则既不至于阻止或妨碍货物的自由进口，又不至于减低帝国政府的正当税收。

中国海关要有一部明文条例的海关法规，庶几各方面使中国官吏无权榨取非法的关税，另一方面也使外国商人不至于欺骗中国人。

特别要反对限制外人只和一个小团体（行商）交易的制度。所有的行商都是破产的，我相信，只有两家例外。公行所提供的保证是很不够的，这已由过去五六年中那几家行商因欠了英商大批款项而倒闭的事情证实无疑了。那批债款尽管由公行负责偿还，但分期摊还达 5 年至 10 年之久，并且有几笔还没有利息。

行商每有新的倒闭，公行所承担下来的债务一般都相应地加到进出口关税上去，而这种负担却又并没有按照它的加税目的去开支，而是浪费到贿赂上去，亦即是被总督和他的下级人员榨取去了。

几年前兴泰行倒闭的时候，加增了新的关税。广州的英籍商人对此未加反对，因为他们看到这是他们找回债务的唯一办法。但是我认为这乃是一种经由帝国海关监督的安排而造成的政府关税，是为了个人利益而阻碍将来商务的负担，特别是就中国法律规定，利用已经集成的资金来还债这一点上去看，尤其如此，因为如果不是因为行商和地方政府分配不当，那笔资金是足够偿还那笔债务的。

目前破产行商积欠英商大量债务，其数可能达75万镑之多，中国政府是承认这笔债务的，在这样一次交涉中，陛下政府自然不会忽略了这笔债。当此陛下政府为自己代表所缴出去的鸦片而提出更直接的要求之时，我只想提出，政府不可允许中国人用损害我们将来对华商务的办法去筹还这笔债务，以免失策。如果相信适中的海关税则大大有助于商务的扩张，于是十分适应中国人的老办法，允许他们对我们的商务课加新税，借以筹款还债，那我是强烈反对的。

我不以为我们有任何权利去独断中国人和我们做生意的条件。不过是他们自己陷入了错误的处境，逼得我们不得不走上为国家所受的污辱、为个人所受的委屈要求补偿的地位。如果曲解自由与正义的观念，现在我不去为我们和他们之间商务关系上的合理利益而采取被迫采取的态度，这种想法就太过吉诃德化了。我坚决相信，我们这样做法，对于他们文明与道德的进步，会比可能产生直接效果的任何其他做法都要好得多。

帝国政府是确定过进出口货的海关税则的，他们也满意于这种税则，只是广东地方政府及其僚属的腐化行为才把这种税则一天一天地加重起来的。

这里应该提起，制定任何新的管理法规或通商税则的基本原则是要反对实际负担的任何增加，使变动合理化，对那些并不是我们商务范围内的货品，规定适中的税则。

过去我们寄居在广州，最好的情况也还是一种囚禁，这方面必须有很大的改变。

禁止外国人携带妻室家属的野蛮法令应该更改。

应该有足够的地皮好建造货栈。现在外国人的财产存放在各别行商的货栈里，分散在人烟稠密的广州城厢，并不在外国人自己的掌握之下，随时有遭受火灾之虞，危险性很大，几乎无从予以保险。

依我看来，超乎一切的一桩紧要的事情是占有一处居留地，在那里，我们可以生活在不列颠法律的保护之下，免得遭受那些半开化的汉人子孙的侵害。要是我们有权选择地点的话，我喜欢厦门、福州或舟山。因为如我所知，这些地方据有安全的港湾，其地位临近中国最为富庶繁华的省区。[按原件本段以下九行字迹不清——译者]

我相信必须派出一位高级人员做特使到中国去进行必要的安排。

广州是进行谈判的最坏的地点，这不仅是因为广州距离最高政府所在地太远，而且是因为在广州，地方政府是会做出各种各样的阻挠与欺骗行为来的。

中国法律和欧洲法律全然异趣，不列颠臣民根本不能接受它的统治。一命抵一命的法律规定只是一个例子。

威廉·查甸致詹姆斯·马地臣

1840年4月2日［伦敦］布伦斯维克旅社（Brunswick Hotel）发，
6月28日收到　见"伦敦通信""1836—1844年"盒

我和你的朋友赫巴特（Hubbard）同进晚餐，现在刚刚回来，正是早上一点钟。格兰特住在这里，半睡半醒地躺在床上，我还是按照在广州的习惯，就在这时候给你写几句，由陆路邮班带来。我要报告你,我们怎么进行鸦片赔款的要求的。我要是说这个事儿闹得斯密斯和你这贱仆〔查甸自称之词——译者〕十分焦急,你大约是会相信的。

你已经知道女王陛下的大臣老爷们是勉强答应了,在下院召集一个委员会来研究我们赔偿要求是否正当的问题的。斯密斯把15个人的名单送了进去,罗素勋爵(Lord John Russell)宣称,那是一个无可反对的公平的名单;可是,再经好好考虑一番以后,有的人就表示惊讶起来,要委员会再增加6个人,同时,把一批以为是帮助我们这一边的人物给掉换了。这就引起我们这边的反对,因而事情就拖延下来,就在这争论不决的当口,詹姆斯·格拉汉爵士(Sir James Graham)就把原已通知要在2号提出动议的原意延期到7号,为的借此取得更多的情报,好把他的动议在文字上更做得有声有色,发挥破坏政府政策的最大的力量。直到今天为止,他拒绝向国会说明他发动攻击的性质,不过一般的了解,都以为他的目的是要获得多数票来谴责大臣们处理中国问题的一般错误,如果成功了,大家感觉内阁是必须辞职的。

巴麦尊勋爵对我们的事儿一直是友好的,把斯密斯当作他的机密顾问,在这种情况下,他承认他们陷入两难的境地了,除非他们能够团结他们所有的朋友,所有的支持者,他们生怕被格拉汉的动议所打倒,因而他要求斯密斯提出适当的办法,庶几让斯密斯和他切近的追随者会乐于尽他们最大的力量支持政府。斯密斯承认他愿意按照大臣们自己的办法公平地忠实地支持政府,条件是政府要能让他和他的朋友们对他们的股东尽了责任。斯密斯提出安排委员会的计划,委员会的组织要能得到这样的结论:建议国会允许财政部就以义律的收据为担保,发行一年公债,其数额相当于赔款总额的半数,譬如说120万金镑。巴麦尊和罗素两位勋爵热烈听从这个建议,就是迈尔本也表示愿意考虑这样的问题。上月31号的傍晚，他们就是谈妥了这样条件以后分手的。昨天，斯密斯来和我同佛拉西菲尔特两人商量，如果大臣们决计实行那个建议的话，是否就以同意那样办法为合适。经过最详尽的商讨以后，我们一致赞成。下午四点，斯密斯就离开办公室到下院去确定这个问题。现在已经过了早上两点了，我要上床了，下午两点以前，我希望我能够说这句话：谅解已经成立。

4月3日下午一点。昨天过午不久，我在城里会见斯密斯，据说他和大臣们经过很长的讨论以后，关于公债问题，他没有能够让大臣们按照他所建议的办法给他以书面的保证，就是坚决的口头保证也不给，不过他还以为，只要他们有力办到，他们还是渴望帮我们忙的，政府对于这回事的恐慌泄漏出去了［着重符号是查甸加的——译者］，这就妨碍他们给我们保证，这个，我们是不能怪他们的。

下午四点。下院开会，委员会的名单提出宣读了，反对派埋怨有意把支持大臣们的人员列为委员。斯密斯说名单是改变过的，而且是由政府党改换的，他不愿说明事实经过；只承认他对于这件事是无所谓的。今天会有小的变动的。

詹姆斯·格拉汉爵士昨天［应为今天——译者］提出他的动议，这动议使大臣们松了一口气，因为他好像碰到了不小的难关，不知如何进行攻击。7号问题就会解决了。

今天下午我第一次看到义律最近的发文，他说，托马斯·考兹号（Thomas Coutts）的进口把谈判打断了，说是你们商人倒因为停止贸易得了某种好处。这是一份意在损害我们赔偿要求，非常蠢笨而又语无伦次的文件。这个怪物大谈其公司和个人从两万多箱鸦片的毁灭上赚到利钱，说是当缴出鸦片以保全女王陛下人民的生命时，新旧鸦片都不值钱，而放开他自己那条一文不值的狗命不提。他对于缴出财产而又使我们政府对所缴出的财产负责的事，是否已开始觉悟其愚蠢，我很怀疑。

如今我必须告诉你，我是如何地为沿海贸易焦心。詹姆斯·茵斯（James Innes）描写他乘扬上校号（Colonel Young）在沿海做生意的情形，是一幅最惊人的景象。我们船只在这种时候从事这种任务，有许多是嫌其太小不能胜任的；要是这些船只都安全出险，我就高兴了。茵斯描写生意统统靠普通人民在夜间来进行，有人带 10 块钱，有人 15 块，有的 100，200，一个人最高额只到 2500 元。各人都要求按钱数买烟，自行运走。在这种情况下，我生怕中国当局会出诡计，派士兵或军官化装而来，把小船抢走。茵斯说，就是像现在那样做法，我们的船只还是"成对地被追捕"。

现在是早上两点过一刻了，该是上床的时候了。今晚我们和海涅（Hine）一同吃的晚饭，午夜以后不久才回来，我们希望明天看到亚力山大［马地臣］，今天下午能看到就更好。［威廉］·克劳复不舒服，斯密斯在下院替他。

午夜。今天在城里看到斯密斯，知道了不满意鸦片委员会的原来是辉格党的若干议员，21 人中反对党只有三四个。极像是提议组织委员会的人和大臣之间有了谅解似的，这是很诡的手段。争论点今天已经解决了，不过今天晚上还没有提到下院去。

威廉·查甸致杰姆塞特侬

1840 年 4 月 3 日伦敦发　见"私人通信""火奴鲁鲁—伦敦"盒

为了搞一个委员会来考察我们的赔偿要求，克劳复和斯密斯两位先生在下院内外尽力活动，我们得大大地感谢他们。斯密斯在大臣中的私人影响，在这次布置上起了绝顶重要的作用。因为有几个大臣原先本是极端坚决地反对我们成立委员会的，就在委员会推定以后，他们的支持人还是极其害怕他在议员中间的私人影响，所以坚持要增加委员会的人数，从 15 个人增加到 21 个人，借此把他们自己的朋友放到委员会里去。詹姆斯·格拉汉爵士关于中国问题要有一个动议，大臣们战栗着惟恐失去多数票，如果那样他们多半就得被迫辞职。这样的变动与我们的目的不合，我们对辉格党政府有赔款要求，要是托莱党上台，我们会什么都得不着的。巴麦尊和罗素两位勋爵起初对我们的要求是有好感的，而迈尔本勋爵则顽固地事事反对，最后斯密斯告诉他说："假如你拒绝成立委员会，逼得我们把这件事情造成党争问题，我们确信，我们是可以搞成我们的委员会的，而大臣们遇到格拉汉爵士的动议时，却可能受到大多数票的反对。"这句话产生了预期的效果，委员会应运而生；而女王陛下的大臣们对于如何笼络和鸦片问题有关的议员来支持他们这个问题，也就焦急起来，斯密斯发现了这种情况以后，便表示他是准备以友谊立场和他们相处的，只要他们向他保证，委员会能够建议而他们也会采行这样一个计划：就是，用票据或是用义律收据做担保来发行公债，预付赔款的半数，这样和他的朋友们咨商，经考虑成熟后，同意由大臣们去掌握这个委员会。不过这个建议没有成功，因为这种谅解，如果意外地被人发现，是会产生恶劣的后果。克劳复几天来专忙他自己公司的事情，斯密斯替他在活动。斯密斯对于委员会现在的组成分子相当满意，他希望他们的报告会对我们有些帮助。然而不论委员会的结果如何，你可以信任斯密斯和我两人，为了取得赔款，我们是不会没有精力的。我们认为我们有权利向女王陛下的政府要求全部赔款，不过我以最诚恳的心情希望女王陛下的政府最后能教中国人来偿付。不独偿付鸦片赔款，而且要赔偿对他们作战的军事开支。现在我们必须给委员会准备我们的证件，而更必须准备忍受严厉的盘问。各方面已在报纸上攻击我，这次讯问中，我无疑地也将受到各方面的攻击。托莱党对于大臣们的攻击意在推翻内阁，对于我们的要求，一般都是不大关心的。同时有些托莱党员也是决定同情赔偿我们的。这封信里有些话并没有在这儿传布出去，你最好不要和人家谈到这封信的内容。

奥克兰致霍布浩斯

1840 年 2 月 16 日加尔各答发，密件，1840 年 4 月 7 日收到
见布劳顿勋爵通信文件，ADD. MSS. 36474，卷 19

我还没有谈到和对华纠纷有关的鸦片及其走私问题，因为这是一个极其困难尴尬的问题，我自己找不出满意的意见来。……同时，我们的鸦片正在涨价，我们的若干商人正在中国东海岸卖烟赚大钱，上周有一艘小型巡洋舰开回来，装回价值 70 万 [元？卢比？原文不详——译者] 的细丝银子。

巴麦尊致联合全权代表懿律与义律

1840 年 4 月 25 日外交部发第 11 号训令，见 F. O. 17/37

附送格拉斯哥印度协会给我的备忘录附本一件。这份备忘录说到中国省际货物通过税太高，以致实际上几乎只有该国沿海省份的人才消费英国的或别国的进口货。备忘录要求在和中国政府进行谈判条约时，应该尽力使他们放松税收章则上这一方面的规定。

这件事很值得重视，我训令你们和中国政府缔结条约时，力求获致一项条款，规定凡英国货物既经按照我 2 月 20 日第 1 号训令附件条约草案第四款（商务）的规定缴纳进口税以后，再从中国一省转运他省时，中国官员即不得对之再征其他税课。

如果得不到这样的条款，那么你们就要求对这种过境税确立固定的加增比例，其负担不超过货价的某一适中的百分数，或明确地相当于进口关税的几成。后一方式较好，因为这可以防止在货价上发生争执。不过，只要你们能获致一项条文把税率固定下来，而根据你们判断，所定税率是公平适中的，在计算税则和征收税款上不致发生纠纷，并对中国内地之消费英国制造品不致成为过分的障碍，那么陛下政府并不坚持上述两种方式的任何一种。

我把关于这个问题的条款草案发给你们，你们可把它向中国大臣们提出来，此条应插入以前发给你们的那份草案上的第四与第五条之间。

你们要知道陛下政府无意把这一点当作先决条件来坚持；但我训令你们尽各种恰当的努力从中国政府获取这个问题的某种有利的规定。

附件一　格拉斯哥印度协会备忘录
1840 年 3 月 20 日格拉斯哥发

和中国人打交道所应该放在心上的各种要求，绝大部分业经我会及其他有关团体提出了建议，我会和其他团体对于那些建议的意见是极其一致的。据悉政府已经一般地接纳了那些建议，因而备忘录提呈人也就毋须再加叙述，徒费勋爵阁下的宝贵时间了。

不过有一点，虽然关系重大，在备忘录提呈人看来，却还没有予以足够的重视，因而备忘录提呈人敢请特别提起勋爵阁下的注意。

大家都知道，中国省际通过税如此其高，以致消费英国的和别国的进口货者，实际上，只不过限于沿海的居民，仅仅是那个庞大帝国的一小部分人口罢了。

备忘录提呈人毫不怀疑，在任何情况之下，不管和平或战争、不管和中国人是否达成协议、也不管英国货物的进口是合法的还是永久被禁止的，那些货物总是会在某种程度上，通过这种或那种手段找到进入中国沿海诸省的门路的；但是，哪怕就是在最有利的条件之下允许进口的，如果这些货物的消费被限于省际的苛征暴敛，不得达到内地广大居民之手，而只局限于沿海省份的少量人口，那么，这种进口还是绝对不会有多大重要性的。

备忘录提呈人十分明了像中国这样一个帝国，修改对内税收规章的困难是非常之大的；不过，最近土耳其的事例出现以后，这些困难之能被克服，就明白了；因此，由于目标具有重大意义，事情就很值得一试了。

所以，备忘录提呈人迫切促请陛下政府把这个问题经常地放在考虑之内，并为了在和中国当局进行任何谈判中强烈要求而发出明确的训令。

格拉斯哥印度协会代表人协会主席汉密尔顿（John G Hamilton）签字

协会秘书瓦德罗普（A. Wardrop）签字

附件二　条款草案

兹同意并宣布，凡英国子民载运货物进入中国皇帝领土，于入口口岸一经按照上款所列名目缴纳税金之后，［在中华帝国内由一省转运另一省时，中国皇帝所属官员即不得对之课征任何其他税金。］

如果不能获致上述规定,使用下文代替上段括弧内文字。

……中国皇帝所属官员对自中国一省转运另一省之货物所加征之税金总额不得超过该项货物价值的百分之□,[或:相当于该项货物前于进口时所纳税金的 1/2 或 1/3。]

兹并同意,前述加征税金只在中国某省售出或转售出归于消费者时始行缴纳,并不在其首次输入某省时缴纳。

威廉·查甸致孟买杰姆塞特依

1840 年 5 月今日伦敦发 来源同前

4 月 3 号以来,关于中国问题小有作为,不过这点点作为却是尽我能想象得到的令人满意。委员会开过一次会,其结果正符合主席的愿望。委员会允许我们的辩护律师佛莱希费尔德(Freshfilld)陈述我们的情况,并同意在开会期间让他和我们国会的代理人考德奈(Courtney)留在会场,这与惯例不合,是对我们特别客气才允准的。

你知道委员会本来是克劳复任主席的,可是他的身体太坏,不能到会,他已经搬到布拉顿(Brighton)去有一些时候了。

克劳复缺席,委员会就选举斯密斯担任主席,他在大臣和委员之间大力调解,结果非常成功。而在我们中间,我以为掉换主席,对我们的问题是有好处的。克劳复足够能干,对于事情也非常热心,不过他的态度不如斯密斯的温和,在大臣和委员中间的影响也不如斯密斯的大。当斯密斯向巴麦尊勋爵请求另选一个人代替克劳复的时候,巴麦尊立刻说"你不独可另选一个,而且可以任意选一个"。斯密斯选上了布隆里格(Brownrigg)。委员会到礼拜四要再度开会,到时候要传问茵格斯(Inglis)、塔克船长（Capt. Thacker）和但尼尔（Daniell），问他们关于鸦片缴给义律上校的经过。

你可以从报纸上看到，葛拉汉爵士提出中国问题动议时，他和他的朋友说了许多废话。而当你看到巴尔麦（G. Pahuer）反对他兄弟和他的股东们的意思的那篇文告时，无疑地你会觉得奇怪的。作为一个经理印度贸易的行家的首脑，巴尔麦怎么会对这样一个动议发出那样议论，我们一点也不能理解，我们希望他还能收回他的文告。

假如我们能够让委员会建议就拿义律上校的收据去抵押票据，用以预付我们的赔偿要求，哪怕就是付一半，也确实对我们的事情大有裨益，因为这就是承认我们的要求了。

奥克兰致霍布浩斯

1840年3月20日加尔各答发，密件，[收到日期不详，估计约在5月中旬——译者]见布劳顿勋爵通信文件，ADD. MSS. 36474，卷19

关于鸦片，我不知道要对你说什么。只有一件，我们手中的存货将卖得意外的高价，这将对我们的岁入有所增加。北方的报告说收成很好，良好的收入在望。……远征中国的开支可用对国内的汇款支付。……我们可以维持到1840—1841年度的末尾，不用举债。但是我们的现金库存将缩减到7000万[卢比]以下，譬如说，减到6500万。[按出兵计划，估计印度负担为每年50万镑，如果皇家海军的开支也要由印度负担，则其数当更大。]……鸦片贸易问题可能征求印度政府的意见，若干极端重要的问题随即出现。预计我们将有所牺牲时，我很希望得知你的意见。假如对华友好的头一个代价就要有所牺牲，要断绝政府和种烟卖烟的关系,那就是牺牲金钱。在这样一个还有独立土邦存在的国度里,禁止出产鸦片是不可能的,纵令印度禁止了,在新德里,在旁遮普都会生起根来。可以用出口税的办法逐渐代替专利制,但是这么一来,收钱就减少了。我并不期望长期维持我们的专利制度,可是,中国人感觉反对走私(纵使在他们和我们的严重纠纷解决以后)的禁烟战争无利可图,从而把鸦片贸易合法化,不去禁止它,而课以高额进口税,却也正是可能的事情。国内对这些问题可能讨论得很多,我极望知道你的意见。

巴麦尊致斯密斯

1842年4月28日发 见伊斯顿(H. Easton)《一家银行的历史》(History of a Banking House),转引自科里斯《洋泥》(Maurice Collis, Foreign Mud, London, 1946),第266页

基本上是借助于你和查甸先生那么慷慨地提供给我们的帮助和情报,我们才能够就中国那边海陆军和外交各事发出那么详细的训令,从而获得如此其满意的结果的〔结果指江宁条约——译者〕。体现在1840年2月训令里的那些帮助和情报是那样的精确而又全面,以致我们的后继人对于那些训令找不出任何修改的理由来。这件人类文化进步史上划时代的事件,无疑地,必将给英国商务带来极其重大的利益。

(原载《近代史资料》1958年第4期)

小刀会上海起义新史料

1853年9月7号,小刀会党人在刘丽川领导之下占领上海。从此上海全城在小刀会的统治之下历时一年五个月又十天,到1855年2月17号的夜里,这一批起义人民才因为弹尽粮绝,被迫撤出上海。

下面所辑录的信件,是从怡和公司的档案里抄来的。怡和公司(Jardine,Matheson & Co.)纯粹是英商创立于19世纪的30年代,是一百多年来侵华外商中最大的一家公司。从创立到20世纪的20年代,前后将近100年,这家公司的主要买卖是从印度向中国贩运鸦片,它独占全部中国鸦片销量的三分之二。在解放前,人们到处可以看到怡和公司的招牌、商船、仓库、码头、商店、工厂,这一切都是靠卖鸦片发家的。如今这家公司1900年以前的档案,全部存在英国剑桥大学的图书馆里,足足装满了十几个大书架。档案里,收有怡和公司派到各地去的分支店的通信。凡机密性较高的为"私人通信"。专谈公司事务而不很机密的为"地方通信"。各类通信都是原件,未装订,是用纸盒装起的,按发信地址和年代分别标明盒次。大体分支店的主持人平均每三天要向香港总公司做一次报告。报告内容不仅详述当地的市场情形，也谈到一切政治、经济、军事、社会的情况。下面所译主要是从上海分店负责人卜希弗尔（A. Percevol）发至总公司大卫·查甸（David Jardine）的通信里选来的。只有 1855 年 2 月以后有几封，发信人换为莫克安株（MacAndrew），那表示分店换了负责人，已经在日期下注明了。

卜希弗尔一贯地称小刀会、太平军为最下等的人，为暴徒、叛党，这丝毫不足奇怪，在鸦片贩子嘴里，不用说，起义人民是得不到好评的。为保持原文真相，我都直译出来。这几封信的可贵处，在其于污蔑之中，也有真实话。从此我们可以知道，小刀会起义人民在刘丽川的领导之下，三小时内就瓦解了清政府的驻防军，占领上海全城。他们的行动，绝对的敌友分明，专攻清王朝的官僚，保护商民。他们纪律的严明，是革命史上最辉煌的一页：占领整个上海县城，只杀了上海知县和他的卫士两个人；那个后来进行卖国勾当最出力的苏松太道吴健彰，一向大家都以为他是逃掉了的，其实是被他们捉住了的，然而刘丽川犯了"温情主义"的错误，看着同乡的情面把他放了。

信件中可以看出第二件重要的史事是：小刀会退出上海不是被清朝统治者打败的，是清朝统治者勾结英美法侵略者严密封锁，隔绝供应，以致弹尽粮绝，不得不忍痛撤离上海的。事过以后，清朝统治者拿生丝去犒赏英美法三国军官，对法国军官且另外赏银一万两。这说明三国军官在这件事情上是对清朝统治者有"功劳"的。赏赐以外，还有何种交换条件？英美两国没有提起，只是说到法国人的心思，原来是为的给法国传教士搞一块地皮！

最值得重视的是这几封信充分说明人民义军和清朝统治者的军队是怎样地天地悬别。1855 年 2 月 17 日夜里，义军秩序井然，静悄悄地撤离上海，而且他们穿过清军兵营，没有谁敢动他们一根毫毛。等到义军撤走了，清朝统治者就进入县城，头一件事是大肆放火，"碰到街道就放火"，结果是上海城乡足足有一半化为灰烬！清朝统治者第二件大事是大砍大杀，据2月26日信，则9天内便杀了1500人！人民的武力和统治者的武力就是有这样的不同，至于清朝统治者向荣、怡良、吉尔杭阿会奏说他们如何攻城，刘丽川如何放火，完全是活见鬼！

此外，对于太平天国史事的考索，也提供一些材料。信中证明小刀会起义时自称和太平军有联系，并且是准备把上海移交给太平军接管的。不幸这个计划没有实现。以下就译出原信。

一 1853年9月7日[①]

上海城发生了严重的骚乱，现已落入暴动者的手里。他们说他们和攻占厦门的人有联系，和南京叛党则无。道台（按指吴健彰——译者）已和福建人谈判了凡天，打算给他们月份津贴。昨晚一切还安静的，今天早上一伙广东福建最下等的人约600名突起攻击县署，杀了知县（按，即袁祖惪），把吴健彰逮捕下狱。他们把所有的卫兵都赶出城，他们自己却警戒得很好。外国人许予来往，并不加害，但这种情形能维持多久，却不敢说。威妥玛（T. F. Wade）曾到城里去过约一个钟头，他见过吴健彰，吴虽受暴徒严密监视，却还保持尊严。

巴特（Batt）刚刚从城里来（下午五时），他是独自一个人进去张望的。他说商人没有什么可怕的，一切官吏却要杀掉。暴

---

① 卜希弗尔自上海发致香港大卫·查甸。见《上海私人通信》1853—1856年盒。以下除注明者外，皆同此。

徒告诉他说他们是南京人,对外国人很好。其中有一个就是阿龙铺子里的人,当巴特离开时,这个人就把红黄带子挂起,他们所有的人都佩这种带子。巴特看到过知县的尸首,也看到吴健彰的房子被抄了。有一两个中国人说,今天傍晚,暴徒让吴健彰丢掉官印逃走了,但当威妥玛看见他的时候,监视是很严密的。

二 9月14日

统治上海城的这批暴徒们意向如何,还没有一个满意的说法,他们的领袖刘(丽川)声称不久南京叛党的若干官员即将来上海,他是要把本地的政府移交给这几个人的。或许会如此吧,不过目前他和他们并没有联系,他只是三合会的会员,他的党徒也是三合会,这乃是众所周知的事情。事实上,他们和占领厦门的暴徒显然属于同一会门。目前对于本城的安全问题,大众极感恐慌,所有体面的人都在努力逃避。城门总是开着,财物要经过很大困难才能运出城来。

三 9月14日①

通告:7号早上,一批武装的广东、广西和福建人冲进城去,三小时内,他们就成为上海的主人了。道台被囚,知县在县衙门口被杀,虽则谋叛的谎言已经传开有些时候了,这次整个行动,还是进行得非常机密,出人意料地发动攻击,就是指挥卫队从事防御的道台也全没有料到。他是一个广东人,他的同乡不愿杀他,让他逃去了。现在还没有确定这批叛徒是否和大股(太

---

① 此通告见《上海地方通信》1853—1856年盒。

平军——译者）有联系，或者只是一帮海盗。领袖大多曾给外国人做过事，或者当过跑街的。以这样一批混杂的人，竟能伤人如此其少，而秩序如此其好，真是一件非常之举。知县和他的一个随从，乃是这次攻击中仅有的两个牺牲者。

至今叛徒尚无敌视外国人的积极表现。可是攻击并非不可能的，所以我们必须加紧巡逻。海关工作已经停顿，其他关卡对中国人免收一切捐税。城门警卫严紧，不许居民将白银或任何值钱的东西携出城外。不过英国领事馆的通行证是受尊重的，过去几天，英国人就这样以低价买到生丝3000包左右。叛徒在库里搜到白银20万两，这使他们目前未做别图。不过他们没有有效的约束权力或能干的领袖，进一步行动如何，还没有谈起。货运来往自然比以前危险些，不可望再有茶客冒险到这个口岸来的。

21日附言：大家认为上海叛党和南京叛党无关。上海叛党现分为两派，一派福建人，一派广东人，他们之间对于谁占优先领导地位的问题，尚没有满意的解决。

四 1854年1月22日

法国公使和阿礼国（Alcock）（按，阿礼国是英国驻上海领事——译者）正在清军和城内叛党之间努力谈条件。上礼拜五道台和□□（按，原文为 Gudgl，疑有误）来领事馆访问，据说他最急于想望谈判成功，可是城里人却不信任他们，今天雷诺（Reynold）（按，是商人——译者）经手给城里办了大批米粮进去。赫斯特（Sir W. Hoste）（按，是英国军官——译者）和领事不和，不干预其事。如果布尔布隆（M. de Bourboulon）（按，是法国公使——译者）能说服叛党献城，清军就会画一块乡下地皮给法国人以为报酬,而他们是久已就想替他们的传教士搞这么一块地皮的。他们干预这回事,表面上的理由说是为的是防止像官军克复厦门时那样的大屠杀的,大多数人都以为清军即将克复上海。

五 1月25日

献城谈判可能得不到结果,叛徒军不想让步。法国人尽管嘴上只承认是为了人道的缘故干预其事,实在是急于想替他们的传教士在松江搞一块地皮。阿礼国因为听信他们的话,大受责难。

六 6月27日

我昨天见过包令(Bowring)和海军司令。这两个全权有意把县城献给清军,为了这个目的,今天上午英美法三个队长曾去见叛军领袖。我相信,要是叛党能在安全保卫下去南京,他们是准备离开的。这是要和中国官方商谈的问题。可是海军司令好像还不打算动用武力,就是包令愿意也未必。

七 1855年2月5日

叛徒本打算今天献城的,除去领袖四人囚禁候旨外,其余一切人都免死。不过昨天金阿林(陈阿林?)打死刘的秘书,他说他宁死不投降,他有党徒700人,包括所有外国人在内。广东人在反对他。他们既缺乏供应、油和军火,我以为他们不能再支持下去。法国人和清军现在把他们封锁得很严紧。

八 2月21日①

赛马号（Racehorse）给你带来很严重的消息：上海已再度握在中国官方手里了。17号夜里（中国新年的那天）叛党静悄悄地放弃县城，这显然是和官方接洽好了的，清军立即占领县城。撤退时多处房屋起火（究系叛党放的还是清军所放的，尚无证据可说），大火狂烧24小时，我估计差不多烧去全城四分之一。事实上，若连近郊扩大破坏一并计算，则一半上海已经彻底毁灭了。城里留下的人非常少；地方现在十分宁静。官吏已进城，各处亦已建立机构。众信有一部分叛徒是通过清兵营地开到乡间去的，他们其后如何，谣言互相矛盾，无一可靠。盛传刘已在外面被捕，并已砍头；二号司令金阿林却逃掉了，至少他究在何处，尚无确讯。约有60个人，包括一个福建头目在内，越过外国人区域的围墙，被美国卫队捉到；但当天就逃散了，只捕获几个人。有更多的人逃避到法国人防线里，已被解交当局。城内囚禁很多，其中至少有一个外国人，立即被斩首。城内处死的人并不多，而吉尔抗阿的司令部营房那边却在进行大规模的杀戮。过去三天里已有好几百人被斩首，我恐怕这次大屠杀还未到尽头哩。法国人没有参与收复县城，只在18号那天派了一伙人进城去视察秩序。英美卫队已撤退，我看撤得太早，现在我们岸上就没有武力了。过去三天里外人区把清军解除武装的比从前更多，在清军从营房差不多完全撤走以前，我们不会完全安逸，而他们的撤走，我们有理由判断是不致拖延长久的。

---

① 以下莫克安株自上海发致香港大卫·查甸。

九 2月26日

上海的光复是这样的：许多叛徒背弃领袖，逃避到法国人那儿去，或者逃到别处去散了伙。另一方面，封锁又很严紧，所以叛党领袖们被逼到了极点，决定撤离上海，他们路过清军营房，并未受到攻击。在上海城另一边的清军得到通知，随即进城。清军碰到街道就放火，以防埋伏，他们只在确切知道没有敌人和他们对抗以后才占领全城。金阿林还没有发现，不过在乡下各地已捕到他的党羽很多，据估计，如今已被斩首的约有 1500 人。现在各事平静，正在逐渐恢复正常状态。不过城已残破，（商务）进展颇受限制。上周已有大批部队开下乡去，接近外人区域的营房已全部放弃了。吉尔抗阿也将立即离去。

十 3月8日①

从上次发信之日起，上海城被清军和法军严密封锁，这使得叛军人数逐渐逃亡削弱，终致把他们逼得太厉害，在上月 17 日夜里（中国新年那一天）叛徒领袖率同少数随从放弃这个城市进入乡村，他们似乎在乡村解散了。帝国军队立刻占领县城，从那以后，上海又已归入政府官吏统治之下，不过足足有一半已经被大火烧去了。本城和四周近郊各处已有许许多多的人被捕下狱，其中有几百人立刻被斩首，相信最高首领也在被斩之列。

---

① 上海怡和公司致香港怡和公司。见《上海地方通信》1853—1856 年盒。

十一 4月7日①

　　为了收复上海,皇帝赏英美法三国军官生丝,另赏法军官银万两。英国已拒绝接受巡抚送来的生丝,美国人法国人却接受了。

(原载《新华日报》1951年5月29日
"太平天国百年纪念展览专栏")

---

　　① 卜希弗尔自上海发致香港大卫·查甸。见《上海地方通信》1853—1856年盒。

太平天国侍王李世贤部宁波攻守纪实

下面发表信件 14 封,都和太平天国侍王李世贤部攻守宁波的史事有关。这里面前 12 封是怡和公司宁波分店负责人格林发给香港怡和公司的,抄自剑桥大学所藏怡和公司的档案。我在本年 5 月 29 日南京《新华日报》"太平天国百年纪念展览会专栏"上,有一篇《上海小刀会起义新史料》的文章,那里面对怡和公司及档案的性质有简单说明,此地不再说。最后两封抄自英国外交部的档案。此项档案现在存在伦敦的档案局(Public Record Office)里,题目下面的号码表示卷宗的分类号数。这两件中的头一件是英国驻广州领事罗伯逊(Robertson)发给英国外交次长韩孟德(Hammond)的私人函件。第二件是罗伯逊信里的附件,原载 1861 年 11 月 21 日香港《海运商务日报》上,是一封由宁波投邮的读者通信,发信人署名曰"G",我疑心就是怡和公司宁波分店的格林,因为文字的内容和笔调是完全相像的。

李世贤的部将黄晶忠和范汝增在 1861 年 12 月 8 日解放宁波城,到 1862 年 5 月 11 日被英法海军逼退,计前后据守宁波半年。从许多方面说,这一段事情在太平天国革命运动史上都有头等重要的意义,过去研究太平天国历史的朋友们对于这一段经过没有给以应有的重视，是很遗憾的。

在全盘政略上太平天国是否应该把主力放在长江下游，确是一个疑问。不过既已争取下游，那么杭州和宁波的解放便是一个重大的步骤。第一，杭州的解放，可以使太平军进一步控制了太湖流域水稻区；而宁波的解放，则使这种控驭力更加收紧了一箍，用汉奸刽子手曾国藩的话说，这一步骤使太平军"尽占富庶之要区，广收官军之降卒，财力5倍，人数10倍"，所以把他打得手忙脚乱，拿不定主意；也把清朝头子那拉氏吓破了胆，逼得她向曾国藩放权，把江浙皖赣4省军政大权都交给曾国藩，说是"江浙等省军务朕惟曾国藩是赖"！

第二，宁波的解放，给太平天国开辟了一个出海港口，也就是开辟了一片辽阔的天地。从此，太平军不仅可以源源取得军需民食的供应，而且可以联络南中国沿海各省海上失业人民，别成劲旅，开辟水上新战场。

据1861年5月英国驻清公使馆中文秘书威妥玛（T. F. Wade）告诉文祥的情报说，当时太平军"正在策动一个可怕的动作，要以广西经海道直趋江苏"。（见同年卜鲁斯 F. Bruce 致外交部第十四号发文，英国外交部档案卷 F. O. 17/350）李世贤部的解放宁波，不知是否就是这个计划的一部分。据下面所载罗伯逊致韩孟德的信件，则宁波解放的消息，着实使广州的清朝奴才们，上自两广总督，下至县知事，都大为恐慌。他们生怕太平军组成舰队，回师广州，而广州的防务则是"城墙上的每一尊炮，开起火来就会翻身掉头的"，所以他们真的以为"这回皇朝一定保不住了"，当时宁波、镇海、温州、舟山这一带，聚有许多广东福建等省的海上失业人民，李世贤部未能团结友人，组成海上武力，实是一件非常遗憾的事情。

1861年11月到1862年上半年，是英国强化对太平军侵略行动的年代——由表面中立国暗助满清，强化成明目张胆自己动手进攻太平军；由放任在华使节和军人对通商口岸作零星的消极的战术性的防御措施，强化成由中央政府决定根本大计，积极向太平军要害区域作系统的深入的战略性的进攻。这个彻底放下面具的转变，在李世贤部攻守宁波的半年中表现得最为明显。下面的信件可以证实一般的说法，就是在李部进攻前，外国人曾和太平军接洽过，那就是 12 月 3 日信所说英国兵船开斯屈尔号溯江上行的目的，可是半年以后，那同一艘开斯屈尔号却又对驻守宁波的太平军发动攻击。5 月 8 日信说，1 日英法军已开始封锁宁波，5 月 15 日信描写 11 日的攻击是由清军绿壳船队开始的，太平军根本没有理会，接着英法刽子手就首先挑衅，6 只兵船同时开始轰击起来，发信人再三说，如果英法海军不帮忙，清军绿壳船队"是不可能攻下宁波城的"（5 月 8 日信）；清军的陆上部队乃是"没有任何火器的乡下人，是敌不过叛军（太平军）的"（5 月 9 日信）；"清军舰队没有参预战斗"；就在 6 艘军舰炮火的掩护下，"也没有办法能教中国（满清）士兵向城墙前进"，最后还是英法兵舰把城墙轰出了缺口，由英法海军去占领宁波，然后"移交"给宁绍台道张景渠。这是英国强化侵略政策后第一次明目张胆的战略性的进攻。英法攻下宁波后，接着就在浙东进行一连串的侵略，根本破坏了太平军吸收给养增殖海军的战略根据地。对于太平天国革命运动，这是一个非常严重的打击。范文澜先生说浙江失陷、不从左军入衢州城开始，而是从英法军"攻陷宁波开始"（《中国近代史》上册，第 146 页）。确是非常卓越的见识。

英国对太平军侵略政策的强化，其关键不在天津条约或北京条约，而在 1861 年 11 月的北京政变。这个问题，需要到别处去谈。这里应该提起注意的是下面的信件可以证明英国刽子手诬蔑太平军纪律不良,破坏英国对华商务,因而需要对太平军作战的说法,全是无耻谰言。太平军占领宁波后,没有受到抵抗;"并没有杀害任何一个人";在占领宁波的半年中,他们对"所有的外国人都非常客气,从来没有侵犯到外国人的任何利益"。相反地他们"允许欧洲人凭他们领袖的路条子到乡下任何地方去旅行"。他们宣布"3个月内不收关税",到1862年的4月才建立海关,"任何通过海关的货物都付少量的关税"。太平军不独自身纪律优异,对于地方的统治,尤表现卓越的成绩。像宁波那样外国流氓和中国坏分子混杂的地方,在太平军占领下不及一个月,已经秩序井然,"再没有听到盗匪抢劫的事情",而这种现象却是多年来,在清朝统治之下的宁波,所从来没有过的。

宁波一向是一个非常混乱的地方。宁绍台道张景渠尤是敲诈商行、残害人民的能手。宁波解放前,他曾放火大烧民房,宁波由英法海军移交给他以后,他立刻就大事敲诈,格林说,宁波"所有的生意都被搞停顿了。难得有一天没有敲诈的花样!"在太平军占领之下,宁波的情况如何?下面的信件可以说明,那是一个十分宁静而繁荣的城市。首先,人民对于太平军是热烈拥护的,他们在太平军初到的时候就"运输大量给养到宁波城里来",他们"好像很快乐,远比宁波失陷前快乐得多";不久以后,那儿"所有的中国人都变成叛党了,至少他们是连成一气的"。在这种情况下,内地的绿茶,南方的米糖都源源运到宁波来,米价糖价都跌落了,只有鸦片卖不出去,银价的跌落很可能就是鸦片不再能发挥吸收现银作用的结果。面对这样市面,就是兼做鸦片生意的怡和公司宁波负责人格林也不得不承认,"只要我们当局不干涉太平军,我预料本口将有很好的生意可做"。然而,事实上英法联合轰击太平军,他们妄说太平军破坏商务。

最宝贵的是 5 月 15 日的那一封。这里说明太平军怎样还击外国侵略者的英勇的范例。他们对于清军船上的炮击根本不加理会，但英军一经挑衅，就立刻还击。其后英法两国 6 艘兵船对宁波城的攻击，从早上 9 点一直轰到下午 5 点，才把太平军逼退出去。特别是北城面江的那座炮台，被开斯屈尔号、孔福星号和法国炮艇斗直轰了 4 个钟头，开斯屈尔号甚至开近炮台，用十时巨炮轰进炮台里去，"然而那些人还是坚守他们的炮位，大炮一经被轰翻，立刻又重新安上炮座"！这些太平军英勇的炮手们就这样顽强地搏斗着，直到主力全部撤退以后，才放弃那个弹雨之下的岗位！太平军撤守后，中外刽子手进入宁波城去怎样作为？格林说："大肆抢掠"！

下面信件中，很有一些史实和普通的说法不相一致的，普通都说 12 月 2 日宁波大火是英国人放的，这里却说是道台张景渠放的。通常说太平军解放宁波的日期是 1861 年 12 月 9 日，这里是说 8 日；通常又说太平军退出宁波在 1862 年 5 月 10 日，这里却说是 11 日礼拜六。这些都留待以后考证罢。

一　11 月 29 日

格林（F. S. Green）致香港怡和公司
见《宁波地方通信》1858—1862 年

叛军还在向本城进逼中，今天甬江主流这一线的叛军已进到距城只有 12 里的地方了。有几个外国人曾参加过叛军，他们说叛军对所有的外国人都持友好态度，并说叛军只想占领宁波城，并不愿意进入外国人所住的区域。

二 12月3日

关于叛军动向，没有听到更多消息。炮艇开斯屈尔号（Kestrel）现在正循甬江支流开上去和另一支叛军接头。这支叛军正在向本城前进中。叛军分为两股，分别沿着甬江两条支流而来。昨晚道台（按即宁绍台道张景渠）把城外所有的房子都放火烧了，所以现在大家以为道台是打算防守宁波城的。靠城若干房子着火的时候，西风刮得很大，把火星吹过了河，以致河那边的房子也着了火，现在还正在焚烧中。各处都非常干燥，风力还是很强，说不出损失会有多大。据我所知，有许多米仓已经烧掉了，被毁的米粮数量很大。

三 12月17日

现在我必须报告你，宁波城已被太平军占领了。是8号早上占领的，没有任何战斗。叛军进城并没有杀害任何一个人。他们在早上7点钟开始进攻，8点钟就整个儿占领这个地方了。同一天晚上，英国兵船斯考特号（Scout）载巴夏礼爵士（Sir Harry Parkes）开到这里。第二天法国海军司令卜罗德（Protel）也乘飞隆号（Feeloong）来了，英法当局曾进城和叛军首领会晤过，谈些什么，没有公报。不过传说英法允许这些叛军占据城市一个时期，看他们能否组成任何一种政府，或者是看他们能否把钱庄和商人招回来复业。这些钱庄和商人都已离开宁波，不是去上海与舟山，就是逃下乡。然而依我判断，这班叛党搞不出任何生意来，因为这儿的人对叛党极其害怕，他们是不会回来的。叛党在城里正在破坏所有的庙宇，把庙里一切留下来的值钱的物事抢走。他们也在加强城防，并在城外建筑小型炮台和碉堡。他们强迫所有抓得到的中国人从事这些工程，两个扣成一对，以防逃走。据说有一个时期城里的叛军有3万人之多，现在有许多已经离开这儿，向南开去，目的在占领台州。有一个叛军首领从前曾在这儿英国领事馆做过事，在此地许多外国人和中国人中，很是出名。这个人说，他留在这儿率领两千人守卫宁波城，他又说上海还在满清手里，不过不久就会夺过来的。8号宁波一经陷落，帝国海关就关门了，道台已不复是这儿的主脑，此事已由英美领事和法国司令签发布告，通知外国人，跟着一切买卖也就停顿了。现在没有合法生意可做。我的邻居有几家正在收买油、豆、豆饼，是从抢掠者手里买的。听说夏福礼（Harvey）领事已经知道这些事，他有意要尽力阻止英国人做这些生意。

四 1862年1月6日

商务没有进步。有几个内地商人从绍兴来，凭叛军路条通行，他们买进数量很小。据说叛党不许商人再住到城里边去。河这边正在建筑许许多多小屋子，地方拥挤，叛党和普通人都有。不过我相信此地所有的中国人都变成叛党了，至少他们是连成一气的。我再没有听到盗匪抢劫的事情。叛军首领已经通告人民，三个月内不收关税，过期他就要建立海关，像从前一样缴收关税。

五 2月7日

我仍旧必须告诉你，这儿的生意还是非常呆滞，在叛党占住这个城市的时期，我看不出有何改进的希望。过去两周，一箱鸦片都没有卖得出去。中国人中间传说，叛党领袖不准运鸦片到内地去。叛军还是很安静，对所有的外国人都非常客气。

六　3月1日

这儿的商务现在有点转机了，我相信不久就可有□□和生丝运到这个市场上来，也可以看到进口物品运到内地去。叛党正在建筑炮台，并在城外再筑一个城，他们说他们怕的是广东人，在舟山有许许多多广东人，由一个叫做阿布的（按，即游击布兴存）率领，阿布声称要把叛党赶出城去。

七　3月8日

米价已经下落，有好些米船从南方来，日内就可到达。今天市价每石3元4角5分。铜钱已涨价，小量的兑换，一个墨西哥银元只换到1375枚。不几天前我们还能换到1430枚的。因为有几条泉州船从乍浦开来，所以糖也落价了，在宁波城里叛军攻占的时候，泉州客连船带货一齐开到乍浦去的，有大批山东船正在装运北路货，北路市场对福建纸的需要正旺。目前太平军掌握本省全省或其大部分，他们允许欧洲人凭他们领袖的路条子到乡下任何地方去旅行，对外国人好像非常急于培植友谊，保持信誉，所以只要我们当局不干涉太平军，我预料本国将有很好的生意做。这儿已到了一些生丝，不过品质较劣，包装也不好；茶叶也有来货，数量还不大，烘制也不佳。

八 4月21日

乡间叛党对外国人相当的好。他们正在建立海关（按，一说此时太平军改宁波海关的里关为"天宁关"，以潘小镜为监督），任何通过海关的货物都有少量的关税。越进向内地去，关卡越多，税也越重。

九 5月8日

本月1号起，宁波城已被英法海军当局所封锁。昨天早上甬江入口处的镇海陷落了，是阿布所组织的绿壳船（Lorcha）和广艇的一支舰队，协助清军攻陷的。占领镇海时，他们对所抓到的一切可怜的人犯下了最残酷的罪行。阿布的舰队现在已经开上来，紧靠英法兵舰旁边，距城不足三里，从城墙上可以看得很清楚，据说他们今天晚上就要攻城。外国海军是否会帮他们进攻，则不知道，假如不帮，他们是不可能攻下宁波城的。

十 5月9日

我们还是蒙在鼓里，不知道我们当局在此地的意向如何。西面和西南面有许多人围城，不过那只是没有任何火器的乡下人，是敌不过叛军的。叛军现在装备得很好，他们有毛瑟枪、来复枪，并拥有大量的弹药。昨天傍晚，叛军出城和乡下人有小接触，天黑的时候又回进城里去了。乡下人死了几名，不多。乡下人称为白毛，头扎白布，从船只桅杆顶上可以望见他们的人数是很多的。阿布的舰队昨天夜里又退到下游去了，不知其意向如何。如果外国海军当局不帮忙攻城，那情形将和 1854 年的上海一样。

这儿从前的那位道台在阿布的一只绿壳船上，向租界全体中国人发出布告，要他们剃头。这使他们相当着急，因为叛党要是看见剃了头的人，就会虐待；而一旦清军占领这个地方，他们会把所有留头发的人都当做叛军斩首。好些传教士和伯驾博士（Dr. Parker）已把这情形告诉哗乐德克上校（Captain Dew），请他们利用他们的权威尽力阻止两方面的残暴行为。

十一 5月15日

宁波城已由英法军从叛军手里夺过来，并且已移交给清军。11 号礼拜六那一天，一大队绿壳船和广艇驶近宁波城；其中有一只向炮台开火，可是叛军没有理会。当哗乐德克上校从会战号（Encounter）上用旋回大炮（Pirot Guns）向城上发炮时，他们就对会战号打这一炮来，于是港内所有其他战舰也一齐开起火来，参战的英国兵舰计有会战号、林顿号（Ringdone）、开斯屈尔号（Kestrel）和哈代号（Hardy）、法国的孔福星号（Confucins）和一只小炮艇。炮击从早上 9 点一刻一直轰到下午 5 点，叛军才从南门和西门退出城去。清军舰队没有参与战斗，也没有办法能教中国士兵向城墙前进。下午 3 点城墙轰出一个缺口（英法）海军水手随即上岸登城。这次轰击，造成极大的死亡。会战号的上尉、副官、一名海军和一名水手被击毙。法国炮艇受伤很重，总计英方死四人，法方死两人，孔福星号上第 32 工程队的一个人受伤后死亡，他的名字叫阿谢瓦斯（Ashworth），是兰斯菲尔号上（Lancefield）主任工程师的儿子（按，据别的记载，英法军的伤亡不只是这几个人，这里所说，当是截至 15 日已死的结果)。叛军作战非常坚定勇敢,开斯屈尔号曾开近炮台用十时炮轰进台里去,然而那些人还是坚守他们的炮位,大炮一经被轰翻,立刻又重新安上炮座,这座炮台是叛军占领宁波城以后筑起来的,筑得非常坚固,设计也非常周到。开斯屈尔号、孔福星号和法国炮艇一直向它轰了4个钟头,叛军还是守在里面,那是叛军最后撤守的地方。礼拜天清军进城大事抢掠,法军孔福星号和炮艇上的水手也伙同抢掠。前道台现已占据宁波城。有人说他要设立海关。不过还没有通告出来。叛军本退出30里去,后来又进到10里以内来,现在正焚烧周围的乡村。开斯屈尔号和哈代号曾向上游前进一个短距离,没有看到成队的叛军。昨天开斯屈尔号又开上去,还在上游没有回来。根据呋乐德克上校率一小队海军和一个法国军官上陆,曾经被叛军包围,可是设法逃了出来撤回开斯屈尔号。有大批乡下人拥到租界上来,以致地方十分拥挤。

十二 7月7日

道台用尽他一切的力气向本地商人敲诈。本地所有的生意都被他搞停顿了。难得有一天没有敲诈的新花样的。今天他向钱庄勒索一万两。

十三 罗伯逊(Robertson)致韩孟德(Hammond)

1861年12月30日广州发私件,1862年2月15日到 见 F. O. 17/360

(上略)我一经收到(宁波失守)消息,立刻就给总督送去，因为我们相处亲睦，他要求我经常把北方消息告诉他的。这次消息使他相当惊恐。原来宁波危急时我告诉他我们的海军司令已率舰队离沪，我看他满希望司令会阻止叛军夺取宁波城的。宁波之失，对官军是一个严重的打击，因为叛军从此得了一个海口，可以从那儿取得给养供应。有一位知县就这样评论说："他们如今可以装配一支舰队，沿海横行，不久就会到广州。……有谁谈到修理城墙，准备防御呢？这回皇朝一定保不住了。"

第二天鞑靼将军来拜访我，我就告诉他，他的防御设备是可疑的，城墙上的每一尊炮，开起火来就会翻身掉头；他说他已经竭尽一切力量了，正在打造合用的炮车和炮架。不过看他们如此疏于防卫，着实令人气闷。真的，中国政府要不重建军队，叛乱是无从抵抗的。中国人不是没有胆气的，只消训练好，吃得好，率领得法就行，应该立刻由欧洲军官统率中国兵，中国兵可以练成比我们部队里最好的印度兵还要优良的部队。英国军官率领下的苦力大队在北京工作得多么勇啊。在广州也是一样的。（下略）

十四 航运商务新闻日报

（Daily Shipping and Commercial News） 读者投书
1861 年 12 月 14 日

自 10 号杰多号（Jeddo）寄上一信后，帝国海关即发布通告称，从星期一（9 日）上午 8 时半起（道台就在这个时候 [8 日？] 从宁波城逃走的），海关已停止征收关税，亦不作任何其他活动。通告是由英美两国领事和法国海军司令签发的。

上述三人昨天曾在城内和叛军领袖会晤。交谈情形如何，没有公报，不过谣言说他们允许叛军在某种时期内组织政府；又许其发布告示，招回中国商人与钱庄复业；叛军领袖负责，士兵行为良好。这批叛军是从南京经过苏州来的真正太平军，他们也说他们的领袖还在南京或苏州。据我所知，他们在城里的行为并不坏。对于这班没有最严格训练，适逢最好时机，而又挟战胜余威的人，自然必须留下余地，我们自然也听到士兵中发生不少醉酒强奸之类小事情；然而任何案子，只要报告到首领面前，他对犯法者的处罚是非常迅速的。他们亦已占领镇海，在那儿非常活跃，忙于恢复秩序。他们在镇海的领袖是一个23岁左右非常能干的青年，各方报刊一致说他是一个智慧很高的广东人。他已经巡查山东福建船只，防止抢劫。过去这些船夫在镇海犯了许多暴行，在城郊焚劫抢掠过。人民正在运输大量给养到宁波城里来，听说镇海也是如此。少数叛军到过我们区域里，三三两两，直到现今，行为非常之好。有些是极能干的人物。很多很多是18岁至20岁的小伙子。有很多甚至更为年轻。人心正在恢复安定中，好像很快乐；远比宁波城失陷前快乐得多。不过至今还没有生意，要各事照常，自然总需要一点时间的。许多逃到镇海去的船只正在回航。昨天上午从乡间开到大批叛军。

（原载天津《进步日报》1951年8月3日《史学周刊》第30期）

戈登论李鸿章苏州杀降动机书并跋

一

戈登致卜鲁斯函

机密私件，1863年12月14日　昆山发

亲爱的弗里特力克爵士（卜鲁斯名弗里特力克 Frederick——译者）：

你的来信以及信里面对我的嘉奖，使我非常感激。不幸的是，两个人的奸诈行为使这次苏州的陷落全然无足称道，惟有抱憾而已。我预料伯郎将军（General Brown）会把这次事件的详细报告送来的，那是我交给他的。他要我暂时留下指挥，因为我一走开，部队就会立刻倒向叛军方面去。叛军将由此得到鼓舞，再来把收复区域变成战场。如此，不幸的人民即将遭受抚台（指江苏巡抚李鸿章——译者）和程将军（指总兵程学启——译者）的罪行。我必须把我对于他们这次行为的动机的办法报告给你。第一，俘虏达三万人之多，我以为抚台对于这许多俘虏，非常伤脑筋，惟恐他们成为本省（按指财政上——译者）的负担；而他们向太平诸王要钱又要的太多，不是他们所能出得起

的。于是他以为把太平诸王解决掉，一则借此尽搜诸王钱财，再则借此恐吓城内叛军，教他们逃出城去，自找食吃。第二，程将军的动机是这样：纳王率领这支部队，可能取代他的地位，因为纳王在叛军里是一个极其受人欢迎而大有地位的人物，只要他同我一道走到任何地方（那儿的叛军——译者加）差不多准定是要投降的。现将军积欠部队饷银，预料叛乱平定时，帝国军队是会解散的。所以他有意让他的部队抢掠这座城市。苏州以上的无锡，确曾派人和纳王接洽投诚，所幸他们听到了失信的消息，便支持下去，他们也是能够守住无锡的。本省清军薄弱得可笑，他们全部的兵力都在苏州。青浦（原文是 Sungpuo，当是 Tsingpoo 的误写——译者）、嘉定、松江、常熟和太仓，都没有部队。就苏州这支部队的倾向看，如果英国政府招回军官，我确信他们是会投向叛军方面去的，若然，那么青浦等地方定将全在他们的践踏之下。至于我自己，你可以想象，我个人对于这次事件的感觉如何。可是我也不至于采取自私的做法，致附近各区遭受蹂躏。县知事们，乡村长老们，以及其他民政官员们要我弥补其事，照样留下去。不过我已经告诉他们，除去在过渡时期保护他们而外，我对这件事是十分无能为力的。程将军从前本是一个叛党，出身苦力家庭，抚台会恐吓他的，他只是甘心做工具。犯这次罪行的是本省的巡抚，他把他成千上万的不幸的子民赶出城去，让他的士兵把他们一切东西都抢光。忠王在11月26日回来时，发现城将献降，曾为城里人民哀泣过。纳王的儿子说，如果忠王能够保住人民，叛军也有机会听他的话，他会愿意屈服的，而现在他们却遭到这么悲惨的失败。抚台是亲自看到这一切暴行的，他在7号穿朝服进城，当时路上全是难民。据抚台的僚属说，是他命令士兵（一般说这些士兵受过头等的训练）进行洗劫的。我对几个辞了官职有意投入叛军的军官说，他们这样做法，只会使国家的情况更加悲惨,因为他们既无力于运筹帷幄,指挥疆场,也没有这个威望去把叛党领上正确的道路。现在部队十分安静有组织,不会再令人不快了。如果忠王再来蹂躏附近地区,我要尽力使他洗手退休(retire),先加劝说,不成功再用武力。没有训令,我不能让周围人民因那卑贱的抚台的过失受损害。再有新的骚乱,我会写信报告你的。

你的忠实的 C. G. 戈登

又,我想你或许乐于知道我对于现在事态的看法,以及采取的方针,我妄自说明我的意见如下。

整个儿这次事件的过失全在抚台身上,其他的人都是他的工具。如果将他公开革职讯办,并约定,对任何投降过来的人都予以赦罪,那么,各外国政府可能继续援助。我们对于投降过来的人的职业,不能明定怎样,也不能替他们去安排,所可为力者,只有获致皇帝的安全保证与掌握他们的财产而已。这样,外国的援助就可能继续下去。我以为毫无疑义的,和我们利害有关系的叛乱,可以在6个月内结束。如果外国援助撤销,所有在清军里的外国人必须撤出来。发现有在清军里服务的,驱逐出境。但有许多外国人会投到叛军方面去的,我们没有权力把他们招回来;结果,叛军一定要比清军占优势,而最后,这就会减少财政收入,无力偿付赔款。如果外国的援助撤销,清军没有支持,那么,在今后的战争中,此间人民的灾难几乎是不可想象的。所以我以为:

一、如果将抚台革职讯办;

二、由皇帝向叛党发一通告,斥责最近事变,并向他们宣示,他们愿意接受条件时,可以赦免他们的罪过;

三、成立协议,使英国军官今后不致再遭逢这样事变。

这样，各外国政府就可以继续援助，加惠人民。

我愿阁下，弗里特力克爵士，了解我留在此地，对于我的职务是厌恶的。而且最近事变以来，这项职务自然又繁重起来。不过，我还是愿意尽我最大的力量完成任务。只要是对这个国家的福利最为合适，任何事都可以。我以为你可以同意我的看法，就是说我若是意在成名，应该放弃指挥，而不是冒另一次这样事变的危险。我以为对于这个问题采取行动时，应该想到人民（以及我们的商务利益）。不管怎样徒劳，怎样无望，我们终还可以试试看，救救那些官吏。要是让叛党回来，事情对我们会更好些吗？一边（按，指清政府——译者）是有个政府的，另一边（按，指太平军——译者）却没有政府。如今要叛党更改他们的本性，是无望的；他们可以这样做作，但要等他们力量够强，可以放下面具的时候方能真正做得到。

二

以上戈登致卜鲁斯机密私函一件。戈登就是那个率领"常胜军"扼杀太平军的英国人 C. G. Gordon。卜鲁斯（Sir W. Frederick Bruce）是当时英国驻清政府的公使。这封信由卜鲁斯列为他 1864 年 2 月 12 日发给外长罗素（Lord John Russell）公文的一个附件。我是从英国外交部档案里抄来的，原文编号 F. O. 17/407。戈登的文字非常古怪，译成中文也就很别扭。

按李鸿章所部淮军程学启等军在 1863 年 8 月下旬开始进攻苏州，不久，戈登亦率常胜军来会。此役清方凭借优势火力，屡挫太平军，战争相持 3 个月，到 11 月下旬，戈登首先致函城内太平军守将慕王谭绍光诱降，不果；接着程学启又与太平军纳王郜永宽、康王汪安钧等相勾结，到 12 月 2 日，郜永宽等与戈登、程学启作最后一次会晤,确定投降。4日,太平军纳王郜永宽、康王汪安钧、比王伍贵文、宁王周文佳、天将汪有为、范起发、张大洲、汪怀武8人便刺杀坚守不屈的慕王谭绍光,把苏州城献降给淮军了。不料到了6日,这8个通敌的败类也被李鸿章一举杀戮掉。这就是所谓李鸿章苏州杀降。

戈登对于李鸿章杀害太平军降将的事情,大为愤慨。杀降的第二天,7号,他就率领常胜军退兵昆山。声称李鸿章背义杀降,要求清廷把李鸿章革职议处,并将常胜军交英国军官柏郎将军节制,不再服从李鸿章调遣。上面这封信就是他退军昆山后一个礼拜写的。此时李鸿章已经派人向他疏通过,柏郎并已面见李鸿章要求备文认错未遂,戈登自然没有料到。就在他写这封信的同一天,李鸿章已经因为"收复"苏州取得清朝主子的欢心,赏加太子少保卫并赐赏黄马褂了。

关于杀降的起意,过去说法很不一致。王闿运说是程学启杀的,事先李鸿章根本不知道(《湘军志》)。王定安(《湘军记》)、朱孔彰(《咸丰以来功臣别传》)说是程学启主谋,李鸿章也以为不杀(恐不可制),所以"不得已"才同意杀的。到了李鸿章幕僚周馥嘴里,李鸿章竟成为好心肠的菩萨,说是程学启请杀,李鸿章以为"投降大罪也",经程以"我行矣"力争,李才"不得已"允杀。然而事过30年,李还"尚已为教"!(《负喧闲话》)再据另一批李鸿章的部下所说,则李鸿章在南京闹场里,忽然发了狂热病,白昼见鬼,看到"8人浴血提头,逼近卧榻,心悟是八降王,即大声呼曰:当时要挟太过,程某怂恿杀汝。今程已死,我设醮超度若辈"(《惜阴堂笔记》),说了以后,热病就"顿愈"。后来李鸿章果然在苏州元妙观给那八个无头鬼作了道场。这么说,李鸿章被程学启"要挟太过"的说法,当然就更可信了。

其实，李鸿章自己倒没有这么一股脑儿把杀降的责任推到程学启头上去，相反的，他对于杀降是非常得意的。试看他对曾国荃说："苏垣幸克，因人成事，贪天之功，只自愧悚。还承朝廷眷遇之厚，师友奖藉之殷，丑女簪花，对镜增恶。惟擒杀伪王六（四？），伪天将五（四？），皆忠逆部下悍党，稍可自误。"（同治二年十一月十五日复曾沅帅）又对郭嵩焘说"苏州无锡苦战数月而得之，所少惬意者诱斩六伪王，四天将，而解放忠党20万之众，谓犹有古人遗意"。（同治二年十一月十七日致郭筠仙中丞）李鸿章对于他"诱斩"降将的事，如此其得意忘形，偏偏另外有人替他洗刷，看洗刷的人多少都和李鸿章有些瓜葛，就可知道，事实上不是李鸿章白昼见鬼，倒是他的喽啰们心里有鬼了。

曾国藩、李鸿章之流有一个突出的特性，就是残忍好杀。他们占领一个城市，无论是攻取的还是投降的，头一件事就是大砍大杀。杀是经常，不杀倒是奇怪。就拿占领苏州说，据外国人消息，说是"凡是清军动得上手的有生之物，无一幸免。……抚台及其部队似乎决心不让一条生命能够逃掉"。（《怡和档案》）李鸿章自己也说"苏城遣回降人千余，皆可杀者，其他可知。"（同治三年一月一日复郭筠仙中丞）听口气，他对于被遣散的俘虏还是以不杀为憾的。——所谓"其他可知"，难道是苏州太平军三四万人，除去这一千余人而外，"其他"都被杀了？

不过，苏州诱降，戈登是始终参与其事的。蓝皮书说到李鸿章曾答应戈登善遇降将，谭绍光尸体上所发现的戈登亲笔信，且说担保城内居民生命财产的安全。（A. E. Hake, Eventsin the Taiping Rebellion, p. 492）那时李鸿章正需要取悦于戈登，而最终还是毁信杀降，这就不能单纯拿他的残忍好杀来说明。在这里，上面戈登这封信里所说的理由就很可信了。这封信正说到李鸿章另一个突出的特性贪鄙爱钱。从这个特性出发，无论八降将贡献出多少钱财来，他总以为不足，必须杀了降将，自己动手去搜，庶几才可以囊括降将的全部钱财。因此，他就为了爱钱，更加好杀，信里云云，当然不在考虑之列了。至于戈登所说程学启的动机，那是程学启的事情，纵便是事实，也不是决定性的理由。

苏州是东南财富汇聚的中心，这是人人都知道的。王闿运说李鸿章得苏州，光是废锡器就卖了20万斤，"其他率以万万数"。（《湘军志》）但是奇怪得很，李鸿章自己说他进城一看，"银钱分毫未见"，所以他比没有进苏州城还要穷，即所谓"穷乃更甚"。试看他对曾国荃说："各军犒赏口粮，积欠至百余万，穷乃更甚，尚无从多佐军食。"（同治二年十一月十五日复曹沅帅）这就等于告诉曾国荃说，"你不必想我分文"。其后他报告曾国藩的说法是这样："苏城搜获贼米四万石，稻十余万石，子药铜锡各项军实约四五十万串，银钱分毫未见。各营难保必无书籍，竟早散失，鸿章极力搜求，尽顾湘舟辟疆国藏弃若干，捡无大种巨册，惟宋元明人丛集甚多，俟稍勘定，再以目录呈清去取。"（同治三年一月二十二日上曾相）这个吝啬鬼对提拔他的曾国藩竟也一毛不拔，连旧书也舍不得"大种巨册"！从此我们可以懂得为什么李鸿章不许戈登进苏州城的道理，简单说，就是他看准了戈登"利心颇大"（同治二年十一月十四日上曾相），不许他进城去分肥。而那个杀过中国人民，抢过圆明园的戈登，忽然讲起信义来，恨透了李鸿章，其故也正在未能去大抢一通。所谓信义，不过是题目而已，试看上面戈登信里的口气，一面表示愤慨要不干，一面却又恋恋不舍，在要求今后应掌握降人财产上，不是露出他的冤屈，也表达出他的心意，打算等待另一次机会吗？

（原载天津《进步日报》1951年9月14日《史学周刊》第36期）

1861年北京政变前后中英反革命的勾结

下面发表文件九封,都是从英国外交部档案里抄来的。

限于篇幅,我只能作最简单的说明。

前七个文件是卜鲁斯和威妥玛之间的通信以及卜鲁斯发给罗素的公文。卜鲁斯是英国驻满清政府的公使,时在天津;威妥玛是卜鲁斯的中文秘书,时在北京。罗素是当时英国的外交大臣。原件上凡经发件人打上着重符号的,今用……表示;经收件人打上注意符号的,今用○○○○表示;更有发件人和收件人都特别重视的词句,各自打上符号的,今用～～～表示。又圆括号( )里的文字都是原文,方括号【 】里的文字都是我加的。

这些文件可以说明一个问题:为什么从1853年起,满清统治者早就哀求英国帮他们攻打太平军,一直到了9年以后,即1862年,英国才开始积极地大力援助。这里面的关键在于1861年的北京政变。——政变以前,满清政权是掌握在排外派手里的。在英国侵略者面前,排外派固然也是奴才,但却是一群不很驯服的奴才,有时很别扭,因而也就讨不到主子的喜欢。北京政变把恭亲王奕䜣送上了台。奕䜣是英国鬼子蓄意培植的最驯服的奴才,通过他,英国奴役中国人民的阴谋可以得心应手,为所欲为,所以他一上台,英国立刻就开始出力支持满清刽子手,大砍大杀起来。

卜鲁斯发给罗素的报告里,明白说出他怎样培植奕䜣的苦心,英国驻广州领事罗伯逊甚至主张把奕䜣扶起来做皇帝。难道卜鲁斯也是如此打算,企图策动政变的么?

从这几封文件上,我们又可以看到早在19世纪的60年代之初,英国侵略者的特务活动就已深入到内阁里去;而在太平军和捻军捶击下的满清统治者又是狼狈恐慌到什么程度,奴颜婢膝到什么程度的。

一　威妥玛 (Thomas F. Wade) 致卜鲁斯
(Sir Frederick W. A. Bruce)

1861年1月11日　F. O. 17/850

【按,此为1861年3月12日卜鲁斯致罗素(LordgohnRussell)第14号发文里的第7号附件】

【上略】我把话头拉回到宁波请愿上来,【按,此时太平军正向宁波进军,宁波豪绅地主联名向英国领事上请愿书,要求英国以海军驻守宁波。】可是他们显然已被叛乱餍够了,个别事件引不起多大的兴味来。恭亲王确实曾问我是否已派兵船去保护宁波,我说没有。接着他就轻轻一转,谈到整个叛乱问题上去。再没有比他们谈到叛乱的神情更为丧气的了。他们对于叛乱的规模和进展,一点点也不糊涂。可是除去派人重复老一套的尝试而外,任何人,就是贤明的,也没有别的主意可想。他们自己也会告诉你,这个派去的人是腐败的,或者是无能的,再不然就是既腐败又无能的。等到这位使者失败的消息到来时,他们会告诉你，因为他不发饷，所以部队散伙了，或者说他本来就不大懂军事，所以打败了。然而他们还在抱着希望，望上苍保佑清朝，转危为安。文祥问起宁波的详细情形，我说谣言讲叛军在杭州附近受挫，但还在向宁波进逼中。"呵，"他说，"那是怎么回事？官军打退叛军！"说时带着绝不信任的神气，好像说，这个玩笑真是开得太过火似的。接着他就谈到国家大事，说是现在样样困难都解决了，就只有南方的长毛和北方的捻匪是例外；他说只要我们能够平定叛乱，样样都会好办；而他以为，只消有了我们的武器和我们的部队，他们是能够平定叛乱的。我告诉他，他自己的人缺乏训练，我举例说，1809年葡萄牙人在我们军官统辖之下才两年，就已经成为非常优良的军队。"两年，"他说，"如果更短时间内再没有有效办法，皇清就没有救了。"【下略】

二　卜鲁斯致威妥玛

1861年1月17日 F. O. 17/350

【按，此为1861年3月12日卜鲁斯致罗素第14号发文里的第4号附件】

【上略】说到宁波，你记得我已经请海军司令派几条兵船去。尽管这些兵船并不对叛军有所行动——不得到本国政府的允许，任何外国代表都不能采取这样步骤——我仍旧相信它们之出现就会防止叛军向该地进军。我们对这个问题的最大苦恼，简简单单地是这样：叛徒正在用一切可能的办法向我们讨好；当此时会，中国皇帝所推行的政策，理应是把我们推荐给他的人民做朋友，而他却为谗言所蛊惑，对我持冷淡态度。【下略】

三 威妥玛致卜鲁斯

1861 年 1 月 20 日 F. O. 17/350

【按，此为 1861 年 3 月 12 日卜鲁斯致罗素第 14 号发文里的第 8 号附件】

【上略】昨天我接到恭亲王的通知，要我在 12 点钟到嘉兴寺去见他。我到达时间非常准确，可是前次所见的那批人已经聚在那里了。循例寒暄后，恭亲王就向我问消息。我说当前的事有两件可谈，一件是关于中国的，就是叛乱问题；另一件对我们的影响更直接些，就是赔款问题；我问他先从哪一件说起。他说自然是赔款。可是我没有谈多少，就必须涉及条约；而当我提出条约时，他却焦急地问我有何叛乱消息。于是我告诉他，毫无疑义的，叛乱正在南方扩张中，当此时会，叛党已经觉悟到，对待外国人应该采取另一种做法，才算得计。就算他们信仰基督教并不虔诚，他们立意拿倾向基督教的表现来诱致我们的同情，却是很清楚的。为证明我的说法我把上海方面给你抄采的那份【天王】优待外国人的诏书递给了他；并且告诉他，据说叛徒正在策划一个可怕的动作，要从广西经海道直趋江苏。这个情报并未惊动他们任何一个人。他们的想头，明明白白是以为扬子江的开航就会引起【我们】对叛军的冲突来的。他们坚决否认四川省会已经失陷，但承认该有混乱，混乱本是京报上业已证实的。使他们真正感觉切肤之痛的，是接近他们门口的这一批叛徒。他们说僧格林沁已向西南方向前进，若然，则捻匪必是正在向他们河南老家回窜。这个我不相信。我在别处听说捻匪在听到僧王来到前并未聚集成军。僧格林沁此去，纯是为恢复他在安徽战胜捻匪或长毛的声誉而去的。捻匪听到僧王进军的消息,各小股便合拢起来,几乎把这支全无士气的军队给歼灭掉。僧王本人倒还没有逢到灾难。他宣称他的同僚瑞麟胆怯,而那个能干人也就再度被夺去一切职衔了。此地虽并没见普遍恐慌的迹象,据说官场中却传布着非常不安的情绪。联军来时逃走的富户尚未回来,只要皇帝在别处住着,他们也是不会回来的。正是这种情况及其不可避免的危险后果,使得恭亲王对于南方事不很关心。他们显然把南方的毛病看得不够沉重。及至我引用你信上的话提醒他们,说你不相信皇帝真能充分了解南方威胁他统治地位的危险,又说如果他们要依靠国外强权的忠告或援助,则你以为,唯一步骤,只消皇帝立刻回京,承认我们所谓之外交关系,互派使节等,那就可以达到目的。他们像从前一样对付我,只是又加上一重困难。他们说他们自己和一同在这儿的人,无不急切盼望皇上回京,且不断地在促驾,可是皇上为另一批人所包围,那些已经闹出这许多灾祸的奸臣们劝他留在现地。新的困难是,这次捻匪的进军把他们吓坏了,他认为热河要比北京安全些。这是恭亲王自己的话,不论有无根据,这样的招供,痛苦的宣告出这个国家的统治力量已经沉沦到何等无底的深渊里去了。他用我从前曾经描述过的那种暴风雨式的浮躁态度,轻率地说出这些话,周围的人也以极其类似的语调同声附和。他们在随从和随便哪个小吏面前用这样疏忽态度齐声诅咒君侧近臣,使我想到,到底我们才是皇帝的难题,而关于奸臣的这样议论却极能蒙蔽我们。另一方面,我可以附带说,有一个非常可靠的权威人士曾看到某高级人员自热河来信,其中极言皇帝抑郁烦闷,说是一旦天气许可,就有起行之望。这次迁动自然可能是去盛京的,我记得我曾告诉过你,据说去盛京原是祖宗遗留下来的办法。我谦恭地追问恭亲王,照他看来,皇帝何时可以回京。可是他说他和我一样地不知道,他以为最早也不在夏季以前。我的信念是，在皇帝看到公使们在北京设立使馆而并不带有部队以前，他是不会回来的。所以这些谈话，总是接上那个老问题：我们是否愿意并如何帮助他们。文祥说，假定明天你们来到北京，皇帝接见了你们公使并派公使到欧洲去，当这一切实现之际，这个帝国也就完结了。我说，一旦真诚的外交关系开始，我们就可以给你们任何援助，我们公使就可以立刻给你们任何援助，不过我很小心地坚决表示，我们的援助与其说是物质的，毋宁说是道义的，因为不干涉别国内政，是我们这方面的原则。恭亲王竭尽全力证明叛乱对我们商务的阻碍，已经使我们反对叛徒的行动理直气壮，然而我还是不能答应，谈了许久，最后文祥说，我们这样政策是正直无可置辩的。他说你们可以干涉街上的事，却不干涉屋里的事。文祥是一个稀奇人物，他对任何谈话都持冷静而忧郁的态度，不时打断话头，其态度之滑稽，使人不敢想象他就是紧要关头留在北京的唯一大臣。他永远忘不了，而又三番五次追逼你的一件事情是：除非你们外国人，能够想出转危为安的急救办法，帝国必至灭亡，而且为期不远。【中略】

当我起身离开时【中略】恭亲王说，关于叛乱问题，他没有什么诺言或建议。但以多种不同的说法提出这样一个问题：我们能不能用人员武装或军官来帮助他们？我说我看这样援助恐怕是不可能的，不过我说，一旦两国成立真正的外交关系，我不知道我们公使的权力能提供什么建议。我告诉他，武装干涉内战有个困难，就是既经进入干涉，便难以退出，我们的经验教训我们，这类援助，通常都要引起占领，占领则产生吞并，而这乃是我们国家所强烈反对的。抛开援助的功绩不论，单这一层顾虑，就会使援助行为极其不受人欢迎。文祥用他那种惯常的衷心领悟的神情说，这种看法既公允又有见识。恭亲王则以我从未经验过的剧动声调说，你们英国人在这一点上完全是对的，这也就是我们何以胆敢向你们提出这种办法的道理。我们不能向别人提出这样建议。于是我说,"真的吗?不对别人提?没向法国人提过?也没向俄国人提过?不久以前不是有过一道上谕寄到上海,就是提到这问题吗?"他说假如有,也是他们捏造的,<u>他们曾经提议合作对付叛乱</u>,我们可绝没有提过。这里我应该告诉你,我有一个情报员,我知道他有这个方便去查看起草这类上谕的那个衙门里的卷宗,能获得最可靠的情报,他向我保证说,像额尔金(Earl of Elgin)送给你的那种谕旨并没有发现过。我看到大量的这类文件,一看就可以断言那乃是公开造谣,不过我没有把这些文件给我的情报员或任何别人看过罢了。谣言说伊格那提业幅将军(General Ignatieff)和恭亲王互换条约时,皇帝曾要求援助。俄约是1859年4月或5月互换的,根本不是由恭亲王互换的。额尔金送给你的那个文件且也文辞不整,不值得重视。同一情报员告诉我,他的一个朋友曾看到恭亲王请设外交部【按,即总理各国事务衙门】的奏折,恭亲王吁请皇帝成立外交部不仅要由各部的人员组成,且也该有内阁的人在内,他所说的一个理由是讲,过去虽然我们的汉文文件译得不见佳,现在我们的文笔可得需要能手来答复了。【中略】

我走时,恭亲王还在背后说,随便我有什么事传达,都可以来见他。

总而言之,假如要从他们身上搞点什么,那是再方便也没有的了。不过我记得我对你说过,苏州和运河线的失陷,已使这个王朝,复活的希望大大地打了折扣。上海至广州间各口关税收入约500万两已被沿海各省分掉,这些省份自然是搞不到多少田赋收入的。盐税在叛乱前就已百孔千疮,如今扬子江以南绝大多数地方殆已瘫痪了。现在政府只能从直隶、山西、陕西、湖北、湖南各省取得收入,甘肃且是不足自给的省份。我和任何人一样地对叛徒没有好感，可是我一天一天被逼上这样一个结论，这个山穷水尽的王朝，不独不值得我们用行动拉长他的寿命，就连说句话都不值得了，这个王朝必然灭亡，接上就是大混乱。我预料在长毛与捻匪之间将有一场恶斗。捻匪似乎主要地都由矿工投来。他们首领张洛行纵非能手，亦以精干著称。在其叛乱早期，政府曾拼命拉他归顺过来，终是无效。虽然我怀着如此预见，我还是忠于我的政略，和他们谈论关税和叛乱问题中，还好像他们会永远存在下去似的。【下略】

【按，以下为前信写就后在信末附加的】21日，今天早上消息说僧格林沁在济宁州被捻匪包围了。捻匪布告要攻取北京。我不相信这是事实。另一个谣言说伊格那提业幅将军确曾对顺天副考官瑞常【？】（Tuichang）说过派遣武器和人员援助政府抵御叛乱的话，这个我更不信。我认为这不过是1859年赫德（R. Hart）得自广州那个故事的翻版罢了。就我们所知俄国人的条件而论，要派五千人到中国来，无论走陆路还是海路，都有难以解决的困难。假如济宁州的消息是真的，那么昨天那些先生们的宁静态度真惊人，更不用说高兴了。薛【焕】自然确是曾经鼓动皇帝商求外援的。

四　卜鲁斯致威妥玛

1861年1月26日，F. O. 17/350

【按，此为1861年3月12日卜鲁斯致罗素第14号发文里的第5号附件】

【上略】我们并不需要领土，我们渴望和中国政府友善相处，只要中国政府不把我们当做仇敌而当做朋友，就不会发生什么严重的困难问题。

叛乱问题还是不要逼得太厉害的好。我给恭亲王送叛军动向的情报去,是因为我答应过他的。他们自己应该采取可能的方法以图自保。我们可不直接给他们援助去平定叛乱。我不愿意他们从我们任何明显的焦急情绪上,推断出有利于现存政府的解决途径,会对我们的利益有多大的好处。战争的拖延及其所造成的混乱,诚然使我们蒙受损失。但在任何政府之下恢复宁静,中国人的精力干练和永不休息的劳动,不久就会使生产和商务活跃起来的。叛徒并没有说他们反对和外国人做生意,就是他们要这样办,也行不通。要是国家的慌乱还不足以促使现行王朝和我们好好相处,这个王朝必是瞎了眼睛,冥顽不灵得不可救药了。但假如他们以积极合作为友好条件,就是以后各事顺利,我还是失望的。你的注意力不要被中国王朝的命运所转移。我们的任务是当这个政府还存在的时候,要他履行条约,而避免沦为战争中任何一方面的帮手。和政府人员谈话中,只当叛乱和我们无关,参加任何一方都和我们尊重外国独立的意思不合。【下略】

五　卜鲁斯致罗素

1861年5月9日北京发　第45号发文 F. O. 17/350

【上略】很明显的,在扬子江上使用优良的炮舰或小型军用汽船是会大有帮助的,但我不愿逼他们采取这种或任何其他军事措施,因为领事法禁止英国人接受中国政府军事性的任命。不过别的国家并没有任何这类法规束缚他们的人民。假如任何外国认为在北京获致威望和他们的利益要求相合,而帝国政府又有振作的迹象,则他们之准许帝国政府雇用他们的军官,不是不可能的

事情。不论是哪一个国家获得这样威望,其运用威望的精神总是对我们不利的。【下略】

六 卜鲁斯致罗素

1861年11月12日北京发 第161号发文,F. O. 17/350

【上略】新皇帝和皇太后以及宫嫔人等一行已于本月一日自热河回到北京。他们一到北京,立刻就给恭亲王一份谕旨,恭亲王随即在大队警卫下前往内阁把那自行任命的八人委员会【按,即自署为赞襄政务王大臣的载垣、肃顺、端华、景泰、穆荫、匡源、杜翰、焦祐瀛八人】解职,并逮捕怡亲王载垣和他的兄弟郑亲王端华,将其立即削去世袭爵位,囚入宗人府。

同时,肃顺护卫已故皇帝的灵柩缓缓向北京进发,遂在路上被捕,关入囚车解京。包括都城里大多数高级官吏的特别法庭随即成立,审讯上述三人,判有弑君的罪名,应予凌迟处死。不过皇太后终于把这等极刑减轻了。宣判的第二天,肃顺被解往刑场斩首,他的财产没官,两位亲王则授以吊巾,这就表示要他们在囚房内自缢;他们的财产尚未动。内阁中其他五人,前兵部尚书穆荫发往军台效力。余四人革职,他们的罪名是未能抗争为首三人的奸逆行为。

就所附上谕看来,可知此次行动的动机和理由,是肃顺他们一伙非法专权,说是出自已故皇帝之手,任命这个政务委员会【按,即赞襄政务王大臣】的那通谕旨,毫无疑义的乃是他们自己伪造出来的,因为在下谕的那一天,故皇帝已经虚病垂死,根本不能颁遗诏了。

三人中野心最大的肃顺似乎以为新皇帝尚在幼年,他们如此攫得的权力，是不可摇动的。当人家对他宣读逮捕他的谕旨时，他大叫没有人能有这个权力颁下那道谕旨。这句不谨慎的话是判他公开处刑的主要原因之一。此外还被控以各种罪行，如蔑视皇帝，僭夺大权等。【中略】据说肃顺曾劝诱故君不回北京而移宫盛京，目的在于尽量把皇帝和帝国的高级官吏以及他的亲族们隔离开来，以便使皇帝在肃顺的掌握之中成为一个被动的工具。

皇太后似乎从最初起就是急于转回北京，逃脱他们这一伙的束缚的。她遇到两种反对理由，其一完全是中国式的，说是道路太坏，故君尸体不能好好运到北京来，其二则说外国使团和外国人在北京，北京已成为不安全不宜于太后和皇帝居住的所在。太后之征召恭亲王去热河，就是为了要了解第二点。恭亲王不顾阻挠他应召的各种阴谋，终于到了热河去。所以这一场斗争的关键，主要的要看这一年我们和恭亲王交际中给他的印象如何而定。幸运的是，恭亲王信赖他自己对我们的观察和经验所获得的结论，而不株守中国政治历史典籍上的教条；他向太后保证，我们在此并无可怕之处，这方面他对太后之回京负完全责任。为了顺从恭亲王的意思，并证明我们是准备帮他把皇帝从那群险恶党徒手里解救出来的，我和我的同僚们会注意防止外国人冒犯皇帝一行入京时的行列。

已故皇帝的亲信逮捕斥责后，接着就有一道上谕，宣示太后听政，任恭亲王为首揆【按，即议政王大臣】，桂良、文祥等人并有任命，总之大家认为其表现最可能和外国人维持友好关系的那些政治家掌握政权了。更值得注意的或许是，上谕中说到肃顺及其奸党之被逮被斥，主要的是因为去年该王公等在通州扣留巴夏礼（Sir Harry Parker）的奸恶行为，以及欺罔故君致使他虽有恭亲王保证安全无虞，而仍未能应人民之望，回銮京都。这份文件把对外国人失信和歪曲我们意向，致形成错误政策的事，看成如此有干国法的重大罪状，构成推翻并扫清被故君所信任，而自命已由故君把政府大权托付给他们的那伙人的正当理由；这意思也就隐含着，恭亲王及其同僚之操权，乃是对外国人维持友好关系使然。这个令人感觉满意的结果，全是几个月来私人交际所造成的，这充分证明我们坚持下列政策之正确。就是我们应以温和协调的态度获致恭亲王及其同僚的信任，消除他们的惊恐，希望迟早总会发生变动，使最高权力落到他们手里去。12年前，前一个皇帝去世时，军机大臣耆英和穆彰阿因为对"夷"务政策过分妥协而被斥责，结果权力遂归入另一批人之手，这批人思想上的代表人物这次就这样惨败下去了。

威妥玛和文祥、恒祺会谈后有一份很有意义的备忘录，现在附来。这文件表明这次危机之决定转向有利于我们在华利益的方向，实受我们所执行的路线的极大影响。只消朝廷不在北京，怡亲王、端华和肃顺继续掌政，我们就不能说中国人民已确实承受了条约。各省当局看到国家重臣，实际掌权的人是偏向于不友好的，他们也就形成和我们为难的倾向。他们对我们的建议，总是说热河不能允准，不论这话是真情还是饰词，总是十分有理，无从驳倒的。

今附送恭亲王照会，他通知我已被任为首揆，仍负责外交事务，我给他的回文亦附来，回文的措辞是有意给他撑腰的。

【中略】总之肃顺及其党羽犯了叛逆罪，已被处刑，国内舆论已经全部赞许这种处罚的正当性。还有使我们感觉满意的是，以皇帝谕旨宣告全国，痛斥那次逮捕在通州进行和平谈判的英国代表为奸恶行为，指斥伪报外人态度言辞，恐吓故君，阻其还都的那些报道乃欺人之谈。此次谕旨意在邀得普遍好感和舆论的支持，那上面却有这样的宣示，实是我们自和中国有关系以来最为有利的文件，这使我们发生一种希望，我认为就政府而言，我们的困难就要获得和平解决了。自从1858年以来，我一直认为对华友好可能性的真正关键，系于打倒盲目无知或为个人私利而否认有此可能的那派人，只要这派人的权威势力不动摇，敌对行动可以停止，稳定的和平却是没有的。随着压力之逐渐收回，我们已就日益暴露于反动精神的威胁之下，其情势将使我们或则动用武力，或则放弃我们的权益，别无他路可走。可是为中国利益计，和我们作对，将招致悲惨的后果，我有理由相信，这已在恭亲王及其同僚心中留下深刻的印象，如果我们想得不错，那么很显明的，我们次一步骤，便应该在他们心目中造成同等深刻的信念：我们不是为了和帝国政府作对来的，在不妨碍物质利益时，我们是准备以朋友之谊对中国的困难与损伤予以考虑的。因此，有关我们在北京地位的一切问题，过去我都不用憎恶或埋怨的言辞，只对中国看不见中外高级官吏之间更坦率无拘的交涉的好处，表示遗憾。中外之间的隔阂，或许并不是由任何积极敌视的情感造成的，而是中国古老的传统政府的形式，以及对于异样事物的恐惧使然，我们依赖时代的变迁、忍耐和事情本身的演进来削弱乃至逐渐打破此等隔阂，一旦遇到有利的机会，那时我这种言辞态度就给我们留下余地，可以自由追究有关我们在北京地位的问题。简单说来，我们在北京的地位，就其以讲情论理来代替使用武力与恐吓而论，是会成为有用的外交武器的；使用武器与恐吓去达到某种一定目标，无论怎样成功，那总会种下猜疑和疏远的种子，刺激对抗情绪，一旦时机到来，这一切就会表现出来的，大沽事件已经明明白白地显示出中国武器之低劣来，就在这以后，去年主战派还是甘冒战争的危险，不顾首都本身的存在。据恒祺说，这等行为，用心纯粹是为的私人利益，这使我把对于事情推向危险境地的任何政策都感觉怀疑。因为中国政府对于走极端之有损自己利益知道得太清楚了。根据这种见地，稳步行动,指导权必须掌握在既了解我的温和,又明白我们的力量的那批人手里。不幸充分理解我们性格和动机而对我们信任的中国政治家,是为数很少的,我相信现任首揆恭亲王不至于使我们失望,他正是这少数人中的一员。

最后,我希望您不要把威妥玛的会谈备忘录公开。

七 机密件 与中国官员谈论这次政变及其他问题备忘录

1861 年 11 月 8 日 威妥玛作于北京

【按,此为卜鲁斯致罗素第 161 号发文的第 1 号附件,此次发文共有 5 个附件,其他 4 件在 1946 年都被人(外交部?)抽去,未见】

【上略】3 号下午,我接到恒祺通知,说是已故皇帝的灵柩要在 5 号进城,要求我们不要让任何人进入某几个区域。因为这件通知文字上有失检的地方(同样情形以前曾发生过两次,都经卜鲁斯同意予以反对的),我就到恒祺家里去找他另换一份。我们既然如此小心翼翼地避免中国人所反对的行径,无论事情如何的琐屑无关大体,我们都在约束自己,这回我对这种小不经意的措辞,也就予以高声斥责。他随即向我表示适当忏悔之意,接着为了向我讨好,便邀我到他的密室里去。这个密室是特地为商谈重要事情辟出来的。密不漏声。

我随他一同走进那个屋子,还没有就座,我便告诉他,我已看到那份谕旨了。于是他就和往常一样,开门见山地漫谈起这个问题来。我初以为他的意思是讲怡亲王的运气要比他的同党好一些,恒祺却说他确实并不同情怡亲王他们。他说去年他们之坚持主战政策纯粹是为的反对他这一派。他们派他和穆荫去见联军公使，满以为怡亲王会把事情搞决裂，让恒祺和穆荫去忍受预料中的灾难，及至他们认为恒祺可能成功，立下重建和平的功劳于是他们就设法陷害他。怡亲王是彻头彻尾不信任他们的，他似乎决心走向失败似的。因为照上谕所说怡亲王除却奸诈而外，别无本领。恒祺说他是希望伪造英人奸诈证据来掩饰自己奸诈行为的。恒祺说他在1860年9月18日到前线去，意在承当大难，彼时巴夏礼被扣，他肯定地说他当时并不知道。怡亲王以为联军听到巴夏礼被扣的消息，当然会扣押恒祺以为报复的，于是怡亲王就可以说，扣押巴夏礼只是为的报复联军之扣押恒祺。

不管这种说法是真是假，现在恒祺总是因为和外国人相好而大见重要，这于恭亲王颇为有利。军机处或军机处的领袖人物曾力阻恭亲王前往热河。恭亲王有个兄弟醇郡王（他这一代行七的一个王）接近太后，恭亲王就通过他去劝服太后召他到热河去。他发现太后确实害怕外国人，于是就向她担保，说是根据他对我们的经验，他保证我们并无侵犯之意。他个人愿对外国人任何冒犯行为负责。另一方面，他又力说只要她回到北京则任何事情他都能办到。太后完全信任他的话，现在他也证实他的话了。因此对于恭亲王的信赖，也空前地提高了。太后是以摄政的身份进入北京城的，幼主坐在她的怀里。如今恭亲王奉太后为最高权力，实际上，则是政府主要行政首长。

我向恒祺指明现在确是中国的转接时机，接着就问他太后对俄国的实际关系如何。恒祺说俄国疆界问题已没有多大重要性，【中略】通过税问题尚未解决。整个说来，他对俄国好像并无畏惧似的。

于是我再问"然则法国呢？"恒祺脸色就变了，其后带着尴尬的笑容回答说，法国只乐于传教，当我重复这句回话并注视他的面部表情时，他笑着答道，他们只谈传教，未及其他，可能他们只以传教为名。恒祺自始至终有所畏缩，可是我弄不清是为的什么。他自己的前途本是很光明的。

其后我们谈到这次政变，我们很自然地详谈恭亲王对于摄政太后的影响，我们认为这应该归功于恭亲王处理外国事务的成功。此外我听说法国使团以为3号长善会奉派把军机处改组的消息通知外国公使，便问恒祺是否实有其事。恒祺说没有；长善只是为文韩（Wyndham）护照的事情来的。我又问恭亲王是否打算正式发这样通知，因为他的地位果由外国使节的态度而强化，那么使节的答复自然对他是有帮助的。恒祺说，恭亲王碍难把纯粹国内政策问题照会外国使节。我同意他的说法，不过我建议，恭亲王把他升任首揆的消息通告外国使节，并无困难，并加上一句说，首揆并不就使之脱离总理衙门。恒祺以超乎惯常的热烈态度回答我的话。他说那也是实情，恭亲王办理外交成功，每一份证件都是加强他对摄政太后的影响的。【中略】

我和文祥谈了3个半钟头。【中略】

1. 关于财政　恒祺承认海关几乎已成为中央政府唯一的希望所在。在平时，田赋是国库收入的主要来源，现在只有极少数省份还能征收得起来。而这几个少数省份，却又在叛徒包围之中，其田赋本身以及为邻近各省战乱用的附加税收入，都被战费开支消耗尽了。北方勉强尚能免于叛乱的灾难，但北方的田赋收入本来就不多，而今也全部运解南方去了。内地通过税有些收入，不过这对于国内商务是一个很大的压力。在1858年我们的条约对于中外商人的规定，还给本国商人少许留下些好处，到了1861年，条约对外国商人的待遇已经比本国商人优厚了。中国急想把每年额定的赔款数目减半付给，可是因为怕碰钉子，始终沉默未敢启口，如果英国能同意每年只收取关税收入的1/10，而不取其1/5，法国可能也会同意的，此点恒祺曾经向法国使团试探过,可是似乎没有得到确定的答案。文祥自己的意见以为充实国库的重大步骤在于收复南京,并肃清杭州至镇江这一带富庶区域。我们的政府公债,在他看来,乃是有损政府尊严的事情。尽管他相信我的话,我们国债如何大,信用如何好,他还是表现从未听到过的惊讶态度。

2. 关于陆军　文祥对于山东情形如何在日趋恶化,自然是知道的。僧格林沁在山东西南部抵抗叛军是成功的,可是在他背后三百英里之处,乡村就满是叛徒或土匪。僧格林沁显然无暇顾到南方。至于外国人的组织,就说把开销问题放开不谈,文祥也深感把外国军队请到中国来是一件多么危险的事;开销问题同样地使他对于邀请外国军队训练中国人的想法,未敢热烈支持。他曾经请赫德(R. Hart)代买加农炮及其他军火,可是现款问题是个绝大的困难,他详述部队的开销,说是像我所建议的那种一万人的特种部队,每年要费银30万两,外国军官的费用还不在内。而选聘外国军官,也是一件会引起国际猜忌的事情。我告诉他军官可以从不致引起猜忌的国家去聘请,困难的是金钱。地方战事由地方去进行是最节省开支的。假如部队是从北京派出去的,则除去一切通常的部队开支而外,还有军士安家费的特别开支,服军役而没有亲属需要赡养的人是非常之少的。稍后,他又自己回到这个问题上来,他说外国机构是必须考虑的。他谈到这个问题,没有一次不提起冬天我说的那个意见,那就是说,外国的帮助既经请进来,就难以送出去,我们的经验使我们疑虑此举会引起割据。不过同时他总是加上一句说,这个意见使他对于我们英国人的意向深怀信任。【下略】

八 罗伯逊（Robertson）致阿斯登（Alston）

1861年5月10日广州联军委员会衙门发 密件 F. O. 17/360

【按，罗伯逊为英国驻广州领事，阿斯登为印度事务部（Indian Office）的官员。此信于1862年1月27日收到】

【上略】局势一天一天恶化，如果叛军再有很大进展，北京朝廷就会四处寻找外国援助的。除非政府用大力振奋起来，我看不出政府怎样能支持下去。如果我有这个权力我就给政府以援助，直接的或间接的，看情形而定，这是被人认为成问题的政策。我确信最后总归必须这样做的，而在我们把军队撤走以后再想援助，就不可能了。如果反叛运动表现任何复兴帝国的征象，或是有了定型政府的保证，那么让他们去搞是好的，然而不幸他们无此表现。因此事情就成为简单的选择问题了。是等待事情发展到一个不可知的结果呢，还是稳定现状。如果选取前一条路，现在我们的生意已经全盘陷入危险的境地，商人利益已经破灭了；如果选取后一条路，则这个灾难深重的帝国还有一线希望恢复其安全与和平，我们的生意也可望受到保护。法国人就有点这样想法，我想不久就可以看出来的。前几天蒙陶本将军（Ceneral Montauban）回国途中曾到此地来过。说是他将建议法皇，绝不撤退广州和上海的占领军，我从权威方面得知，他们正在援助上海的帝国军队。事实上中国的前途是很黑暗的，除非外边给他强有力的援助，这座房子就会倒塌下来，而我们最好的利益也就此埋入废墟。

可是有人要问，大家对这个政府满意吗？中国政府似乎是急于要全部忠实履行其条约义务似的。分季偿还的赔款按时准备好,而使我感觉快慰的是,遇到条约文字的解释有任何可疑之处时,地方当局总是拼命力争。假如他们毫不声辩地就顺从了,我认为他们没有把这当作一回事。他们既然对于他们认为是自己的权利的部分顽强地固执己见,这就是他们视条约为整体,有意全盘履行条约之很好的表现。事实上他们确实给我们各种方便以实行条约规定。我认为这是卜鲁斯去北京以后,北京流行更开明的看法的结果;我相信首脑部里,他们已开始重视外国同盟的价值,已看到中国利益如何深深地和别国利益缠在一起了。地方政府里还有一些死硬派开倒车的人物占据重要地位,可是自由派可望逐渐取代他们的地位。我已经有信给卜鲁斯讨论这个问题,如果可能的话,我决定把本省巡抚耆龄赶走。他是其他官吏很坏的榜样,乃是帝国南部公认为老主战派的首脑人物。如果我把他轰走,我可以替我们的利益大有作为;我要尽力为之。

【中略】叛乱本由政府残暴而起,如今叛党自己也变得残暴了。如果中国政府发动一套新的制度,人民是会接受的,很可能叛乱会就此熄灭。但是发动新的制度包含一个惊人的问题,那不多不少正是变更皇位。从现在皇帝身上,什么也希望不到。他已经退到热河去,各种迹象表示他尽量反对大臣们的迫切要求,意图留在热河,至少,此地所收到的最近消息是这样的。皇帝的兄弟恭亲王现在北京,好像正在领导对外关系,处事表现很开明的看法。假如他肯听卜鲁斯的话(他好像是听信的),一个月内他对中国真实情况及其利益的了解,可以比从任何其他途径所知的多得多。这样教育把他培养成一个人物,可以代替那个毫无精力的皇族代表,那是一个当国家危急时机,不顾国政的人物。这样一个变动,将大大地唤起人民效忠情绪,如果要有外力援助,人民是会热烈赞同的。中国人并不是傻子,他们和世界任何别国人民一样地乐于□□【字迹不明】与进步。他们对于他们皇帝之

懦弱无力是十分清楚的，他们谈到他就表示鄙视，为了更好的将来，他们是会接受这个皇位变动的。【下略】

九　罗伯逊致韩孟德 (Hammond)

1861 年 11 月 30 日广州发　密件 F. O. 17/360

【按，韩孟德是英国外交次长】

【上略】"北京政变"消息到达此地后的第二天，我去拜访两广总督，他是恭亲王的一派人，当时精神百倍。我还没有来得及坐下，他就开口说，"正好，你听到什么北京消息么？"我说，惊人的重要消息。他说，"我知道他们已经受到应该受的惩罚了；我已经接到上谕，中国和外邦签约国之间如何善意了解，从此有了希望了。他们三个正是作梗的人物，如今障碍业已铲除，事情干得很合适，不过皇上母亲【按，应指慈禧】也是一个有心机而意志坚强的妇人。"我插上一句说，"本省几个官员的倾向，颇令人不满，这次事件对他们该是一个有力的暗示。"他含笑点头。我指的是本省巡抚耆龄和番禺南海两知县，他们都排外，是非常捣乱的人物。【中略】

(原载《历史教学》1952 年第 4、5 期)

太平天国初期英国的侵华政策

一 天京定都前夕英国对华侵略的基本情况

鸦片战争以后十来年里,英国侵略中国的基本情况是这样的。

曾经为马克思所注意过的密切尔报告书(Mitchell Report)①估计太平天国广西起义那一年(1851)英国对华的所谓"经济利益"如下:

自英国本土输入中国的各种制造品总价值1500000英镑

---

① "密切尔报告书"(Mitchell Report)是1852年3月草拟的,系密切尔为香港总督兼英国驻满清全权公使文翰(Sir George Bonham)而作,原件今存伦敦档案局(Public Record Office),编号外交部档案卷 F. O. 17/287,是额尔金(Earl of Elgin)1858年3月31日发致外长克拉兰敦(Earl of Clarendon)公文里的一个附件。密切尔在1852年任香港总督府的秘书,1858年任香港助理行政官。他自称从大批资料中研究过去21年英国对华贸易情况,费时1年始草成这个报告书。英国政府曾把这个报告书摘录一部分发表,载在下院蓝皮书"关于1857年至1858年额尔金伯爵专使赴华赴日之文件"(Papers Relating to Lord Elgin's Special Mission to China and Japan, 1857—1858)里。马克思在1859年12月3日《纽约每日论坛报》上的一篇为"对华贸易"的通讯里,曾引用过这个报告书里的文字。

自英国远东属地输入中国的各种商品总价值 1500000 英镑

自印度输入中国鸦片 61417 箱,从低估计其价值 6000000 英镑

英国本土每年从茶叶进口税上所征得的税收 6000000 英镑

英国对华"经济利益"总价值 15000000 英镑

密切尔的这个估计,并不完全,不过已经很够说明 19 世纪 50 年代初叶英国对华侵略上的两个突出现象:鸦片销量的庞大和英国制造品销量的渺小。这也就形成了当时英国资产阶级策划侵略行动时所要解决的两个核心问题,就是鸦片贸易合法化和扩张贸易权的问题。

庞大的鸦片销量,对于英国资产阶级具有双重的重要性。第一,鸦片是中、英、印三角贸易关系中绝对不可缺少的一环,它是英国商人购买中国商货的支付手段。据蓝皮书①估计,1851 年自中国输往英国本土的贸易总值为 800 万英镑,没有鸦片,英国这笔庞大的进口贸易有 3/4 都要停顿。第二,鸦片又是英国和印度财政上绝对不可缺少的税源,没有鸦片,英国本土就没有大量的茶叶进口,英国国库也就没有茶叶进口税可得,这项税收每年达 600 万英镑。印度方面,1851 年从鸦片专卖和鸦片过境税上所取得的收入为 275 万英镑,足足占到印度财政总收入的 1/12。②

密切尔报告书研究英商在中国的前途,全篇充满了不安的情调,惟有对于鸦片却抱着无穷的希望。密切尔说,10 年的经验证明了,"中国鸦片销量的发展是没有止境的,印度出产一天,中国就要消费一天"。

---

① 1857 年英国下院蓝皮书,"对华贸易统计" 1833—1856 年 (Returns of Trade from China, 1833—1856)。

② 见端奈尔《不列颠鸦片政策》(Turner, British Opium Policy),附录五。

然而，这样关系重大，前途无限的鸦片贸易却是非法的。

在侵略者眼里，逻辑的结论是：鸦片贸易必须合法化。

关于制造品，英国签订南京条约的全权代表朴鼎查（Sir Henry Pottinger）曾告诉英国资产阶级说，南京条约已打开中国的大门，这个国家之大，"举兰开夏全体工厂的出产也不够供给她一省的消费的"。① 可是事隔 10 年，密切尔却描绘出一幅凄惨的图画。照他说，1843 年英国本土输到中国的各种制造品共值 175 万英镑，到了 8 年以后的 1851 年，这个数字却缩小到 150 万英镑了。以占当时全世界人口 1/3 的中国市场，其所消费的英国制造品价值还抵不上小小的荷兰的一半。英国急于向中国推销的制造品是棉布，如果按照印度的标准估计中国的棉布消费量，每年应达 1.75 亿英镑，可是 1851 年英国只销来棉布 100 万英镑。英国制造家以为他们所织的衬衣布十分精美了，可是中国人却拿它包装生丝送回英国去，——那不过是打包材料罢了！

朴鼎查的幻梦彻底破灭了，这是什么缘故呢？

早在 1847 年，英国下院就曾特别组织一个委员会专门研究对华贸易为什么不能扩张的问题。这个委员会得出结论说，满清政府是忠实履行条约义务的；有人以为中国在内地征收通过税以致阻碍了英国货物流入内地，这种说法是没有根据的；英国货物之难以销卖是因为中国人没有购买力，所以委员会建议政府减低茶叶进口税，促进中国茶叶对英输出，从而提高中国人的购买力，好多多消费英国货。② 到了密切尔撰写报告书的 1852 年，

---

① 语见密切尔报告书。

② 1847 年英国下院蓝皮书，"小组委员会报告书"（Report from Select Committee, 1847）第 1 卷，第Ⅵ—Ⅸ页。

事情的真相已经很清楚了,原来中国那种农业和手工业相结合的经济结构,根本不需要英国任何商品。用密切尔的话说,"除了鸦片和极少数几种海峡殖民地的土产而外,我们运到中国的货物,没有一样是受欢迎的!"

英国资产阶级面对这种情况,当然不能就此罢休,相反的,正因为如此,所以他们必须更加疯狂地进行侵略,于是他们就制造借口,积极准备另一次行动。工商业家异口同声地说,英国人在中国做生意,遇到中国人民的歧视与抗拒,而中国人民这种排外心理则是中国官吏鼓动起来的;"中国政府披着低微进口税的外衣","鼓动土人猜忌,庇护土人排外",从而"秘密地,间接地抗拒外国制造品的推销";① 要是外国人进入中国内地去,则"非常危险",因为"土人对外人抱着野蛮的敌对态度";并且中国政府在内地征收货物通过税,"间接和条约相抵触"②〔着重点是我加的,下同。——著者〕。因此,除非把他们商务权利"推广到目前所限制的几个口岸以外去",他们"对中国的生意是绝对不会充分发展起来的";③ 尤其是,中国皇帝对外还保持过去那种"倨傲无礼"的态度,在中国人面前贬低外国人的身价,连外国使节都无权驻到北京去,所以大鸦片贩子亚力山大·马地臣(Alexander Matheson)就说他们"在中国的政治地位不是在提高,而是在降低",④ 而英国驻上海领事阿礼国(R. Alcock)则更歪曲史实,认为过去中英关系史是"中国暴戾""英国屈

---

① 1849 年英国"曼彻斯特商会理事部年报"(Annual Report of the Board of Directors of the Chamber of Commerce and Manufacturers, Manchester),第 19 页。
② 1850 年英国"曼彻斯特商会理事部年报",第 15 页。
③ 1849 年 7 月 19 日曼彻斯特商会决议案,见曼彻斯特中央图书馆藏曼彻斯特商会档案。
④ 1847 年下院蓝皮书"小组委员会报告书","作证记录"第 2707 问的答词。

辱"的历史！①

商务问题归结为政治问题，怎样解决政治问题呢？

在侵略者眼里，逻辑的结论是：又领动用武力。

这里应该有点补充说明。资本主义国家的对外侵略政策，永远是为资产阶级的利益服务的，形式上也总要由资产阶级政权机构去决定执行。不过在这个时代，苏伊士运河还没有开通，中英之间的邮件来往，最快也得四个多月。所以英国对华侵略的策动，常常并不通过伦敦外交部，而由在华使领和海陆军将领就地指挥，及时行动，事后才报告到外交部去。而所谓使领和海陆军将领，则个个无异于海盗，他们和在华英商的勾结尤其密切无间，"商人"中特别是大鸦片贩子怡和洋行经常起着决定性的作用。通常的过程总是所谓在华英商——鸦片贩子、"苦力"贩子、海盗和暴徒到处寻衅，所谓使领和海陆军将领就到处准备炮舰，而伦敦外交部也就随时准备支援这一切暴行，计划着怎样把劫掠行为用条约词句加以合法化。这就是这个时代英国在华的所谓"外交"。

50年代英国在华使领人员中典型的海盗人物是上海领事阿礼国。在阿礼国眼里，"人类尽瘁文明，殊途同归，总是达到一个唯一的结果：弱者拜伏于强者之前"；尽管"中国可能在奄奄待毙中苟延一时，最终还是必然倒亡的"。② 既然这样，那么，需要费心的只剩下在什么时机怎样动手的技术问题了。

---

① 1849年1月19日阿礼国上文翰建议书"论吾人目前在华地位与对华关系情况"（Notes on Our Present Position and the State of Our Relations with China），见米琪《在中国的一个英国人》（Michie, The Englishman in China），第1卷附录。

② 阿礼国，"对外关系上之中华帝国"，《孟买季刊》，1856年4月号（H. Alcock, The Chinese Empire in its Foreign Relations, Bombay Quarterly Review），转录自《中国政治及社会学报》1935年正月号，第484页。

英国侵略者计划着怎样动手解决鸦片贸易合法化和扩张商务权利两大问题的呢？

历史上，1842年英国海军舰队深入长江，一举解决了拖延两年的鸦片战争，迫使满清政府签订城下之盟。1848年春，为了青浦事件，阿礼国采取同样的路线，只派一条兵船艾斯皮格号（Espiégle）到南京去，也就压服两江总督承受了他的要求。阿礼国研究这些历史，发现这个庞大帝国的致命弱点就在长江，特别是长江运河交叉点的镇江江面。1849年正月，1850年2月，1852年正月和1852年6月，阿礼国四次提出秘密建议狂喊动用武力，一贯地主张向镇江进军。

1849年正月，阿礼国向香港总督兼使华全权代表文翰（Sir George Bonham）建议说："像中国这样疆土辽阔人口众多的帝国，如能不需作战就对首都作有力的封锁与围困，那好处是非同小可的，而这恰恰又是在我们掌握之中的事情：每当早春时节，北京仰赖漕船通过大运河供应当年的食粮，我们开一支小小的舰队到运河口去就可以达到〔封锁首都〕目的了。这种要挟手段，比毁灭20个沿海或边境上的城市还要有效。须知身在饥饿的宫廷和饥饿的人民之中，皇帝只有两条路可资选择，不逃走就得屈服。"①

这是太平天国革命爆发前一年的建议。

太平天国革命爆发后，上海英国领事馆把每天的京报都摘要翻译过去，参以英商和特务工作人员的报告，他们对于当前局势的了解有时甚至比满清或太平军任何一方都要来得迅速。根据这些资料，阿礼国在1852年正月估计满清政府已经陷入"特别困

---

① 阿礼国，"论吾人目前在华地位与对华关系情况"，见米琪《在中国的一个英国人》第1卷，第416页。

窘的境地"，英国"用武力手段取得成功的空前良机"业已到来。从漕船开航日期和长江航道的深度两方面考察，他主张这种武力行动的时期不应迟于4月。他说"假如不加警告，不让〔满清政府〕有事先准备的时间，那么封锁开始后一个月以内，〔满清政府〕就会答应我们的要求的"。① 到了同年6月，阿礼国简直急得不耐，大喊"采取强有力的措施以保卫我们利益的时机已经降临，再等就不安全了！"②

这就是说，阿礼国这回把太平军所造成的满清政府"特别困窘的境地"当作动手侵略的"空前良机"，准备把炮口对着满清政府，用威胁的手段榨取利益。

1853年2月，太平军自武昌横扫而下，长江下游立刻震动。于此，阿礼国乃向文翰畅论英国侵略计划道：

"当前鞑靼皇朝〔即满清——译者〕正为中华帝国作殊死的斗争，皇军一直表现无可否认的错误与怯弱性，除非叛军表现更加严重的错误与更大的怯弱性，再不然除非有外力援助，那么，这个皇朝必然覆灭……这是唯一的结论。……其结果未必就会由另外一个皇帝登上咸丰的宝座，其可能性更大的，也是更为悲惨的结果，似乎倒是一个长期自相残杀的内战，以及由此而来的帝国的全部瓦解。所谓悲惨，无论就本国财富而论，或就与外强维持任何永久性商务关系而论，都是一样的。向〔荣〕要求这儿的道台〔吴健彰〕派遣外国绿壳船（尽管这种船只还是由广东和福建水手驾驶的）上驶长江，开到南京上游皇军所选定的作战基地附近去，这件事情清清楚楚地说明了，对于皇军将军们可

---

① 阿礼国，1852年1月13日上文翰机密报告，见米琪《在中国的一个英国人》第1卷，第430页。

② 阿礼国，1852年6月17日上文翰机密报告，见米琪《在中国的一个英国人》第1卷，第439页。

以给予何种援助，援助的兵力可以用到什么区域去，而叛军的进展也是极可能永久挡住的。法国为了宣传天主教，英国为了2500万英镑左右的商业投资和每年约达900万英镑的英印税收，是否把当前的时机看做一个机会，以无限制进出最僻远的禁区为条件，把皇帝从迫在眉睫的瓦解情势中援救出来，从而大大地扩张自己的活动领域，我是无从断言的。不过在这样一封机密文件里，或许我也不妨促请阁下注意，情况是何等的微妙，凭三四只轮船与兵舰，英国只要小有作为，便会产生决定性的作用，独断自己的要求条件，其事是何等轻而易举而又何等信而无疑呵！最后，根据我所得到的一切情报，我以为，这已经不是单纯地武装调停或武装干涉可否扩张我们利益的问题，而是不去及时地坚决地采取这类行动，则那些利益——商业的税收的——会不会被政治的解体和无政府状态所彻底毁灭的问题了，而只要及时行动，我们却又是有力量扭转这样局势的。"①

文翰面对这样局势，不用说，也是跃跃欲试的。他在接到阿礼国上项文件后，立刻就向伦敦请示，说是，"如果满清政府通过适当可信的"，和他"有同等地位的高级官员如耆英、琦善等向英国政府请求援助，以平伏叛乱"，则他的权力可以给予援助"到何种程度"。②

这就是说，时至1853年2月，英国资产阶级侵略者把炮口又转向太平军，当他们还没有接到满清政府的求援信号时，就已打算自动伸出血手来，这回侵略方策，已不是威胁，而是利诱了。

---

① 阿札国，1853年2月26日上文翰机密报告，F. O. 223/161。
② 1853年3月10日文翰致外长马斯伯雷（Earl of Malmesbury），F. O. 17/200。

二 太平军的威力斩断了满清政府与英国侵略者的反革命的勾结

1853年2月里,太平军所向无敌的攻势把满清统治者吓破了胆,其中江苏巡抚杨文定首先向英国侵略者发出第一次的求援信号。

杨文定第一次卖国求援的要求,是通过苏松太道吴健彰之手提出去的。据阿礼国的报告,吴健彰在3月1日那天亲自带着照会到英国领事馆去哀求阿礼国,要他把泊在上海的双桅方帆兵船百合花号(Lily)立刻开入长江,帮助清军阻挡太平军。阿礼国对于吴健彰的要求挑剔得很厉害。他认为吴健彰的口头说辞隐瞒军事实况,不够老实,而照会上的文字也不够明确,且有污辱英国人的字眼。他说他和吴健彰"经过很长时间的会谈",吴健彰"发现他的用心彻底失败了,于是回到他的衙门里去,就在这同一天的夜里十一点钟,我收到巡抚的请求,词意干脆明了"。——杨文定这时似乎并不在上海,用巡抚的名义发致阿礼国的第二次照会,可能是吴健彰伪造的。不过吴健彰深夜投送照会的丑态,无疑地,正足以表现杨文定迫切求援的惶恐心情。

阿礼国接到这样的要求,原打算立即行动的,不料百合花号舰长杉得荪(Capt. Sandorson)主张要取得文翰的同意,于是他再向文翰申论英国应采的政策道:①

"〔吴〕道台这封信正式请求〔女王〕陛下政府的兵船百合花号驶入扬子江去阻挡叛军前进,并掩护南京,言辞干脆明了,整个的救援口气是迫不及待的。毫无疑义,南京陷入叛军之手的

---

① 1853年3月3日阿礼国上文翰机密报告,F. O. 223/161。

危险性是很显著的，没有目前迫切寻求的国外援助，其结果是可以预料得到的。……叛党正在帝国心脏区域迅速无阻地进展中，目前这已使南京与北京同受威胁，从这方面来考虑情势的危险性，则可能立即发生的一切重大变动（对我们有利的，或是毁灭我们的商务的），是难以估计的，〔我们〕决策的重要性也是毋庸过言的。

"我相信，时机已到，谁也说不定这个机会将怎样转瞬即逝。毁灭性的战争正在迅速地摧毁一个稳固政府的一切基础，也正在破坏商务的一切命脉。大不列颠一国，或是在中国海滩有舰队的三个外强联合起来，去制止这个毁灭性的战争，趁〔中国〕皇帝还据有能够缔结条约的地位时，向他取得这种干涉的报酬。过去经验可以说明，为了通商利益，为了永久维持友好关系，究竟我们需要取得何种权益。我坚决相信无限制进入内地和沿海一切口岸，在北京建立直接外交关系，以及鸦片的合法化，都是当前可以获得的权益，并且，满可以在今后两个月以内，用正式条约获致之。叛党有肢解帝国的危险从而当新旧皇位的过渡期中，帝国势将陷入无政府混乱状态。为了挡阻叛军的进展，并最后扑灭叛党，鄙意以为只消做到两件事就够了：第一，大不列颠单独地或者和其他认为最适当的列强联合起来，派一支小小的舰队到扬子江的运河口去，宣布他们准备为北京皇帝掩护某些可以进出兵舰的重要地点……第二，订有这些结论的条约应该公告全国。在三个签约的外强批准这个条约以前，并在其中条件已经〔中国〕履行以前，以三个签约外强的名义占领镇江府。

"皇帝的地位是绝望的，他没有能和叛军相见疆场的士兵，也没有饷银去雇用好人，他最后胜利的唯一希望系于国外列强的有效援助。

"中国皇帝之无意于按照条约精神履行现行条约上的规定，

乃是已经明显的事实。要说趁友邦之危从中渔利，乃不义之举，于是踌躇起来，就对付中国皇帝这样人物而言，是没有必要的。好久以前我就有这样的信念：要不正是为了这次的叛乱，中国皇帝久已采取'对我们'更为坚决的敌对态度了。"

这里应该说明一点：阿礼国的意见，并不是他个人的幻想，实在是当时上海所有英商的一致要求；特别是鸦片贩子，都把这次援助当作"空前良机"，打算借此大大劫夺一番。吴健彰的求援是迫不及待的，阿礼国和上海英商的应援也是迫不及待的。所以，上述阿礼国3月3日的紧急公文就不能坐待通常邮班，而由大鸦片公司怡和洋行特派走私鸦片的快船阿昂那号（Iona）专差送到香港去。怡和洋行上海支店负责人达拉斯（A. G. Dallas）发给该公司香港负责人大卫·查甸（David Jardine）的信是这样说的：①

"我这次派阿昂那号来香港是非常匆忙的。我要她不必靠芦港，② 这是阿礼国的要求，为的给他送公文来。……我希望，如果我们政府真要干预其事，只有在这种条件下才可以干，那就是：对于过去的损害获致补偿，在北京常驻使节以建立更好的关系，并且，这个国家要普遍地向我们开放。……我希望文翰能答应阿礼国的要求。我已经答应阿礼国，公文立即送达，不得迟延。"

文翰收到阿礼国的紧急公文，立刻准备到上海来，"不仅为了亲自考察当前的情势，而且为了一旦事态恶化，能够采取比领

---

① 1853年3月3日达拉斯致大卫·查甸函，见剑桥大学藏怡和公司档案，"上海地方通信""1853—1856年"盒。

② 芦港是（Lookong）的音译，是上海宁波之间的一个小港口。当时为走私鸦片和军火的中心地之一，鸦片船往来于香港上海沿海，通常都是要停靠芦港销卖鸦片的，阿昂那不靠芦港，是为了专差赶送阿礼国公文的例外情形。

事权力所可采取的更有决定性的行动";"从各方面考虑决定任何干涉行动是否必要,是否值得;"为了准备"从各方面考虑"的结果,确认干涉行动是"值得"的,文翰同时也着手调配武力,他命令原已受命开往新加坡的火轮兵舰哈尔米士号(Hermes)作为他的座舰改航上海,调原泊厦门的另一艘火轮兵船撒拉曼特号(Sylamander)开往上海,更令原泊宁波的兵船拉特雷号(Rettler)留在原地待命,不要南开;① 这样,他在上海就可以组成"一支小小的舰队",可以发动一次相当规模的攻击行动了。

文翰还没有到达上海的时候,满清统治者告急求援的信使已经再度拥到上海去了。3月4日,远在九江的钦差大臣向荣听说上海泊有外国火轮船,就"飞札"饬令吴健彰赶紧把这些轮船弄到手,去帮助他攻打太平军;"或赁或借,必得设法办理"。② 到了月中;杨文定也再度告急。15日那一天半夜里,吴健彰照会上海各国领事,传达杨文定的紧急要求,说是太平军水师已到下关江面,南京危急,"若不趁他们初到的时候加以攻击,就不能阻挡他们向各处窜扰",所以恳求各国领事,立刻把现泊上海的兵船先行开去救急,以后续到的也陆续上驶。③

文翰是3月21日到上海的,第二天,他就命令阿礼国答复吴健彰的照会。文翰对于杨文定的请求并不作正面的答复,既不首肯,也不拒绝,却根本撇开杨文定,说是英国全权大臣已经到了上海,"高级当局之间的接洽比较方便了。如果两江总督阁下

---

① 1853年3月11日文翰致马斯伯雷,P. O. 17/200。
② 向荣咸丰三年正月二十六日九江发"接钦差大臣关防折",见向荣"忠武公会办发逆奏疏"(清华大学藏抄本),卷1。
③ 1853年下院蓝皮书,"有关中国内战的文书"(Papers Respecting Civil War in China, 1853)"上海道致阿礼国领事照会",第3—4页。

企求援助，或就当前局势与全权大臣有所洽商，应由总督自行正式来文而不须任何次级官员预闻其事"；他并且声明，他"一经收到此项来文，对其中内容当即予以最善意的考虑，并即早答复"。① 在这里，文翰的用心表现得很清楚，文翰的侵略胃口是极其贪餍的，那样大的胃口惟有带有钦差大臣头衔的两江总督才有权利答应他的条件；这种交涉自然需要秘密进行，"不须任何次级官员预闻其事"；而如果有权卖国的钦差大臣向他求援，他也是准备"予以最善意的考虑"的，换句话说，就是准备伸手援助的。

然而，到了28日，文翰却突然改变主意，向英国外交部报告他已决定采取"不干涉"政策。就是"不论'太平军'下一步采取什么动作，其方向如何，我已经决定不以任何方式偏袒中国政府参与干涉"。②

文翰兴致勃勃地调集兵船，赶来上海，如今在短短的6天以内，他的心思发生这样180度大转弯，这岂不是一件很奇怪的事情么？

当日军事局势的发展，可以说明文翰心中的隐曲。原来远在文翰赶到上海的前两天，即3月19日，那座长江下游满清统治机构的神经中枢——南京，已经归入太平军的掌握；而文翰心目中有权答应他的要求的对手——钦差大臣两江总督陆建瀛，也已在同一天结束了性命。只不过迟至3月22日文翰还没有听到这些消息，到了6天以后，上海方面所得到的情报，已经可以确定南京根本无从挽救了。

---

① 1853年3月22日阿礼国领事致上海道照会，"有关中国内战的文书"，第4页。

② 1853年3月28日文翰致外长罗素（Lord John Russell），"有关中国内战的文书"，第1—2页。

南京的解放，斩断了正在积极进行的满清统治集团与英国侵略者之间的第一次的反革命的勾结。

在这里，我们来巡视一下太平军的阵容罢。太平军是1853年2月9日从武昌誓师东下的，水陆大军号称50万人，这支革命武力以疾风之势横扫而下，直趋南京。这中间，在2月15日，有鄂东老鼠峡之捷，18日大败钦差大臣陆建瀛军于九江，接着，20日解放湖口，次日过小孤山，22日破彭泽，次日占安庆，28日下铜陵，3月4日解放芜湖，次日又有东梁山之捷，到了3月7日陆路前锋便已逼近南京，在太平军的刀锋之下，南京守不到两周便告解放了。这就是说，天险也罢，大军也罢，任何障碍都挡不住太平军的矛头，统计从武昌誓师到南京解放，前后不足40天，沿江直下600多公里，先后斩清方统兵大员巡抚1人，将军1人，提督1人，总兵3人，连钦差大臣两江总督陆建瀛也在他的官署所在地的南京城里身首异处了。

这是上海外国人所传说的各种消息的事实根据。南京解放的消息于3月25日传到上海。第二天，英国领事馆翻译官密迪乐（T. T. Meadows）根据2月25日到3月2日的京报，列举军事大事如下：安庆巡抚蒋文庆在安徽战败身死，两江总督陆建瀛从九江弃守潜逃，被处革职留任；都统琦善应援不力，也被革职留任；钦差大臣向荣谎报九江大捷，实则是太平军毫无损伤地从九江攻击而下了；又，前钦差大臣大学士赛尚阿则因督师无能被判处斩监候。这又是英国领事馆所得的确实可靠的官报消息；

从这些情报中，英国侵略者当然可以体会到当时太平军的威力是如何锐不可当。除此而外，密迪乐还根据他所得到的"可靠情报"对于太平天国和满清两方面的军情，有如下的叙述。

3月11日早晨，当一小队非正规的太平军骑兵出现于采石矶的时候，防守该地的满清部队三四千人望风而散，仓惶得连炮都不及搬走，结果遗弃很大的重炮 8 尊至 10 尊，小炮二三十尊，到了晚上，这个消息传到南京，全城立刻陷入混乱状态，多处起火，城内居民通宵出城逃走。从那以后，一切南京的对外联络似乎都已切断了。"所有的消息都说驻防的满清旗兵尽管数量很庞大，可是彻底不能作战。对于叛军头一个总攻击的风暴就全然无力抵御。"太平军方面，密迪乐说他们"是领有固定军饷的！据说数目并不很高，可是按时发放，而这则是满清军队里十分难见的事情。军队保持严格的纪律，所有的报告都说军官在战场上严厉地执行军纪，凡是脱逃或畏缩不前的都被斩首"。

就是根据这样的认识，密迪乐在其上阿礼国的报告书中表示他自己对于局势的看法说：①

"所有我得到的情报，都加强我前此已经说过的那个信念：叛乱运动乃是中国人民反抗满洲人继续统治——或者毋宁说是延长暴政——的一种民族运动。满洲人在帝国南半部的权力已被颠覆，一去不复返了。这个时候外国人站在满清方面去干涉其事，只能有一个结果，就是无限期拖延敌对行动和无政府状态的时间；假如外国人不加干涉，很可能扬子江流域和南部各省很快就会归入一个纯粹汉人王朝的统治之下。按照民族的，古老的治国之道治理下去，成为一个内部坚强的国家。"

密迪乐所报告的情况对于文翰的对华政策发生了决定性的作用。就在收到这份报告书后的第二天——3 月 28 日，文翰向英国外交部报告他所决定的政策，他说：②

---

① 1853 年 3 月 26 日密迪乐上阿礼国领事书，"有关中国内战的文书"，第 5 页。

② 1853 年 3 月 28 日文翰致罗素，"有关中国内战的文书"，第 1—2 页。

"最近传说,经过一个短时间的包围战,叛党已攻占南京,满清人员损失惨重。一旦南京被占,则帝国政府便受到自叛乱发生以来最严重的打击了。就是放开中国这座古都所象征着的一切威信和她的历史意义不论(阁下知道在中国人心目中这有非常重要的意义),要知一个坚强的武装团体占据扬子江上这样一座庞大而重要的城市,其位置适在帝国的心脏部位,接近大运河,足以切断一切对首都的粮道交通,这么一件事是不可轻易放过不加重视的。这支武力的下一步动作,对我们也和对中国人一样,已成为估计将来的重要课题了。"

这不是一个很简单的判断么?无论文翰和阿礼国怎样想乘机向满清统治者要挟权利,可是在太平军的压力之下,那群统治者已经阵亡的阵亡,逃走的逃走,整个儿统治机构望风溃散,根本瓦解,不成其为交涉对手了。长江下游心脏部位的南京已在太平军的掌握之中,"满洲人在南中国的权力已被颠覆,一去不复返了"。还有什么值得支持援助的呢?如果外国人此时援助满清统治者那当然只能有一个结果,就是,"无限期拖延敌对行动和无政府状态的时间"。密迪乐所说乃是当时局势必然的结论,文翰几乎以同样的词句复述了密迪乐的见解,说是他决定"不以任何方式偏袒中国政府参与干涉"。因为他"确信,任何这种性质的干涉行动,只能拖延斗争的时间"。从此,文翰和阿礼国的侵略手法便又从威胁、利诱转变成另一种形式:旁观、等待。这种形式并且也是经过同年5月31日英国外长克拉兰敦的正式批准的。

满清统治集团与英国侵略者之间的第一次反革命的勾结,就这样被太平军的威力所斩断了。

说到这里我们要提一提英国商人,特别是大鸦片贩子怡和洋行的态度。从第一次到第二次鸦片战争,整个儿英国的对华政策，实际上就是怡和洋行的主张，英国在华的外交人员不过是怡和洋行的发言人罢了。那一群鸦片贩子兼海盗的侵略者一向是瞅着任何机会就要动用武力来攫取权利的，如今他们怎样打算呢！

正在这个时候，吴健彰从美国旗昌洋行（Russell & Co.）租一条古旧的鸦片囤船科学号（Science）用来协助满清军队。英商对于美国人此举"非常惊讶"，认为这就是破坏中立。怡和洋行的达拉斯说：

"这条船（科学号）如果不是从旗昌洋行买来的，也是从该洋行租来的。美国人如此参与其事，大家都表示非常惊讶。流行的意见似乎都认为应该由斗争双方自行解决问题，至少在进一步获悉叛党真实情况前应该如此。"①

4月1日，美国公使马沙利（H. Marshall）藉词向两江总督呈递国书，率兵船石斯规哈那号（Susequhanah）向镇江开行，意图协助清军攻击太平军，其事又引起全体外商的不满。达拉斯在4月12日②的信里评论这件事情说：

"美国公使座船石斯规哈那号于本月1日开上去，对外宣称不过是去南京向总督呈递国书的，走到吴淞以上约12英里的地方，搁浅了24小时。他们一行中的一只轮船转回上海来，对人宣称他们愿意完全中立，几乎全体外国人，不论英美，都对这个消息感觉满意。人们认为石斯规哈那号这次行动是由旗昌洋行发动的，实情是给道台（吴健彰）帮忙去的。"

为了侦察太平军的情况，4月底至5月初，文翰等曾有南京之行，此行英国人亲自领略了太平军的威力，于是那班鸦片贩子

---

① 1853年3月25日达拉斯致大卫•查甸函，见前引怡和公司档案。
② 1853年4月12日。

就更加畏首畏尾，甚至责难起文翰的行径来。5月7日达拉斯的信①上这样说：

"费士班舰长（Capt. Fishburne）和密迪乐君对于叛党的一般情况和他们那有效率的组织，一致得有非常之好的印象；但文翰对他们的看法却并不怎么好。文翰因为几件事大受责难。——第一，27日晚上已经约好第二天谒见叛军领袖，诸凡侍卫、轿舆、马匹等等样样要求都答应了；而到时候他却托词身体不适，终不曾去。第二，对于叛党的炮击是发炮还击的〔按，文翰自南京回舵，行经镇江时曾遭太平军炮击，文翰还击〕，但在南京附近也被官军帆船攻击过，有两颗炮弹飞过船头，他的反应只是退回南京去，把这种攻击却没有当作一回事。"

尤其值得注意的是鸦片贩子对于鸦片问题的态度，达拉斯的信里有这样的话：②

"叛党对外国人的意向如何，谁也不知道准定怎样。……吴淞各鸦片船的经理人已经给他们的船长下了命令，教他们开进港口来，一旦有危险的时候，他们都会开进来的。……我已训令觉谢（Gauncey）船长不管别人怎样办，他总是要开到芦港去，既可协助海拉斯号（Hellas），他自己也最安全。虽则我们当局或中国当局并不会干涉鸦片船开进港口来，不过出了危险，我们政府并不想出面保护，或者根本就不承认……鸦片一旦损失，是没人赔偿的。整个说来，我认为再有危机，我们最好还是不谈鸦片船和鸦片问题罢。"

这不是很奇怪的么？英国海盗自从向中国走私鸦片以来，如今已有七八十年的历史了。这中间他们用武力强行走私，随时准

---

① 1853年5月7日达拉斯致大卫·查甸函，见前引怡和公司档案。
② 1853年4月12日达拉斯致大卫·查甸函，见前引怡和公司档案。

备轰击敢于干涉他们走私的任何人；满清政府这时不独不敢触动吴淞口大批的鸦片囤船，连开到上海港口以内去的也"不会干涉"；英国政府方面，为了压服中国的禁烟运动，不惜掀起鸦片战争，就在这5年以后又用炮火强迫满清政府把鸦片贸易合法化；并且如前所述，这时鸦片贸易已成为英国对华侵略的生命线，然而如今最大的鸦片贩子怡和洋行上海负责人达拉斯却畏缩起来，命令全副武装的鸦片船躲到外港了，甚至要不谈鸦片船和鸦片问题，前后是何等明显的对照呵！

为什么英国海盗如今缩头缩脑起来呢？除非是太平军占领上海吴淞，还有什么值得害怕的"危机"？唯一的理由还是太平军的矛头上！

这是一次宝贵的经验，只有革命人民的刀锋才能斩断中外反革命的勾结和海盗侵略者的魔爪！

三 太平军的严正立场和满清卖国贼的奴才相

太平军的威力斩断了满清政府与英国侵略者的反革命的勾结，这是中国近代史上极端重大的事件。正是这种力量镇压了英国侵略者的魔爪，把阿礼国在1849年就已策划着的军事侵略计划推迟到1858年去；又正是这种力量打破了英国侵略者惯于采行的军事策略，使他们在第二次鸦片战争中，不敢深入长江，而重新捡起第一次鸦片战争中已经放弃的攻击路线——进兵白河。

为说明新局势的重大意义，我们对于3月29日天京定都以后的情况，还有略加叙述的必要。

1853年3月里杨文定、吴健彰两次的求援活动没有达到目的。这并没有使满清卖国贼就此死心。

3月31日,太平军罗大纲、吴汝孝部大败满清总兵叶常春的水师和吴健彰所雇的广艇队,占领镇江。满清统治者又受了一次极其沉重的打击,上海更大大地恐慌起来。就在这个时机,杨文定和吴健彰的卖国活动也更加积极频繁。4月5日,杨文定用江苏巡抚兼署两江总督的名义向上海各国领事发送第三次求援照会,哀求各国派兵船去南京进攻太平军。隔了一天以后——7日,吴健彰一面伪造太平天国将领罗某黄某的文告,① 企图使外国侵略者对太平军产生更深的仇恨,一面又亲访英国领事,哀求英国用武力防守上海县城。不料从前急于要和两江总督直接交换照会的文翰,如今对于署理两江总督杨文定的照会却根本不加理会,只是口头向吴健彰表示要"完全中立";从前考虑深入长江援助满清是否值得的,如今上海危在旦夕太平军直接威胁到英国2500万英镑所谓"商业投资"的中心地时,文翰却连防守上海县城的事也"不能允予任何援助",只是当"外人区域遭受攻击时",他才"必须保卫该区内的财产"② 文翰的胃口被太平军的威力压缩到租界以内的财产上去了。

第三次失败后,满清统治者上上下下都成了热锅上的蚂蚁。钦差大臣向荣统带大军,一筹莫展,想来想去,还是"必须上海等处兵船火轮船"和他所统率的陆军"一齐进攻",所以仍旧不断地"飞札"饬令杨文定、吴健彰急求外援,教他们把火轮炮船"务须不分星夜驶入长江"。③ 满清头子咸丰也屡屡"谕"令杨文定、吴健彰、桂麟、黄宗汉,"雇觅"火轮船迅速驶入江

---

① 粤匪杂录。
② 1853年4月7日阿礼国致文翰,"有关中国内战的文书",第17页。
③ 参看《忠武公会办发逆奏疏》卷2,〔阴历〕三月二日江宁土城发片,三月九日钟山发片,三月十六日钟山发奏稿。

口，以备向荣调遣。① 这中间，杨文定4月14日给吴健彰的私函可说明常日那班卖国贼卑鄙无耻到什么程度。②

"江宁贼船尚有数百只，闻其挑选各处美人数千人，搜抢各处银两数百万，均载船上，保护其重，今被大军围攻，不能兼顾。若我之艇船再往攻击，彼必束手，而美女银两可得也。惟贼船略多，我之艇船又恐无风，是必英国美国火轮兵船前来，乃能必胜。务望催令迅速前来，成此大功，获此厚利，时不可失，事不宜迟。"

从此可以知道杨文定、吴健彰竟污蔑太平军掳掠美女数千人，银两数百万企图用这些捏造出来的诱惑物去引诱侵略者帮他们屠杀太平军的。到了5月初，杨文定发出第四次借兵要求，在那致英美两国领事照会上，他确实未便把美女形诸文字，但却提出另一种诱惑物——鸦片。照会说：③

"贼匪沿江掳掠资财，装载重船甚多，欲绝贼踪，须尽焚击。……钦差大臣向荣……特遣副将郑魁士……本署部堂亦遗游击张攀龙同来商恳……希念两国通商合好已久，今商民被扰，贸易不通；且贼匪禁烟甚严，一遇我国吸烟之人，无不杀害，统希速发火轮师船来江剿击，望速施行。……倘蒙允发火轮师船前来洗剿贼匪，必当奏明皇上，重加酬劳，而贵国借兵恤邻之声名，亦永传不朽矣。"

这就是说，满清统治者是不禁烟的，英美两国如果帮他们屠杀太平军，不独可以掳获"甚多"重船的资财，还可推广鸦片的销路，这真是无耻到了极点了。

---

① 参看《忠武公会办发逆奏疏》卷2，〔阴历〕三月十日，三月二十二日，三月二十七日上谕。
② 北京大学、北京图书馆编《太平天国史料》，第292页。
③ 《忠武公会办发逆奏疏》卷2。

然而，银两也罢，鸦片也罢，"美女"也罢，英国侵略者这时对太平军的威力已经有了进一步的认识，他们是越发不敢动手动脚了。所以吴健彰、郑魁士和张攀龙三人带着这样的照会去英美两国领事馆交涉时，连照会也无人接受，只好原封带了回来。① 从此满清卖国贼的求援活动也就不得不暂时停顿下来。

然则，英国侵略者这时对太平军有了怎样的认识，他们又是怀着怎样的心情的呢？

就在镇江解放上海震动的4月里，英国侵略者曾两次进入太平军解放区，一次是密迪乐去的。密迪乐于4月9日从上海出发，路经苏州、常州，而至丹阳，终因河道水浅放弃前往南京的原定计划，于4月19日返回上海。另一次是文翰自己去的。文翰一行乘火轮炮舰哈尔米士号于4月22日从上海出发，26日过镇江，27日到南京，留三天，于5月1日曾向南京上游驶行12英里后折回南京，第2天即起程回上海，于3日早过镇江下行，5月5日回抵上海。

密迪乐苏、常、丹阳之行，发现太平军有若干"相当不平常的特点"。他描写太平军是"清教徒式的，甚至是狂热的"人物，"饭前全体按例祈祷，对淫荡、强奸、抽鸦片的罪犯都处死刑；抽烟草的也处杖刑"。② 文翰一行则亲身领受了太平军另一些，"不平常的特点"。——用文翰自己总结性的话说，就是太平军"显得是一个比一向所想象的还要可怕的团体"。

文翰南京之行，不用说是为了亲自窥察太平军的真实情况去的，此外，他还有一个阴谋就是利用宣布"中立"的说辞诓骗太平军的对外政策。4月22日，文翰在出发去南京前给英国外

---

① 咸丰三年四月乙未向荣奏，筹办夷务始末，咸丰朝卷6，第12页。
② 1853年4月22日文翰致克拉兰敦，"有关中国内战的文书"，第16页。

交部长的公文里，这样说：①

"我在获悉叛党宣布他们对待外国人的意向以前，就不愿意停下来无所作为。……在这种情况下，这认为我应该立刻乘哈尔米士号火轮炮舰进入扬子江。……我此行目的，是清清楚楚地向各方面解释明白，目前英国政府是守中立的……此举或许会发生效果，引得叛党领袖宣布他们对待外国人的意向。"②

关于"中立"，4月26日哈尔米士号初次到镇江时，用该舰司令官费士班的名义送上去的文件是这样说的；28日在南京用文翰的名义送上去的正式照会也是这样说的；4月27日密迪乐和斯普拉特（Spratt）面见北翼二王，口头上是这样说的；5月3日哈尔米士号回到镇江，密迪乐等面见罗大纲时还是这样说的；甚至哈尔米士号停在南京的几天中，文翰也"令人向每天聚到哈尔米士号甲板上来的人们，无论贵贱，都充分解说轮船来到南京的动机，并保证我们完完全全是中立方面的人"③。用文翰的名义发给太平天国的正式照会这样说：④

"近来闻得中国人与满洲人兴动干戈，又闻贵王已得守金陵，传播不一。有满洲官晓谕云，借得西洋国大轮船十数只由长江直上，与贵王军兵打仗等，此皆满洲官之假语谎言。查我英国往各国贸易、居住，凡各该处有兵戈，向例均不干预，今在中国焉有借用大轮船相助之理？至于满洲官雇用广艇，置买西洋船只，本大臣并不闻问。所有英国商民船只，均不准其雇用。其买

---

① 1853年4月22日文翰致克拉兰敦，"有关中国内战的文书"，第16—17页。
② 1853年5月6日、11日文翰致克拉兰敦，又，4月28日文翰"致叛党领袖书"，"有关中国内战的文书"第21、25、31页。
③ 翻译官密迪乐与"叛党领袖"在南京与镇江的会谈报告与赖检点的会谈记录，在镇江与罗将军的会谈记录，1853年5月6日文翰致克拉兰敦，"有关中国内战的文书"，第27—29、22页。
④ 《太平天国史料》第178页。

卖英国人商船者，与买洋布及各式货无异，难以禁止。如他国买卖船只，本大臣更难阻当〔挡〕。但买去之船，俱不许用我国之旗号。设有我国人民仍旧在船为满洲官使用者，实属不该，本大臣决不庇护。总之贵王与满洲相敌，我英国情愿两不干预。……独是英国在上海建造许多房屋居住，并礼拜堂及堆货栈房，黄浦江内有英船多只来往停泊。刻下贵王已抵金陵，与上海近在咫尺，闻得贵王军兵欲到苏松一带，后至上海，时贵王之存心立意欲与英国如何办理之处，先愿闻知。"

文翰嘴里的所谓"中立"，如果理解为英国政府不敢用武力援助满清统治者，那倒是文翰的真实心情。试再看4月29日密迪乐在哈尔米士号上对赖检点所说的话，那侵略者的心情，就更加明显了。密迪乐说："只要是中国人自己所选择所服从的人做君主，不管他是谁，英国人是十分准备承认他是中国的君主的。"① 既然太平军"显得是一个比一向所想象的还要可怕的团体"，既然"十分准备承认"天王是中国的君主，那还有什么援助之可言呢？

太平军和满清卖国贼对于文翰一行各采取怎样的态度的呢？

4月27日哈尔米士号一度停泊六合江面，向荣奏报满清卖国贼和哈尔米士号接触的经过如下：②

"适接六合知县温绍原禀称，本月二十日〔阴历〕，有英夷火轮船一只驶入该县江面断〔？〕要地方停泊，当饬役上船查询，见有红巾贼匪4人在内，夷酋不与该役答话，惟交汉字未封口夷信一封，属令该役赴南京贼中投递，该役不敢前去，谨将英夷原函送至阅看等语。臣等接览之下，原函后面有夷字两行，的

---

① 密迪乐与赖检点的会谈记录，"有关中国内战的文书"，第28页。
② 向荣，咸丰三年三月二十五日片，《忠武公会办发逆奏疏》卷2。

系夷信无疑,殊深骇异。臣等当即协商,总须询明该夷来历,随札饬六合县赶带牛酒等物亲至夷船,以犒劳为名,问其来意何居,抑系帮同剿贼,必须好言安抚,奖其报效之诚;即或另有诡谋,亦须晓以大义,切勿激而生变。……仍一面飞调苏松太道吴健彰迅速前来,令赴夷船查询实情,再行核办。"

为了询明来历,需要"赶紧携带牛酒等物以犒劳为名",就是另有诡谋,也要"切勿激而生变",这就是满清卖国贼奴颜婢膝的情态。

从太平军的立场上说,英国兵船之出现于长江江面这么一件事情的本身,就是破坏中国主权的行动。无论太平军是否承认满清政府过去和外国侵略者所订的各种条约,英国人都是没有任何权利把任何船只开进长江里面来的。当太平军正在和满清统治者沿江进行革命战争的时期,当满清统治者屡次宣称外国兵船即将入江协助满清政府攻击太平军之后,① 4月26日,英舰哈尔米士号冲入镇江江面——同时有满清水师船只,包括两条纵帆船和约莫25只广艇的一个舰队紧跟着哈尔米士号开到镇江,企图借英舰的掩护,进行攻击——那完全是不能容忍的。所以当时太平军江面兵船和岸上炮台对于哈尔米士号就立刻展开轰击。南京是革命的首都,4月27日哈尔米士号初次出现于下关江面时,也受到太平军同样的轰击。② 这就是太平军不畏任何敌人的严正的革命人民的立场。

另一方面,太平军关于对付凶狠而狡猾的英国使臣那样的海盗人物,却是没有经验的,所以当文翰一经宣称哈尔米士号并无

---

① 4月13日密迪乐在常州看到常州知府的告示,说是江苏巡抚已借得外国轮船10余艘,即将驶过镇江上攻太平军。告示见"有关中国内战文书",第17—18页。

② 1853年5月11日文翰致克拉兰敦,"有关中国内战的文书",第24页。

协助满清的意图时,他们就对英国人表示和平友好的态度。4月27日,北王在接见密迪乐的谈话中说,"我们之间,不仅可以和平相处,而且可以成为亲密的朋友";他并且特许密迪乐等可以在南京登陆,"随便走到哪里都可以"。① 30日,杨秀清和萧朝贵在致文翰的复文里,正式宣告英国人"可随意来天京,或效力或通商,出入城门均不禁阻"。② 而罗大纲和吴汝孝给文翰的复文,尤其说得清楚,他们说中国人民并不乐于看到满清政府的排外政策,如今天王"协和中外,并不限制通商,也不征收货物通过税";他们提醒英国使臣,满清统治者已经到了日暮途穷的境地,所以尽力驱使英国与天国为敌,坐收渔人之利,劝英国人不要助纣为虐。③ 尤其值得注意的是,尽管太平天国准备欢迎英国人前来通商,同时却也坚持禁烟政策。5月3日罗大纲清清楚楚地警告密迪乐,说是英国人"不应该"再到中国来出卖鸦片。④ 凡此都说明太平天国革命政权对待外国人诚恳地执行和平友好的政策,然而同时也正气凛然,丝毫也没有放松自己的严正立场。这就是文翰所要窥探的太平天国的对外政策。

前面已经提到费士班舰长和密迪乐对于太平天国的一般情况和他们那有效率的组织"一致得有非常之好的印象"。"遐迩贯珍"综述这一行的见闻,说是太平天国"设立国政,法律严密,又颁发新历,行军恒有法度,分行暂伍,最为肃穆"。⑤ 麦华陀(Rev. Medhurst)研究文翰一行从南京带回来的宗教书和各人的

---

① 密迪乐,"北王翼王的会谈报告","有关中国内战的文书",第27页。
② 杨秀清、萧朝贵复文翰书,李圭,《金陵兵事汇略》卷1。
③ "叛党领袖"致文翰书,"有关中国内战的文书",第33页。
④ "在镇江与罗将军的会谈记录","有关中国内战的文书",第30页。
⑤ 《太平天国史料》,第511页。

观察，得到下列结论：①

"如果叛党成功，至少传教士的活动可望获得完全的容忍；这一党人看到外国人一般地都和他们遵奉同样的教义，因而当他们得势时对外国人怀抱友善态度，并不是不可能的事情。无疑的，他们会允许通商的，不过从他们的出版品以及他们的行为上看，我们可以推断，他们将严禁鸦片烟——不像现在这样有名无实，而是真正的禁止。……叛党成功的好处，在于把这个国家对外开放传教与通商，以及采行合乎科学的改革，这对接受两方都是有益的。叛党有力量，而且也有这个意向走上进步的普遍改革的道路（他们的历法可以为证），这是满清皇党绝对没有表现过，也绝对不可能望有所表现的。因此基督教国家参与扑灭这个运动，实是一件凄惨的事情。尽管叛党所奉行的基督教形式还有问题，可是那总比中国人一直奉行着那种愚蠢的偶像崇拜高明得多。如果欧洲国家站到反对方面，可能就会和在某些方面比他们自己还要高明的人发生战争。……目前唯一合适的政策，是不要卷入漩涡，避免和两边发生官方的联系。"

这就是文翰一行所窥察到的太平天国的一般情况。

总起来说，1853 年 3、4、5 这三个月里，英国侵略者对于太平天国应该有这样的看法：第一，太平天国运动乃是"中国人民反抗满洲人延长暴政的一种民族运动"；这是整个儿帝国统治权的斗争，是革命；第二，这支革命的武力是所向无敌的，'满清统治者是不能抵挡的，如果外国人援助满清政府攻击太平军，那"只能有一个结果，就是无限期延长敌对行动和无政府状态"；文翰自己承认太平军"是一个比一向所想象的还要可怕的团体"，这个团体且曾对文翰一行发射过猛烈的炮火；第三，

---

① "有关中国内战的文书"，第 43—44 页。

太平天国的国政是进步的，法律是严密的，军纪是肃穆的，组织是有效率的；第四，太平天国的对外政策是有严正立场的，和平友好，"并不限制通商"，然而绝对禁烟，发现抽鸦片的人就处以死刑，他们并且明告英国侵略者以后"不应该"向中国贩卖鸦片。

面对这样的局势，英国侵略者将采取怎样的政策呢？

有人以为太平天国是绝对禁止鸦片的，鸦片是英国对华侵略的生命线，所以英国侵略者就援助满清统治者反对太平天国，这样说法，是不够全面的，至少就这个时代而论，这种说法是没有触到问题的核心的。

南京解放以后，英国侵略者所要解决的问题，已不在鸦片怎样合法化，贸易权利怎样扩张，而在太平革命是否压得下，平得了；满清统治者能否扶得起，站得住，从而英国侵略者的既得"权益"能否拿得稳，把得牢了。这是1853年3月以前英国侵略者做梦也没有想象得到的崭新的局面，在这样的局势之下，鸦片已成为次要的问题了。

1853年5月，伦敦外交部曾训令文翰向满清统治者提出修改江宁条约的问题，目的是要签订一个新的商约，把"全中国的港口与城市毫无保留地开放"给英国人"通商"，使英国"商人"可以自由"通商""旅行"，走遍全中国，"不在任何地方受到任何限制"。同年8月初，文翰和法国驻华公使布尔布隆（M. de Bourboulon）在香港谈论对华政策问题。布尔布隆表示法国政府深恐中国"内战"将无限期拖延下去，因而是倾向于援助满清政府的。文翰却老老实实地说：[①]

"在事态更为明朗化以前，参加任何一方都是为时过早的。

---

① 1853年8月4日文翰致克拉兰敦，P. O. 17/204。

我看不出外国怎样能从根本上救助皇军。固然，有了英法两国在中国海的海军，无疑的，皇帝是可以重占南京和镇江的，但是这或许也并不是没有困难的。因为，很明显的，皇军已如此其丧魂落魄，我们要不在陆上也采取行动，那么就是外国火力把南京城墙轰开了，他们也会不敢进城，就是进了城，占领了，等到我们军舰从城下撤走以后，他们也不能守住南京城……从任何观点看，中立乃最为切要的办法。因为如果我们援助现在的政府，而最后却是叛党成功了，那我们在中国的地位就极其狼狈了。

"再没有比当前危机中商订新约更为不合时宜了。和谁去签订新约呢！和皇帝订吗？假定一切进行顺利，他也和我们一样地急于要建立更密切的关系，订这个条约的头一个条件就是给他援助以压服叛党。我以为这乃是暂时还不能接受的要求，也全然和政府所规定的政策路线背道而驰。就说给皇帝援助罢，那也必须是很大规模的援助，而如果叛党的势力广泛而辽远地扩张起来，人民大众又普遍地愿意拥戴他们为统治者，这种大规模的援助也是没有效果的，同时我们也不能达到目的。花了大量的金钱，毫无目标，只不过面对叛党，把我们自己送上一个非常尴尬的地位而已（这还是最好的情况）。因此，我认为现在根本不必去谈和帝国政府缔结新约的事情。

"我承认我看不出当前斗争有迅速结束之望，如果叛军占领北京，则将有多年的，不利于我们商务的战争。但纵使如此，我也认为遇有适当机会和叛党协商时，我们从叛党手里所可获得的政治与商务利益，也大可超过皇党。和叛党交涉，我们要对付一班新人，直到今天为止，就我们所知者而论，这批人并不像不向我们就范的样子。而和皇帝打交道，我们会发现他和从前一样傲慢自大，反对和我们扩张中外关系。……他们请求援助，从来没有以适当的方式，适当的精神提出过，就连他们自己也一定会知道那样的经手人物和提出的方法不是我们所乐意的……我确实以为在目前,我们对于叛军的将来动向与北方的局势并无积极的认识,因而我们所可作为者,也只限于注意局势的发展。多等一些时候,如果不是唯一的政策,也是最聪敏的政策。"

这还不够清楚么?冷酷的现实教训英国侵略者,满清统治者是扶不起、站不住的;太平革命是压不下,平不了的。纵使用大力扶住满清统治者,而"人民大众普遍地愿意拥戴"太平领袖,"大规模的援助也是没有效果的"。在人民革命力量面前,就像英国这样凶残的海盗刽子手也不得不踌躇起来了。这就是为什么英国侵略者不得不把那双久已伸出来的帮凶的血手赶紧缩回去,"十分准备承认"天王是中国的君主的真正原因。这样做法,英国侵略者美其名曰"中立",实质就是在等待、观望。

以上就英国侵略者对待太平天国新政权和满清反动统治的态度,说明其方策。这里必须补充一句,所谓等待与观望,只是英国侵略方策的一面——外交关系的一面。谁要以为英国的政策止于等待、观望,那就未免太天真了。要知侵略者对于中国人民的残害行动是一刻不会等待的,他们绝不会等待办好交涉,签好条约然后才开始行动。鸦片是非法的,口岸是有限的,但是外交交涉不过是变非法为合法的手续而已,实际行动上,侵略者一向强行走私,到处行凶,根本就没有合法非法的差别。这才是一百多年来英美侵略者对待中国人民的核心政策,我们可以称之为海盗政策。这方面,目前我们限于篇幅,就不加细述了。

(作者附志:本文一部分史料是王崇武同志惠赐的,谨此志感。)

(原载《新建设》1952 年 9 月号)

手工棉纺织业问题

全国手工艺品展览会，正在筹备中，政府之意，似在提倡手工业；各地人士，主张提倡手工业以救济农村者亦甚多。手工业中，何者有发展前途，何者必归灭亡，品类既繁，所涉及之技术上的经济上的问题亦多，殊不易立加判别。兹提出分布最广，亦为各地人士提倡最力之手工棉纺织业一论之。本文所用手工业一词，系指以人力发动机械，或直接使用简单工具以操作之工业而言，并不指示任何生产制度上之形态。

一

小农场经营，在技术与经济两方面都阻碍生产技术之提高，因而使农业必须保留大量人口于农村；这事实和土地所有权之集中相并行，便造成小农场经营者的极度穷困，农村显出有人口过剩的现象。农业生产之季节性的变动，本不能成为农民穷困或乡村人口过剩之主要的原因；但在低级的农业生产技术基础上，小农民一年中所能完成施于农作物上的劳工量，却因此而更加微少，农民也更加穷困。农民经营副业，乃势所必要。他方面，农事较为清淡的月份，也供给农民以从事副业的机会，这就是副业常和农业相并存的原因。我国各地农村或农家经济的统计，几乎都能证明我国农场面积的狭小，农业生产技术的落后，若干地方，土地所有权且异常集中，这已使小农民在农业上找不到充足的生活。而捐税摊派之榨取，高利贷之剥削，都市商品之吮吸，都有形无形地夺去小农民的必要生活资料。此外，若水旱风雹等造成所谓"天灾"，兵和匪便造成人灾，鸦片又成烟灾，益使农民终年劳作，也难得一饱，副业在农民生活上的地位，因而提高。副业之中，以加工于农产品的手工业为重要；手工业中，尤以棉纺织业为最普遍。①

　　手工棉纺织业，原是我国农村最普遍的手工业。往昔多数农家，都自种棉花，自纺棉纱，自织布匹，其目的为自用者多，为出卖者少。四五十年来，此业经过不少的兴亡衰替，而今所存在的手纺织业，已和四五十年前者全然异趣了。本来，资本家生产方式对于自足生产的侵凌破坏，往往藉商品做开路先锋。这种过程的起首，并不影响到生产方式本身，只是把生产的动机，由自给转变为出卖；待商品生产普遍以后，一切旧的关系，将全归消灭，新的内容便成立新的制度。我国乡村手纺织业所受商品的侵蚀，在 1899 年前有英印机制棉纱，其后有国内机纱；结果使手纺织业发生分化作用，或是纺者不织，织者不纺；或是纺者只能出产粗纱，供作纬线之用，织者成布，亦多投入市场。总之，多数以纺织为副业的农家，不论其生产目的是为自己服用，抑为出卖，其在棉纱之取给上，总不得不和市场发生联系。而足踏铁轮

---

① 1935 年 12 月间中央农业实验所调查 22 省 952 县之结果，纺纱织布之农家占总农家之百分率，总平均为 23.9%，在任何其他副业之上。——《农情报告》4 卷 11 期，页 292，1936 年 11 月 15 日。

机之引用，更驱使织业生产，日渐商品化，其结果，一方使手织业者更进一步地落于商业资本的控制剥削之下，一方使手织业与农业分离，渐次成为独立的专业经营。这同时也就是说，手织业作为副业的意义日少，其产品在市场上，由自给以后，尚有剩余时之偶然的求售，变为为市场生产之必然的出卖；其与机制品的对立，也由偶然的对比，变为必然的竞销，手工业的命运，也就日趋危殆。从各地手织业的历史看来，这乃是不可避免的情势。

交换过程是衡量一切商品价值的天秤，生产方法的进步与落后，便在这种衡量上决定其优胜劣败。这一原则，是由产业先进国无数手工业的灭亡来证实的。我国四五十年来手工纺织业的历史，也曾给我们以此种惨痛的教训。手工业生产商品化的程度愈高，其距离灭亡的厄运也愈近。纵使农民手中的一两纱，一匹布，对于他一家老小的生活有如何的重要，可是市场价格并不会因此而稍有提高的。目前那纺织农家百分率，既不表明纺织业生产的性质，也不能证明手纺织业有若何光明的前途。

在工程师的眼里，几乎没有一件生产工作，不能用机器去代替人工。在资本家的算盘上，却有些小产业部门，用机器生产并不比用手工生产为有利；或是出品的样式变换频繁，市场的需求量又微小，根本不合于大规模生产，这就是产业先进国今日还存有手工业的理由；但他们的手工业中，手纺业固久已绝迹，即织业界，也很少织造普通棉织物的手工业。现代资本主义的畸形发展，经常地造成大量的失业群，往往且使城市工人有暂时归农的倾向，这也能使乡村手工业者有相当的增加，但其中却很少有织造普通棉织物的手工人，也绝没有以手车纺纱的手工人。譬如战前德国的家内劳动者男工（Heimarbeiter）统计（1895、1907）玩具、玻璃、土木诸部门的人数，曾有相当增高，独从事纺织业者，不论在城市或乡村，都趋消灭，"几乎全体纺织部门整个地沦于灭亡了"①。战后德国的失业人数提高，孤儿寡妇，到处寻求手工业以维残生；② 然而"手织与机织之竞争，永远注定是手织业败退；给予手织业者工资水准以惨痛的压抑"；"十年来，手织业久已是喘息待亡的行当了"③。譬如，在纺织王国的英吉利，现在我们也许能找到手织机，但那些或从事某种毛织物的织造；④或仅固守于某些时式变幻无常，消费量微小，乃至需要特殊手工技术的棉织物部门，普通衣着用的棉布，久已不是手机生产的了。

譬如，在盛倡复兴手工业的美国，1930年，曾有人跑到坎特开州（Kentucky），肯波兰（Cumberland）高原地带的脑脱（Knott）郡去调查普及全郡，且有相当历史的农民手织业，得知他们的主要出品，仅限于毛棉掺和织成的床毯，此外如餐桌幔、台布、餐巾、枕套等都是花样繁多的织物。而机制品的通用，蓄羊的减少，也几乎使这类手织业整个地消灭。⑤ 或许有人以为近年以棉纺织品扰乱世界市场的日本，目前虽没有手纺业，却还有不少手织机在活动。但1925—1936年12年间，手织机数减少56.11%，⑥ 手织机在将来的命运，也是必趋消灭的。现今大国

---

① Dr. käthe Gaebel, Die Heimarbeit, 1913, S.5—6, 19.
② Prof. Dr. Paul Arndt, Die Wirtschaftliche und Soziale Bedeutung der Heimarbeit, 1922, S.1—2.
③ Dr. Dora Bejamin, Der Stand der Heimarbeit in Deutschland, 1928, S. 14—15.
④ Anna M. Jones, The Rural Industries of England and Wales, 1927.
⑤ Wayne C. Nason, Rural lndustries in Knott County, Kentucky, 1932, pp. 4—5.
⑥ 日本棉织业中之手织机数如下：（《日织工览》所载，转录《纺织时报》1356，页3）

1925	126360
1928	98570
1930	75530
1932	67396
1934	59312
1936	55469

中，手织业还供给大量用棉织品衣着的，只剩有中国和印度。全印棉布消费量中，约有三分之一是由手机生产的。1933—1934年每人棉布消费的比例为：手制品，4.00；机制品，8.03；输入品，2.14（码）；并且，手织机的消纱量，在 1924 至 1925 年到 1934 至 1935 年 10 年间增加了 35%。① 但据 Pearse 所得南印度的报告，在用 20 支至 80 支间的棉纱的产品，手织业也是不能和机织业竞争的，所以手织品用纱或低于 20 支，或高于 80 支。② 此外，我们应牢记，印度的许多省份，至今还保留专门化的纺织阶级（Specialized Weavers Caste）在乡村；印度许多纺织厂的设立，其目的是在国外市场，而不在国内市场的；印度是大英帝国的殖民地，它的工业发展是不能自主的。并且，我们尤应特别牢记的是：印度为保护国内市场，它能提高关税，限制日本棉布输入，而我们，我们不仅没有关税壁垒，我们不仅连减低后的关税都无法征收，我们国内还有外籍纱厂在跋扈哩！纵使农民手中的一两纱，一匹布，对于他一家老小的生活有何等的重要，这内外夹攻，公私齐到的外货，总不会对手织品有分毫的让步的！我们要维持手织业，连印度的榜样都没有能力去学习的！

机器代替人工，大体从两方面实现其决定的威力，其一是产量迅速，其二是出品精良。现代各部门生产机器所已达到的完美程度，本有参差，有些部门，还能有手工业存在；然而棉纺织部门的机器发展，不仅早于其他部门，现时所已到达的完美程度，亦且为最高级的一种。③ 我们在此部门，正宜舍手工而采行最进

---

① Radha Kamal Mukerjee, The Structure of Indian Handicrafts, in Indian Journal of Economics, Vol. XVI, Pt. IV. No, 63. Jan. 1936. pp. 466—467.

② Arno S. Pearse, The Cotton Textile Industry of India, p. 25.

③ 现有生产机器，大都为半自动的，而纺织机器则已为完全自动的一种，参看 Leonard, Tools of Tomorrow, pp. 137, 158。

步的机器。前世纪末,交流电传导试验的成功,使动力输送,能经济达远;本世纪内燃机的发明与改良,使发动设备的规模缩小,所以近年来家庭工业或小规模工厂工业似有复兴之象。①

但这须以工作机器能分部独立,生产过程能截断离散为条件,对于棉纺织业的技术设备,则全不合适。② 国内颇有惑于外国的产业分散化,而提倡乡村纺织的。须知家庭工业或小规模工厂工业,并不即是手工业;外国的情形,尤不是任意可以抄袭的。一国新工业的展开,大体都是从轻工业走向重工业,而轻工业中,尤以棉纺织业的需要最广,有关其他部门的方面最多,其在整个工业发展过程中之启动的作用也最大,我们努力工业化运动,正宜从事机纺织业。我国新式工业之稍有成绩可观者,惟有棉纺织业一项。不幸的是,新工业产品之遭受输入外资,以及外籍工厂出品之剧烈竞争者,尤以棉纺织业为甚。以有限的资金,谋此业之急速发展,倾全力以救济机纺织业,尚感不足,遑论垂危待毙的手工业?目前救济乡村手工棉纺织业,或能使此业有暂时苏甦的希望,但我们若同时向机纺织业迈进,则手工业终不免灭亡之一途。若我们舍弃机纺织业,仅发展手工业,其结果也不过是为在华日籍纺织厂留下广大的扩展地盘而已,手纺织业是不能长久存在的。

或谓我们提倡手纺织业,同时也谋手纺车和足踏织机之改良,使其次在生产力方面,能和大机器对抗。这完全是一个梦想!纺织机器经过一世纪以上的改进,才到达今日的地步。工程

---

① 关于电化对于小工业复兴的影响,可参看 Walther Herrmann, Der Standord des Handwerks, Schmollers Jahrbuch, 6, Jahrgang, 1. Heft, Feber, 1937, S. 86。

② 1934 年美农部调查一百余乡村工厂之结果,差不多有半数是属于 Textile 一部门的。但其出品多为针织或编织物,并无普通棉布。见 Rural America, Vol. XII, No. 5, May, 1934, p. 6。

师不能超出现存条件之外,造出能与现有的纱锤布机相竞争的手纺织机来。手纺织机之改良,或许能使手纺织业之死亡,迟延些时,但这是强心剂的作用,于事终归无补。

二

生产能力,决定于生产工具之构造,此地先述手纺车和手织机。

就现有的资料看,我国手工纺纱技术,自有纺业至今,似无多大进步。在《农政全书》上,我们已看到一次能纺三锭的"木绵纺车",借用水力发动的"水转大纺车",和同时捻回四根棉纱绞成两根棉线的"木绵线架"。[①]但今日乡村所通行的,还是用人力转动,一次只能纺纱一根的最旧式的手纺车。纺纱技术进步的迟缓,或许是在小农业自然经济的条件下,此种纺车的纱产量,已足够一家衣着原料的原故。

现所通行的旧式纺车,是用一个铁丝或任何绳索所缠成的木轮,一个铁制纺纱针(俗名锭子)和一个三柱的木架所装成的。纺纱针装在一根木柱的顶端,有绳和木轮相套,其作用一如机器飞轮上的皮带。木轮则装在其余两根木柱上,有轴,有栖柄,可以把握转动。木轮的旋转,因绳带的传动作用而使纺纱针旋转;扣在纺纱针上的棉条,因而旋回,同时以手抽长之,便成棉纱。转动木轮,需力甚微,所以儿童和老人都能胜任,这种不能从事农事劳作的劳力的利用,当是手纺车在今日尚能存在运转的原因之一。

---

① 关于这些纺车的发明、构造和合于机械学原理的结构,可参看刘仙洲编《中国机械工程史料》,北平清华大学出版,1935年10月,第43—46页。

这种纺车，据民国二十年张世文君在河北定县之调查，仅值洋6角。① 售价便宜，家家皆能置备。但棉条的抽引，棉纱的捻回，粗细，都要靠手工技术来完成，且在搓制棉条一步工作上，又无法执行混棉，这便形成手纺车的致命的缺点之一。关于此种纺车所能出产的棉纱的最高支数，从来很少记载，但据种种事实推之，当不能超出16支以上。② 关于最高的产纱能力，张世文君谓定县"农家妇女纺1斤线，普通须20小时"，但妇女有家事之累，"一般妇女总要在5天内纺1斤线"③（按此处所谓线，实即是纱）。方显廷君亦谓宝坻"妇女以木机自纺，每人每日可纺纱半斤。惟常为其他家务杂事所扰，平均每须5日方能纺纱一斤"。④ 大约妇女于管理家务之余，用此种纺车纺纱，每5日可出纱一斤；专作纺纱工作，每两日可出纱一斤，较为可靠。⑤ 这产量的微少，又形成手纺车致命的缺点之一。

旧式纺车之外，尚有一种铁质纺机"其构造……每架有缠

---

① 张世文：《定县农村工业调查》，第79页。
② 任尚武谓"我国原有手纺车，手艺娴熟之女子，每人每日纺16号纱，不过4两"。见任尚武《棉纺学序》，《纺织世界》1卷6、7期合刊，1936年8月25日，11页；又高阳一种改良铁质纺车，最高亦只能纺16支纱，是旧式纺车之最高产纱支数必在16支以下。
③ 张世文：《定县农村纺线调查》，《民间》半月刊，1卷8期；1934年8月25日，第17页。
④ 方显廷、毕相辉：《由宝坻手织工业观察工业制度之演变》，《南开政治经济学报》4卷2期，1936年1月。
⑤ 旧式手纺车之构造，各地差异甚小，其生产力之相差亦不大。前注任尚武君称每人每日纺线4两，或指不专从事纺线者而言。此外尚有数处记载，亦云每日不过4两。如《华北日报》，1935年1月28日深泽特讯称"旧式纺车，每人一日纺线4两"；同年2月11日又有河间特讯称"旧式纺车，家家都有，每日可纺纱4两"。又明己君在《定县农村纺织业概况》一文中（载《天津棉鉴》4卷，1—6期），称5天能纺织3斤棉花，似嫌太高。本文根据张方两君之说，因其为精细调查之结果，似较可靠也。

线管（Spindle）三四十枚不等。旁有飞轮，依人力而摇动之，棉之供给，在机下部诸筒中，为已弹松而制成棉条者。……纱之粗细不匀，且所产仅16支以下之纱，仅可作纬线之用。每机日出纱六七磅，且须三人转动看视之"。① 民国十八年海门邢广世君曾发明新机，将弹花、拼条、纺纱，用一机完成。人力机力，皆可发动，机身能因动力之大小而分离合并。用人力，每人可使200锭，同时可容1人至20人工作。自8支至40支之纱，均能纺出。邢君新机未装成，即先逝世；后由中央研究院派王孟同君研究改良，结果又能增加效力至20倍以上。② 此机虽有种种优点，至今未闻普遍采用。另河北威县张鸿印君，于民国二十年顷，亦曾发明一种手纺机，每日可纺16支纱一斤。但价值需20元。③ 又闻定县平民教育促进会，亦有手纺车之改良，似亦未能普遍。以上这些纺车的发明和改良，都是近十年内的事情，无疑地，都是受旧式纺车的没落所刺激起来的。但是他们所遇到的难题是，如果要出品的质量提高，产量增大，则纺车的构造必须复杂，用铁质的机件也多，每架的制造成本因而提高。用人力发动的纺车，还没有改良到能和现代纺纱机相竞争的程度，农民已经买不起了；至少，把纺纱当作副业，每年只能工作百十来日的农民，以二三十元去置购改良纺车，其从纺业上所得的利益少，而所负租的纺车折旧则大，这已经是不经济的事了。所以纺车纵能改良，而始终却总不能普遍通行。现今能代表农村纺业的用具，仍然还是旧式纺车。

现代纺纱机的发展，已到了极为复杂精细的高峰。一根棉纱

---

① 《华商纱厂联合会季刊》2卷4期；第253页。
② 《纺织周刊》3卷6、7期。
③ 《纺织周刊》2卷13期。

的纺成,凡经过松棉、混棉、开棉、弹棉、梳棉、并条、头、二、三道粗纺,各步手续,然后方至精纺成纱。各步工程,皆有其必不可少的任务,而机器则相互关联,此步出品,供作彼步原料,直至成纱,不能分立。对于原棉之采用,需要精确的检验,适当的混合;进行纺纱时,不独需要一定的机器装配,并厂屋的温湿度,亦必用人工调节,然后出品方能拉力强大,纤维整齐,光彩美观。此中混棉一步,尤为决定棉纱质量的先决条件,各纱厂不仅聘请专家司理其事,且各种棉之混合比例,更坚守秘密,以防仿效。此步在手纺车上,是无法进行的。如此新式纱机之技术上的条件,一方使纺业必须在大工厂中经营;一方又以优异的品质,囊括手工业市场。至于高支数细纱之抽纺,则又在纺织业里开辟了完全新的领域。如上所述,我国现时所通用的木制手纺车,既不能纺出 16 支以上的棉纱,则此等支数以上之细纱,是不能不让机纺业去独占的。即在 16 支以下的粗纱,手纺车出品的强力也感不足。现在所有还存有手纺车的地方,土纱的用途,大都限于纬线,另以机纱供作经线之用,这也是值得提倡手纺业者,深切注意的。

  棉纱质量的比较,固已足决定纱机与手纺车的胜负了;在生产能力的比较上,手纺车尤为不能与纱机竞争。以 11 小时工作日计,普通纱厂各部工人总合平均,每人每日可出 16 支纱约 15 斤,使用大牵伸时,可达 20.8 斤。[①] 旧式手纺车既每纺纱一斤,需时 20 小时之多,若连同纺纱以前之弹花、制棉条等项工作,一并计算,则每人每 11 小时工作日至多只能产纱半斤。是纱机生产力高出手纺车凡 30 倍,使用大牵伸时,当在 40 倍以上,手纺车如何能和纱机竞争?

---

  ① 任尚武之估计,见《纺织年刊》,1934 年,第 13 页。

生产能力的差异，自影响到生产成本的悬殊。以民国二十一年的棉花价格合之，若每包16支纱需用原棉3.54担，则每包原料成本155.158元。另加直接人工成本11.032元，间接生产成本26.656元，推销及管理成本0.908元，合计16支纱每包总成本193.754元。① 若以手纺车生产此一包棉纱，以每人日纺半斤计，约需708日方能纺成；假定每人日得工资二角（纱厂女工日得工资四角七分），计需工资141.6元；加上原棉成本155.158元，即每包总成本为296.758元。手纺纱成本，每包高出机纺纱者在百元以上。手纺车的设备简单，开销短少，但并不能补足它生产能力上的缺陷，于此可见了。

以下略述手织机之构造。

手织业所用的工具，可依工作步骤分为3类，准备、织造和整理。准备工作所用者为络纱车、经纱架、浆纱盆等；整理工作所用者为石臼等，都很简单。织造工作所用的工具，自然便是织机。我国现用织机的种类之多，恐怕举世无匹。从最原始的到各种改良的都有。最古旧的一种手织机，各地名称也颇不一样。广西的玉林，称为"矮机"，河北定县称为"扔梭机"，高阳称为"投梭机"，而四川巴县则称为"丢梭机"。但其构造与生产能力，各地都相差无多，今姑名曰"投梭机"。本来一架织机的构造，需要适应开口、投梭、打纬、送经、卷布、伸子六种动作而设计。若是专司某种动作的机件有改良，便能增加生产能力而成为一种新机。投梭机司开口运动者为足踏板；作投梭运动时，需要左右手互投互接；作打纬、送经、卷布、伸子等工作时，都须停止开口和投梭运动，方能进行。因梭子需要用手投送收接，使布匹的宽度不能超出1呎4吋以上。因打纬、送经等工作，都须

---

① 王子建、王镇中：《七省华商纱厂调查报告》，第216—217页。

停梭，使每人每日出布不能超出30呎以上。将投梭机的织纬机构，加装滑车、梭盒、拉绳等件，便成为拉梭机。此机将投梭动作，由双手投接，改为一手拉吊绳，因而能增加织纬速度；且将左手解放出来，可以执住纬杆不放，以便梭盒一过，便能立即打纬，因此增加生产能力，每日可织60呎至70呎之多。至于因由吊绳拉梭，使布匹的宽度能增加至二呎四五吋，宜可谓为手织机上一大革命。现今乡村所最通行者，便是此种拉梭织机。但拉梭机仍和投梭机有一共同缺点，便是做括布、卷布、放经、移综、移扶撑（扶撑为撑布使作横的扩展的木棍）等项工作，都要停止织布。所以有一种改良拉梭机，便是增加卷布和放经机构，利用杠杆、齿轮等装置，使在织布时能自动放经与卷布，因此减少停梭时间，出产能力又较前增加三分之一。乡村织户，使用此种织机者亦甚多。

用人力发动之最进步的织机，为足踏铁轮机。铁轮机不知何时传自日本，现时织业较盛的乡村，多已采用。它利用飞轮、齿轮、杠杆等机械原理，将开口、投梭、打纬、卷布、送经、伸子六种运动的机构相互联锁，形成一个整体，由足踏板来做总发动机关，各部随之自行工作。它增加布匹的宽度，使能仿造洋布，增加投梭打纬速度（每分钟约打纬120次），使出布的能力提高；它更将两手从投梭打纬动作上解放下来，减少疲劳；它已将一套机器所应有的发动、传动、工作三种主要机构，集合于一体，和力织机相较，只有动力依靠人力的肌肉来发生这一线之差了。可惜的是，生产能力虽由30呎提高到100呎，甚至到120呎，织机的售价也由10元以内，提高到五六十元以上。织机之技术上的革命完成了，同时却也带来了生产制度上的经济革命——手织业将不能再屈居农业主下，仅当作副业去经营！同时，脱离农业的手织业，也不能再有久远的前途了。

现在我们再来看看力织机的生产能力。普通力织机，织造14磅粗布，每11小时工作日，平均至少可出布50码；每人工作，可管理2台至6台，即以4台计（自动织机更多），每人每日可出布200码，约合50丈。今日所通行的手织机，每人每11小时工作日，至多可出布120呎，是即一人使用力机的产量，为使用手机产量的4倍以上。关于手机和力机布产成本的比较，相关的条件太多，现时尚无可靠的资料，作精确的比较。不过各先进国的历史，以及我国现时手织品所受机制品的竞争压迫，都已在这一点上作过事实的证明了。我们须知手织机固定成本之低廉，正面地不能补足手织机在生产能力上的落后；他方面反成为织户工资必然被压低的主要条件。若将原料成本除外，则直接人工成本在机制布成本中占34.3%；[①] 而在手制品中则占56.73%。[②] 一个纱厂厂主要减低布产成本，他可以用改良机器，刷新管理等方法来达其目的，而不必求之于压低所占成分较低的直接人工成本。这在放纱收布的商人，则其最有效的方法，便是减少那占有56.73%的人工成本。低级资本构成的产业，对于工人的剥削，往往是较高级者更为残酷的！

就机器上的情形看来，手织机有一比较有利的领域，便是提花布之织造。

本来，机器的构造和普及，有两个重要的要求，一是技术上动作的规律性，一是经济上大量的消费市场。织布工程的中心动作，是开口运动，布匹的经纬交织和意匠组成，全靠此运动来变动完成。平纹斜纹或缎纹组织，只有横的（布阔）不同，没有纵的（布长）差异。在此范围内，一架布机要变更织物的意匠，

---

① 王子建、王镇中：《七省华商纱厂调查报告》，第222页。
② 根据吴知《乡村织布工业的一个研究》181页所载数字计算。

只需更换踏盘一次，然后便能以同样的开口运动，织成布匹。所以机织业首先便在此方面排挤手织业，这是各国皆然的事实。若在提花组织，则因花样的展开，又有纵的差异，因而开口运动便无规律性可循，现行提花织机的构造，是借纹纸（Card）的更换来完成花式组织的。花样愈复杂，所需更换的纹纸数也愈多，[1] 其需要手工的熟练程度也愈高，往往机器产品反不若手工产品之能独出心裁，花样新鲜。进之，提花织品，随时式风尚所趋，各地不同，变幻无常；此则又和使用大机器之大规模出产一原则相背。因此，提花手织业在各先进国的历史上，往往比平斜纹手织业能多持续些时。印度手织业在 80 支以上之产品，能战败机制品，或许便是这个原故。1929 年曾有人考察印度的手织业，发现印度 Circars 南部所出产的一种细花布 Kiles，曾一度受德国机器仿制品的竞争，在新加坡的市场，且曾为机制品所夺。但不久终能保持新加坡、槟榔屿、西贡、阿丁以及东非等地的国民市场。"因为这是一种特种织物，有许许多多样的设计与花式，而每种花式又只有少量的需求，用力机去生产，实不可能。"[2] 所以，今日先进国中，也还能有极少数的零星用品，靠手提花机来织造。但我国今日棉织物中，提花产品甚少；所有手织机，几乎全部是织造平斜纹织物的。这和他国的情形，不能相比。

　　力织机在织造提花布方面的缺点，随染色化学的进步，印花技术的改良，最后终将减至最小限度。工业先进国家，今日妇女花式衣料之由手提花机生产者，已属绝少。我国染印工业，较之织业尤为落后；但染印花布，对于手制提花布的排挤，则已随地

---

[1] 手机织 52 尺长布一匹，约需花板（即纹纸）1000 枚。参看方显廷《天津织布工业》，第 49 页。

[2] N. G. Ranga, The Economics of Handloom, Bombay, 1930, pp. 32—33.

可见了。昔日中上阶层妇女，颇爱穿着提花棉丝织物，而今所流行者，则几已都是染印的匹头。染印业对手织提花业之压迫，将使手织工人的工资，渐向两极分化，同时淘汰一般提花工人，而集中提花业于某几种需要技术特高的特种织物，终于使一般的衣料工业，退缩为富有艺术意味的少数小手艺工业。若谓手织业在提花布方面，有若何广大的前途，也是不可能的。

三

以上从理论上窥测手纺织业的前途，今更进而说明现有手纺织存在活动的原因，并述其现状与趋势。

我国机纺业的发展，至今尚未足供给全国人民消费的。如果每锭纱机的生产，足供 10 人的棉纱消用量，更依我国人口有 4 万万的老话，则欲棉纱自给，当需有纱机 4000 万锭方可。纵使吾人对于纱机生产力的估计太低，全国人口数的假定又太高，无论如何，我国至少需有纱机 2000 万锭，当不算多。但去年 3 月间，全国中外籍纱厂的纱机总数，却只有 5526874 锭。机纱产量不够全国人民消费之用，甚为明显。此不足数的补足方法，即为手纺纱。① 机制棉纱对于手纺纱的排挤，一方因交通不便，运费高昂而削减其势力；一方又因我国棉产品质之低劣，纱机销用原棉，往往取给于国外，因而使棉产商品化过程，进行甚缓，滞留一部分棉花于农村，也即是为手纺车留下纺纱原料。但过去的历史，也不是不能指明手纱机纱之优劣的。

我国市场上机纱对于土纱之破坏，盛于 1867 年以后，是年输入纱线仅 33507 担，至 1899 年便达 2744829 担，33 年的进展，

---

① 为简短计，不论棉纱之输出入。

达83倍以上，这段惨痛的历史，只有当代纺纱的妇女能认识清楚。我们国内设厂后，这种破坏作用，自仍在进行，而且日益加剧。去年全国机纱产量，总计为2025489包，每包以420磅计，约合850705380磅，即约合771759921市斤。如果每位以纺纱为副业的妇女，每年从家事的烦扰之下，能生产土纱27市斤，①则以去年标准衡之，几十年来，逐渐为机纱夺去工作的妇女，当有32324441人！②机纱的逐步胜利，对于这3200多万的妇女，自属惨痛无比。然而进步的人们，还当重视机纱的功绩的。机纱不仅在质量方面，增进了布产的质料；在支数方面，为手织业开辟了新的活动领域，亦且在产量方面，解除了手织业的桎梏。因为妇女每日纺纱，既在4两与半斤之间，而足踏织机每日的销纱至少当在三四斤以上，这在纺织专供自己服用的时代，本不成严重问题，一旦织业为出卖而生产，手纺业产量的微少，便成为紧锁织业发展的桎梏。譬如山东潍县手织区，在民国二十二年计销纱19090公吨，③约合38180000市斤，全部是机纱。若果以手纺纱代替机纱，则为出产此38180 000市斤的棉纱，以完成此一织区织业的繁荣，至少需要以纺纱为副业的妇女1414074人的全年工作。可是潍县全体人口才有647086人！没有机纱，④潍县哪里会每年有千万匹以上的布产？

乡村妇女以纺纱为副业，原期获得相当收入以补助家用的。在机纱的压迫下，此项收入之缩减，至为可惊。民国二十一年定

---

① 定县全县平均，每人年产线24.23斤，约合27市斤。
② 此地仅就纱机生产力言，未论及出入口棉纱量，因吾人只需作大略的估计便够了。
③ 《山东潍县的乡村棉织业》，《天津益世报》，《农村周刊》154期，1937年2月27日。
④ 《胶济铁路沿线经济调查报告书分编》潍县章。

县的熟花价,每斤平均为3.13角。而土纱的平均价则为3.88角,① 是纺纱1斤,可得利0.75角。此中包括将熟花搓成棉条,将棉条纺成棉纱两项工作的报酬。假定1人专做纺纱工作,每日能纺纱半斤,则每日的报酬为0.375角。以当年银元价折合之,约得铜元16枚!② 这就是每位以纺纱为专业的妇女的一天收入。事实上,定县妇女以5日纺纱1斤,依民国二十年的情形计之,每斤可得利1.2角,约合铜元50枚,亦即每日可得铜元10枚!③ 这就是每位以纺纱为副业的人1天的收入。而且这里面还包括了纺车的折旧!民国二十一年,纱厂值机工人,每12小时工作日,每一女工平均得工资4.7角,④ 以同年定县妇女的每日所得与此比较,则值机工资足当手纺工的收入125倍有奇!定县如此,其他地方也是一样的。民国二十四年二月间,河北河间县妇女每日纺纱4两,盈利不过1角;⑤ 这已是得利较厚的地方。同年二月间河北深泽县每纺纱1斤,获利不到2分!⑥ 民国二十三年浙江兰溪县的水亭、诸葛或寿昌县等地,妇女每日纺纱2、3两至4、5两,以1斤棉纱掉换棉花1斤3、4两至1斤5、6两,所以彼处妇女纺纱一日之代价,平均只有一二两棉花。⑦

妇女纺纱,每斤得这点可怜的代价,仍是保持不住的。这情形可从定县的物价统计上看得更为明显,兹计得熟花、土线、洋线三种物价的按月指数如表1及图。⑧ 此指数以民国二十年二月

---

① 李景汉等:《定县经济调查一部分报告书》,第246页。
② 同上书,第151页。1932年洋价平均每元合铜元425枚。
③ 《民间》,1卷8期,第17页。
④ 王子建、王镇中:《七省华商纱厂调查报告》,第124页。
⑤ 《华北日报》,1935年2月11日河间特讯。
⑥ 《华北日报》,1935年2月9日深泽特讯。
⑦ 冯紫岗:《兰溪农村调查》,第43页。
⑧ 原来按月价格,见李景汉等《定县经济调查一部分报告书》。

为基期。机纱压迫土纱的情形，可在此表及图中一览无余。表及图中首先值得注意者，即为此三年半中，机纱价格，一致的下跌，其下跌的程度，远比花价及土纱价为甚。不论此种跌价的原因如何，影响所及，土纱总趋向于十分困厄的一途。试观土纱价和熟花价之变动，纱价指数，常在花价之下，这就是说，花价跌落时，土纱价同趋跌落，但以土纱价跌落之程度为深；当花价上升时，土纱价亦同时上升，但其上升程度，又不及花价之高。因此，花价与纱价的差额，愈进愈小；即妇女纺纱的收入，日渐减低。若以半年或1年平均数计之，则此项差额在民国十九年为1.2角，二十年为0.98角，二十一年为0.75角，至二十二年则低至0.69角，三年半之间，便减低了43%。民国二十三年上半年虽稍有提高，但此种急转直下的情势，是不能挽回的，妇女在这收入减低的起首，还能以延长工作时间，增加劳动强度来寻求补偿；其后更在白天找寻其他工作，将疲惫之余的体力，留待夜间去纺纱。因为纺纱收入，根本不够灯油消耗的，所以随月出之迟早，变更其纺纱时间；凡阴历二十以前，多在前半夜，二十以后，多在后半夜，其困苦之状，由此可以想见一般。但人的肢体劳动，是有其一定限度的，纱机的生产力则与日俱进，有一日，手纺纱根本无人购买时，纺车也就不会再转动了。

以上说手纺业，以下再说手织业。

国人提倡手织业者，较手纺业为热烈。此种心理，大约系由追怀过去手织业之繁荣与惊叹现在手织业之普遍而来。今试先论我国现有手织业存在之根本原因。

表1　定县市场上熟花、本地线、双福洋线零售价格指数

民国年份	熟花	本地线	双福洋线	民国年份	熟花	本地线	双福洋线
十九年七月	107.03	109.09	84.99	七月	88.28	84.44	75.78
八月	104.69	110.30	84.40	八月	85.94	83.43	74.29
九月	92.97	99.60	84.40	九月	83.59	84.44	73.55
十月	83.59	95.56	84.40	十月	77.86	80.40	73.55
十一月	85.94	97.37	84.40	十一月	79.17	77.37	72.81
十二月	88.28	99.39	83.21	十二月	79.17	76.57	66.86
二十年一月	92.97	97.37	80.24	二十二年一月	80.99	77.58	66.86
二月	100.00	100.00	100.00	二月	80.99	77.58	66.86
三月	97.66	99.39	92.12	三月	80.21	73.94	66.57
四月	97.66	99.39	86.92	四月	77.86	70.71	64.64
五月	114.06	100.00	87.67	五月	74.48	72.12	64.64
六月	111.72	99.80	86.18	六月	88.28	81.21	65.38
七月	116.41	100.00	85.59	七月	97.66	83.03	66.86
八月	118.49	100.00	85.44	八月	97.66	83.03	68.35
九月	109.38	96.97	86.18	九月	92.97	88.48	68.35
十月	92.97	100.40	86.18	十月	85.94	77.58	66.86
十一月	92.71	97.37	86.18	十一月	97.66	90.30	66.12
十二月	92.97	92.32	85.44	十二月	92.97	90.30	66.12
二十一年一月	102.34	91.92	85.44	二十三年一月	92.97	90.30	64.64
二月	102.34	97.37	98.07	二月	107.03	97.37	64.64
三月	100.00	94.34	98.07	三月	104.17	96.97	64.64
四月	92.97	109.09	80.24	四月	104.17	94.95	63.89
五月	92.97	88.48	80.24	五月	98.96	92.93	64.64
六月	92.97	85.25	79.49	六月	104.17	92.93	64.64

定县市场上棉花、手纺线、机纺线之价格变动百分率

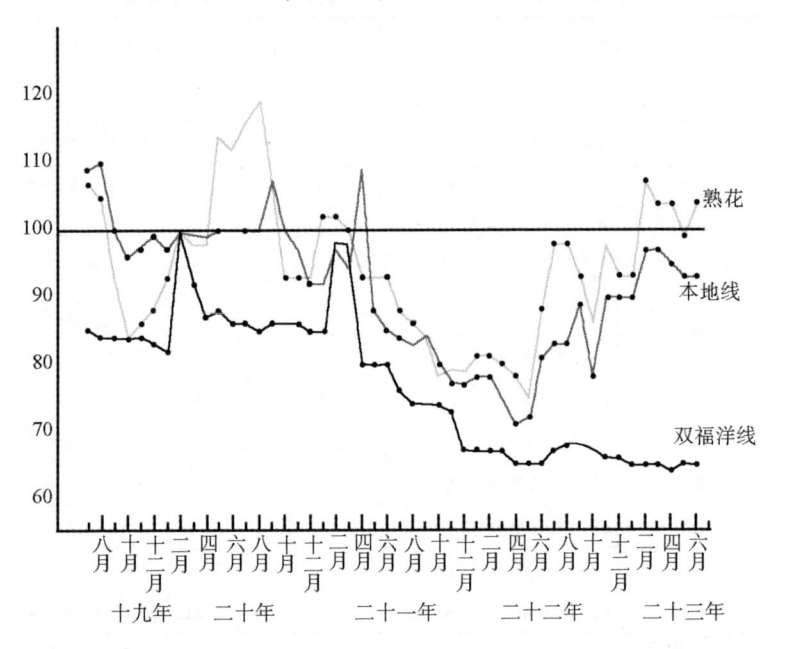

（图：三条曲线分别标示"熟花"、"本地线"、"双福洋线"，横轴为十九年八月至二十三年六月各月份，纵轴为60至120百分率）

机械工作之最有利的方法，是将直线的反复运动，变为环形的旋回运动。① 纱机上最有意义的发明，前推罗拉（Rollor, by Arkwright, 1769）②，因为它将棉纱的纺成工作，由直线的抽引运动，变为速率不同的罗拉的旋卷运动，这一原则在织机方面之应用，因成品形态上的限制，只能部分地适行于管理开口运动的踏盘（tappet）方面，不能适行于交织经纬的投梭运动方面。这已使织机在代替人工劳动上，不及纱机之优越。此外，织机是一

---

① 此点可参看 Janathan Norton Leonard, Tools of Tomorrow, London, 1935, pp. 132-133。

② 关于罗拉之发明及其意义，可参看 George W. Daniels, The Early English Cotton lndutry, Manchester, 1920, pp. 76-82。

种振动甚多的机械,没有机身(body),仅恃机框(frame)和支柱(stay)之结合作根基,殆全部系部分品以螺丝(screw)、螺钉(bolt)、曲枴轴(crank shaft)、踏板轴(tappet shaft)等机件联结而成,极易流于不准确。① 因此织机生产力所能代替的人工,远不及纱机之多。这个生产力上的差异,形成纺织两业资本构成上的不同,大体早期以同额资本,投于纺业较投于织业更为有利。因而使织业机械化的进展,远在纺业之后。于是手织机的灭亡,也较纺车延迟多年。② 这原是各国皆然的事实,无足为奇。

我国纺织业机械化的过程,也和先进国一样,是织业后于纺业的。许多纱厂之建立,根本不附有织布部分,专向厂外销纱。有些附有织布机的纱厂,大都本厂产纱量超出本厂消纱量甚多,仍需外销。按每台布机之消纱量,需要纱锤 27 锭之生产,便可足用。③ 去年 3 月间全国纱厂计有布机 52009 台,若染织厂及独立棉织厂所备动力织机为 10000 台,④ 则全国动力织机有 62009 台。欲供给此数布机之消纱,约需纱锤 1674243 锭,但同时全国纱厂计有纱锤 5526847 锭,尚多余 3852604 锭。换言之,已有纱锤较供给布机消纱所应有者尚多余 69.68%。此多余纱机之产纱,除一部分输出外,当以手织机消费为最多。这不是说动力织

---

① 参考《织机应如何改良》一文,沈约译,《纺织世界》1 卷,2、3 合刊,1936 年 6 月 15 日。

② 从这一点去说明纺织两业机械化的先后缓急,当为最正确的方法。Dr. Käthe Gaobel 也曾这样去说明德国的情形,见他所著 Die Heimarbeit, S. 5;纺织专家巴克父子(A. F. Barker & K. C. Barker)对于我国手织业也曾作同样的说明,惟他们俩的估计,谓一个机纺工的产纱量,足手纺工的 600 倍,而一个机织工则手织工的三四倍,数字未必精确。他们的说法见他们所著 The Textile Industry of China, Shanghai, 1934, p. 18。

③ 估计方法:布机织造平纹 12 磅,平均每 24 小时可出产 91 磅,约需 22 支纱 24909 磅;又纱机每 24 小时可出此类棉纱约 93 磅,故在同时间内,一台布机消纱需 27 锭之生产。另据纺织专家之估计,仅需 24 锭。

④ 《商业日报》,17 卷 2 号。

机阻于手织机之竞争,根本无发展的可能;而是我国机织本身便没有建立起来,因而留下手织机的活动地盘。

动力织机和手织机在生产力上的悬殊,我们已经说过,现在来看在动力机所遗留下来的地盘上,手织机的活动情形如何?

我国土布业,过去受机纱的滋养,曾经繁荣过。土布的第一个大市场在南洋,往昔土布对南洋输出颇称繁盛,其在棉纺织品的出口总值上的地位亦颇高。近年来,一蹶不振,至今几已绝迹。昔日的繁盛,由于南洋市场上根本无有力的竞争,现今的衰落,由于日货的倾销。日本棉织物已冲破英国的一切以高率关税相抗拒的殖民地市场,若谓吾人以简陋的手织机制品,能保持南洋市场,有谁可信?我国土布的第二个大市场,是东北四省。从前南通织区,年销东三省的土布在千万匹以上,河北宝坻的手织业,全赖热河的销路来维持,此外如高阳、潍县等地土布,销售于东北者亦颇不少。在九一八前,东北销路,已受日货竞争而日趋萎缩;而今此四省全在日人掌握之中,若谓手织机尚能夺回此四省大市场,又谁能信?我国土布的第三个大市场是西北诸省。晋、察、绥、蒙等地,一向为河北高阳、定县、行唐、正定等县土布的最好销场,而今晋省积极发展机纺织业,察、绥、蒙成为日俄棉货的角逐场所。若谓吾人以手织机产品,能战败日俄两大敌而得最后胜利,直等于痴人说梦!现时河南、陕西、甘肃诸省,尚吸收不少土布。但高阳织区,既因销路狭隘,谋向此数省推销;南通织区,亦因东北丧失,有向此数省寻求出路之意;而豫陕两省,已久为潍县土布的主要市场;其他河北、河南、山西、陕西小手织区之赖此数省市场以维持者,又不知凡几;此数省乡村中,自纺自织,自给棉布者,又不知凡几,所以仅存的一块地盘上,现在正处于各地土布的混战火并之中。同时中外纱厂的机制布匹,又随陇海路的西展而大量涌入,竞争结果,胜负谁属，我们是不难预卜的。我国中南部诸省，亦有若干手织业市场，然试一检视吾人对日重订税则后的日布输入，试一检视日商在华纱厂的扩充计划，我国纱厂之出售于日商者，已有三家，其余受日货以及日厂货的压迫，已不堪耐，手织机不过洪水浪涛中的一根草芥而已，何足以当大难？

我国手织土布的品质，除少数地方以外，大都粗陋异常，惟质料粗厚，其好处在耐穿耐洗，因此颇适于农民的习惯与要求。过去几个大的土布市场，如南洋、如东北、如绥远之一部，其销路也都是随农民或劳工的移入而开拓的。现在各地的土布市场，如河南、如陕西、如江苏之江北，以及闽赣等省的闭塞之区，也多以农民为其主要销售对象。但土布的将来，并不能靠它粗劣的品质来维持。农民的购买力，将来如能提高，其吐弃土布，必为当然之事。且动力织机，在织造细布方面，或有缺陷，却未有不能织造粗布的。近年土布市场，因机制品之竞争，显有放弃交通便利的地方，转向内地移植的倾向。譬如浙江硖石所产土布，民初最盛时，本能远销东三省、淮、扬、齐、鲁、皖、赣、闽、粤等地，至民国二十年前后，江北方面，受日货竞争，本省且又洋货充实，销路乃仅能在皖南闽北及本省偏僻之地，维持原状。至二十二年顷，远路销场，固已消失，即浙西各地，购者亦少，间或有之，也仅做衣服之副用品，去路自不能广。因此主要销场，乃转向浙东之衢州、常山，皖之广德，赣之玉山，及闽之延年等地，因此等地方，皆交通不便之山乡，农民尚善于保守，或与土布庄，订有专约，故机织品，一时尚未能插足。至硖石邻近各县，则反寂然无闻硖布之名。① 又如四川重庆，原为西南最大的

---

① 关于硖石土布业，参考《工商半月刊》，4卷4期，1931年2月；《杭州民国日报》1933年2月17日，硖石特约通讯。

商埠，但因机货之竞争，土布之在本市销售者甚少，转以涪陵、合川、成都，为主要去路。此因涪陵地接酉、秀、黔、彭、酆都、忠县等地，合川为川西北的交通枢纽，接近僻远县区，机制品一时尚未能扩张其势力。然就全川大势而言，又有一显著的变迁，往昔渝布最大的销场在川东，川西北次之；璧山布最大销场在嘉陵江一带。至民国二十三、四年间，涪陵以地接边区，尚不失为最旺区域；而梁山两开一带，则以接近万县，大受外货侵袭，已无何销路，一般布商，皆舍川东北而注目于川西、川南、川东南。① 土布销场，受机货竞争，其日趋局促萎缩之态，于此可见了。

往昔洋布不易流入内地之原因，约有两端，一为交通不便，运费高昂；一为地方不靖，盗贼孔多，外地客商，皆裹足不前。近年来，我国交通事业之建设，进展甚速，内地亦渐臻安宁，此后洋布涌入内地，乃必然之趋势。譬如甘肃兰州，一向以销售豫陕土布为主，计有土布行三十七八家，至民国二十四年三月间，仅余十余家。盖土布行皆因土布销路不佳，营业清淡，相率改销洋布了。② 又如四川之宜宾，往昔以土纱掺和洋纱，织造狭幅庄布，行销滇省之迤东、叙南等地者甚多，而今此等市场，亦为洋布所夺。③ 总之，机制品的势力，现已无远不届，无孔不入，向每个农村渗透了。

我国各地手机制品，尚有一重要特点，便是宽幅不一，长度不齐，重量不等，经纬的疏密又无标准，所以品类特多。譬如高阳、蠡县、清苑、安新、任丘的产品，依其名目，计有棉织品中

---

① 重庆中国银行，《重庆市之棉织工业》，1935年，第221—223页。
② 《西北文化日报》，1935年3月4日，兰州航讯。
③ 《四川月报》8卷4期。

之白布 18 种，标布 13 种，反标 10 种，反布 3 种，条布 29 种，格布 23 种，呢布 13 种，其他 16 种，总计棉织品 125 种；人造丝织品中，葛布 6 种，绸 5 种，缎布 4 种，纺布 2 种，绨布 1 种，其他 5 种，总计人造丝织品 23 种；合共此 5 县布产有 148 种。① 此多样产品，原为生产不集中，织户各自为谋的结果。其弊端在于交易时，手续麻烦，故近来提倡手织业者，多主张划一标准，减低品类，以为如此必能扩展销途，其实未必尽然。农民所用织机，型式不同，新旧有异；织造布匹之宽幅身长以及经纬密度，必适应此织机上之差异而变换。此外如原料之购买，因织户资本之大小而一次所能购者必有支数及数量的不同；织布的准备工作，整理工作，因工具手艺之差异，亦必影响于布产。总之，在农民生产上，要以品种之变换多端，方能尽力利用原料与工具而达于最经济之一途。至于销卖，各地农民，皆有其长短不同之剪裁习惯，其对于布的长短宽狭的取舍亦异；匹头增长或减短一尺，其每匹价格之增减虽少，然对于购买力有限的农民，其迁就适应之力，则不可忽视。机厂欲夺土布销路，大都从仿制土布着手；设土布无统一的标准，仿制土布，不无些许困难，今将土布之长宽轻重，统与划一，实不啻为机制品先谋一统一的销货型式，对于机制品之推销，更为有利。

　　手织业在机制品的压迫下，凡使用木机，规模狭小，织布技术低下的小手织区，最先遭受淘汰。同时，以手织为副业，完全独立经营的，更自无法幸存。现时所有能勉力支持的手织区，大都是使用铁机，产量较大，织布技术也有相当提高的地方。但此等地方，或是土纱不够消用，或是根本无手纺业，故必须购入棉纱，而度量既大，又必须向外输出棉布，于是商业资本以起。商

---

① 综合吴知所著《乡村织布工业的一个研究》122—129 页所列品种而得。

业资本兴起之后，逐渐连金融周转亦归商人掌握。织户方面，此时纵占有田地，亦居少数，大体上全成为经营手工业较重于农业的人家。此等人家，直接受商业资本之剥削，间接受机制品之压迫，其生活之困苦，直非想象所能及。此为织业进展之结果，无可避免，亦无可挽救。譬如民国二十一年高阳的织户，每织 8.5 斤白布 1 匹，可领得工资 8 角，又赚得棉纱 3 角 3 分，合计收入 1.13 元。但每匹的人工开销（以每日工资 2 角计）即至 9 角 7 分，浆料、燃料、润滑油、房租、机械折旧等项，每匹约合 1 角 1 分，是即织户以 1 元 8 分的开销，换取 1.13 元的收入。① 此为商业资本剥削下，工人收入之一例。如民国二十年广西玉林的织户，每织成长 15 码，宽 1 尺 7 之布一大匹，可得工资铜元 320 枚，按当地洋价，每小洋 1 毫换铜元 23 枚，即工资约合毫洋 4 角。但每织布一大匹，至少需工作 12 日，有须 15 日者，即以最速之工作速率 12 日计，每日所得之工资亦不过毫洋 1 角 2 分，约合大洋 8 分左右。② 此为商业资本剥削下，工人收入之又一例。又如民国十九年宝坻织户，每织永机布 1 匹，可得工资 1 角 7 分，每一布机，需要 5 人之劳动，每月合得工资 2.782 元。同时各种食粮平均价为每斗 1.365 元，即一月工资可购食粮 2 斗，而每人每月即需食粮 3 斗，是即以 5 人的劳动，供给 0.7 人的食粮！③ 此为商业资本剥削下工人生活之又一例。以上三例，皆为民国二十三年以前的事实，此年以后，日货的倾销益力，我国农村的疲惫益不堪闻问了。

有些学者，于考察此种情形后，便盛倡用合作社来代替纱布

---

① 吴知：《乡村织布工业的一个研究》，第 186 页。
② 千家驹等：《广西经济概况》，第 186 页。
③ 毕相辉：《乡村家庭手工业中商业资本运用之方式》，《中国农村》，1 卷 8 期，第 42 页。

商，好像乡村织户既免去商业资本的剥削，即能长治久安似的。这又是一个幻想！商人对手织业者的剥削，固属残酷；手织业者之悲苦的命运，最终都是决定在那无知无觉的电力织机上面的。合作社如果还是需要向消费者卖布，则手织业者依然要登上那衡量一切商品价值的天秤——市场上去，他依然要在那里受交换过程来判处死刑，合作社何尝能当手织业者的挡箭牌！

四

有人主张提倡乡村手纺织业，举出两项理由来，一为农村生活程度低，可借以减低生产成本；一为农闲，以为农民既然闲着没有事做，当然应找工作。对于前一点，我们应记得，农村生活程度低是事实，但利用农民的低生活水准以补救生产力上的缺点，是有限度的。前面已经说明此种补救，在现代纺织机的压迫下是无能为力的了。现在可论农闲。

农业生产技术之低下，使农民在短短的播种和收获期内，所能完成的工作，异常微少。同时在耕作、施肥、除草等项工作上，所花费的劳力也多，时间也长。此中耕作一项，是在农作物播种、成长、收获诸时期以外的工作，有时且包括施肥在内，大都是春秋雨季去做的。因而仅计算农作物的种植、长成、收获日期，并不能表示真正的农闲时间。不幸的是，有人正是这样去夸大中国农民的农闲时间。除去耕作和施肥以外，农家还有许多必要的活动。男子需要置备农具，修理农舍，畜养牲畜；女子则于烧饭洗濯之外，还要哺育婴儿，缝制衣着；此外如管理园圃，赶集买卖，婚丧酬酢，无一非必要活动，且分割农民的劳动时间，使不能继续从事某一项工作。我国农民，受生活的压迫，便在此等活动之外，尽力劳作，往往舍去甲项工作，立即从事乙项事务。譬如妇女炊事甫毕，便理针线；看管小孩之时，亦手不停梭，其对于时间之利用，可谓一秒亦不空过。其能稍有手工业产品者，乃是延长工作时间，加强劳动强度，勤勉而不休息的结果；并非农民得天独厚，于收种之外，尚有很多闲暇，可以优游岁月，亦非农民遭受天谴，活该从事手工副业。不幸的是，有人竟说中国农民每年有四分之三的闲暇；更不幸的是，竟有许多人，不从农业方面的根本问题着手，都来想尽方法，安排农民的副业工作，且装出慈悲为怀的面孔，美其名曰利用农闲。

关于农闲，学者们所记稻麦高粱的月份账是不能说明的。①实际上，农家凡有余闲时间，莫不尽力利用。根据张世文《定县农村工业调查》所载定县大西涨、东不落冈、南王吕3村全年劳动小时数，以每10小时为1工作日折算，则3村每人平均全年所折得之工作日数如表2所示。

表2　定县3村每人每年从事手工副业工作日数及人数分配
（民国二十一年）*

	大西涨村		东不落冈村		南王吕村	
	人数	%	人数	%	人数	%
50日以下	171	19.26	135	22.96	86	36.75
50—99	298	33.56	?	?	91	38.89
100—149	224	25.22	133	22.62	?	?
150—199	99	11.15	?	?	?	?
200—249	49	5.52	?	?	?	?
250—299	35	3.94	?	?	?	0.43
300及以上	12	1.35	1	0.17	?	?
共计	888	100.00	—	—	—	—

* 取张著页425之表，页441、462之文合作。

① 为篇幅计，此处在不影响原著论点情况下，略作删节。——编者

由表 2 可知，东不落岗村全村从事手工副业者，以每人每年折得 50 日以下为最多（22.96%），以折 100 至 149 日者次之（22.62%）；南王吕村，每人每年折得 99 日以下者占全体人数 75.64%；至大西涨村，折得 99 日以下者，亦占 52.82%。将全年的零星工作时间，总合折算，每人每年从事手工副业的日数，亦不能在百日以上。农民岂真如一般人所想象的那样闲吗？农民不知有星期日，亦不知有假期，纵令舍弃手工副业，多此百日内之零星休息筋骨时间，岂能为多？

我国农民，一向习于 10 小时以上，乃至 12 小时以上的劳动，但其每日所得余以从事手工副业的时间，仅在 4 至 8 小时之间。这可从表 3 及表 4 上看得明白。

表 3　　定县 3 村平均每人每日从事手工副业小时数

（民国二十一年）*

	大西涨村		东不落冈村		南王吕村	
	人数	%	人数	%	人数	%
4 小时以下	33	3.72	22	3.74	6	2.57
4 至不满 8 小时	498	56.08	403	68.54	184	78.63
8 小时以上	357	40.20	163	27.72	44	18.80
合计	888	100.00	588	100.00	234	100.00

*取张著页 425、441、462 上之文合作。

表4　　　　定县453村从事纺织副业平均每人
　　　　　　每日工作小时数（民国二十年）*

		纺线				织布			
		人数	百分数	百分数	百分数	人数	百分数	百分数	百分数
4小时以下	男	587	27.87	—	—	719	10.24	—	—
	女	9753	—	25.93	—	11333	—	35.31	—
	共	10340	—	—	26.03	12052	—	—	30.81**
4至不满8小时	男	845	40.12	—	—	2449	34.84	—	—
	女	17649	—	46.92	—	16401	—	51.11	—
	共	18494	—	—	46.56	18850	—	—	48.18
8小时以上	男	674	32.01	—	—	3861	54.92	—	—
	女	10211	—	27.15	—	4358	—	13.58	—
	共	10855	—	—	27.41	8219	—	—	21.01
总计	男	2106	100.00	—	—	7029	100.00	—	—
	女	37613	—	100.00	—	32092	—	100.00	—
	共	39719	—	—	100.00	39121	—	—	100.00

＊取张著页52、57页之表改制。

＊＊原作页31、81，误，现改正——本文集编者。

　　大西涨等3村，平均每人每日从事手工副业在4至不满8小时者最多，计占全体人数的56.08%，68.54%，78.63%。妇女所担任的家事杂务，普遍都多于男子，因而妇女每日从事纺织副业的时间亦较男子为少。民国二十年定县453村的情况如表4所示，从事纺纱的妇女，每日工作在4至不满8小时者，占全体妇女数的46.92%，在4小时以下者占25.93%，能工作8小时以上者仅占27.15%。从事织布的妇女，每日工作在4小时以下者占35.31%，在4至不满8小时者占51.11%，能工作至8小时以上者仅占13.58%。从事织布的男子，每日工作时间，远较女子为长。计在 4 小时以下者占 10.24%，在 4 至不满 8 小时者占 34.84%，在 8 小时以上者占 54.92%。但纺线及织布工作，皆以妇女占绝对多数，故总合言之，每日工作在 8 小时以下者，于纺线得 72.59%，于织布得 78.99%。① 假定每日工作 8 小时以上，为全日闲暇，能致力于手工副业，则在从事纺线之 39719 人中，仅有 10885 人（27.41%）；在从事织布之 39121 人中，仅有 8219 人（21.01%）。多少人喧嚷利用农闲，农民何曾有一整日的时间，可以从事手工副业的？我国农民，工作时间既长，工作又紧张，且食料粗劣，缺乏滋养品，这于农民体质，已发生极恶劣的影响。吾人必欲在农民从事耕作之余，可以休息片刻的时候，使其忙于副业的经营，此在农民体质上的影响，是不可不深切注意的。

凡一生产工作，其起始与停止愈多，亦即工作时间愈无继续性，此削减生产能力，和能继续工作者不可同日而语。此为尽人皆知的常识。妇女炊作、育儿等事，每日的次数频繁，分割妇女的工作时间，异常零细。所以我们只注意这每日工作小时数之短少，还是不足以估计她们的工作效果的。譬如纺线，本来妇女使用手纺车的生产力，每 20 小时能纺线 1 斤，以每日工作 10 小时计，2 日可得；以每日工作 6 小时计，亦不过需时 3 日又 2 小时。但事实上定县妇女需 5 日方能纺线 1 斤。若据 46.92% 的纺线妇女每日工作在 4 至不满 8 小时这事实，假定每日工作为 6 小时，则为 30 小时纺线 1 斤。是即妇女工作，因家事杂务之截断，而不能继续工作，乃减低生产能力达 50%！又如织布，定县全县 39121 位从事织布者，平均每人每年仅出大布 15.49 匹，庄布 25.91 匹。大布普通长 42 呎，庄布普通长 36 呎，以此计之，平

---

① 原书此数计算有误，此处已改正。——本文集编者

均每人每年出布 1583.34 呎。以若足踏铁轮每日工作 11 小时能出布 120 呎计，专事织布的工人，欲生产此 1583.34 呎布，至多仅需 14 日便够。若以拉梭机每日能生产 70 呎计，则生产此数，需时 22 日。即以生产能力最低之投梭机，每日出布仅 30 呎计之，亦不过需时 52—53 日而已。今农民以织布为副业，乃需集全年的剩余时间，方能得此，其生产能力因杂务截断而减低者，真不知从何算起了！

工作时间零细，使生产能力低下，出品减少，自然又使从事副业的收入减低。关于每日纺纱和织布的所得，上面已经说过。今更看全年的收入。民国二十年定县有纺线者 39719 人，全年出线 962354 斤，赚利 115486 元，平均每人年出 24.23 斤，赚利仅得 2.91 元！① 这还包括纺车的折旧！织布副业，较纺线为有利。民国二十年定县计有织布者 39121 人，平均每人年得赚利 9.83 元。② 此 9.83 元的赚利，仅能买玉米 17.9 公斗，或黍子 17.73 公斗，或小麦 11.4 公斗。③ 一人全年纺线的赚利，仅能买玉米 5.3 公斗，或黍子 52.6 公斗，或小麦 3.37 公斗。我们不知这一点食粮在一个农民全年的生活上好占什么地位！另一方面，定县民国二十年每家织布赚利仅得 28.73 元，25 亩之家，苟能对土地之利用，稍加改良，则生产此数，每亩仅多出 1.14 元之农产，何尝困难？

以上就手纺纱及手织普通棉布两者，略论其现势与将来，吾人之意，以为两者受机制品之竞争，皆必归消灭，今日奔走提倡，其志可嘉，其愚实不可及。手织业中，尚有编织及针织两

---

① 张世文：《定县农村工业调查》，第 73 页。
② 同上书，第 84 页。
③ 粮价见《定县经济调查一部分报告书》，第 162 页。

类，因材料缺乏，不便妄加讨论。至于特种花式织物，前途虽较能持久，终因销路狭小，纵提倡改良，其与整个国民经济之贡献亦微，况此类织物，所需工人之技术特高，亦非半耕半织之农民所易养成的。放大眼光来看，我们这次殖民地的当前大问题，正需要一个大刀阔斧的经济变革；民族危亡，绝不是小缝小补所能挽救的。以言纺织业，吾国至少须有一千至二千万锭纱机，六七百万台布机，不足自给。手纺车与足踏织机，纵如何改良亦不能当此大任。资金缺乏，为我国工业界之通病，尤为纺织厂之大患；居今日而言纺织，正当以有限的资金，力谋机纺织业之改良扩充。提倡手纺织，不独徒劳无功，其分散资金，贻误良机，宜罪不可恕了。至于农民方面，诚因副业之衰落，增加其穷困，然所谓农闲，既不若一般人想象之甚，农民穷困之根本解决，更非走农作机械化科学化之一途不可，岂救济手工业所能奏效？我们若记起1919年前俄国经济之落后，记起他们两次五年计划的成功，更一检视近年来所谓斯塔汉诺夫运动的进展之速，然后回顾国内种种救济政策，实未免有天渊悬殊之感！国人其高瞻远瞩，熟虑图之。

1937.4.14. 京

（原载《中山文化教育馆季刊》4卷3期，1937年秋季号）

规律性判断研究和价值性研究[*]
——关于历史评价的问题的构思

一 从对西方入侵的评价说起

在洋务派评价问题的讨论中,有一种基本否定部分肯定的意见。部分肯定的意见认为洋务派兴办新式企业,引进先进的生产技术,促进了中国的社会生产力发展,"客观上起了进步作用"。但是,在洋务派兴办新式企业的同时和前后,外国入侵者也在中国兴办新式企业,引进这种先进的生产技术。先进的生产技术也促进中国社会生产力的发展。"进步作用"是一个赞赏的词汇。我们能够从赞赏的意义上去歌颂外国入侵者的这种"进步作用"么?美国前国务卿艾奇逊说:"19 世纪中叶,西方突破了中国孤立的墙壁……外来带来了进取性,带来了发展得盖世无双的西方技术,带来了为以往的侵入者所从来不曾带入中国的高

---

[*] 本文是作者未曾发表过的遗稿。

度文化。"① 我们歌颂这种"带来",不是把立场滑到艾奇逊的方面去了么?

今天我们正在实行对外开放政策,不仅引进外国的先进技术,还欢迎外国人来华经营合资乃至独资企业,也引进外国对我们有益的科学文化成果。在这种背景之下,我国舆论界出现了一种赤裸裸歌颂外国侵略的言论。例如,有人就指责史学家揭露英国发动第一次鸦片战争的罪行为从狭隘的民族主义感情出发,对不顺心的事发一通牢骚了事。据说,科学无国界,文明无国籍,鸦片战争以后中国对外开关,西方资本主义涌入中国,破坏了中国自然经济,使清王朝面临塌顶的危机,乃是好事,我们不仅不应该为之唱挽歌,而且应当大恨其晚才对。

这种观点,抹杀了新旧中国的界限。今天我们是拥有独立主权的国家,是主动对外开放的。我们引进外国的任何事物,都是在我们法定的范围内进行的,吸取有益于我的东西,排斥有害于我的东西。旧中国却是一个主权被破坏的半殖民地国家,在被迫对外开关的同时,还被迫签订许多不平等条约,授予外国侵略者在中国为所欲为的特权。怎么能把主动开放和被迫开关混为一谈呢?

二 两种研究的构思

为了端正立场,有必要从理论上澄清一些令人困惑的观念。对此我提出"规律性判断研究"和"价值性研究评论"两个观念,去对历史人物和历史事件进行研究。"规律性判断研究"是对事物发展变化本身的客观规律的研究,"价值性研

---

① 毛泽东:《唯心历史观的破产》,《毛泽东选集》合订本,第1401页。

究评论"是对事物发展变化对人的利害关系的研究,二者不可混为一谈。

马克思认为"社会经济形态的发展是一种自然历史过程"①。这是因为马克思"把社会关系归结为生产力的高度。从而就有可靠的根据把社会经济形态的发展看做是自然历史过程"②。列宁特别强调这种观点的重大意义。他说:"没有这种观点,当然也就无所谓社会科学。"③ 我体会,所谓"把社会经济形态的发展看做是自然历史过程",就是把社会经济形态的发展看做和自然历史过程一样,都按照它们自己的内部矛盾和外部条件所形成的客观规律发展变化着。事物发展变化中所出现的现象有偶然的,有必然的。人们对事物发展规律的研究,需要区分偶然和必然。客观规律就是事物发展变化的必然性。事物发展变化的必然过程通过事物发展过程中的偶然现象为自己开辟道路。科学研究的任务就是透过事物发展变化过程中的偶然现象去肯定事物发展变化的必然规律。我们把这种肯定称之为规律性的判断,给人们提供行动的指南,由此必促其利、避其害。事物本身是按照其内部矛盾和外部条件发展变化着,规律本身不以人们的意志为转移,无所谓利害,无所用其褒贬。人们所能为力的只是既经掌握事物的必然规律,使可按其对人的利害关系,因势利导,促其利,避其害。无论自然历史过程,还是社会经济形态的发展过程,都是如此。

试拿自然历史过程来说,例如地球既处在天体系统中它所在的位置,它就必然毫不停息地围绕太阳公转和自转,使地球表面

---

① 马克思:《〈资本论〉第一版序言》,《马克思恩格斯选集》第2卷,第208页。
② 列宁:《什么是人民之友》,《列宁全集》第1卷,第119页。
③ 列宁:《民粹主义的经济内容》,《列宁全集》第1卷,第389页。

出现四季、昼夜和寒暑变化。这是地球运动的客观必然规律。科学研究的任务是透过地球表面的风云变幻去发现四季、昼夜和寒暑的客观必然性。四季、昼夜和寒暑本身无所谓利害，无所用其褒贬。又如香花和毒草也都按照其内部矛盾和外部条件发芽、滋长、开花和结果。香花之香和毒草之毒，都是花草按照其本身发展规律所形成的必然结果，它们本身无所谓利害，无所用其褒贬。

马克思"把社会关系归结为生产力的高度"，也就是说社会经济形态随着生产力的提高而发展变化着。这是社会经济形态的发展不以人们意志为转移的客观规律。在生产力发展过程中所出现的繁荣、衰退、危机和复苏，以及阶级关系的变化本身无所谓利害，无所用其褒贬。

当科学家离开规律性的研究，从事价值性的研究时，对自然历史过程的研究和对社会经济形态发展过程的研究，便出现了极大的差异。阳光普照大地，或严寒酷暑对任何人都一视同仁地赐予温暖，或带来灾难。但人是分民族、分国家、分阶级的，社会经济形态的发展变化，能说是对任何人都一视同仁地赐予温暖或带来灾难么？

马克思"对特定时代的一定制度，占有方式、社会阶级产生的历史正当性的探讨占着首要地位"。"马克思了解古代奴隶主、中世纪封建主等等的历史必然性，因而了解他们的历史正当性，承认在一定限度的历史时期是人类发展的杠杆，因而马克思也承认剥削，即占有他人劳动产品的暂时历史正当性。"[①] 所谓"一定限度的历史时期"指的是奴隶制和封建制的上升期。在这

---

① 恩格斯：《法学家的社会主义》，《马克思恩格斯全集》第2卷，第557—558页。

个时期里，奴隶主、封建主的行动符合社会发展的客观规律，发挥过"杠杆"作用。但是到了奴隶制、封建制的下降期，奴隶主、封建主的行动便违反社会发展的客观规律，他们便从"杠杆"作用转化为阻碍作用，不复有其历史正当性，只有历史反动性了。

恩格斯的上述说法表明，马克思是从社会经济形态发展变化的必然性客观规律的意义上去肯定奴隶主和封建主的历史正当性的，是一种规律性的研究。当社会生产力发展到一定水平时，除非实行奴隶制和封建制，社会生产力便无从实现进一步的发展。拿奴隶制的发生来说，到了原始公社的瓦解时期，公社的社会生产力已经有了一定水平。但是当时人的劳动生产率还是非常的低，"除了必需的生活资料只能提供微小的剩余"，"生产力的提高、交换的扩大、国家和法律的发展、艺术和科学的创立，都只有通过更大的分工才有可能，这种分工的基础是，从事单纯体力劳动的群众同管理劳动、经营商业和掌握国事以及后来从事艺术和科学的少数特权分子之间的人分工、这种分工的最简单的完全自发的形式，正是奴隶制。"当时的"经济进步就在于利用奴隶劳动来提高和进一步发展生产"。所以说，"在当时的条件下，采用奴隶制是一个巨大的进步。"[1] 同样道理，也适用于奴隶制向封建制的发展和封建制向资本主义的发展，就资本主义制度而言，"资产阶级争得自己的阶级统治地位还不到一百年，它所造成的生产力比过去世世代代总共造成的生产力还要大还要多"。[2] 所以经典作家不仅肯定了"资本主义进步的历史作用"，[3] 甚至

---

[1] 恩格斯：《反杜林论》1970年版，第178—179页。

[2] 马克思、恩格斯：《共产党宣言》，《马克思恩格斯全集》第4卷，第471页。

[3] 列宁：《俄国资本主义的发展》，《列宁全集》第3卷，第45页。

说，资产阶级在历史上曾经起过"非常革命的作用"。① 所有这一切都是规律性研究。

在今天的著作里，杠杆作用、进步作用、革命作用都是赞赏的用语。但在这里，经典作家使用这些用语，只不过从社会经济形态发展规律的意义上肯定其为必然出现的事物。这些事物的出现及其历史作用也和四季、昼夜、寒暑一样，本身无所谓利害，无所用其褒贬。经典作家所做的是规律性的研究，不是价值性的研究。我们千万不可把规律性研究的杠杆作用、进步作用、革命作用这类赞赏的用语当作价值性的研究胡乱加到任何历史人物和历史事件上去。

三　不能用客观主义去代替唯物主义

把规律性的研究当作价值性的研究胡乱加到历史人物和历史事件上去是一种客观主义的观点。列宁划清唯物主义和客观主义的界限说："客观主义者谈论现有历史过程的必然性；唯物主义者则是确切地肯定现有社会经济形态和它所产生的对抗关系。客观主义者证明现有一系列事实的必然性，总是不自觉地站到为这些事实做辩护的立场上去；唯物主义者则是揭露阶级矛盾，从而确定自己的立场。客观主义者谈论不可克服的历史趋势；唯物主义者则是谈论那个支配当前经济制度，造成其他阶级的某种对抗形式的阶级。"② 马克思斥责蒲鲁东"想把（拿破仑第三）政变描写成以往历史发展的结果。……这样，他就犯了我们那班所谓客观

---

① 马克思、恩格斯：《共产党宣言》，《马克思恩格斯全集》第 4 卷，第 468 页。

② 列宁：《民粹主义的经济内容》，《列宁全集》第 1 卷，第 379 页。

历史学家的错误。相反的，我所表明的是法国阶级斗争怎样造成了使一个平庸可笑的人物能够扮演英雄角色的那些条件和情况"。①

列宁斥责那种把帝国主义在殖民地、半殖民地建筑铁路美化为"文明事业"的价值性研究的观点说，"建筑铁路似乎是一种简单的、自然的、民主的、文化的、文明的事业。由于粉饰资本主义奴隶制而得到报酬的大学教授和小资产阶级庸人就有这种看法。事实上，几根资本主义的干线已经用千丝万缕的密网把这种事业与整个生产资料私有制联系在一起了，已经把这种建筑事业变成压迫附属国（殖民地加半殖民地）里占世界人口半数以上的十亿民众和'文明'国里资本主义雇佣奴隶的工具"。②列宁还把粉饰资本主义的这种观点斥之为修正主义。他说，"修正主义者早就叫嚣说，殖民政策是进步的，它能传播资本主义，因此，'揭露它的贪得无厌和残酷无情'就毫无意义，因为如果'没有这些特性'，资本主义就像'没有双手'一样。"③

四　必须区分两种必然性

历史上，凡是已经发生了的事情，都有它的必然性，否则就不会发生。历史学家必须区分两种不同的历史必然性，一种是社会经济形态发展规律的历史必然性。这种必然性使奴隶制、封建制、资本主义制上升期发挥过"杠杆"作用的人物具有暂时的历史正当性。另一种是特定"条件和情况"下的必然性。这种必然性并不使任何人具有历史正当性，哪怕是暂时的也罢。把特

---

① 列宁：《民粹主义的经济内容》，《列宁全集》第1卷，第403页，注1。
② 列宁：《帝国主义是资本主义的最高阶段》，《列宁全集》第34卷，第454页。
③ 列宁：《给阿·马·高尔基》，《列宁全集》第34卷，第454页。

定"条件和情况"下所出现的历史必然性错误地当成发展规律的必然性，从而进行价值性的研究，实际上就是为"支配当前经济制度"的阶级作辩护的客观主义观点。

在历史上，资本主义上升期西方殖民主义者进行的海外掠夺乃是特定"条件和情况"下的历史必然性，并不具有同一时期把小生产者剥离生产资料和生活资料的那种发展规律的必然性，因而也不具有历史正当性，哪怕是暂时的也罢。须知最早从事海外掠夺的国家并不就是资本主义发展最先成熟的国家，如西班牙和葡萄牙便是。还有另一些国家并未掠得多少贼赃，也一样地把资本主义发展成熟。例如德国和日本就是。在资本的原始积累时期，西方殖民主义者泛滥全世界。他们在海外遇到什么样的对手，完全是偶然的。他们只能把那些在当时特定"条件和情况"下能够征服的国家和地区变为殖民地，对那些在当时特定"条件和情况"下不能征服的国家则任其独立。例如，直到第一次鸦片战争为止的中国、日本和暹逻就是如此。由此可见，在资本主义上升期从事海外掠夺的那些殖民主义海盗，并不具有历史正当性，哪怕是暂时的也罢。

不幸直到最近，我们史学界还不时冒出混淆两种必然性，把特定"条件和情况"下的历史必然性当成社会经济形态发展规律的必然性，进行价值性的研究，从而陷入客观主义的泥坑。例如有人就说，在15世纪，殖民主义乃是"历史的必然"；哥伦布作为殖民者是一个新贡献。指责在东方人的观念中，对西方殖民者似乎用不着分析，只要全盘否定，坚决骂倒就是了。认为这不是一种科学的态度。这种观点的逻辑的结论，必然要求我们东方人歌颂西方殖民者对亚、非、美三大洲的殖民主义掠夺为"新贡献"。

马克思主义者是站在现代无产阶级立场上去研究历史，才有可能总结出历史唯物主义的。一般说来，作为被剥削被压迫者阶级的现代无产阶级，反对一切人剥削人或人压迫人的制度，揭露一切剥削者压迫者阶级、民族或国家剥削以及压迫他人的罪恶行径，同情一切被剥削被压迫的屈辱和苦难，主持正义。但是"用一般性的词句痛骂奴隶制和其他类似的现象，对这些可耻的现象发泄高尚的义愤，这是最容易不过的做法。可惜，这样做仅仅说出了一件人所周知的事情，这就是：这种古代的制度已经不再适合我们目前的精神情况的由这种情况所决定的我们的感情"。① 很明显，马克思主义者并不从抽象的阶级义愤出发去进行价值性研究，而具体地分析具体问题，根据被剥削被压迫者在历史当时的实际利益去进行价值性研究的。

恩格斯说，"当一种生产方式处在自身发展的上升阶段的时候，甚至在和这种生产方式相适应的分配方式吃了亏的那些人也会热烈欢迎这种生产方式。大工业兴起时期的英国工人就是如此。不仅如此，当这种生产方式对于社会还是正常的时候，满意于这种分配的情绪，总的来说，也会占支配地位。"②

恩格斯指出，在奴隶制的上升期，奴隶制这种人剥削人和人压迫人的制度，"甚至对奴隶来说，也是一种进步，因为成为大批奴隶来源的战俘，以前被杀掉，而在更早的时候，甚至被吃掉，现在至少能保全生命的"③。这里所说的进步是根据当时奴隶的实际利益所做的价值性研究。因为，从奴隶的立场上说来，从被杀掉、被吃掉的战俘到保全生命当奴隶，意味着人身地位的上升。同样道理也适用于封建制度上升期的农奴和资本主义上升

---

① 恩格斯：《反杜林论》，第 178 页。
② 同上书，第 146 页。
③ 同上书，第 179 页。

期的雇佣工人。因为奴隶转化为农奴意味着从可以被任意杀害到不能任意杀害的转化、农奴变为雇佣工人,意味着被钉着在土地上没有人身自由转化为不再依附任何人,享有人身自由,这些都意味着人身地位的上升。

从社会经济形态的发展规律上说,资本主义要求劳动者既具有人身自由,又要求劳动者丧失生产资料,成为除非出卖劳动力就无以为生的赤贫者。马克思关于英国资本原始积累过程,就是叙述英国"生产者同他们的生产资料分离、从而把他们变成雇佣工人(现代意义上的无产者)而把生产资料占有者变成资本家的历史运动。在这一段历史中,'成为形成过程中的资本家阶级进一步发展的杠杆的一切革命都是划时代的,使广大群众同他们传统的生产资料和生活资料分离并把他们突然投到劳动市场上去的那些革命,更是如此"。马克思在谈到1861年俄国农奴解放以后的经济发展前景时说,"假如俄国想要遵照西欧各国先例成为一个资本主义国家……它不先把很大一部分农民变成无产者就达不到这个目的。"① 可见,一个封建主义国家要过渡为资本主义国家,它就必须首先使很大一部分农民丧失生产资料和生活资料,进行资本的原始积累。这是封建社会经济形态转化为资本主义社会经济形态的客观必然规律。这种规律性的转化本身无所谓利害,无所用其褒贬。马克思把这种转化称为"划时代的""革命"。所谓"划时代"是就其影响的重大和深远而言的。马克思的这一论断是一种规律性的研究,绝不是价值性的研究。正相反,马克思站在丧失生产资料和生活资料的劳动者的立场上,认为资产阶级运用暴力手段剥夺直接生产者的生产资料和生活资料

---

① 《马克思致〈祖国纪事〉杂志编辑》,《马克思恩格斯书信选集》,第345—346页。

的过程"是用最残酷无情的野蛮手段,在最下流、最龌龊、最卑鄙、最可恶的贪欲的驱使之下完成的"。① 这才是马克思对资产阶级国内剥夺所做的价值性评论。

西方资本主义在原始积累过程中,还对外国人民进行疯狂的掠夺。马克思借用豪伊特的话总结这种掠夺说:"所谓基督教人种在世界各地对他们所能奴役的一切民族所采取的野蛮和残暴的暴行,是世界史上任何时期任何野蛮愚昧和残暴无耻的人种都无法比拟的。"② 马克思还对欧洲资产阶级国内剥夺和国外掠夺有过这样的价值性研究,"随着资本主义生产在工场手工业时期的发展,欧洲的〔资产阶级〕舆论丢掉了最后一点羞耻心和良心。各国恬不知耻地夸耀一切当作资本积累手段的卑鄙行径。"③

资产阶级不仅在资本的原始积累时期,采取野蛮和残暴的暴行对他们所能奴役的一切民族进行奴役,在以后的发展中也还奴役他们所能奴役的一切民族,不过奴役的方式稍有不同。这是因为资产阶级是这样一个阶级,"如果不使生产工具经常地发生变革,从而不使生产关系,亦即不使全部社会关系经常地发生变革,就不能存在下去"。在资本原始积累以后的发展中,"资产阶级既然把一切生产工具迅速改进,并且使交通工具极其便利,于是就把一切民族甚至最野蛮的都卷入文明的漩涡"。④ 而他们一旦把一切民族都卷入文明的漩涡,资本就在它所到的一切地方发挥力量。这种力量对于"世界市场的破坏影响,不过是在大范围内显示目前正在每个文明城市起着作用的政治经济学本身内

---

① 马克思:《所谓原始积累》,《马克思恩格斯选集》第 2 卷,第 266 页。
② 同上书,第 265 页。
③ 同上书,第 263 页。
④ 马克思、恩格斯:《共产党宣言》,《马克思恩格斯全集》第 4 卷,第 469、470 页。

在规律罢了。历史中的资产阶级时期负有为新世界创造物质基础的使命：一方面要造成以全人类互相依赖为基础的世界交往，以及进行这种交往的工具，另一方面要发展人的生产力，把物质生产变成在科学的帮助下对自然力的统治。资产阶级的工业和商业正在为新世界创造这些物质条件，正像地质变革为地球创造了表层一样。"① 我们必须特别注意马克思所说资产阶级工商业对世界市场的这些作用，都和地质变革为地球创造表层一样，是政治经济学本身内在规律作用的结果，这是马克思"把社会经济形态的发展看做是自然历史过程"的论断。自然历史过程发展变化的客观规律，不以人们的意志为转移，无所谓利害，无所用其褒贬。政治经济学本身的内在规律同样地不以人们的意志为转移，因而社会经济形态的发展变化本身也无所谓利害，无所用其褒贬。我们只能说，内在规律的作用结果，才有利害褒贬问题。

经典作家曾经把资产阶级对世界市场的影响的客观规律简单概括为一句话，即"按照自己的形象创造出一个世界"②。英国资产阶级在印度按照自己的形象所创造的世界就是这样的。在印度，英国资产阶级完成了双重使命："一个是破坏的使命，即消灭旧的亚洲式的社会，另一个是建设性的使命，即在亚洲为西方式的社会奠定物质基础。"在建设性的使命方面，英国使印度达到比以前在大莫卧儿统治下更加牢固和占地更广的政治统一，英国人用宝剑实现了这种统一，并用电报巩固起来，而这种统一乃是"使印度复兴的首要前提"。英国的教练班长组织训练出一支印度人的军队，而这支武装乃"是印度自己解放自己和不再一

---

① 马克思：《不列颠在印度统治的未来结果》，《马克思恩格斯选集》第 2 卷，第 75 页。

② 马克思、恩格斯：《共产党宣言》，《马克思恩格斯全集》第 4 卷，第 470 页。

遇到侵略者就被征服的必要条件"。英国人创立了自由报刊,而自由报刊乃是"改建这个社会新的和强有力的因素"。英国兴办教育,"使土著居民中间,在英国的监督之下勉强受到一些很不充分的教育的人中,正在成长起一个具有管理国家的必要知识并且接触到了欧洲科学的新的阶层"。蒸汽机使印度能够同欧洲经常地、迅速地来往,把印度的主要海港同东南海洋上的港口联系起来,使印度摆脱了孤立状态,而孤立状态乃是"它过去处于停滞状态的重要原因"。英国的工业巨头们发现,使印度变成一个生产国对他们大有好处。为了达到这个目的,首先就要供给印度水利设备和内地的交通工具。现在他们正打算在印度布下一个铁路网,而"这样做的后果是无法估量的"。例如,铁路产生的现代工业,必然会瓦解印度种姓制度所凭借的传统分工方式,而"种姓制度则是印度进步和强盛道路上的基本障碍"①。所有这一切都是英国在印度的"建设性的使命",即进步的事业。马克思甚至说,英国对印度的统治结果,"把纺工安置在郎卡郡,把织工安置在孟加拉,或是把印度的纺工和织工一齐消灭,这就破坏了这种小小的半野蛮半文明的公社,因为这破坏了它们的经济基础,结果,就在亚洲完成了一场最大的,老实说也是亚洲历来仅有的一次社会革命"②。

马克思评论这场"最大的社会革命"说,"如果亚洲的社会状况没有一个根本的革命,人类就不能完成自己的使命。如果不能,那么,英国不管是干出了多大罪行,它在造成这个革命的时候毕竟是充当了历史的不自觉的工具。这么说来,无论古老世界

---

① 马克思:《不列颠在印度统治的未来结果》,《马克思恩格斯选集》第2卷,第70—73页。

② 马克思:《不列颠在印度的统治》,《马克思恩格斯选集》第2卷,第67页。

崩溃的情景对我们个人的感情是怎样难受，但是从历史观点来看，我们有权同歌德一起高唱：'既然痛苦是快乐的源泉，那又何必因痛苦而伤心。'"① 学习马克思的这段论断，必须特别注意"从历史观点来看"几个字。在这里，马克思并没有歌颂英国对这场社会革命建立了什么功劳，加以赞赏。马克思从"历史观点来看"就是从英国资产阶级在印度"按照自己的形象为自己创造出一个世界"的观点来看，也就是从资本主义侵入印度以后的政治经济学的内在规律来看，这是一种规律性的研究，不是价值性的研究。规律既是不以人们意志为转移的客观必然性，那么，人们"因痛苦而伤心"也是枉然的，就像人们因酷暑严寒而伤心一样的枉然。

马克思对英国在印度所造成的社会革命另有价值性的评论。马克思说："当人们把自己的目光从资产阶级文明的故乡转向殖民地的时候，资产阶级文明的极端伪善和它的野蛮本性就赤裸裸地呈现在我们面前，因为它在故乡还装出一副很有体面的样子，而一到殖民地它就丝毫不加掩饰了。""英国在印度斯坦造成社会革命完全是被极卑鄙的利益驱使的，在谋取这些利益的方式上也很愚钝。"英国在印度"按照自己的形象为自己创造出一个世界"，却使"印度失掉了他的旧世界而没有获得一个新世界"。英国在印度"在亚洲式的专制基础上建立起来的欧洲式的专制，这两种专制结合起来要比萨尔赛达庙里的狰狞的神像更为可怕"。"不列颠人给印度斯坦带来的灾难与印度斯坦过去的一切灾难比较起来……在程度上不知要深重多少倍。"不列颠人在印度确实促进了生产力的发展，但这种发展"既不会给人民群众带来自由，也不会根本改善他们的社会状况，因为这两者都不仅仅取决于生产力

---

① 马克思：《不列颠在印度的统治》，《马克思恩格斯选集》第2卷，第68页。

的发展,而且还决定于生产力是否归人民所有"。"在大不列颠本国现在的统治阶级还没有被工业无产阶级推翻以前,或者在印度人自己还没有强大到能够完全摆脱英国的枷锁以前,印度人民是不会收到不列颠资产阶级在他们中间播下的新的社会因素所结的果实的。"① 这才是马克思对英国所造成的社会革命所做的价值性研究。这里闪烁着马克思所持的印度人民的坚定立场。

让我们回到中国问题上来。英国资产阶级在印度"按照自己的形象创造出一个世界",是在以主权所有者的身份对印度进行殖民地直接政治统治的条件下进行的。他们所进行的社会革命,遍及政治、经济、军事、文化等的各个领域。在中国,外国资产阶级一样从政治、军事、经济、文化等各个领域"按照自己的形象创造出一个世界",不过在这里,他们是在形式上保持中国的独立,只是破坏中国的主权,对中国实行半殖民地性质间接政治统治的条件下进行的。在这里,他们一面在政治、军事方面支持清政府的封建统治,使其镇压人民,充当入侵者的傀儡,一面又凭借条约特权、政治声势和炮舰威力,先是非法地引进西方先进的生产技术,后来又从清政府手里榨取越来越多的条约特权,以便进行更进一步的侵略。他们向中国引进西方先进的生产技术,当然也提高中国土地上的生产力水平。但是,这不过是在中国范围内"显示目前正在每个文明城市起着作用的政治经济学本身内在规律罢了"。既是政治经济学本身的内在规律,就是不以人们意志为转移的客观必然性。从规律性研究的意义上说,他们所扮演的角色,只是充当了"历史的不自觉的工具"。

经典作家说,资产阶级中生产工具和交通工具方面的改进,

---

① 马克思:《不列颠在印度的统治》、《不列颠在印度统治的未来结果》,《马克思恩格斯选集》第2卷,第63、64、65、73、75页。

"把一切民族甚至最野蛮的都卷入文明的漩涡里了。它那商品的低廉价格，就是它用来摧毁一切万里长城、征服野蛮人最顽强的仇外心理的重炮。它迫使一切民族都在唯恐灭亡的忧惧之下采用资产阶级的生产方式，在自己那里推行所谓文明制度，就是说，变成资产者。"① 第一次鸦片战争以后，西方商品的低廉价格，越来越严重地摧毁中国的万里长城。这种形势迫使中国的有识之士"在唯恐灭亡的忧惧之下采用资产阶级的生产方式"。这就是19世纪70年代以后洋务派所办的新式企业。那些企业采用西方先进的生产技术，促进了中国社会生产力的发展。那也是政治经济学本身的内在规律发挥作用的结果。从规律性评论的意义上说，它们本身无所谓利害，无所用其褒贬。

从价值研究的意义上说，外国向中国大地引进西方的先进生产技术是凭借强大的政治强制力进行的，它们疯狂奴役中国人民，不受中国法律的管辖，它们是在发展外国的资本主义，不是发展中国的资本主义，我们当然不能撤去民族的界限，赞赏它们对中国有什么功劳。

从价值研究的意义上说，洋务派所办的新式企业有助于中国社会生产力的发展，有助于中华民族的现代化。这是值得赞赏的。但无论外国在中国大地上所办的新式企业，还是洋务派所办的新式企业，都没有给中国劳动人民带来自由，也不会根本改善他们的社会状况，因为这两者都不仅仅取决于生产力的发展，而且还决定于生产力是否归人民所有。在中国人民强大到推翻三座大山以后，中国人民才收到二者所结的果实。

（1978年12月28日完稿）

---

① 马克思、恩格斯：《共产党宣言》，《马克思恩格斯全集》第4卷，第470页。

关于哥伦布其人答朱寰同志[*]

朱寰同志在《世界历史》1979年第2期上,发表《应该怎样评价哥伦布?》一文,对我在《历史研究》1977年第1期的那篇《殖民主义海盗哥伦布》提出批评意见,我在此表示欢迎。

首先我想声明,我不是一个世界史工作者,尤其不是一个马克思主义史学家。在"四人帮"横行的后期,我这个不乐趋时而又不甘寂寞的"老九",找到了老殖民主义这个时间早一些、地方远一些的范围,写些历史故事,目的只在于向青年讲点通俗知识,并无意于写出什么科学著作。我的文章,原有附题"老殖民主义史话",可惜刊出时被略去了。

其次我还想声明,我能找到的历史文献是很可怜的。所以我讲故事,只说历史的一个侧面,无意于对历史过程作全面考察。我当然也有我的立场和观点。这一点,我虽然未尝不想以马克思主义的理论原则作指导。但我自知谫陋,不敢以马克思主义的名

---

[*] 本文原发表于《世界历史》1979年第4期。在整理严先生遗稿时,发现了他对这篇文章的修订稿,标题改为《全面否定,坚决骂倒》。在此,我们仍用原来的标题,内容则据修订稿订正。——编者

义去评价哥伦布自诩，盖所以免遭大旗虎皮之讥。但我以为，就事论事，卑之无甚高论，而江海不弃涓滴，或亦为历史科学的崇高殿堂所能容纳，若竟博得权威之一哂，那就更加幸运了。如今朱寰同志把问题提到马克思主义历史科学的重大原则的高度，来对我进行批评，使我于惶惑之余，受益良多。对此，我表示感谢。

下面，请让我按照朱寰同志行文的次序，说几点不同意见，由于朱寰同志把问题提到马克思主义的原则高度，我也就不得不侈谈这些原则。但我仍然是结合哥伦布这个具体人物的片断历史去体会马克思主义的精神的。我丝毫无意于树立评价任何历史人物的任何一般原则。这一点，也必须声明清楚。

一

大家知道，时至 15 世纪末叶，意大利的某些城市已经出现了资本主义生产关系的萌芽。其中威尼斯和热那亚是垄断了中近东对欧洲贸易达几百年之久的两个先进城市，其资本主义生产关系的发生，可能走在其他各城市的前头。我那篇拙稿，根据哥伦布的父亲经营毛纺织业作坊，雇有少量工人，可能不止一架织机；他在织工行会里小有地位，又兼经营鸡毛小客店，等等情况，推测哥伦布出生于正在向上爬的小资产阶级家庭。我以肯定语气表达推测之意，自然失之轻率。但朱寰同志的批评，意不在此。

朱寰同志认为哥伦布的父亲是一个行会手工业者，而行会手工业是封建的生产关系，"不能说行会统治下的手工业者家庭是什么'正在向上爬的小资产阶级家庭'"。又说"没有资本主义的生产关系，又哪里来的资产阶级和小资产阶级呢？"

关于哥伦布幼年时期，热那亚是否出现了资本主义生产关系的萌芽；他的一家是否如朱寰同志所说，"家道不富，生活拮据"，这是历史事实问题。我对此不掌握史料，不敢深论。不过，朱寰同志把行会的统治和小资产阶级的上升，如此绝对地对立起来，断言在有行会统治的地方，就不可能有小资产阶级的向上发展，这在方法论上，却颇有值得商榷之处。

据我所知，马克思主义经典作家，在研究问题时，常常撇开分析对象的次要现象，保持对象的"纯粹性"，以便揭示事物的本质。就封建主义的行会手工业和资本主义工业企业的纯粹形态而言，两者当然是相互排斥的，有其一，不可有其二。所以马克思说："整个说来，凡资本家和劳动者产生的地方，行会组织、师傅和帮工，便消灭了。"① 但是事物是发展的，历史是复杂的。"无论在自然界或社会中，'纯粹的'现象是没有而且也不可能有的。"② 特别是在一种生产方式向另一种生产方式转化的过程中，生产关系必然会出现多种过渡形态，既具有前一种生产方式的某些现象，又具有后一种生产方式的某些现象。例如，在沙皇俄国，工役制是一种封建的生产关系。"实际生活产生了许多使一些基本特征相对立的经济制度逐渐结合在一起的形式。现在已不能说'工役制'究竟在哪些地方结束了，'资本主义'究竟在哪些地方开始产生了。"③

从认识论上说，我们所使用的概念和它所指示的事物之间，只是"渐近线"的关系，二者既不断接近，而又永不相交④。要

---

① 马克思，《资本主义生产以前各形态》，1956年单行本，第48页。
② 列宁：《第二国际的破产》，《列宁全集》第21卷，第212页。
③ 列宁：《俄国资本主义的发展》，《列宁全集》第3卷，第165页。
④ 参考1895年3月12日恩格斯致东·施米特，《马克思恩格斯全集》第39卷，第408页。

是把概念凝固化成僵死的东西，从抽象概念的逻辑推理中，得出实际问题的具体结论，在方法论上，是错误的。所以经典作家又指出，封建行会和资本主义生产关系之间，常常存在着相互渗透，彼此并存的现象。

例如，马克思就指出过，"没有疑问，有许多行会小老板……先是转化为小资本家，然后再由对工资雇佣劳动的逐渐扩大的剥削和相应的积累，转化为十足的资本家。"① 马克思又说过，"在意大利的各城市中，手工工场便是与行会相并发展的。"② 而这种"相并发展的"现象，又不仅以意大利各城市为然。例如在瑞士，恩格斯就说过那里的"行会还原封未动地保存着，但它们对资产阶级的发展没有多大妨碍"③。在沙皇俄国的图拉城，则存在着"旧时行会工匠同现代资本主义工场手工业老板之间的直接继承性和联系"④。直到19世纪的80年代末叶，伦敦的码头主、驳船主、船夫还组成各种享有特权，有时甚至还带有中世纪的外表的真正的行会。他们是"真正的资产者"，同时享受中世纪行会的利益和资本主义社会的利益⑤。可见，朱寰同志断言在行会统治之下的地方，就不可能有正在向上爬的小资产阶级家庭，不见得恰当。

至于朱寰同志断言，在没有资本主义生产关系的地方，就不可能有小资产阶级。这就更不对了。恩格斯说，"在资本主义生产出现以前，即在中世纪，普遍地存在着以劳动者对他的生产资料的私有为基础的小生产：小农即自由农或依附农的农业和城市

---

① 马克思：《资本论》第1卷，郭大力译，1963年版，第827页。
② 马克思：《资本主义生产以前各形态》，1956年单行本，第48页。
③ 恩格斯：《1847年的运动》，《马克思恩格斯全集》第4卷，第510页。
④ 列宁：《俄国资本主义的发展》，《列宁全集》第3卷，第382页。
⑤ 马克思：《资产阶级让位了》，《马克思恩格斯全集》第21卷，第440页。

的手工业。"① 我们把中世纪的手工业行会师傅划为什么阶级呢？恩格斯又说，"在中世纪……城市里还有在小资产阶级师傅那里做工的手工业者帮工。"② 可见恩格斯是把行会师傅划为小资产阶级的。恩格斯还说，在中世纪后期，小资产阶级发展到了它的"全盛时代"③。所谓小资产阶级的发展到了"全盛时代"当然说的是小资产阶级的向上发展时代。哥伦布出生在这个小资产阶级向上发展的"全盛时代"的中世纪末叶的热那亚，当时意大利各城市的手工工场与行会"相并发展"。根据他的家庭情况，我推测他出生在正在向上爬的小资产阶级家庭，不是不可能的。

二

我所看到的材料表明，在1476年拉各斯海战中，哥伦布是和他的老朋友，即大海盗科龙波并肩战斗的，又是从一只燃烧着的海盗船上跳下水的。因此，我推测哥伦布出身海盗。这里，我又失之轻率，以肯定的提法表达推测之意。但朱寰同志的批评又不在此。朱寰同志说我对这段史实的处理是"穿凿疏漏"的。而朱寰同志的纠正则使我更加糊涂。朱寰同志说，即使我所讲的全部都是事实，也不足以把哥伦布定为海盗。理由是评价人物，不能只看一时一事，而要看他的全部历史和全部经历。朱寰同志所说的这个原则，在许多情况下是正确的。但是，有了这个原则，难道我们就不能把只杀了一次人的罪犯称为杀人犯，而必须他杀了一辈子的人，才能称之为杀人犯么？

---

① 恩格斯：《社会主义从空想到科学的发展》，《马克思恩格斯全集》第19卷，第229页。
② 恩格斯：《共产主义原理》，《马克思恩格斯全集》第4卷，第359—360页。
③ 恩格斯：《德国的制宪问题》，《马克思恩格斯全集》第4卷，第54页。

朱寰同志根据赫尔普斯的《克里斯托佛尔·哥伦布》一书，说是在1476年的拉各斯海战中，哥伦布所在的热那亚船队，是运送贵重货物的护航队，不是从事劫掠的海盗舰队，而是葡、法海盗袭击的受害者。因此，朱寰同志指责我把哥伦布定成"冤案、错案"。

朱寰同志提出我所未见的著作，使我开了眼界，为此，我向朱寰同志表示感谢。至于问题本身，我姑且把那个时代所谓护航队、商船队和海盗舰队并没有多少差别的问题放开不谈，也不去争论我们两人所依据的材料究竟谁更可靠，暂且承认哥伦布船队是葡、法海盗袭击的受害者，因而我也定成了"冤案、错案"。但问题并不能就此结束。

朱寰同志的文章，一开头就告诫人们不能把哥伦布"疯狂屠杀无辜的印第安人也都说是'好事'"。后来，朱寰同志又承认，哥伦布1493年的第二次航行，"就其性质说，是一次殖民掠夺者的征伐〔严按，这种行动似不应称之为"征伐"〕哥伦布的船队一进入小安的列斯群岛，就开始了殖民掠夺，抢夺印第安人的金银和财富，大批杀戮当地居民。到达海地之后，以伊萨伯拉作基地，逐渐向内地深入，侵掠和征服了整个岛屿"。1498年哥伦布的第三次航行，又"肆无忌惮的剥削、奴役和杀戮那里〔美洲〕的印第安人"。让我们把朱寰同志所略而不谈的哥伦布其他滔天罪行都放在一边，只就朱寰同志所叙述的这些事实而言，我们不是也理所当然地可以把哥伦布定性为海盗吗？为了改正我那出身海盗的错误，让我把哥伦布称为半路出家的殖民主义海盗罢。

三

我的拙稿指出，哥伦布出生在西欧资本主义的萌芽时代。当时西欧工商业的发展，迫切要求有大量的金银用作交换手段。这种要求在西欧形成一种"广泛流行的强烈愿望"，即到东方来掠取财富，首先就是掠取黄金和白银。我还摘引恩格斯的一句话，"黄金一词是驱使西班牙人横渡大西洋到美洲去的咒语。"哥伦布就是得到西班牙国王和王后的支持，招得西班牙人作队员才得以成行的。哥伦布自己说过，黄金乃是能把灵魂送上天堂的特异的东西。他冒死远航的目的就在于掠取中国和日本的黄金和其他财富。据此，我说哥伦布"嗜金如狂"。我的意思很清楚。哥伦布这个人，乃是在掠取黄金已成为西欧"广泛流行的强烈愿望"的那个时代，被黄金的咒语驱使到美洲去的。奇怪的是，朱寰同志竟说我"脱离开当时的历史条件"，"把'嗜金如狂'说成是哥伦布一个人的恶性癖好，除了对他有意贬抑之外，并不说明其他问题"！

更加奇怪的是，朱寰同志用以说明"当时的历史条件"的历史事实，恰恰也就是我所指出的西欧商品经济的发展，以及这种发展所形成的那种愿望；他所摘引的经典语录，恰恰也正是我所摘引的恩格斯的那句话，所不同的只是行文用语的差别和摘引语录的长短而已。为什么朱寰同志就是根据"当时的历史条件"去谈问题，而我就是"脱离开当时的历史条件"，"把'嗜金如狂'说成是哥伦布一个人的恶性癖好"呢？

朱寰同志一再强调"15世纪的黄金狂，又何止哥伦布一个？"当时"着了黄金迷的，决非仅是哥伦布一人"。是不是有了千千万万个黄金狂，我就不能说哥伦布"嗜金如狂"了呢？朱寰同志先是指责我"极力谴责哥伦布'醉心追求黄金'"，后来摘引恩格斯的语录，"卑劣的贪欲是文明时代从它存在的第一日起直到今日的动力；财富，财富，第三还是财富"。接着就说："严文所诅咒的追求黄金的欲望，不正是推动他们进行冒险的动力吗?"朱寰同志似乎认为,既然贪欲是文明的动力,是推动哥伦布进行冒险从而"发现"美洲的动力,那就不应该"诅咒追求黄金的欲望"。但是,就在朱寰同志所摘引的恩格斯语录的开头,不是赫然写上"卑劣的贪欲"五个大字么?

四

我的拙稿根据哥伦布自己的言行和现代资产阶级历史学家的研究结果,描述哥伦布的心理状态。我所根据的,不是个别事情,而是一系列事情。我用的材料当然可能不可靠。但是要说它不可靠,就要提出可靠的证据来。

有的资产阶级历史学家总结哥伦布的心理状态说,这个家伙不仅相信梦境,相信预兆,而且看得见先知以赛亚的影子,听得到上帝说话的声音。总之,哥伦布"不可能进行逻辑思考","整个儿一生之中,心理状态都有某种混乱","是一个疯子"。

根据这个总结,结合我所见到的材料,我认为哥伦布的心理状态是存在某种混乱的。因此,我对他把海地当作日本,把古巴当作中国,采取了嘲笑的态度。对此,朱寰同志说我"脱离开历史条件,对古人提出过苛的要求,苛刻地对待历史人物,未必是马克思主义的态度"。

脱离历史条件去要求古人,当然是错误的。但是,根据古人的历史条件,去要求古人,首先就是古人自己的表现。哥伦布是熟读马可波罗游记的,也是被马可波罗所说的日本黄金和中国财富所驱使,冒死远航,到了美洲的。他把海地当作日本,把古巴当作中国,而他所见的海地和马可波罗所说的黄金铺地的日本,以及他所见的古巴和马可波罗所说的财富无穷的中国,却毫无共同之处呀!

既然朱寰同志除去说我"脱离开历史条件"要求哥伦布以外，未曾提出足以证明哥伦布智力高超的任何材料，那么，还是让我简单地说几件哥伦布本人的表现罢。

哥伦布到了古巴的希巴拉港，竟然听到当时整个西印度群岛根本不存在的夜莺在为他歌唱。他到了海地的尼古拉斯港，一眼望去，居然目测出长为1500英里的海地海岸线比长达1970英里的西班牙海岸线还要长。他到了巴拿马的奇里基湖畔，又确信西瓜雷地方的印第安人拥有骑兵和加农炮，但这时整个儿美洲又根本没有马匹，更没有火药。如此吹牛加撒谎也许是为了提高"发现"的功劳罢。可是他在库马纳的思想活动就很难理解了。

哥伦布出了帕里亚湾，停在库马纳。忽然根据帕里亚湾有大量淡水，结合他对天象的观察，就推论起地球的形体来。地球的形体问题，是朱寰同志赞赏哥伦布接受了进步的人文主义思想影响，"坚信地圆说"的问题。并且又是哥伦布用"实践证明，地圆说是正确的"问题。不幸这次哥伦布研究的结果，却不再"坚信地圆说"，而认为地球是一个梨形物体。当时人文主义思想好像并没有要求地球滴溜溜的圆，但说成是梨形的，似乎还没有其人。至于根据海湾的淡水居然推演出地球的形体来，实堪称是哥伦布的独创学说。然而就在主张梨体说之余，哥伦布接着又把地球比作妇女的乳房，而地上乐园就坐落在乳头上。这不更是滑天下之大稽吗？

哥伦布在古巴西海外转游了20多天，发现许多岛屿，于是认为那就是马来群岛，马来群岛当然和马来半岛是紧邻；而马来半岛也就是黄金半岛。如果这种思想只是反映哥伦布追求黄金的狂热性的话，那么他强迫每个远征队员都在古巴不是一个岛的那份奇异文件上签字，并以割去舌头禁止任何人再说古巴是一个岛，难道就是当时欧洲的历史条件——法律规定吗？

哥伦布的第四次航行，其目的本来就在寻找通到中国来的海峡。海峡没有找到，坐困牙买加。在饿得发慌之中，哥伦布报告西班牙国王说，他已到了中国。我们不知道哥伦布是用自己的行动去否定他的思想呢，还是用自己的思想去否定他的行动。但据此，我们倒可以说他确是一个"不可能进行逻辑思考"，"心理状态总有某种混乱"的"疯子"。

五

朱寰同志的文章，一开始就指出，"对哥伦布不加分析地肯定一切，说他处处都好，显然不是马克思主义的观点。相反，否定一切，完全骂倒，也不是科学态度。"接着又说，对哥伦布这类在资本原始积累时期，"为资本主义发展作出过贡献的人物，应该怎样正确评价，他们的功罪，应该怎样评说，这是马克思主义历史科学的一个重大原则问题"。朱寰同志提出怎样评说哥伦布的"功罪"、好坏问题，如果我理解得不错，这是要用一分为二的观点去评价哥伦布。一分为二，这当然是正确的观点。

朱寰同志为了给自己的评说寻找理论根据，先是肯定"马克思对直接奴隶制进行过分析，认为它有好的和坏的两个方面。谈到好的方面时指出"：[接着摘引 1846 年 12 月 28 日马克思写给安年柯夫的信上的话说]"直接奴隶制也像机器、信贷等等一样，是我们现代工业的基础。没有奴隶制，就没有棉花；没有棉花，就没有现代工业。奴隶制使殖民地具有了价值，殖民地造成了世界贸易，而世界贸易则是大机器工业的必不可少的条件。……可见，奴隶制是一个极为重要的经济范畴。"① 朱寰同

---

① 马克思致安年柯夫，《马克思恩格斯选集》第 4 卷，第 327 页。

志所说马克思对直接奴隶制的"分析"是对马克思的误解。

朱寰同志所摘引的马克思的话,又见于《哲学的贫困》。为了不致曲解马克思,我不得不大段摘引马克思的原话如下:

"现在我们看一看蒲鲁东先生把黑格尔的辩证法应用到政治经济学上去的时候,把它变成了什么样子。

"蒲鲁东先生认为,任何经济范畴都有好坏两个方面。……

"蒲鲁东先生认为,好的方面和坏的方面,益处和害处加在一起就构成每个经济范畴所固有的矛盾。

"应当作的是:保存好的方面,消除坏的方面。

"奴隶制是同其他任何经济范畴一样的一个经济范畴。因此,它也有两个方面。我们抛开奴隶制的坏的方面不谈,且来看看它的好的方面。……

"同机器、信用等等一样,直接奴隶制是资产阶级工业的基础。没有奴隶制就没有棉花;没有棉花现代工业就不可设想。奴隶制使殖民地具有价值,殖民地产生了世界贸易,世界贸易是大工业的必备条件。可见,奴隶制是一个极重要的经济范畴。

"蒲鲁东先生将用什么办法挽救奴隶制呢?他提出的任务是:保存这个经济范畴的好的方面,消除其坏的方面。

"黑格尔没有需要提出任务。他只有辩证法。蒲鲁东先生从黑格尔的辩证法那里只学得了术语。而蒲鲁东先生自己的辩证运动只不过是机械地划分出好、坏两面而已。"①

事情很清楚,朱寰同志所说马克思的"分析"和"认为",根本不是马克思的观点,而是蒲鲁东先生的观点。马克思嘲笑了蒲鲁东那种说奴隶制有好坏两个方面;把这两个方面加在一起,就构成奴隶制这个范畴,以及企图保存这一范畴的好的方面,消

---

① 马克思:《哲学的贫困》,《马克思恩格斯全集》第4卷,第145—146页。

除其坏的方面的愚蠢观点。

事物相互矛盾着的两个侧面,既然不可分割地联系在一起,谁也没有办法保存其一面,消除其另一面。直接奴隶制之所以能提供棉花,就是因为直接奴隶制以骇人听闻的野蛮手段强迫黑人奴隶过度劳动的结果,消除了过度劳动,也就消除了棉花,根本没有办法保存棉花这一个方面。

说到这里,不禁使人想起列宁批判布哈林的著名论断。布哈林用折中主义偷换了辩证法"又是这个,又是那个","一方面,另一方面"。而"辩证法要求的是从具体的发展中来全面地估计对比关系,而不是东抽一点,西抽一点"①,列宁斥责这种折中主义的观点说:"用折衷主义冒充辩证法是最容易欺骗群众的。这样能使人感到一种似是而非的满足,似乎考虑到了过程的一切方面,发展的一切趋势,各方面的矛盾的影响等等,但实际上并没有对社会发展过程做出任何完整的革命分析。"②

事物相互矛盾着的两个侧面,总有主要的一面和次要的一面,对此采取不偏不倚,不分主次的态度,是行不通的。而在历史人物的评价问题上,区分主次,评说"功罪",不可避免地又要出现立场问题。对于一个阶级来说,主要的一面是"功劳",对于另一个阶级来说,罪恶恰恰是主要的。朱寰同志所引恩格斯的话就说:"文明时代的基础是一个阶级对另一个阶级的剥削……对一些人是好事的,对另一些人必然是坏事。"③ 所以列宁在批判折中主义的时候,一则说要从"具体的发展中来全面

---

① 列宁:《再论工会、目前局势及托洛茨基和布哈林的错误》,《列宁全集》第32卷,第80页。
② 列宁:《国家与革命》,《列宁全集》第25卷,第387页。
③ 恩格斯:《家庭、私有制和国家的起源》,《马克思恩格斯选集》第4卷,第173页。

地估计对比关系",再则说,要"对社会发展过程做出……完整的革命分析"。所谓"对比关系",当然说的是阶级对比关系,所谓"革命分析",当然说的是站在劳动人民的立场上进行分析。

朱寰同志在评说哥伦布"功罪"的文章中,一开始就指出,研究哥伦布这个历史人物,"对于我们学习和掌握马克思列宁主义评价历史人物的基本原则,把握阶级分析的方法,是有重要意义的"。但在朱寰同志全文中,并没有正面提出哥伦布的"功"和"罪"究竟以哪个方面为主的问题,也没有正面提出应该站在什么阶级的立场上去评说的问题。不过,从朱寰同志全文的精神来看,我认为朱寰同志是比较重视哥伦布的功劳,比较看轻哥伦布的罪行的,是即以功为主,以罪为次。因此,我认为朱寰同志评说哥伦布"功罪"的立场也是值得商榷的。

前面说过,朱寰同志承认哥伦布在第二、第三两次航行中,对印第安人犯下了殖民主义的罪行,承认哥伦布疯狂屠杀印第安人并非好事,是坏事。在谈到哥伦布的"新贡献"时,朱寰同志认为主要有两种,"第一,开辟横渡大西洋到达美洲的新航路;第二,通过殖民地掠夺进行'原始积累'的新方式。"就是由于有了这种"新贡献",所以,"事实证明哥伦布的行动对新兴资产阶级有百利而无一害"。但是,在此同时,朱寰同志又说:"历史证明,对西欧资产阶级新的解放,同时就是对亚、非、美三大洲广大劳动人民的新的压迫。"那么朱寰同志怎样评价这"新的解放"和"新的压迫"呢?朱寰同志指责东方人的流行观念说,要说哥伦布"作为一个殖民者还是一种'新贡献',似乎就难于接受了。在东方人的观念中,对西方殖民者似乎用不着分析,只要全盘否定、坚决骂倒就是了。实际上这不是一种科学的态度"。可见,朱寰同志要求东方人对作为殖民者的哥伦布进行"一分为二"的分析,把"疯狂屠杀"印第安人这种"新的压迫"放在一边,至少是看成是次要的事情,从而赞赏西欧资产阶级的"新的解放"。事实上朱寰同志是明确提出这种"新贡献"来的。这就是,"十五世纪末的印第安人,只是在以哥伦布为首的西欧第一批殖民者到来之后,他们才走出原始的野蛮状态,进入文明时代"。这就是朱寰同志对哥伦布等第一批殖民者在美洲行动的功罪进行总的"评说"的一般结论。这个提法表明,朱寰同志是站在什么人的立场上说话的呢?

对殖民者哥伦布如何评价的问题,牵涉到对帝国主义侵略落后国家如何评价的问题。为了说明我对评价哥伦布的观点,这里有必要简单说说我对评价帝国主义的观点。

帝国主义为了对落后国家进行侵略,不可避免地要按照自己的面貌去改造落后国家的某些经济结构,使之适合自己的需要。因此,帝国主义总是不自觉地做了历史的工具,引起落后国家某些资本主义的发展。但是,帝国主义对落后国家的侵略,绝不是要发展落后国家的资本主义,而是要发展自己的资本主义。因此,帝国主义在不可避免地引起落后国家资本主义发展的同时,也不可避免地要千方百计地压制落后国家那些和自己处于对立地位的资本主义的发展。这就形成两种结果,其一是,落后国家那些为帝国主义侵略服务的资本主义成分得到某些发展,这就是我们所说的官僚资本主义和买办资本主义;其二是,落后国家那些和帝国主义处于对立地位的资本主义成分得不到发展,这就是我们所说的民族资本主义。从总体上看,落后国家的一切资本主义成分的总和也是非常微弱的。让我们把落后国家的资本主义成分主要都不过是帝国主义的附庸放开不谈,那么,落后国家这点微弱的资本主义和帝国主义把落后国家的全民族抛进了苦难的深渊,什么是主要的呢?对这一切进行评价,存在着尖锐的立场问题。

列宁斥责那种把帝国主义在殖民地半殖民地建筑铁路美化为"文明的事业"的观点说,"建筑铁路似乎是一种简单的、自然的、民主的、文化的、文明的事业。由于粉饰资本主义奴隶制而得到报酬的大学教授和小资产阶级庸人就有这样的看法。事实上,几根资本主义的干线已经用千丝万缕的密网把这种事业与整个的生产资料私有制联系在一起了,已经把这种建筑事业变成压迫附属国(殖民地加半殖民地)里占世界人口半数以上的十亿民众和'文明'国里资本的雇佣奴隶的工具。"① 在另一处地方,列宁又斥责修正主义者也抱着同样观点。列宁说:"修正主义者早就叫嚣说,殖民政策是进步的,它能传播资本主义,因此,'揭露它的贪得无厌和残酷无情'就毫无意义,因为如果'没有这些特性',资本就像'没有双手'一样。"② 至于帝国主义分子,那就更加嚣张了。艾奇逊不是说吗?到了19世纪中叶,西方"外来者""突破了中国孤立的墙壁",给中国"带来了进取性,带来了发展得盖世无双的西方技术,带来了为以往的入侵者所从来不曾带入中国的高度文化"!③

面对这一切,不禁使人对朱寰同志肯定哥伦布给印第安人带来文明的立场感到吃惊。

这里需要附带说明一点。今天我们正在以一个社会主义大国的地位屹立于世界各国之林,在自力更生的前提下和世界各国进行平等互利的经济交往。我们引进外国技术乃至利用外国资金,乃是在和平共处五项原则的基础上所进行的对外交往,当然和半殖民地半封建的旧中国不可同日而语。如果有人认为,既然我们

---

① 列宁:《〈帝国主义是资本主义的最高阶段〉法文版和德文版序言》,《列宁全集》第22卷,第182页。
② 列宁:《给阿·马·高尔基》,《列宁全集》第34卷,第454页。
③ 毛泽东:《唯心历史观的破产》,《毛泽东选集》合订本,第1401页。

今天也在引进外国技术和外国资金,那么我们就该歌颂历史上帝国主义对中国的侵略,那就大错特错了。

六

有一个问题,使人困惑。恩格斯说:"在公社瓦解的地方,人民……最初的经济进步就在于利用奴隶劳动来提高和进一步发展生产。""在当时的条件下,采用奴隶制是一个巨大的进步。""只有奴隶制才使农业和工业之间的更大规模的分工成为可能,从而为古代文化的繁荣,即为希腊文化创造了条件。没有奴隶制,就没有希腊国家……就没有罗马帝国。……也就没有现代的欧洲。……在这个意义上,我们有理由说:没有古代的奴隶制,就没有现代的社会主义。"① 这是从社会生产力发展史的意义上去分析奴隶制的必要性、进步性和必然性的。在这个意义上,奴隶制是"一个巨大的进步"。

恩格斯又说,"随着在文明时代获得最充分发展的奴隶制的出现,就发生了社会分成剥削阶级和被剥削阶级的第一次大分裂。这种分裂继续存在于整个文明期。奴隶制是古代世界所固有的第一个剥削形式;继之而来的是中世纪的农奴制和近代的雇佣劳动制。"② 这是从阶级关系的意义上去分析奴隶制、封建制和资本主义制内部的阶级对抗性的。既是进步的、必要的和必然的,又是对抗的,这就是一切剥削制度的历史。

列宁斥责司徒卢威的"狭隘客观主义"说,司徒卢威"只

---

① 恩格斯:《反杜林论》,第178页。
② 恩格斯:《家庭、私有制和国家的起源》,《马克思恩格斯选集》第4卷,第172页。

证明过程的必然性和必要性，而不尽力揭示这一过程在每个具体阶段上所具有的阶级对抗形式；只是说明一般过程，而不去说明各个对抗阶级，虽然过程就是由这些对抗阶级的斗争形成的"。①列宁又划清唯物主义和客观主义的界限说，"客观主义者谈论现有历史过程的必然性；唯物主义者则是确切地肯定现有社会经济形态和它所产生的对抗关系。客观主义者证明现有一系列事实的必然性时，总是不自觉地站到为这些事实做辩护的立场上去；唯物主义者则是揭露阶级矛盾，从而确定自己的立场。客观主义者谈论不可克服的历史趋势；唯物主义者则是谈论那个支配当前经济制度、造成其他阶级的某种对抗形式的阶级"，"唯物主义本身包含有所谓党性，要求在对事变做任何估计时都必须直率而公开地站到一定社会集团的立场上。"②

马克思斥责蒲鲁东"想把（拿破仑第三）政变描述成以往历史发展的结果。但是他对这次政变的历史说明不知不觉地变成了对政变的主人公的历史辩护。这样，他就犯了我们那班所谓客观历史学家的错误。相反的，我所表明的是法国阶级斗争怎样造成了使一个平庸可笑的人物能扮演英雄角色的那些条件和情况"。③

在我们当前的问题上，恰恰是 15 世纪末叶的西欧历史条件使得那个"不可能进行逻辑思考"，"心理状态总有某种混乱"的"疯子"哥伦布扮演了英雄的角色。朱寰同志在谈到哥伦布所开始的殖民制度时，指出了"在 15 世纪那个时代是不可避免地要产生，这都是历史发展的必然"。不幸朱寰同志注意到了这

---

① 列宁：《民粹主义的经济内容》，《列宁全集》第 1 卷，第 474 页。
② 同上书，第 379 页。
③ 同上书，第 403 页注 1。

种制度的必然性,却未曾"尽力揭示这一过程在每个具体阶段上所具有的阶级对抗形式",因而便"不自觉地站到为这些事实做辩护的立场上去",即为首先开始这种制度的主人公哥伦布进行了历史的辩护。这一点,在朱寰同志认为哥伦布为印第安人带来"文明"的观点上,表现得非常充分。

七

朱寰同志说得好,"不能以感情代替科学"。马克思主义经典作家是站在无产阶级的立场上,运用历史唯物主义的观点,客观而冷静地去研究历史的必然规律的。事物的客观规律不以人们意志为转移,这也就是说不以人们的感情为转移。谁要"以感情代替历史",谁就不可能找到历史的客观规律。经典作家从历史唯物主义的观点上去分析奴隶制,肯定奴隶制是必要的、必然的,因而肯定奴隶制是"一个巨大的进步"。在此同时,经典作家又肯定奴隶制是一种剥削人的制度,其中包含着阶级对抗。

恩格斯说,"在马克思的理论研究中","对特定时代的一定制度、占有方式、社会阶级产生的历史正当性的探讨,占着首要地位"。"马克思了解古代奴隶主、中世纪封建主等等的历史必然性,因而了解他们的历史正当性,承认他们在一定限度的历史时期内是人类发展的杠杆;因而马克思也承认剥削,即占有他人劳动产品的暂时的历史正当性。"[①] 可见,马克思既肯定奴隶制在一定限度的历史时期内有其进步性,又肯定,在同一历史时期内,这种对抗制度之下的剥削关系,有其"暂时的历史正当性"。

---

① 恩格斯:《法学家的社会主义》,《马克思恩格斯全集》第21卷,第557页。

唯物主义者既然包含着党性，"要求对事物做任何估计时，都必须直率而公开地站到一定社会集团的立场上"，那么，不管唯物主义者怎样不"以感情代替科学"去研究历史的客观规律，无论如何，都不能不带着感情去"估计"历史人物的"功罪"。如果历史人物有"功"，当然就应该受到歌颂；如果他们有"罪"，当然就应该受到诅咒。"估计""功罪"根本就是表达阶级感情或民族感情的事情，不以感情去代替历史科学，怎么能不以感情去评价历史"功罪"呢？

在西欧社会从封建主义向资本主义过渡的进程中，资本主义的发展形成一股巨大的历史潮流，即所谓资本的原始积累、这个过程，简单说，就是在国内大规模地剥夺小生产者，在国外疯狂掠夺殖民地人民。国内剥夺和国外掠夺的结果，为资产阶级积累了大量财富，大大地促进了西欧资本主义的发展。这个发展终于使资产阶级登上了阶级统治的宝座。而夺得了阶级统治地位的资产阶级，又采取各种手段，加速资本主义的发展。"资产阶级争得自己的阶级统治地位还不到一百年，它所造成的生产力却比过去世世代代总共造成的生产力还要大还要多。"① 马克思说，"在原始积累的历史中，对正在形成的资本家阶级起过推动作用的一切变革，都是历史上划时代的事情"②。在这里，我认为，马克思是从国内剥夺、国外掠夺所产生的历史作用的巨大而深远的意义上去肯定其是"划时代的事情"的，马克思丝毫也不是歌颂"一切变革"有什么"功劳"。

试看马克思在论述对小生产者的剥夺时，一面肯定暴力剥夺的方法，乃是"具有划时代意义的资本原始积累的方法"，紧接

---

① 马克思、恩格斯：《共产党宣言》，《马克思恩格斯全集》第4卷，第471页。
② 马克思：《所谓原始积累》，《马克思恩格斯选集》第2卷，第222页。

着，马克思立刻就对这个"具有划时代意义的资本原始积累"过程，进行"革命分析"，指出其中的阶级"对比关系"，从而"直率而公开地站到一定社会集团的立场上"发表评论说，"对直接生产者的剥夺，是用最残酷无情的野蛮手段，在最下流、最龌龊、最卑鄙和最可恶的贪欲的驱使下完成的。"① 在原始积累中，对外掠夺当然也是"具有划时代意义的"方法。马克思在谈到殖民地掠夺时，借用豪伊特的话说，"所谓的基督教人种在世界各地对他们所能奴役的一切民族所采取的野蛮和残酷的暴行，是世界历史上任何时期，任何野蛮愚昧和残暴无耻的人种都无法比拟的。"② 马克思又说，"随着资本主义生产在工场手工业时期的发展，欧洲的舆论丢掉了最后一点羞耻心和良心。各国恬不知耻地夸耀一切当作资本积累手段的卑鄙行径。"③ 国内剥夺、国外掠夺，在资本主义发展初期的"一定限度的历史时期内"，是必要的、进步的、必然的，是有其"暂时的历史正当性"的，但是马克思并没有歌颂它有什么"功劳"。而朱寰同志却欣赏哥伦布给印第安人带来了"文明"，这就颇有歌功颂德之嫌了。

八

这里还必须补充一点。就劳动人民而言，遭受自己社会内部阶级分化所造成的灾难和遭受外来民族压迫所造成的灾难，二者完全是两码事，不是一码事。在一个社会内部，"当一种生产方式处在自身发展的上升阶段的时候，甚至在和这种生产方式相适

---

① 马克思：《所谓原始积累》，《马克思恩格斯选集》第 2 卷，第 266 页。
② 同上书，第 256 页。
③ 同上书，第 263 页。

应的分配方式里吃了亏的那些人也会热烈欢迎这种生产方式"①。例如,对奴隶来说,初期奴隶制"也是一种进步,因为成为大批奴隶来源的战俘以前都被杀掉,而在更早的时候甚至被吃掉,现在至少能保全生命了"②。在封建制初期,奴隶变成农奴就是由可以任意被杀害的劳动者,上升为不能任意被杀害的劳动者。在资本主义初期,农奴变为雇佣劳动者,就是由各种封建制人身束缚之下的劳动者上升为取得人身自由的劳动者。所有这几次变化的初期,都给劳动者带来某种人身地位的上升。但是,欧洲殖民者给印第安人所带来的灾难,不是印第安人社会内部阶级分化的结果,而是天外飞来的横祸。本来是公社自由民的美洲印第安人和非洲黑人沦为西方殖民者的农奴和奴隶,不是什么人身地位的上升,而是人身地位的沉沦。他们当然不能"热烈欢迎这种生产方式"。

朱寰同志说哥伦布给印第安人带来了"文明"。但他的文章只字不提这所谓"文明"究竟是什么具体内容。让我们以海地为例,来看看这是什么样的"文明"吧。自从哥伦布首次入侵后,这里的印第安人就不断地被杀害、被奴役致死。他们被逼得自我毁灭:有的跳下悬崖,有的纵身大海,有的绝食而亡,有的用燧石刀自戕,有的到森林里自缢,有的把尖棍刺进自己的胸膛。怀孕的妇女用一种毒草汁杀死胎儿。有了孩子的父母首先杀死自己的子女,然后自尽。因为他们认为,子女死在自己手中总比长大后遭受殖民者的蹂躏幸福得多。有人估计,在1492年哥伦布初次入侵海地时,这个美丽的海岛上有印第安人20万—30万人。在西方殖民者的屠杀和奴役之下,印第安人口迅速下降:

---

① 恩格斯:《反杜林论》,第146页。
② 同上书,第179页。

到了 1508 年，只剩下 6 万人；到 1510 年，只剩下 46000 人；到 1512 年，只剩下 2 万人；到 1514 年，只剩下 14000 人；到 1542 年，纯粹血统的印第安人，不足 2000 人；再到 1848 年，只有 500 人①。这就是 356 年间，西方殖民主义统治之下，海地的所谓"文明时代"：种族绝灭！

前面我们说过，朱寰同志对哥伦布进行一分为二的评价时，把他疯狂屠杀印第安人的"坏"的一面放在一边，至少是看成是次要的事情，以功为主，以罪为次。也许朱寰同志会认为这是我的穿凿诬陷罢。如果不是这样的话，朱寰同志怎能把哥伦布给印第安人所带来的种族绝灭说成是"文明"呢？

最后，让我站在美洲印第安人的立场上，对哥伦布的"发现"作一简单的总结。从历史唯物主义的观点看来，哥伦布的"发现"乃是当时西欧经济发展的结果。这个"发现"，"反转来"又对欧洲的资本主义的发展发挥了"划时代"的促进作用。这是欧洲历史发展的客观规律，有其进步性、必要性和必然性。但是，要说殖民者对我们印第安人的种族绝灭，也有其"一定限度的历史时期内""暂时的历史正当性"。我们还难以接受。因为绝灭，毕竟不等于剥削，这里没有人身地位的上升，只有人身地位的沉沦。我们印第安人世世代代生活在自己的土地上，根本不需要哥伦布来做什么"发现"。我们承认资本主义是比我们的社会制度先进的生产方式。我们终究也要走向资本主义去的。但是，欧洲资本主义发展不发展，不关我们印第安人的事。我们印第安人更没有义务要用千百万人的骸骨去促进欧洲的什么资本主义的发展。哥伦布所带来的对我们"民族所采取的野蛮和残酷的暴行，是世界历史上任何时期，任何野蛮愚昧和残暴无耻的

---

① 多塞尔：《拉丁美洲》，第 128 页。

人种都无法比拟的"。我们当然不知道哥伦布对我们有什么"功劳",只知道他对我们犯下了滔天罪行。一句话,我们评价哥伦布,必须"全盘否定,坚决骂倒"。

(原载《世界历史》1979年第4期。此处据其修订稿订正)

帝国主义对华侵略的历史评价问题还需要讨论[*]

近年有人发表文章,就如何认识中国近代史上的"开关"问题,把第一次鸦片战争后清政府被迫对外开放五口通商的所谓"开关"说成是"好事"。这种观点实质上提出了如何评价帝国主义对外侵略的问题。这是一个大是大非的问题,必须讨论清楚。

一 开关"好事"论[①]

关于如何评价帝国主义对外侵略的问题,历来存在着截然相反的两种观点。马克思借用豪伊特的话评价资本原始积累时期西方帝国主义的对外侵略说:"所谓基督教人种在世界各地对他们所能奴役的一切民族所采取的野蛮和残酷的暴行,是世界史上任何时期任何野蛮愚昧和残暴无耻的人种都无法比拟的。"马克思

---

[*] 本文是作者未发表过的遗稿。
[①] 遗稿原缺小标题,此小题是编者加的。

又指出:"随着资本主义生产在工场手工业时期的发展,欧洲的(资产阶级)舆论丢掉了最后一点羞耻和良心。各国恬不知耻地夸耀一切当作资本积累手段的卑鄙行径。"① 愤怒的谴责和无耻的夸耀截然相反,对照得十分突出。

1949年美国所发表的艾奇逊国务卿发给杜鲁门总统的一封信里有这样的话:"中国自己的高度文化和文明,有了三千多年的发展,大体上不曾沾染外来的影响。到了十九世纪中叶,西方突破了中国孤立的墙壁……外来者带来了发展得盖世无双的西方技术,带来了为以往的侵入者所从来不曾带入中国的高度文化。"② 在我们国家前几年有人把西方老殖民主义对亚、非、美三大洲的侵略说成是对三大洲人民作出了"新贡献"。近年又出现了开关"好事"论,可见歌颂帝国主义侵略的论调,不仅源远,而且流长。

如何认识中国近代史上"开关"问题的那篇文章提出一个首先需要明了的"最基本的问题即辨别事物之高下好坏,究竟是看它先进与否,还是看你挤了我或我挤了你"。鸦片战争是"当时正在上升阶段的资本主义对于桑榆暮年的封建王朝的战争。先进的、朝气蓬勃的资本主义势力战胜了落后的、失去生命活力的封建主义"。从先进战胜落后这个"最基本的"前提出发,那篇文章作出了上面的结论。

文章说:"一个行将灭亡的封建帝国无论如何也不能战胜一个正在上升中的资本主义强国","即使多出了几个林则徐式的民族英雄,最多也只能改变几个具体战役的胜负,绝对改变不了战争的全部结局"。中国近代史教学的一个重要任务是进行爱国

---

① 马克思:《所谓原始积累》,《马克思恩格斯选集》第2卷,第256、263页。
② 转引自毛泽东《唯心历史观的破产》,《毛泽东选集》合订本,第1401页。

主义教育,"但这决不是简单地从朴素的然而又是狭隘的民族主义感情出发,对不顺心的事发一阵牢骚了事。而是要站在客观的甲板上,历史地、唯物地、科学地研究分析我们祖先及全人类祖先所行之前辙的深、浅、正、偏,这样才实实在在有益于我们民族,才是真正意义的爱国。"而这样的爱国便是肯定开关是"好事"。这个观点是荒谬的。

我们认为,处理国际关系的唯一正确准则是和平共处五项原则。任何先进国家对落后国家发动武装侵略都是非正义性战争。历史工作者的任务是揭露这种战争的残酷罪行,鼓舞被侵略者的斗争意志,而不是为侵略者唱赞歌,或者向被侵略者鼓吹宿命论。就以先进战胜落后而言,这也不是放之四海而皆准的普遍真理。在历史上,自从"地理发现"开始以后的那三四百年里,西方许多国家的海盗冒险家泛滥全世界,处处都凭借先进武器进行征服战争,确实征服下许多国家和地区,但并不是处处得手的。例如西班牙人在美洲和菲律宾就遇到一些坚持进行反侵略斗争的印第安人和马来人,以弓箭和棍棒对抗火绳枪和加农炮达几百年之久。在亚洲,西方国家也未能征服沿海的所有国家。荷兰人一度侵占台湾,终被郑成功打得屈膝投降,1839—1842年,英国人大举入侵阿富汗,被阿富汗人民打得只剩下一个人逃回印度去报丧。我们在历史教学中揭露英国发动鸦片战争的侵略罪行,歌颂林则徐和中国人民的斗争精神,怎么能说是从"狭隘的民族主义感情出发,对不顺心的事发一阵牢骚了事"呢?

开关"好事"论的另一套说辞是,开关以后,中国的纺织工匠因西方机制品的竞争而大受其"苦",中国封建社会上层建筑所赖以生存的自然经济基础面临"震动",从而清封建王朝也濒临了塌顶的"危机"。"这样的苦,这样的震动,这样的危机,究竟是好事还是坏事呢?自然是好事,我们不仅不应该为之唱挽歌,而且应当大恨其晚才对呢。"文章指责"理论界颇为传统的看法认为,资本主义工业固然先进,但是有了它,就排挤了我们自己民族工业的发展道路",说是这种观点"听起来满爱国的,其实这已偏见到了良莠不分,好歹不识的程度了。看不见科学是无国界的,文明是无国籍。难道为了'抗拒'外国,宁肯让我们中华民族倒退到刀耕火种不成"。可见在文章作者看来,现在科学是无国界的,那么在国际事务上就应该消除国界的观念,谁要是提出国界的观念,谁就是良莠不分,好歹不识。可惜没有国界的科学发展到了今天这样的高水平,霸权主义国家却正利用他们所掌握的科学到处侵略弱小!

开关"好事"论的理论核心是闭关造成落后,开关带来进步。文章说:"封建主义这座山盘踞在中国人民头上这么久,历史上千百次震而不动,摧而不垮,其根本原因就在于自然经济这个王国从来没有受到触动,更说不上痛苦的触动。""因此,尽管历史上农民起义曾上百次地把旧的封建王朝杀得天昏地暗,但由于自然经济这块田园安然无恙,才使得新的王朝一建立,便又舒舒服服地安卧在这块柔软绵润的狗皮褥子上了。"而开关以后,"资本主义国家的商品像潮水一般涌来","先进的物质文明终于使闭关在铁匣子里的中国人开了眼界,认识到现代机器产品确比自己的原始手工产品高明,从而弃旧从新";"开关能使我们从梦中惊醒,从而励精图治,迎头直前,总比安于酣睡好吧?而且从另一个侧面看,资本主义之涌入,大可直接借鉴,少一点暗中摸索呢。"遗憾的是"中国的主宰者"拒绝借鉴,不肯学习。其实"愈不肯学习就愈落后。如此便在指导思想上钻入一个恶性循环的圈子里"。这些话,用来指责晚清某些顽固官僚是有一定道理的,但作者的指责远不止此。试看接着作者就说:"甚至百年后的今天,我们不少史学工作者也还执著地坚持,

'即使没有西方资本主义经济输入，中国也照样能缓慢地步入资本主义'。这简直是三寸金莲主义。"

二 开关带来了什么

开关究竟给中国带来了什么呢？前文所说的"开关"，专指第一次鸦片战争以后的通商而言。就是从这次开关开始，中国便沦为半殖民地。中国半殖民地的历史延续近一百多年之久。既然前文专指五口通商的开关而言，我们也就来说五口通商的开关给中国带来了什么的问题。

五口通商的开关，并不只是开辟五个口岸对外通商的问题。在第一次鸦片战争中，昏庸腐朽的清政府被英国的炮舰打得吓破了胆，对外形成一种全面投降政策。他们认为，既败于白皮肤的英国人之手，干脆也就拜倒于西方一切白皮肤的脚下，把丧失给英国的主权，同样也奉送给西方的许多国家，甚且尤有过之。于是中国便成为西方许多国家共同统治的半殖民地。

英国运用战争炮火强迫清政府签订不平等条约，多方面地破坏中国主权。其中有一条规定，把中国的神圣领土香港割让给英国。让英国对这个小岛建立直接的殖民地的统治。在这里，英国不仅长驻海陆军，可以随时向中国出击，而且把它变成走私货物（尤其是鸦片）供应武器的大仓库，变成走私贩子、人口贩子、杀人凶手等各种歹徒所借以躲藏和由此出发的大黑巢。在四五十年代泛滥于东南沿海的许多海盗绑架华工的歹徒和拦路抢劫的所谓护航队就是在这里聚众结伙的。

不平等条约的另一条规定，授予英国在通商口岸拥有长驻炮舰的特权。据此英国及其他西方国家便有条件对中国随时进行武装威胁或实弹轰击。恩格斯早就指出："英、美、法三国的商人在国外甚至比在家里更能自由行动。他们的大使馆保护他们，必要时还有几艘军舰来保护他们。"① 一个西方学者总结说，英国人在和清政府官员的交涉中，"最后的一手就是诉诸皇家海军，在最后摊牌时……没有一个中国官员是愿意走到这个结局的"。②

不平等条约上关于治外法权的规定，赋予西方在华领事以包庇、支持西方以及他们东方殖民地在华冒险家不受中国法庭审判的特权。因此，他们的海盗冒险家便有恃无恐横行无忌，其中包括无故杀人。1853年，美国驻华公使马沙利初到上海，一眼就看出"大不列颠的东方征服行动，表现他们既不畏惧冥冥苍天，又不顾及人间正义"。③ 英国人如此，其他西方人也无不如此。

条约权利、炮舰威力为外国入侵者树立了战胜者、征服者的政治声势。政治声势这个东西是无形的，却又是无所不在的，只要是外国人，都拥有这个东西，就可以为所欲为。1861年，英国驻华公使卜鲁斯总结清政府官员的对外态度说："在任何情况下，连碰都不敢碰到外国人。"④

自从第一次鸦片战争开始，西方入侵者就凭借条约权利、炮舰威力和政治声势对中国进行半殖民地的间接政治统治。政治是一种实行强制的暴力手段。西方对中国的经济侵略，就是在这种暴力强制的条件下进行的。他们的特殊身份使中国社会上出现一种恐洋、崇洋、媚洋的社会风气，诸凡和洋人搭上关系的人都能傲视其他中国人，享有特殊的便利条件。例如，船舶要挂上外国

---

① 恩格斯：《暴力在历史上的作用》，《马克思恩格斯全集》第21卷，第466页。

② 费正清：《中国沿海的贸易与外交》第1卷，第172—173页。

③ 转引自费正清《1853—1854年上海的临时制度》，《中国社会政治学报》1935年1月号。

④ 英国外交部档案，编号 F. O. 17/352。

旗帜，便能在报关纳税上享受优待，沿途还可免遭政府官员的干扰，等等。事情甚至发展到这样，一个曾经当过洋行买办而不再具有买办身份的中国歹徒，在汕头掠卖华工，受害之家竟畏其声势，不敢向官府指控。在这种情况下，早在四五十年代，中国就已开始出现买办资产阶级这个政治上极端反动的阶级了。

一个国家开放自己的口岸对外通商，是一个国家主权范围以内的事情。它可以严格维护国家主权，制定任何管理对外贸易的规章制度。今天我们对外开放，就是这样做的。第一次鸦片战争以后的所谓"开关"，是英国运用炮火强迫清政府对外开放的，在开放的同时还签订不平等条约，多方面地破坏了中国管理对外贸易的主权。我们不该撇开和贸易有关的不平等条约，把"开关"当作一个空洞的概念去引申出自己的观点来。前面所说条约权利、炮舰威力乃至由此形成的政治声势，无一不对中外关系产生直接影响。即使就直接关系到对外贸易的规章制度而言，也有许多不平等条约的规定，绝对不容忽视。

例如，不平等条约就把中国的进出口海关税饷钉死在一个世所罕见的极低水平上，并且除非取得所有外国的同意，不得修改。这就剥夺了中国政府运用关税政策保护中国经济的权力。又如，不平等条约规定领事报关制度，直接干预中国海关对进出口货物征收关税的一切事务，诸凡外国船只的进港、出口、报关、纳税等一切手续，直到所使用的度量衡，都必须受到外国领事的监督。因此，中国海关如不得到外国领事的合作，就没有合法的依据得知外国船只是否已经进港或出口，不知外国船只装运些什么货物，价值多少，该纳多少关税，当然更得不到一分钱的关税。事实上，外国领事也确实为了要挟海关官员同意其无理要求，多次命令外商拒绝交纳关税，或者扣押关税现款。这种制度为外国领事包庇、支持外国商人走私漏税提供了合法依据。外国作家异口同声地指责中国海关官员贪污腐化，靠走私漏税中饱私囊。事实上，外商的走私漏税，首先就是在外国领事的包庇和支持之下进行的。鸦片进口合法化是1858年天津条约以后的事情。在此以前，鸦片大量走私无非三种办法，或者鸦片贩子武装走私，或者在外国炮舰的保护之下走私，再不然就由外国领事包庇走私。到了50年代初期，非法鸦片和合法商品的走私，已经猖獗到这种程度，清政府的关税征收制度已彻底瓦解，根本发挥不了海关的作用。这就形成一种局势，除非由外国人缉私征税，海关便无从征税。到了1854年，英、美、法三国的驻上海领事终于把江海关行政权掠夺到手了。

三 立场问题

下面我们来说开关带来进步的问题。这是一个站在什么立场上说话的大是大非问题，归根结底开关"好事"论是从凡是进步的就应该歌颂这个前提出发引申出自己的结论的。这个错误的前提导致文章走向错误的立场。

马克思认为"社会经济形态的发展是一种自然历史过程"。① 列宁进一步阐述这一观点说马克思主义者"把社会关系归结于生产关系，把生产关系归结于生产力的高度，从而就有可靠的根据把社会经济形态的发展看做自然历史过程"。②

经典作家的这些论断，对我们进行历史现象和历史人物的评价问题，具有极大的启发作用。让我们从自然历史过程说起。地

---

① 马克思：《〈资本论〉第1卷第1版序言》，《马克思恩格斯选集》第2卷，第208页。

② 列宁：《什么是人民之友》，《列宁全集》第1卷，第119页。

球既然处在天体系统中它所在的位置，它就必然围绕太阳运动着，既公转，又自转。地球的公转和自转使地球表面出现我们称为四季和昼夜的变化，冬去春来，黑夜有尽头。这一切都是地球运动的客观规律，既不以人们的意志为转移，又无所谓好坏。四季和昼夜的气候有冷暖。冷暖是我们人类就气候变化对人体感觉所作的规律性判断，冷暖本身也和四季昼夜一样既不以人们的意志为转移，又无所谓好坏。

当我们"把社会经济形态的发展看做是自然历史过程"去进行研究时，我们就应该把社会形态从封建主义发展为资本主义，看成像四季昼夜一样是社会形态的客观规律，既不以人们的意志为转移，又无所谓好坏。我们根据历史唯物主义的原理，肯定资本主义是更适合于社会生产力发展的先进的社会形态。所谓先进或落后是我们人类对生产力决定社会形态所作的规律性判断，先进或落后本身无所谓好坏。

所谓好坏是一种价值性判断，是就事物的发展变化对人类的利害关系而作的判断，有利称其好，有害称其坏。在规律性判断和价值性判断之间画上等号，就好比在5尺布和5斤粮之间画上等号一样的错误。

当我们撇开规律性判断而论价值性判断时，对自然现象和社会现象所作的判断，便出了极大的差异。太阳普照大地，对任何人都一视同仁地送来了温暖，所以任何人都歌颂太阳，单细胞生物如果会说话，也一定歌颂太阳，因为没有太阳它们就不能存在。但是社会形态的变化，能够说对任何人都一视同仁地送来了温暖么？须知人是分民族、分国家、分阶级的，怎么能说促进资本主义发展的先进生产力对一切民族，一切国家，一切阶级都是好事呢？自从"地理大发现"以后的那三四百年里，西方各国的海盗冒险家就是凭借他们手中的先进武器进行世界范围的征服和掳掠的。他们的征服和掳掠养肥了正在成长中的欧洲资产阶级，所以欧洲的资产阶级舆论丢掉了最后一点羞耻心和良心，恬不知耻地夸耀一切当作资本积累手段的卑鄙行径。谁能设想在他们的侵略中丧失生命的亚、非、美三洲将近一亿人民歌颂他们做了好事呢？我们所说的那篇文章，歌颂英国资产阶级用炮火强迫清政府"开关"不是把立场滑到英国资产阶级侵略者方面去了么？

列宁划清唯物主义和客观主义的界限时说："客观主义者谈论现有历史过程的必然性；唯物主义者则是确切地肯定现有经济形态和它所产生的对抗关系。客观主义证明现有一系列事实的必然性时，总是不自觉地站到为这些事实做辩护的立场上去；唯物主义者则是揭露阶级矛盾，从而确定自己的立场。客观主义者谈论不可克服的历史趋势，唯物主义者则是谈论那个支配当前经济制度，造成其他阶级的某种对抗形式的阶级。唯物主义本身包含有所谓党性，要求在对事变做任何估计时都必须直率而公开地站到一定社会集团的立场上。"① 研究鸦片战争的历史，我们总不能站到英国侵略军的立场上去，为英国战胜中国进行客观主义的辩护吧。

如今即使是帝国主义辩护士，也没法否认资本主义国家对落后国家的侵略罪行，不得不改换腔调说什么"虽然"我们做过坏事，"但是"我们也做了好事，这种"虽然"和"但是"的折中主义的腔调貌似用一分为二的观点去分析问题，"一方面，另一方面"，使人误认其为公允无私，"感到一种似是而非的满足"，"实际上并没有对社会发展过程做出任何完整的革命分

---

① 列宁：《民粹主义的经济内容》，《列宁全集》第1卷，第379页。

析"。① 我们当然不要折中主义，而要马克思主义。但是折衷主义却是老是迷惑人的魔影。

前文作者承认鸦片战争是英国对中国的侵略战争，使中国走上半殖民地的道路，五个通商口岸成为帝国主义侵略中国的前哨阵地等。但同时又强调开关以后，西方入侵者向中国输入了先进事物，促进中国前进。让我就来谈谈这个问题。

自从第一次鸦片战争以后，中国就成为外国入侵者既争夺势力范围又进行联合统治的半殖民地，也成为它们进行经济侵略的共同市场。在政治上，它们对中国的半殖民地性间接政治统治不是促进了清王朝封建统治彻底倒台，而是支持清王朝镇压起义农民，渡过危机，稳定了政治局势；后来更造成军阀混战。在经济上，它们以机制商品破坏了中国的经济秩序，为中国大地上发展资本主义经济创造了客观条件。但是利用这种条件发展资本主义经济的不是民族资产阶级，而是外国侵略势力。到了全国解放前夕，掌握工矿交通、财政金融等主要经济命脉的不是民族资产阶级，而是外国侵略势力。这个事实是不能用科学无国界，文明无国籍之类词句打马虎眼的。

让我们姑且退一步，肯定外国侵略势力向中国输入了先进事物，促进了中国资本主义的发展，做了所谓好事，我们也应该学习马克思对英国侵略印度的评价。

马克思是强调印度社会的停滞性的。他指出，英国人给印度带来了革命性的巨大变化。例如，英国人完成了印度历史上空前的政治统一，而政治统一则是"使印度复兴的首要前提"。英国训练出一支印度人的军队，而这支军队乃是"印度自己解放自己和不再一遇到侵略者就被征服的必要条件"。英国人向印度引

---

① 列宁：《国家与革命》，《列宁全集》第25卷，第387页。

进了自由报刊,而自由报刊乃是"改建这个社会的新的强有力的因素"。英国人在印度创立了土地私有制度,而这种制度乃是印度社会的"迫切需要"。英国人在印度所办的教育事业,正在土著居民中间"成长起一个具有管理国家的必要知识并且接触了欧洲科学的新的阶层"。英国人在印度发展了现代化的海陆交通事业,使印度脱离了孤立状态,"而孤立状态则是印度过去处于停滞状态的主要原因"。英国人用蒸汽机和自由贸易瓦解了印度种姓制度所凭借的传统分工方式,而种姓制度则是印度进步和强盛道路上的"基本障碍",① 如此等等。总之,英国人给印度带来了一场"最大的"社会革命,使印度人能够完成"人类的使命"。所以马克思说:"英国不管干出多大罪行,它在造成这个革命的时候毕竟是充当了历史的不自觉的工具。这么说来,无论古老世界崩溃的情景对我们个人的感情是怎样难受,但是从历史观点来看,我们有权同歌德一起高唱:'既然痛苦是快乐的源泉,那又何必因痛苦而伤心?'"②

马克思所说英国人在印度所实现的这些变革,都是有进步作用的。前文作者把马克思的话和他所引歌德的诗句作为他开关"好事"论的理论根据。但是,前文作者在引用马克思的原文时,恰恰忽视了马克思所说"从历史观点来看"这几个字。马克思说:"从历史观点来看",显然说的是从英国统治印度的历史条件来看,英国人实现了那一切,乃是一种规律性的判断,而非就那一切对印度人民的利害关系所作的价值性判断。就那一切对印度人民的利害关系而言,马克思以极其愤慨的笔调,揭露了

---

① 马克思:《不列颠在印度统治的未来结果》,《马克思恩格斯选集》第2卷,第70、71、73页。

② 马克思:《不列颠在印度的统治》,《马克思恩格斯选集》第2卷,第68页。

英国资产阶级文明的"极端伪善和它的野蛮本性"。例如,他们自命为财产的捍卫者,却剥夺了村社居民的土地。他们在单纯用贪污不能满足掠夺的欲望时就像大盗那样采取凶恶的勒索手段;他们在谈论国家公债神圣不可侵犯时,却没收印度拉甲投资于东印度公司的股本应得的股息;他们口喊保护神圣的宗教,却在印度禁止宣传基督教;他们为从香客身上榨取钱财,就把札格纳特庙里的惨杀和卖淫变成一种职业;他们在1824—1837年这短短的10多年里,用机制棉纱布摧毁了印度的手工棉纺织业,使达卡的人口从15万人减少至2万人。总之,英国人在亚洲式的专制基础上建立了欧洲式专制。"这两种专制结合起来,要比萨尔赛达庙里的狰狞的神像更为可怕。"他们给印度人带来的灾难,与印度过去一切灾难比较起来,"在程度上不知要深重多少倍"。① 他们使印度人失掉了他们的旧世界,而没有获得一个新世界。

不仅如此,马克思还指出英国人在印度所实现的那一切,"既不会给[印度]人民群众带来自由,也不会根本改善他们的社会状况,因为这两者都不仅仅取决于生产力的发展,而且还决定于生产力是否归人民所有。""在大不列颠本国现在的统治阶级还没有被工业无产阶级推翻以前,或者在印度人自己还没有强大到能够完全摆脱英国的枷锁以前,印度人民是不会收到不列颠资产阶级在他们中间播下的新的社会因素所结的果实的。"② 这就是马克思的立场。让我们还是回到马克思的立场上来罢。

(1986年4月23日完稿)

---

① 马克思:《不列颠在印度的统治》,《马克思恩格斯选集》第2卷,第63、74页。
② 马克思:《不列颠在印度的统治的未来结果》,《马克思恩格斯选集》第2卷,第73页。

关于中国近代经济史
中心线索问题的通讯

一 严中平致汪敬虞

敬虞老兄：

　　近年读到你关于中国近代经济史的一系列论著，其中不少基本上都是阐述你关于中国近代经济发展史的中心红线是中国资本主义的发展和不发展的观点，征引宏富，深佩功力。

　　回想在60年代初，当我接受编写高等院校政治经济学系中国近代经济史教材的任务时，我也曾提出过同一个命题。但当时，我对中心红线应该具有什么性质，它在中国近代经济发展史上应该发挥什么作用等问题，并未深究，只不过人云亦云，鹦鹉学舌而已。就是后来，我着手编写《中国近代经济史（1840—1894卷）》时，也未曾自觉地贯彻什么中心红线，只不过从实际出发，根据材料所体现的问题，叙述历史的具体发展过程而已。

　　看了你的著作，我才知道，所谓中心红线就是中国近代经济发展史的"主体构想"、"主旋律"、"内在症结"、"历史走向"、

"总趋向"、"总线索"。你并没有说明中心红线具有什么特殊性，应该发挥什么作用的问题。

下面一段话可以看做是你关于这个问题的思想浓缩的简单概括。你说，"出现在中国土地上的资本主义是一种什么样的局面呢？这是已经进入垄断阶段的外国资本主义在中国经济发展中的优势和统治，是官僚资本主义亦即买办的封建的国家垄断资本主义在中国的优势和统治，是先天不足、后天失调的民族资本主义的未老先衰。先天不足，指的是，它的产生不是封建社会内部资本主义生产关系成熟的直接临盆；后天失调，指的是，在它的发展过程中，经常承受着外国资本、帝国主义和国内封建主义、官僚资本主义的压力；未老先衰，指的是，它有所发展但又不能顺利和充分发展。如果把和帝国主义、国内封建主义以及官僚资本主义处于对立地位的民族资本主义看做是中国资本主义，那么，中国近代历史的一条红线，或者说，中心线索就是中国资本主义的发展和不发展。这个局面的形成，是中国外部条件和内部因素交相作用的结果，这是不言自明的。"①

一般说来，"出现在中国土地上的资本主义"包括三个组成部分，即，外国在中国的资本主义、官僚资本主义和民族资本主义。从你所说的"局面"看来，你所谓"出现在中国土地上的资本主义"仅仅指的是民族资本主义，而不是任何其他资本主义，即以民族资本主义而论，那是19世纪六七十年代开始的事情，下距"已经进入垄断阶段的外国资本主义在中国的优势和统治"有五六十年之久，距1927年后四大家族官僚资本主义在中国的优势和统治也有六七十年之久，你的这些提法，在时代上

---

① 汪敬虞：《论中国近代经济史的中心线索》，《中国经济史研究》1989年第2期。

显然有误。

人们是可以通过个别事物的典型研究去发现诸多事物的本质特征的,但所选取的典型必须和诸多事物之间存有人们所要研究的某种质的共同性。出现在中国土地上的三种资本主义各有其自己的特殊性,最显著的一条是帝国主义在中国的资本主义和官僚资本主义都只有发展,没有不发展的问题。从这一点上说,你不能把民族资本主义的发展和不发展"看作"是中国资本主义,哪怕民族资本主义和帝国主义、国内封建主义以及官僚资本主义处于对立地位罢。

你的某些说法也使我困惑不解。例如,你一面说:"中国未来的发展方向是明确的,推翻帝国主义和封建主义在中国的统治,这就是方向。半殖民地半封建的提法,明确无误地指明了这个方向。"① 既然如此,那还有什么必要另立中国资本主义的发展和不发展作为未来中国的"发展方向"呢?但是在此同时,你又说:"反映半殖民地的线索是帝国主义的侵略,反映半资本主义化趋向的线索是为资本主义开辟道路的各种斗争。""但是这样一个两分法仍然是有缺陷的,因为它没有能够说明中国社会发展的总趋向,没有指出一个总的线索,也就没有明确提出贯穿109 年中国近代史的中心线索。"② 如果我理解得不错的话,你所说的反映半资本主义的主要是中国资本主义的发生和发展,实质就是通常所说的半封建。这不是自相矛盾吗?你所说的中国社会发展的总趋向不就是"中国未来的发展方向"吗?

看来,我们还是需要回到毛泽东矛盾论的理论原则上去。毛

---

① 汪敬虞:《中国近代资本主义的发展和不发展》,《历史研究》1988 年第 5 期。

② 同上。

泽东说：任何过程如果有多数矛盾存在的话，不能把它们平均看待，必须把它们区别为主要的和次要的两类。过程的多数矛盾中，必定有一种是主要的，起着领导的、决定的作用，其他则处于次要和服从的地位。是主要矛盾的存在和发展，规定或影响其他矛盾的存在和发展。"因此，研究任何过程，如果是存在着两个以上矛盾的复杂过程的话，就要用全力找出它的主要矛盾。捉住了这个主要矛盾，一切问题就迎刃而解了。""万千的学问家和实行家，不懂得这种方法，结果如堕烟海，找不到中心，也就找不到解决矛盾的方法。"① 用我们现在的话说，所谓"找不到中心"就是找不到中心红线。可见中心红线应该具有"主要矛盾"的性质，它起着领导和决定其他矛盾的存在和发展的作用。

把这个理论应用到中国近代社会史的研究中去，毛泽东已经指出，在民主革命时期，近代中国社会有中国各被压迫阶级和帝国主义的矛盾，有人民大众和封建主义的矛盾，有城市小资产阶级和资产阶级的矛盾，有各个反动统治集团之间的矛盾等，这些矛盾各有其特殊性，不能一律看待。在这些矛盾中，毛泽东指出，帝国主义和中华民族的矛盾，封建主义和人民大众的矛盾乃是各种矛盾中的主要矛盾。这不是两分法、二元论，因为毛泽东又说："帝国主义和中华民族的矛盾乃是各种矛盾中的最主要的矛盾。"② 帝国主义对一切矛盾都起着领导的、决定的作用。可见，帝国主义和中华民族的矛盾乃是我们所要"捉住"的最主要矛盾，乃是中国近代史的中心红线，"捉住"这个最主要的红线，"一切问题就迎刃而解了"。至于民族资本主义，它虽有了

---

① 分别见《毛泽东选集》四卷合订本，人民出版社1964年版，第310、594页。

② 同上。

某些发展,但它没有成为中国社会经济的主要形式,不能对其他矛盾发挥领导的、决定的作用,不能成为中国近代史的中心红线。

有的同志说,不能把帝国主义的侵略作为叙述中国近代史的主线,否则,不论把历次战争中中国军民的抵抗写得如何突出,如何壮烈,在全局上,仍将把中国近代史写成一部侵略者、征服者的历史,因为历次战争的主要方面在于外国侵略者,并不决定于中国抵抗的结果,又没能阻止向半殖民地的深渊沉沦。① 历史学家的原则之一是实事求是,既然帝国主义侵略中国,反对中国独立,反对中国发展资本主义的历史,就是中国的近代史,② 我们回避把中国近代史写成一部侵略者、征服者的历史是不切实际的。

正因为有了外国的侵略和征服,才有了中国人民的反帝斗争。

半殖民地是独立国和殖民地之间的过渡形态。帝国主义破坏哪个国家的主权,哪个国家就成了半殖民地。我们以第一次鸦片战争作为近代的断限,就是因为英国通过这次战争破坏了中国的主权,把中国沦为殖民地半殖民地。其后历次帝国主义对华战争都一次又一次地破坏中国更多的主权,使中国的半殖民地地位越陷越深,这个过程直到1949年大陆全部解放才告结束。试看日本通过"九·一八"事变把东北三省沦为殖民地,其后,又发动全面对华战争,妄图把全中国都沦为殖民地。美国并未发动对华战争,但它通过中美通商航海条约,破坏了中国全部的领土、领水、领空主权,就是把中国全部沦为半殖民地。

---

① 李时岳:《中国近代史的主要线索及其标志之我见》,《历史研究》1984年第3期。

② 《毛泽东选集》四卷合订本,第592、594页。

中国这块半殖民地和殖民地之间的唯一差别仅仅在于中国还保留一个中国人组织的中央政府,保持形式上的独立,对中国人民进行直接的政治统治,而帝国主义则通过这个傀儡政府对中国进行间接的政治统治,殖民地则由宗主国组织政府进行直接的政治统治。

在第一次鸦片战争中,英国人运用战争炮火把清政府打得丧魂落魄,树立了征服者至高无上的统治声势。他们还通过不平等条约取得领事裁判权和在通商口岸常驻兵舰的特权。前者赋予英国人以犯有任何民刑罪行,都不受中国法庭审判的条约特权,后者则赋予英国兵舰以随时向中国当局示威恫吓和向中国人民实弹轰击的条约特权。那次战争把清政府吓破了胆,以后他们认为既败于白皮肤的英国人之手,干脆也就拜倒于西方所有白皮肤的脚下,把断送给英国人的主权同样也奉送给西方所有国家,哪怕在中国海面并无一兵一卒的蕞尔小国也罢。西方各国挟政治声势、炮舰威力和条约权利,对中国进行间接政治统治,他们对中国进行经济侵略的所谓商人便拥有为所欲为的随意性和伤天害理的残酷性。

帝国主义在破坏中国的主权、把中国沦为半殖民地的同时,"又使中国的封建地主阶级变为它们统治中国的支柱……帝国主义及其在中国的全部财政军事的势力乃是一种支持、鼓舞、栽培、保存封建残余及其全部官僚军阀上层建筑的力量"①,"帝国主义不但操纵了中国的财政经济的命脉,并且操纵了中国的政治和军事的力量"。② 在帝国主义支持、鼓舞、栽培和操纵下对中国人民进行直接政治统治的中国历届反动政府,在对中国人民进

---

① 《毛泽东选集》四卷合订本,人民出版社1964年版,第64页。
② 同上书,第592、594页。

行经济榨取时,也和帝国主义一样具有为所欲为的随意性和伤天害理的残酷性。

政治是一种暴力,它能通过行政权力去改变经济的发展条件和发展方向。我们研究中国近代经济史还须重视政治军事暴力对中国经济的强大的甚至是决定性的反作用,密切注意政治、军事暴力对经济事务进行的暴力强制,甚至是赤裸裸的暴力掠夺,不能单纯用价值规律去说明全部经济现象。你能用价值规律去充分说明第二次鸦片战争前的鸦片走私和苦力掳掠吗?你能用价值规律去充分说明上海租界是怎样成为冒险家的乐园吗?你能用价值规律去充分说明四川军阀强征田赋许多许多年吗?你撇开半殖民地半封建这两个主要矛盾,另立中国资本主义的发展和不发展作为近百年历史的中心红线,把视线引向纯经济现象上去,忽视政治军事暴力的强制作用,就经济论经济,我以为不足取。我当然不是要求经济史专业工作者必须研究政治史、军事史,但把这些放在视野之内和放在视野之外是大不相同的。

以上就是我对你中心红线论的主要不同意见。我本来应该投府当面交换意见,无奈大病之后,体力衰竭,下公共汽车就走不到你的家,到你家也走不上楼,同时又因我希望同行对我的观点进行讨论,故改作笔谈,望赐教。

1990年6月7日(时年81岁)

二 汪敬虞致严中平

尊敬的严老:

拜读您的来信,喜出望外。这是因为目前正在讨论的中心线索问题,有您这样的权威登高一呼,一定会引起学术界的广泛响应，从而将讨论引向深入。这是功德无量的事。

我对中国资本主义的发展和不发展这个提法的认识，最初的确是受到您的启发。这一点，我在上文中已经提到（见《中国经济史研究》1990年第2期）。现在您认为这个提法，作为中国近代经济史的中心线索，已经不足取，这是认识深化过程中常有的现象，是完全合乎认识的发展规律的。当然，在认识深化的过程中，也有更加坚持原来的观点的。因此，我并不因为您放弃了原来的看法而改变我自己的观点。您还认为，我在这个问题上的解说，"并没有说明中心红线具有什么特殊性，应该发挥什么作用的问题"。这又说明，我虽然坚持自己的观点，却并没有说服别人的能力，从而我应该更加虚心地听取各方面的批评意见。本着这个态度，我将认真地体会您在中心线索问题上的思想，在我的认识比较成熟的时候，再写信向您请教。当然，有些问题，我恐怕是无法请益的。例如，您信中提到我的某些说法使您困惑不解。接着您引了几段我的原话，加以论证。事实上，其中有一段根本不是我说的，不但不是我说的，而且正是我所不同意的。因此，这是张冠李戴，自然令人困惑不解。这种情况，在今后的讨论中，人们有理由希望不再出现。想来您也会同意的。在这封信里，我只想先作两点简单的解释。

第一是关于中心线索本身的理解问题。的确，现在讨论的文章已经不少，但对中心线索本身的理解，似乎并不完全一致。您信中提到的那些提法，如"主体构想"、"主旋律"等，经您一集中，看起来纯粹是辞藻堆砌。显然您是不赞成用这些提法的。其实这些提法，多半是早就有人提出来的，我不过是适应讨论的需要在行文中加以引用，并非为中心线索下定义。如果因此就认为我没有说明中心线索的性质和作用，那是我始料所不及的。因为它不是从我的文章的全部立论着眼。

我对中心线索的衡量，心中还是有一个尺度的。我在上一篇文中说："中心线索就像一支糖葫芦棍，是贯穿事物整体的一条主线。通过这条主线能更紧密地联结主体的各个部分，更好地认识主体。一部历史，通史也好，专史也好，有没有中心线索，形象地说，就看它是像一串糖葫芦，还是像一口袋土豆。"这个比喻，也许不怎么恰当，也可能引起误解，有一点我想明确的是：以资本主义的发展和不发展为中国近代经济史的中心线索，并非就是只限于写资本主义，更不是各行各业、各个经济部门都得谈资本主义的发展和不发展。这不但理论上悖谬，而且事实上也不可能。比如工业有的谈，农业就很难谈，至少重点不在这里。但这并不妨碍资本主义的发展和不发展作为中心线索的作用。而且可以说，正是由于农业的状况和工业不同，所以整个近代中国经济才处于资本主义有所发展而又不能充分发展的境地。这里需要的，正是您所强调的："从实际出发，根据材料所体现的问题，叙述历史的具体发展过程而已"，不需要任何人为的附加。

您又说：以资本主义的发展和不发展为中心线索，是"把视线引向纯经济现象上去"。这又是一个我始料不及的误解。正如上面所说，以资本主义的发展和不发展为中心线索，决不只限于写资本主义，决不是缩小了我们研究的视野，而是要求扩大我们的视野。不但不限于资本主义，而且也不限于经济，不能单纯经济观点。只有把视野尽量扩大，从生产力到生产关系，从经济基础到上层建筑，才能更好地突出中国近代经济史的这一中心线索。从根本上说，我们研究经济史，不能忽视政治军事、乃至文化思想等范畴的有关问题。特别是近代中国，正如您所说，政治往往占有突出的地位（如帝国主义在中国的特权）。单纯经济观点，往往说明不了问题。当然不能因此走到另一个极端。因为经济史究竟是经济史，不是政治史、军事史、文化史。它有自己的特定范畴。我们只能要求写经济史的人，心中藏有政治史、军事史、文化史，也就是您所说的把这些"放在视野之内"，而不能把经济史写成政治史或其他的什么史。您说："我当然不是要求经济史专业工作者必须研究政治史、军事史"，其实，只要不把经济史写成政治史等，研究经济史的人同时研究一点政治史和军事史，也未尝不可。严格地讲，这乃是写一部好的经济史所不可或缺的条件。

第二是我对中心线索的重要性的认识。这个问题，您以前很强调，现在好像又并不重视。您说：您在主持《中国近代经济史（1840—1895卷）》的过程中，并"未曾自觉贯彻什么中心红线，只不过从实际出发，根据材料所体现的问题，叙述历史的具体发展过程而已"。根据材料所体现的问题去叙述历史，这本来是不成问题的，有没有中心线索，都应是如此。然而，我又感到，写一部历史著作，完全不要中心线索，几乎是不可能的。不要说通常众多的人集体写一部著作，就是一个人单独写一本书乃至一篇文章，也往往是在下笔之前先思考一下贯穿一个什么想法。不同的是，个人写书作文，中心线索，就在自己脑中，比较容易贯彻，因此实际上明明有中心线索自己反而不觉得，而在众多的人集体写书时，头脑不止一个，需要众多头脑的共识，然后才能得到比较合适和顺利的贯彻。为什么人们常常感到集体写作不如个人创作那么顺当，能够前后一贯而富有特色呢？原因就在这里。因此，这不是有没有中心线索的问题，而是怎样才更有效地贯彻中心线索的问题。对于集体写书来说，较好地解决这个问题，我以为要有两手准备：一是不能要求集体写书像个人写书那样逻辑严密，结构整齐，章节子目，层次完备，大小论点，前后一贯。因为每个人的头脑结构，不可能那么同一，每个人的思维，不可能那么一致。强求一致，违反人们的思维规律，不会取得出色的成果。另一方面则是，集体写作又不能各行其是，完全没有指导思想。也就是说，要有一个大体一致认同的中心线索，有一个大体合乎逻辑的全书构架。只有这样，才有可能一方面充分发挥参写人员各自的优势和共同的向心力，另一方面最终的成果，是一部专著而不是一本论文汇编，正确地说，是一部包括了许多优秀论文成果的专著。我之所以重视中心线索问题的讨论，正是出于这种考虑。

尊敬的严老，您是经济史学界的泰斗，是这门学科的带头人。现在您以81岁高龄，又在大病之后，主动地写这么长的信给我，切磋指导，不遗余力。这使我很感动，也很不安。我从内心珍惜这得来不易的不同意见。将近30年前，北京大学邵循正教授也曾主动地就洋务运动问题对我编的资料提出不同的看法和指正的意见，后来我们之间又继续进行了多次的坦诚讨论。前辈学者的热情满腔和虚怀若谷，使我十分敬仰。我和邵先生的讨论，增进了彼此之间的了解和情谊，至今令人怀念。真诚的学术讨论，不但体现了高尚的文品，也体现了高尚的人品。今天，您的坦诚而又充满善意的来信，很自然地让我又回想起这一流逝了将近30年的情景。我完全相信，我们现在进行的讨论，是一定能够取得圆满的结果的。

1990 年 6 月 18 日

（原载《中国经济史研究》1990 年第 4 期）

关于洋务派兴办新式民用企业的评价问题[*]

近年史学界对洋务运动中的政治、经济、军事、文化等各个方面进行了大量的研究，其中对洋务派所办新式民用企业评价，争论得尤其热烈。争论是围绕着这些企业的进步性或反动性展开的。一派突出这些企业的反动性，得出全面否定的结论，或者基本上加以否定，只是部分地肯定其"客观上"的进步性，一派则突出这些企业的进步性，也不否认其反动性。我们认为肯定或否定是对洋务运动的本质特征的评论，部分的肯定是对洋务运动的历史作用的量的评论。在这里，量的大小无客观标准可以衡量。既肯定又否定，各执一词，到头来问题始终扯不清楚。归根结底，问题还是在质的问题上混淆了规律性评价和价值性评价所造成的。

---

* 本文原载《经济研究》1991年第4期，该杂志编者按："严中平同志是我国著名经济史学家，不幸于1991年1月24日去世。严中平同志生前曾对中国近代经济史上的重大问题——洋务运动的评价写出过一批手稿，其中关于洋务派兴办新式民用企业的评价部分由魏金玉整理成文，本刊特发此文以作纪念。"

一

列宁说过:"在分析任何一个社会问题时,马克思主义理论的绝对要求,就是要把问题提到一定的历史范围之内;此外,如果谈到某一个国家,那就要估计到在同一历史时代这个国家不同于其他国家的具体特点。"① 说到两次鸦片战争以后直到甲午战争这几十年间,中国这个国家所不同于同一历史时期西方资本主义国家的"具体特点",首先使我们想到的是,中国是一个具有几千年历史的封建国家,这个国家的国民经济体系以工农结合的小农经济为基础。这种小农经济以自给自足的个体生产为主,但又以小商品经济为其存在条件。地方小市场为小农提供生产资料和生活资料再生产的必要条件,从而也为小农提供了经济活动的充分空间,使他们具有顽强的生存和再生能力。这种小农运用简陋的生产工具进行分散孤立的经济活动,排斥社会分工的迅速扩大。所以尽管地方小市场能够把某些地方特产汇聚成庞大的商品流通量,失业群众也已形成相当大的劳动力市场,但资本主义的生产关系却始终停留在萌芽阶段,不足以培养起代表新兴生产力的阶级力量。尽管王朝一再更迭,小农经济基础却破坏了又再生,以原来的传统模式演变下去。耸立在这种经济基础之上的上层建筑,从政治体制到意识形态,始终都沿袭祖宗成法的封建传统。这样的国家是经不起新兴资本主义国家的冲击的。

变化是从第一次鸦片战争开始的。那次战争以后,英国挟战胜者的炮舰威力和政治声势,强制清政府签订了一系列的不平等条约,多方面地破坏了中国的主权,使中国沦为半殖民地。而对

---

① 《列宁选集》第 2 卷,第 512 页。

资本主义世界一无所知的清政府，一旦被英军的炮火和政治声势所压倒，便立下一条对外总方针：既败于英国人之手，也就败倒于西方所有强国的脚下，把丧失给英国的主权，同样奉送给所有的西方强国，使中国沦为西方许多国家的半殖民地。如果分析1842—1894年间清政府和西方各国所签订的不平等条约，我们就会发现，在总数为162个不平等条约中，在战争的炮口底下签订的城下之盟，不过14个，其余148个都是在中西处在和平状态下，由西方各国凭借其政治声势迫成的，就连炮舰也未必调动过。

谈论两次鸦片战争以后的大局，当然不能不考察国内形势的变化。自从1851年正月洪秀全所领导的"拜上帝会"在广西桂平发动起义后，跟着就爆发了捻军、云南回民、贵州苗民、陕甘回民和新疆回民的大起义。这些起义多半延续了十多年的时间，到70年代的后期才全部被镇压下去。这些起义中对清政府的打击最为沉重的是太平天国革命和捻军起义。截止到1861年，在短短的时间里，清政府巡抚以上的军政大员，在起义的风暴里，当场被击毙的、失利自杀的、被判处死刑的和被革职的共达11人之多。但在这里，我们强调的是中外关系。

通过不平等条约，清政府对外开了许多商埠。南京条约开了上海、广州、福州、厦门、宁波五口。天津条约开了天津、牛庄、登州、镇江、汉口、九江、汕头、淡水、台湾、琼州、南京十一个沿海沿江口岸。烟台条约开了宜昌、芜湖、重庆、温州、北海五个江海口岸，同时，规定大通、安庆、湖口、武穴、陆溪口、沙市六口许外商轮船上下货物。伊犁条约又把吐鲁番、肃州、哈密、乌里雅苏台和乌鲁木齐辟为陆路边境商埠，许外商出入。中法续议商务条约开龙州和蒙自为商埠。1894年中英会订印藏条约把亚东辟为商埠。总计1842—1894年中国被迫开放沿海沿江和陆路边境33个条约商埠放任西方入侵者自由出入。

通过不平等条约，丧失了关税自主权。1843年中英五口通商章程规定的进出口税，绝大部分较鸦片战争以前广州当局实征的税则为低。英国进口棉纺织品，最低降低9.36%，最高降低25.58%，出口茶叶税，较前降低18.12%，英国商人认为这个税则"在各方面都比商人所敢于建议的还更有利"。1844年的中美望厦条约和中法黄埔条约，又明确规定，倘今后中国政府欲变更海关税则，必须取得美法两国的同意，才能实行，定下了海关协定关税的原则。第二次鸦片战争以后的中英通商章程善后条约所规定的税则，比1843年的税率又大为降低，例如英国进口棉纺织品，最低降低2.08%，最高降低9.27%。这样低的关税，连英国驻华公使都说："哪个国家有像中国这样低的对外贸易税率呢？"

第二次鸦片战争以后，西方入侵者还创立了子口税制度。总税务司赫德所定的子口税制度规定：凡洋商自海口运送洋货至内地，应在口岸海关缴纳子口半税即2.5%，此后不论运往内地何处，都不再缴纳任何捐税；其洋商自内地贩运土货出口，可在内部首经的子口缴纳子口半税2.5%，此后直到运抵海口，不论经过多少关卡，都不再缴纳任何捐税。但是华商运货，不论洋土货，都必须逢关纳税，遇卡抽厘，因此，促使华商依托洋商以期减少捐税负担，造成"倚洋人则生，否则死；冒洋人则安，否则危"的局面。不用说，这种形势是洋货彻底打开中国市场，从通商口岸深入内地穷乡僻壤，无所不到的有利条件。

开拓世界市场的资本主义经济，要求在它所到之处，对妨碍它顺利运行的一切陈旧制度都进行体制改造和技术改造，以便资本主义经济的各个方面都得到运行的自由。这种改造，在英国进行直接政治统治的印度殖民地进行得非常全面而彻底。在西方进行间接政治统治的中国半殖民地,他们却必须从那个反动政权手里取得特权和支持,才能进行。所以,他们不间断地向清政府索取各种权益。在1860年的北京谈判中,俄国代表巴留捷克要求从恰克图经北京到天津架设电报线路,法国代表葛罗要求在中国架设电线和修筑铁路。1865年9月总税务司赫德向总理衙门呈送《局外旁观论》,次年2月英国驻华公使阿礼国向总理衙门呈送《外国新议论略》。这两个文件都用以强凌弱的口吻向清政府最高当局要求在政治、军事、经济、文化等方面进行全面改造。在经济方面,二人要求的重点都在电线和铁路二项,当然还有开采五金煤炭各矿,等等。

1867年9月奕䜣为准备修约谈判,提出请觐、遣使、铜线、铁路、内地设行栈、内河行轮船、开拓传教等西方各国可能提出的要求,令沿海浜江各省将军督抚并南北洋大臣疏呈意见。奕䜣说:"预计修约各国不仅相互要约群起交争,甚至各带兵船,希冀协制,务满所欲,若不准,无难立起衅端。"① 总理衙门说:"关于铜线、铁路二事,俄使创论于前,英法接踵于后,哓哓再四,不办不休……同心一意,求之甚切,持之甚坚。本衙门以失我险阻,害我田庐,妨碍我风水辩驳,彼悍然不顾。本衙门又以占我民间生计,势必群起相抗,众愤难当,或勉强造成,被民间拆毁,官不能禁治其罪,亦不能责令赔偿,彼则以自能派人看守防御为抵制。"② 各省军政大僚对部署的覆奏,没有人主张在条约上给予洋人以电线架设权和铁路建设权的。

但湖广总督李鸿章认为:电线铁路"大有利于彼,大有害于我"。但洋人贪利无厌,志在必行,将来各口洋商私设电线,

---

① 同治朝筹办夷务始末,卷50,第25—26页。
② 同上书,第33页。

在所不免,而"官不允行,总做不到"。因此,"与其任洋人在内地开设铁路电线,又不若中国自行仿办,权操自我。"① 这其实就是师夷之长技以制夷的古老政策原则,谁都不能否认其维护国家主权的用心。

清政府官僚对师夷之长技以制民的必要性是深有体会的。早在1861年,曾国藩就已开设安庆内军械所,仿制洋枪洋炮和轮船。这个军械所大约并没有洋式机器设备,也没有掌握新式生产方法的技术人员,无收效之可言。1862年,李鸿章购买上海外商厂家所用机器,设立"上海洋炮局"制造开花炮弹。这是洋务派官僚利用西方设备制造军事用品之始。从此,设立制造局、机器局、船政局等军用工业,便成洋务官僚们实行新政的首要内容。总计在1863—1890年这27年间,各省所设这类工厂便达22家之多。洋务派官僚把这个浪潮称为"自强"运动。我们不否认他们在一定程度上含有增强国力以抵御外侮的用心,但就其实际效果而论,主要的还是镇压国内人民。弥漫全国的大规模农民起义和为数众多的小股反抗,基本上都是靠这些工厂所生产的武器镇压下去的。其中太平军余部被歼灭是在1866年,捻军最后失败是在1868年,云南回民失败于1873年,陕甘回民失败于1874年,左宗棠尽复南疆是在1878年。这些胜利使清王朝的封建统治又维持了20多年的政治稳定局面。正是这种局面为洋务派提供了从事建设民用企业的条件。

1870年英国公使威妥玛要求由广州经汕头、厦门、宁波把海底电线安设到上海。总理衙门允许"通融办理",以线端不牵引上岸与通商口岸陆路电线不相干涉为条件,许英人将海底电线架到上海水面。1872年发生了英国驻沪领事麦华陀以建筑一条

---

① 同治朝筹办夷务始末,卷55,第13—14页。

寻常马路为名,阴谋修筑吴淞铁路的事件;1882年发生了美商华地玛企图在上海建筑纺织工厂的事件。此外,第二次鸦片战争后英国棉纺织生产技术实现了革新,进一步降低了生产成本,1869年苏伊士运河开通,缩短了中西航程的28%,大大降低中英航运成本,1871年香港至伦敦海底电线接通,便利信息的传递,大大加速了资本的周转。从70年代初到90年代初,香港的洋纱市价约下降了24.6%,本色市布、标布和粗斜纹布三种洋布的市价下降了23.4%。在这种严峻的政治经济形势下,洋务派从事民用企业建设的迫切性,空前地增长了。这是不依任何人的意志为转移的。

二

上面说过,洋务派"师夷之长技"的具体行动是从1862年创建上海洋炮局,仿制洋枪洋炮开始的。其后在六七十年代,各省先后创办仿制洋枪洋炮的军用工厂20多家。这就是所谓"自强"浪潮。这些企业的制成品都被用来镇压起义农民,所谓"自强"实际上是借"御外侮"之名,行"靖内患"之实,这就连顽固派也是人所共知的。所以并未引起反对。但是一旦洋务派把师夷长技推广到其他民用事业上去,便立刻引起顽固派强烈反对。下面我们摘录一些双方的言论以作证明。

1866年11月奕䜣说:"洋人制造机器火器等件以及行船行军无一不自天文算学中来","通晓推算格致之理"就能深明制器尚象之法,"出奇异能之士","中国自强之道在此矣"。[①] 这个正确的方针却遭到顽固派的反对。山东道监察御史张盛藻说:

---

① 《洋务运动》(二),第22—23页。

"自强之道惟气节一端。以之御灾而灾可平，以之御寇而寇可灭，何必令其习为机巧，专明制造轮船之理乎！"① 大学士倭仁说："根本之图在人心不在技艺。""变而从夷，正气为之不伸，邪气因而弥炽，数年之后，不尽驱中国之众咸归于夷不止。"② 一个即选知州杨廷熙说："以轮船以敌轮船，以机器以御机器，其策尤非。"③

1874年底，李鸿章说："丁日昌拟设厂造耕织机器，曾国藩与臣叠奏请开煤铁各矿，试办招商轮船，皆为内地开拓生产起见。盖既不能禁洋货之不来，又不能禁华民之不用。英国呢布运至中国，每年售银三千余万，又铜铁铅锡售银数百万，于中国女红匠作之利，妨碍不少。曷若亦设机器，自为制造，轮船铁路，自为转运。"④ 李鸿章的这段议论，说明了《共产党宣言》中所说的"资本主义……迫使一切民族都在唯恐灭亡的忧惧之下采用资产阶级的生产方式"是一条普遍真理。但是却不为顽固派所接受。或者如王文韶所说："四民之中，农居大半，男耕女织，各职其业，治安之本，不外乎此。若概以机器行之……则失业渐众，胥天下为游民，其害不胜言矣。"⑤ 或者如王家璧所说："敌所畏者中国之民心，我所恃者亦正此民心，纵洋人机器愈出愈奇，我不可效日本覆辙，为所愚弄盘剥，搜山竭泽，事事师法西人，以逐彼奇技淫巧之小慧，而失我尊君亲上之民心也。"⑥

1880年12月，前直隶提督刘铭传建议修筑北京至清江的铁

---

① 《洋务运动》（二），第29页。
② 同上书，第30页。
③ 同上书，第43—48页。
④ 《洋务运动》（一），第50页。
⑤ 同上书，第94页。
⑥ 同上书，第129、134页。

路,又惹起了顽固派的一片反对。翰林院侍读周德润说,"行铁路,则沿途之旅店,服贾之民车,驮戴之骡马,皆歇业",是"括天下贫民之利而归之官","与民争利,祸亦随之","用夷变夏,直欲破坏列祖列宗之成法以乱天下"。① 通政使参议刘锡鸿则以曾出使英德的洋务通身份,说什么"火车实西洋利器,而断非中国之所能仿行者"。② 内阁学士徐致祥说:"倡导此说与赞成此说者,非奸即诣,置国家之大害于不顾。"③ 到了1888年,奕谟请修天津至通州铁路,山西监察御史屠仁守还以京师安全为由,说什么"通州迫近海疆,通铁路则洞启门户,风驰电掣,朝夕可至……万不可开"。④

死抱住传统观念的顽固派攻击洋务派,以用夷变夏、捐弃礼义廉耻的调门最能迷惑人,但其实,他们都是色厉内荏之徒,说空话则喊得震天价响,论实际则一筹莫展的冬烘顽固之徒。

顽固派强调祖宗成法不可变,对此,李鸿章有一段议论,他说:"东南海疆万里,自通商以来,一国生事,诸国构煽,实为数千年来未有之变局。轮船电报之速,瞬息千里,军器机事之精,工力百倍,炮弹所到,无坚不摧,水陆关隘,不足限制,又为数千年来未有之强敌。外患之来,变幻如此,而我又犹欲以成法制之,譬如医者疗疾不问何症,概投之以古方,诚未见效也。""不变通则战守皆不足恃,而和亦不可久也。"李鸿章所说的变通,包括"曷若亦设机器,自为制造,轮船铁路,自为转运",引进西方先进技术,以改造中国古老经济结构。不仅如此,李鸿章还主张,"朝廷力开风气,破拘挛之故习,求制胜之实际",于凡有海

---

① 《洋务运动》(六),第154页。
② 同上书,第154—166页。
③ 同上书,第171页。
④ 同上书,第208页。

防省份,都设洋学局,开洋务科以培养和奖掖人才。①

列宁说过:"判断历史的功绩不是根据历史活动家没有提供现代所要求的东西,而是根据他们比他们的前辈提供了新的东西。"② 时至70年代初叶以后,中国面临数千年来未有之变局,和数千年来有之强敌,需要变通数千年的传统观念和传统成法,开创数千年未有之新局面和新风气,洋务派有见识、有决心、有魄力引进西方生产技术,兴办新式民用企业,为促进中国经济的现代化提供出数千年前辈所不曾提供的新的东西。他们所直接主办和鼓励的新式民用企业为数不很多,经营也不很成功,但当时的问题首先是办不办的问题,不是办了多少和办得好坏的问题。尤其必须提出的是,他们是在顽固派同辈以捐弃礼义廉耻,丧失尊君亲上之民心,破坏祖宗成法以乱天下,非奸即诡,用夷变夏等种种大帽子攻击之下,坚持开创新风气,提供了新的东西的。他们所提供的新东西为中国的民族经济现代化开创了新局面。从这个意义上说,我们认为,应该给予洋务派创办民用企业以高度评价。

洋务派兴办的第一家大型民用企业是轮船招商局。轮船招商局是在西方先进商船摧残中国古老帆船,基本上垄断了中国的航运业的严峻形势下,中国官商自救运动的产物。1864年李鸿章在密禀中明确主张,"准中国商绅,收买轮船、夹板,以裕财源,而资调遣"。1866年上海关道应宝时主张,官商会同给价,买洋船以济漕运。但都受到顽固派的阻挠,直到1870年李鸿章升迁直隶总督,上谕撤三口通商大臣,洋务归直督经管。李鸿章这才以整顿海防的大题目,力主非有轮船,不能逐渐布置,有轮

---

① 《洋务运动》(一),第41、42、50、59页。
② 《列宁全集》第2卷,第150页。

船则"无事可督官粮客货,有事时装运援兵军火",最后确定兴办轮船招商局。① 对此,我们很难说它不是进步的、爱国的。

至于李鸿章、张之洞创办棉纺纱厂的目的,同样明确。1882年李鸿章在试办机器织布局以扩利源而敌洋产的奏折中说:"溯自各国通商以来,进口洋货日增月盛,核计近来销数价值已至7900余万两之多。出口土货年减一年,往往不能相敌。推原其故,由于各国均用机器,较中国土货成于人工者省费倍蓰,售价既廉,行销愈广。自非设法仿造自为运销,不足以分其利权。盖土货多销一分,即洋货少销一分,庶漏卮可期渐塞。进口洋货以洋布为大宗,近年各口销数至二千二三百万余两。洋布为日用所必需,其价又较土布为廉,民间争向购用,而中国银钱耗入外洋者实已不少,原拟遴派绅商在上海购买机器,设局仿造布匹,冀稍分洋商之利。"② 1888年张之洞说:"洋布销流日多,年中以千余万计,大利所在,漏卮宜防","粤省设织布纺纱官局,工价贱,运费省,应可与洋货相颉抗,固有之利,允宜振兴。"又说:"自中外通商以采,中国之财溢于外洋者,洋药而外,莫如洋布洋纱。……今既不能禁其不来,惟有购备机器,纺花织布,自扩其工商之利以保利权。"③ 结合他们创办上海织布局和湖北纱布官局的实践来看,从言论到行动,都可说是进步的,爱国的。

这里,我们想强调的是,清政府统治集团中存在着洋务派和顽固派两大当权派。这两大当权派的主观动机都是全力以赴地维护清王朝的封建统治。但在如何维护封建统治的政策措施上,两

---

① 聂宝璋:《十九世纪中国近代航运发展史的几个问题》,第300—304页。
② 《李文忠公全书》奏稿,卷43。
③ 《张文襄公全集》电稿,卷10。

派却出现了尖锐的对立。洋务派主张引进西方先进的生产技术，顽固派坚决反对这种政策，斥之为奇技淫巧。从这两派所属阶级的物质条件和社会关系上，我们看不出他们之间有什么本质上的不同。笼统地用地主阶级的阶级地位去说明他们的分歧是无能为力的。还需要从他们通过传统和教育所承受的那些个人情感和观点中去找说明。但是，无论是强调主观动机反动性的否定论者，还是并不否认主观动机反动性的肯定论者，对这个问题都还未给了足够的重视。

三

前些年，在历史人物评价问题的讨论中，人们提出了历史主义和阶级观点两大问题。我们认为，所谓历史主义就是根据历史唯物主义的客观规律去对历史人物和历史事件进行研究和评价。历史唯物主义认为，社会生产力的发展决定社会生产关系的发展，社会生产关系的总和构成社会的经济基础，而社会经济基础的发展则又决定社会上层建筑的发展，只是在一定条件下，上层建筑对经济基础，生产关系对生产力才发挥决定性的反作用。因此，评价历史人物或历史事件的进步性、落后性或反动性的标准便应视其在生产关系和上层建筑的意义上对生产力所发挥的反作用而定。这样研究的结论，我们称之为规律性评价。

所谓阶级观点，就是依据政治经济学的理论原则去研究社会各阶级的经济地位，从而根据历史人物和历史事件对那个被压迫阶级的利害关系去评价其进步性、落后性或反动性。这样研究的结论，我们称之为价值性评价。

马克思主义认为,"社会经济形态的发展是一种自然历史过程"①。列宁特别强调这个观点的重大意义。他说,"没有这种观点,当然也就无所谓社会科学。"② 我们认为,所谓"把社会经济形态的发展看做是自然历史过程",就是把社会形态变化过程看做和自然过程一样,都是不以人们的意志为转移的客观必然,不以人们的意志为转移也就意味着人们去研究这种运动规律时,既不能以人们的思想的偏颇去编造历史,又不能以感情的好恶评价其好坏,无所用其褒贬。

但是,当人们一旦撇开规律性的研究,从事价值性的研究时,对社会经济发展变化的价值性判断便和对自然现象发展变化的价值性判断发生了极大的差异。比如说,太阳普照大地,对任何人都一视同仁地送来温暖,然而,人是分民族、分国家、分阶级的,能说社会关系的发展规律,对任何人都一视同仁地送来温暖吗?当问题涉及资本主义先进国家在被侵略国家所发挥的进步作用时,事情更加使人迷惑。我们不妨先学习学习经典作家。

大家知道,马克思是强调印度社会发展史的停滞性的,同时也充分估计到英国人对印度社会发展所发挥的进步作用。例如,他指出英国人在印度完成了印度历史上空前的政治统一,而政治统一乃是"使印度复兴的首要前提"。英国人训练出一支印度人的军队,而这支军队乃是"使印度解放自己和不再一遇到侵略就被征服的必要条件"。英国人向印度引进了自由报刊,而自由报刊乃是"改进这个社会的新的和强有力的因素"。英国人在印度所办的教育事业,在土著居民中间"成长起一个具有管理国家的必要知识并且接触了欧洲科学的新的阶层"。英国人在印度

---

① 《列宁全集》第1卷,第120页。
② 同上书,第389页。

发展了现代化水陆交通事业，"使印度摆脱了孤立状态"，而孤立状态乃是印度"过去处于停滞状态的主要原因"。英国人用蒸汽机和自由贸易瓦解了印度的种姓制度所凭借的传统与分工方式，而种姓制度乃是印度进步和强盛道路上的"基本障碍"，如此等等。总之，英国人给印度带来了一场"最大的"社会革命。所以马克思说："英国不管干出了多大的罪行，它在造成这个革命的时候，毕竟是充当了历史的不自觉的工具"。接着马克思说："无论古老世界崩溃的情景对我们个人的感情是怎样难受，但是从历史观点看来，我们有权同歌德一起高唱：'既然痛苦是快乐的源泉，那又何必因痛苦而伤心？'"①

我们认为，理解马克思的观点，必须牢记马克思的立论，是以"从历史观点看来"为前提的。这就是说，英国人为了独占印度殖民地和奴役印度人民，他们必须进行一系列改革。从英国人统治印度殖民地的规律性发展上说，这些改革有其必然性，因而也就具有历史正当性；英国人在这种改革过程中，发挥了进步的"杠杆"作用，"充当了历史不自觉的工具"。马克思丝毫没有赞扬英国人在印度干了什么好事。相反的，马克思说，英国人在亚洲式的专制制度的基础上，建立了欧洲式的专制制度，"这两种专制结合起来，要比萨尔赛达庙里的狰狞的神像更为可怕"。他们给印度人民带来的灾难与印度过去的一切灾难比较起来，"在程度上不知要深重多少倍"。英国人没有给印度人带来人身地位的上升，而是使他们的人身地位更加沉沦。至于英国人在印度所发展起来的社会生产力，也不会给印度人民带来自由和改善他们的社会状况。因为这二者都不取决于生产力的发展，而取决于生产力是否归人民所有。总之，英国人使印度人民失掉了

---

① 《马克思恩格斯选集》第2卷，第62—75页。

他们的旧世界，而没有获得新世界。① 这才是马克思对英国人在印度所发挥的进步作用的价值性评论。这里闪烁着马克思所持印度人民的坚定立场。

在近代中国历史上，西方资本主义侵略势力进行过半殖民地式的暴力掠夺，同时也进行资本主义的经济渗透。马克思分析资本主义国家对落后国家的经济渗透过程说，资本主义商品生产越是发展，它"对主要是直接满足自己需要而只把多余产品转化为商品的任何一种旧生产形式，就越发生破坏和解体的作用。它使产品的出售成为人们关心的主要事情，它起初并没有显著地侵袭到生产方式本身，例如，资本主义的世界贸易对中国、印度、阿拉伯等国人民最初发生的影响就是如此。但是接着，在它已经扎根的地方，它就会把一切以生产者本人劳动为基础或只把多余产品当作商品出售的商品生产形式尽行破坏。它首先是使商品生产普遍化，然后使一切商品生产逐步转化为资本主义的商品生产"。②《共产党宣言》又说，西方资产阶级用他那低价的商品摧毁一切万里长城，"迫使一切民族都在惟恐灭亡的忧惧之下，采用资产阶级的生产方式在自己那里推行所谓文明制度"。这是马克思对资本主义世界贸易侵入落后国家以后，在落后国家所引起的社会经济形态发展变化所总结的一般规律。就中国的具体历史实际而言，自从第一次鸦片战争以后，西方资本主义的对华贸易就已开始对中国"旧生产方式"发生了"破坏和解体作用"，使产品的出售"成为人们关心的主要事情"。但在 70 年代初叶以前的 30 来年里，它"并没有显著地侵袭到生产方式本身"，只是"使商品生产普遍化"，到了 70 年代初叶以后才开始引起中

---

① 《马克思恩格斯选集》第 2 卷，第 62—75 页。
② 《资本论》第 2 卷，人民出版社 1975 年版，第 43—44 页。

国人把"商品生产逐步转化为资本主义的商品生产"。

我们应该怎么对中国这一规律性的发展变化进行价值性的评论呢？和鸦片战争前中国的封建主义生产方式相比，资本主义的生产方式当然是进步的制度。这一进步过程是从第一次鸦片战争以后中国对外开放五口通商的时候开始的。这种合乎规律的进步迷惑了一部分人的头脑，直至今天，还有人对所谓"开关"大唱赞歌，说什么"开关"乃是"好事"，"应当大很其晚才对"。这种论调引马克思所引歌德的诗句"既然痛苦是快乐的源泉，那又何必因痛苦而伤心"作为依据，显然忘记了马克思的立论是"从历史观点看来"这一前提出发的，把马克思的规律性评论当成了价值性评论了。

把规律性评论当作价值性评论是一种为历史过程的必然性作辩护的客观主义观点。列宁划清唯物主义和客观主义的界限说："客观主义者谈论现有历史过程的必然性；唯物主义者则是确切地肯定现有社会经济形态和它所产生的对抗关系。客观主义者证明现有一系列事实的必然性时，总是不自觉地站到为这些事实做辩护的立场上去；唯物主义者则是揭露阶级矛盾，从而确定自己的立场。客观主义者谈论不可克服的历史趋势；唯物主义者则是谈论那个支配当前经济制度，造成其他阶级的某种反抗形式的阶级。"① 马克思斥责蒲鲁东"想把（拿破仑第三）政变描写成以往历史发展的结果。但是，他对这次政变的历史说明不知不觉地变成了对政变的主人公的历史辩护。这样，他就犯了我们那班所谓客观历史学家的错误。相反的，我所表明的是法国阶级斗争怎样造成了使一个平庸可笑的人物能扮演英雄角色的那些条件和情

---

① 《列宁全集》第 1 卷，第 378—379 页。

况"。①

为历史过程的必然性作辩护的观点,实际上就是为"支配当前经济制度"的阶级作辩护的观点。列宁斥责那种把帝国主义在殖民地半殖民地建筑铁路美化为"文明的事业"的观点时说:"建筑铁路似乎是一种简单的、自然的、民主的、文化的、文明的事业。由于粉饰资本主义奴隶制而得到报酬的大学教授和小资产阶级庸人就有这样的看法。"② 粉饰资本主义对殖民地半殖民地进行这种侵略的观点,也就是修正主义的观点。列宁斥责这种观点说,修正主义者早就叫嚣说,殖民政策是进步的,它能传播资本主义,因此,揭露它的贪得无厌和残酷无情"就毫无意义"。因为如果"没有这些特性",资本主义就像没有双手一样。

我国历史上的所谓开关,不是一个主权国家根据自己的政治经济需要主动地对外开放贸易,而是西方侵略势力按照他们的政治经济需要用炮火破坏中国的主权强制开放的。开关以后,西方侵略势力对中国的经济渗透,是在不平等条约和炮舰的掩护之下进行的,在这种情况下,中国旧生产方式所出现的"破坏和解体",不是中国内部生产力发展的结果,而是西方侵略势力对中国的破坏。在这个基础上,中国出现了把"一切商品生产逐步转化为资本主义的商品生产",其中包括外国人所经营的资本主义企业和中国人所经营的企业,这是一种规律性的发展变化,它本身无所谓好坏,无所用其褒贬。但从中国人民的立场上去进行价值性研究,那就必须注意那些生产力都不归中国人民所有,而中国劳动人民从独立的小生产者沦为一无所有的雇佣奴隶,更没

---

① 《列宁全集》第 1 卷,第 403 页注 1。
② 同上书,第 22 卷,第 182 页。

有什么人身地位的上升,只有人身地位的沉沦,怎么能说是好事呢?

  李达在《中国产业革命概况》中从生产力发展的观点出发,肯定洋务企业的进步性,范文澜在《中国近代史》中从阶级斗争的观点出发,全面否定洋务企业的进步性。后来的讨论,基本上都是从这两个观点出发所达到不同结论。到了今天,大致可以说,已经形成了不同的两大流派,或者强调生产力发展,或者强调阶级斗争。由于两派都没有提出规律性评论和价值性评论的概念,两派都不免出现历史实际和理论观点的矛盾。在政治上,洋务派官僚乃是维护清王朝反动统治的地主阶级当权派,所以肯定论者也不得不承认洋务企业具有一定的反动性。洋务企业具有资本主义进步性和生产力的先进性,所以否定论者也不得不承认其一定的进步性。于是问题便引向进步性或反动性的量的对比上,而这种对比又是很难测量的。

  我们的建议是,在评价历史人物和历史事件时,应该把规律性评价和价值性评价区别开来,不能以前者代替后者,也不能以后者代替前者,更不能把前者和后者混淆起来。这或者可以解决上面提到的理论和实际的矛盾。

作者论著目录

专　　著

中国棉业之发展（1289—1937）
商务印书馆，1943 年版

清代云南铜政考
中华书局，1948 年初版，1957 年重印

中国棉纺织史稿
科学出版社，1955 年版，1963 年重印

中国近代经济史统计资料选辑（主编）
科学出版社，1955 年版

上海棉纺织工人状况
(Die Lage der Arbeiter in der Baumwollindustrie Shanghais)
（与原东德库钦斯基 Jurgen Kuczinski 院士合著）
德文本，伯林，1964 年版

老殖民主义史话选
北京出版社，1984 年版

科学研究方法十讲
人民出版社，1986 年版

论　　文

山东潍县的乡村棉织业
（天津）《益世报》"农村周刊"154、156 期，1937 年 2 月

定县手工棉纺织业之生产制度
《社会科学杂志》8 卷 3 期，1937 年 9 月

手工棉纺织业问题
《中山文化教育馆季刊》4 卷 3 期，1937 年秋季号

抗战前夜中国棉衣料供给状况
《新经济半月刊》1 卷 11 期，1939 年 4 月

中国经济建设的目标

《今日评论》2卷2期，1939年8月

各国在华棉货市场之开辟及其争夺

《中国社会经济史集刊》6卷2期，1939年12月

中国棉工业革命的发动

《经济建设季刊》1卷2期，1942年10月

论江宁条约与中外通商

《经济建设季刊》2卷1期，1943年7月

小刀会上海起义新史料（译怡和洋行档案史料）

《新华日报》1951年5月29日

太平天国侍王李世贤部宁波攻守纪实（译怡和洋行档案史料）

（天津）《进步日报》"史学周刊"1951年8月3日

戈登论李鸿章苏州杀降动机书并跋（译英国外交部档案史料）

（天津）《进步日报》"史学周刊"1951年9月14日

"浮动地狱"里的滔天罪行

（天津）《进步日报》"史学周刊"1951年9月21日

1861年北京政变前后中英反革命的勾结（译英国外交部档案史料）

《历史教学》1952年第4、5期

五口通商时代疯狂残害中国人民的英美"领事"和"商人"

（天津）《进步日报》"史学周刊"1952年6月20日

太平天国初期英国的侵华政策

《新建设》1952年9月号

马克思是中国人民的伟大朋友

《光明日报》1953年3月14日

英国资关阶级纺织利益集团与两次鸦片战争的史料

（译英国外交部档案等项档案史料）

《经济研究》1955年第1、2期

编辑中国近代经济史参考资料工作的初步总结

《经济研究》1956年第4期

中国近代史研究上的一个薄弱环节

《人民日报》1956年7月17日

努力开展中国近代经济史资料的整理、编纂工作

《科学通报》1956年第7期

英国鸦片贩子策划鸦片战争的幕后活动（译英国外交部、怡和洋行等项档案史料）

《近代史资料》1958年第4期

关于中国近代经济史研究工作的几点意见

《新建设》1961年第1期

关于选择研究题目
《红旗》1962年第12期
关于发现问题和分析研究
《红旗》1963年第19期
殖民主义海盗哥伦布
《历史研究》1977年第1期
规律性判断研究和价值性研究——关于历史评价的问题的构思
1978年12月28日完稿
关于哥伦布其人答朱寰同志
《世界历史》1979年第4期
论麦哲伦
《历史研究》1982年第3期
历史出科学
《红旗》1985年第6期
帝国主义对华侵略的历史评价问题还需讨论
1986年4月23日完稿
在"中国经济史学会"成立大会上的开幕词
《中国经济史研究》1987年第1期
关于中国近代经济史中心线索问题的通讯
《中国经济史研究》1990年第4期
关于洋务派兴办新式民用企业评价问题
《经济研究》1991年第4期

书　评

辑录贸易史资料的两种著作

T. R. Banister, A History of the External Trade of China 1834—1881, and Synopsis of External Trade of China, 1882—1931, Shanghai, 1938.

Elden Griffin, Clippers and Consuls, American Cousular and Commercial Relations with Eastern Asia, 1845—1860, Michigen, 1938.

《中国社会经济史集刊》7卷1期，1944年6月

Eli F. Heckscher, Mercantilism, 2 vols., Transl. by Mendel Shapiro, London, 1935.

《中国社会经济史集刊》7卷1期，1944年6月

纳夫《英国煤矿工业之勃兴》

(J. U. Nef, The Rise of British Coal Industry, 2 vols., London., 1932.)

《中国社会经济史集刊》7卷2期，1946年7月

陈翰笙《产业资本与中国农民》

(Industuial Capital and Chinese Peasants, Shanghai, 1939.)

《文汇报》"中国农村"双周刊第35期，1946年3月24日

彭泽益《太平天国革命思潮》（商务印书馆，1946 年初版）

《社会科学杂志》第 4 卷第 1 期，1947 年 6 月

徐梗生《中外合办煤铁矿业史话》（商务印书馆，1946 年初版）

《社会科学杂志》第 4 卷第 1 期，1947 年 6 月

译　著

马克思《长江的开放》

《新建设》1953 年 9 月号

马克思《东印度公司的特许状》、《东印度的改革》（一、二）、《印度的管理》、《印度的土著贵族和公侯》后收入《马克思恩格斯关于殖民地及民族问题的论著》，中央民族学院研究部 1956 年版

马克思《俄国与中国》

《新建设》1953 年 9 月号

后该文以及作者与汪敬虞合译的马克思《划艇亚罗号事件》、《毒面包案》、《巴麦尊内阁的失败》、《英国的政治》一并收入《马克思恩格斯论中国》，人民出版社，1957 年第 2 版

编后琐言

严先生是中国经济史学的奠基人之一。他所写的以《中国棉纺织史稿》为代表的许多著作，在经济史学中具有重要的地位。早年在报刊上发表的文章有些已经难于查找了。所以我曾将它们汇集成册，编成《严中平文集》（中国社会科学出版社，1996年10月版。以下简称《文集》），以便大家参考利用。《文集》出版于1996年。1999年，中国社会科学院科研局组织编选了一套《中国社会科学院学者文选》（以下简称《文选》）。当时因《文集》刚刚出版不久，所以没有收入《文选》。但严先生作为中国社会科学院的重要学者之一，在《文选》中不能查到，实为憾事。2009年纪念严先生诞辰一百周年之际，由经济研究所申请、院科研局同意，将《严中平集》纳入《文选》出版计划。于是有了现在呈献给读者的这个版本。

《严中平集》不是《文集》的原样再版，而是对《文集》进行改编、修订和补充的结果。现将《严中平集》的基本情况介绍如下。①

收入《严中平集》的文章按类别编为五组,每组各篇以发表时间先后为顺序。第一组是关于经济史学科建设方面的文章。严先生于20世纪50年代初接受了领导中国科学院经济研究所中国经济史组的任务。他全力投入,不懈努力,为这个学科的建立和发展作出了重要贡献。50年代中叶,他发表了《在中国近代史研究上的一个薄弱环节》一文,呼吁社会科学界要重视经济史学。文章指出,经济史这一学科乃是政治史、军事史、文化史等专史以及通史所不可忽略的基础学科。"不能想象,一个马克思主义社会科学工作者忽略了对于经济基础的分析,能够对上层建筑做出全面深刻的研究成果来。"他认为,当时"关于近代中国社会许多历史问题的著作,不能算太少,特别是农民起义史的研究,论述最多。但是这些著作对于经济基础的分析,往往缺乏丰富的资料,显得软弱无力"。中国近代经济史研究工作的落后状态,已成为近代中国社会各项历史问题研究中的薄弱环节。他大声疾呼:"我们不妨夸大一点这样说,现阶段中国近代社会历史问题的研究已经走到了这样的关口,不加强经济史这一薄弱环节,其他专史和通史都很难深入前进了。"他希望人们充分认识到问题的严重性,尽快扭转上述的不正常局面。在1960年中国科学院哲学社会科学部学部委员会第三次扩大会议上,他再次就中国经济史学科的重要性作了阐述,并提出,在从事经济史学科

---

① 严先生发表过的有些著、译文章,其全文或一部分已被收到他的专著,如《中国棉业之发展》(商务印书馆1943年版)、《科学研究方法十讲》(人民出版社1986年版)、《老殖民主义史话选》(北京出版社1984年版)、《中国近代经济史(1840—1894)》(人民出版社1989年版)、《马克思恩格斯论中国》(人民出版社1957年第2版)和《马克思恩格斯关于殖民地和民族问题的论著》(中央民族学院研究部1956年版)等,故不收入本集。

的专业队伍小得和这门学科的重要性很不相称的情况下,"历史学家从事上层建筑史的研究时,就需要分出更多的力量来研究经济基础的历史;经济学家主要是从事当前问题的研究的,若能分出更多的力量来兼做历史问题的研究就更好了"。

在严先生发出呼吁后的三十年中,在历史学和经济史学界的科研、教学工作者的共同努力下,马克思主义经济史学在我国有了很大的发展,这个学科的建设和普及都取得了可喜的成绩。1986年12月,中国经济史学会成立了。严先生在成立大会上的开幕词中,对经济史学的研究状况、存在问题及其前景和期望做了全面论述。他在《开幕词》中充分肯定了新中国成立以来中国经济史研究取得的成绩:收集、整理、出版了一大批经济史资料,抢救了一些档案材料;讨论了一些重大问题;培养了一批具有一定水平的经济史科研工作者和教学工作者。他也指出了三十多年来经济史研究本身所存在的不足和缺点:由于缺乏总体的发展设想,学科各方面的研究深度极不平衡,许多重大问题尚未认真提出和讨论;在当前的研究工作中,思想还不够解放,视野还不够宽广;还存在着把马克思主义指导简单化的倾向。他还对此后经济史这门学科的发展提出了建议和希望:要继续大力进行资料工作;广泛吸收最新的科研成果;坚持马克思主义的指导以及建立横向联系,共同推进经济史学科的发展。严先生再次强调了他一贯主张的"立'四新'"(即要求努力做到或者提出:新的问题,新的观点,新的材料,运用新的方法)、"破'四就'"(即必须对外国经济史有相当程度的了解,不能就中国论中国,必须对政治、法律、典章制度乃至社会心理有一定程度的了解,不能就经济论经济,必须对经济发展全过程有所了解,不能就所研究的那个时代而论那个时代,必须重视理论上的提高,不能就事论事)的研究指导思想。他对经济史学的发展提出了全面的建议：发挥各自的优势，普遍开展地方经济史的研究，在此基础上开展全国经济史的研究；重点研究近、现代经济史，但又不可忽视古代经济史的研究。同时，他明确提出了当时研究经济史学的目的和任务："对内，我们应注意发挥经济史学的社会效益，努力为社会主义物质文明和精神文明的建设服务；对外，我们要走上国际讲坛，以我们的成果树立我国经济史学科在世界学术之林中的地位，争得和我们伟大祖国的崇高声誉相称的国际地位。"严先生的这些想法，是集中大家智慧的产物，它在其后很长一段时间内对经济史学的发展起了重要的指导作用。

我们从《严中平集》收入的第一组五篇文章中可以看到，严先生极为重视经济史学的资料工作。他认为，当时（20世纪50年代）主要的、迫切的任务是大力收集、整理、编纂资料，以"解救资料饥荒"。这组文章篇篇都在强调资料工作的重要意义。在《努力开展中国近代经济史资料的整理、编纂工作》一文中，他再次强调学术资料对于经济史研究和教学的迫切性。在经济史学科研和教学队伍很小，而资料却多得浩如烟海的情况下，他建议学者们在为个人研究而收集资料的同时，更多地分工合作，为这个学科的研究奠定基础而收集整理资料。他号召"经济学家历史学家花费更多的劳力，整编资料，为科学的全面昌盛，贡献自己的特长"，大家组织起来，有计划地发掘、整理、编纂有价值的经济史资料，共同努力为经济史学科的发展作出贡献。

严先生身体力行，组织领导中国科学院经济研究所中国经济史组的学者们编辑了一套系统而丰富的中国近代经济史统计资料和专业史资料。这套资料的出版，为中国经济史学科的科研和教学提供了必要的基本素材，有力地推动了该学科的发展。参与这套资料编辑工作的学者们也积累了经验。严先生集中了大家的智慧和体会，写出了《编辑中国近代经济史参考资料工作的初步总结》一文，把全组同志的经验加以升华，提供给学术界。在这篇文章中，他系统地介绍了中国经济史组同志们收集、整理和编辑经济史资料的方法，这对其后编辑资料的同志有很大的启迪。他也批评了认为资料工作为"下手活"，是"为人作嫁"的轻视资料工作的错误思想，而强调指出，资料工作是需要具有高度的理论修养和丰富的业务知识才能胜任的，是为经济史学这门科学的昌盛打好基础的艰苦的、严肃的而又光荣的任务。半个世纪后的今天，当我们手捧已经出版的大量经济史资料时，经济史教学与研究工作的方便条件已与当年不可同日而语，我们深深地感到了严先生重视史料，提倡编辑史料的呼吁和行动，在我国经济史学界形成理论联系实际的良好学风方面所起的带头作用。我们也应感谢前辈学者们的筚路蓝缕之功。

从这组文章中我们当然会看到，严先生除写出了高质量的经济史学术著作为这个学科作出重要贡献之外，他更为我国经济史学科的建立倾注了全部心血。他不愧为新中国马克思主义经济史学的奠基人之一。

第二组是关于帝国主义侵华问题的六篇文章。《论江宁条约与中外通商》一文细致地分析了江宁条约、虎门条约的签约过程以及签约双方的目的和要求，并考察了其后1843—1860年这十余年间各通商口岸进出口贸易状况，对这两个条约以及其后将近二十年的经济史提出了新的看法。在这个时期出现如下现象：协定关税之恶例确系中英各约所开，但税率并非按值百抽五原则议定；江宁条约后十余年间，中国对外贸易的中心渐自广州移往上海，以及贸易平衡渐自入超变为出超这两个现象，其扭转点均在五十年代初；中国丝、茶两项的出口增进极速，英美销华的主要物品棉布增进甚缓，以致英美非常失望，如果不是鸦片进口增加甚多，中国出超必然更大；从中外贸易方法——物物交换、交通工具——帆船，以及英美棉工业发展程度——决定棉布在中国市场的竞争力等现象，等等。他从以上各方面观察得出结论：19世纪四五十年代，现代性中外贸易关系尚未开始，外人凭借特殊权利作种种非法行为，加之中国官吏宵小的勾结，走私逃税之风甚炽，影响所及，使得通商口岸成为无法律无秩序的社会，其后中国社会的纷乱，于此十余年间已肇其端。他认为鸦片战争，中国是失败的，失败在清政府力不足以卫国；各次条约，中国也是失败的，失败在军事的屈服和清朝官吏毫无外交常识。然而，就在这两重失败之余，观乎丝茶出口之盛，棉布进口之少，以及贸易平衡之好转，可知这十余年的中外通商上，中国却是胜利的、成功的，"成功在晓光篝灯时，竹轮木梭之不息地运转上，成功在山野桑林间，茶农蚕妇之卑贱的劳力上！"换言之，当时中国在通商上的成功全在于农家的手工业生产。

20世纪40年代末，严先生在英国进修时收集了大量有关帝国主义侵华问题，特别是关于两次鸦片战争问题的历史资料。这些资料充分显示了老殖民主义侵华令人发指的种种罪恶。他对此极为愤怒，准备据此撰写专著，对老殖民主义加以揭露和鞭挞。只因回国后随即接手经济史方面的领导工作，有关这个问题他只写了一些文章，编辑了一些资料，而未能实现原来的计划。他本来想，经济史领导工作告一段落后，仍将回到这个题目上来，当时只是暂时搁置。谁知这个"暂时"如此之长，直至他逝世时也未能抽出时间利用这批资料写成专著，而成为永久的遗憾。

严先生对老殖民主义的罪行是深恶痛绝的。他十分明确而坚定地站在被侵略者的立场上，站在人民的立场上看待帝国主义侵略问题。他的毫不含糊的立场和态度，在他所著《老殖民主义史话》一书中反映得十分清楚。在此收入的几篇关于帝国主义侵华问题的文章和资料，也同样如此。

19世纪40年代英美侵略者以海盗手段进行掠夺中国劳工。当时被英美海盗刽子手所掠夺的中国劳工，被称为"苦力"或"猪仔"。把苦力运往国外的船只，英国人自己给它起的名副其实的绰号是"浮动地狱"。严先生所写的《"浮动地狱"里的滔天罪行》一文，充分揭露了苦力买卖这一"世间最残酷的罪行"，特别是"浮动地狱"中成百苦力被活活杀死、烧死的惨绝人寰的罪行；同时也描写了苦力在船上的殊死斗争。

鸦片战争以后，凭借"条约权利"前来中国的英美领事和商人，"无异于海盗。他们残忍、狡猾、阴险、无耻、肆无忌惮，无恶不作"。严先生所写《五口通商时代疯狂残害中国人民的英美"领事"和"商人"》一文，揭露了他们在中国走私鸦片、掠卖人口、破坏中国海关征税制度、霸占沿海贸易、自做海盗而又自己护航等罪恶行径。他指出："当时的英美侵略者是'既不畏惧冥冥苍天，又不顾及人间正义'的；中国人民是用以牙还牙的惩凶行动对付侵略者的；然而清统治者却是'连碰都不敢碰到外国人的'。这就是五口通商时代中国人民遭受侵略的基本情况。"

1953年正值马克思逝世70周年之际，严先生写了《马克思是中国人民的伟大的朋友》一文，热情洋溢地称颂了马克思对中国人民的崇高友谊。他特别指出，马克思于1853—1860年间，曾写了一系列讨论中国问题的论文，彻底揭穿英国侵略者制造各式各样的借口，发布各式各样的伪造文件，采取极端严格的机密措施，来掩盖其侵略者的丑恶嘴脸，以此声援中国人民。

英国资产阶级中和对华贸易有直接利害关系的有两大部分，即鸦片利益集团和纺织利益集团。前者是以鸦片走私为主要利润来源的；后者则是以向中国推销制造品和从中国贩买丝茶为重要利润来源的。纺织利益集团是曼切斯特、格拉斯哥、利物浦、伯明罕、伦敦等城市和对华贸易有关的工业资本家、进出口商人、航运资本家、银行家等。这两个利益集团,乃是英国两次对华鸦片战争的幕后策动力量。严先生发表的《英国鸦片贩子策划鸦片战争的幕后活动》及《英国资产阶级纺织利益集团与两次鸦片战争的史料》,十分清晰地揭露了英国棉纺织业的历史发展情况和对华关系,以及鸦片和纺织这两个资本家利益集团策动侵略活动的内幕情况。过去学者们虽然对两次鸦片战争本身的研究已有不少了,而严先生的这两篇史料则准确而有力地回答了一个重要问题,即英国资产阶级为什么要发动这两次战争,这对鸦片战争史的研究显然是一个重要的贡献。

我们从这一组文章可以看出,严先生是坚决站在中华民族立场来看待这段历史,以深恶痛绝的态度,毫不含糊地批判老殖民主义的侵华罪行,无情地批判一切对祖国不利的言行和任何人的媚外态度。他的爱国主义立场之所以坚定,是因为其有马克思主义理论指导。这从他热心于翻译和宣传马克思有关中国问题和印度问题的多篇著作就足以证明。也正是基于这种理论认识上的深刻性,他对任何帝国主义的侵略行径均持批判态度。他所写的《老殖民主义史话选》一书,充分体现了这一点(这在下文还将谈到)。这种学术上的理性认识,直接指导了他的为人和行动。他在英国进修时,正值全国解放,他欢欣鼓舞毅然回国。由此我们可清晰地感到,留在我们心中的严先生,是一位大义凛然的、在帝国主义面前绝无软骨的爱国的马克思主义史学家。

第三组是关于太平天国问题的文章。19世纪后期中国的人民起义,特别是关于清政府与帝国主义相互勾结镇压人民起义的问题,也是严先生着力研究的问题之一。他在英国进修时,从英国下院蓝皮书、英国外交部档案、怡和洋行档案、当事人的通信等私人文件以及真实可信的公开出版物中收集到大量关于太平天国和小刀会的史料。

严先生研究太平天国问题，重点在于英帝国主义政府对太平天国的态度和与清政府的关系。《太平天国初期英国的侵华政策》一文细致分析太平天国革命初期的政治形势时指出，1853年2月，英国资产阶级侵略者本来打算和清政府一道镇压太平天国的。正是太平军迅速推进、解放南京的英勇行动，斩断了正在积极进行的清政府与英国侵略者之间的第一次反革命的勾结。尽管清政府非常希望英国侵略者协助镇压太平天国，但清楚了解太平天国推进形势的英国侵略者，因慑于当时太平天国的锐势，而不敢轻率从事。香港总督兼英国使华全权代表文翰明确地表示："在事态更为明朗化以前，参加任何一方都是为时过早的。""从任何观点看，中立乃是最为切要的办法。因为如果我们援助现在的政府，而最后却是叛党成功了，那我们在中国的地位就极其狼狈了。""多等一些时候，如果不是唯一的政策，也是最聪敏的政策。"

严先生从剑桥大学所藏怡和公司档案里，找到了1853—1859年该公司上海分店向香港总公司所做的十一份书面报告。他从这些报告中摘录了有关小刀会的非常宝贵的史料，辑为《小刀会上海起义新史料》。这份资料，一方面歌颂刘丽川领导的小刀会起义军敌友分明，纪律严整，是人民革命史上辉煌的一页，同时揭露清军滥杀无辜，勾结外国侵略者镇压人民的罪行。他又从怡和档案和英国外交部档案中选编了有关太平天国侍王李世贤部攻守宁波的通信，编成《太平天国侍王李世贤部攻守宁波纪实》，把1861年12月8日至1862年5月11日，即李世贤部下解放并据守浙江宁波的半年时间内的情况，充分而细致地呈现出来。对太平军的这段历史，过去研究很少，这篇文字起着填补空白的作用。由于所展示的材料都是敌视太平军的外国侵略者的内部报告，其对太平军的肯定、称赞之词，应是相当可信的。这篇文章分析了太平军在浙东方面的战略，并以惋惜的笔触论及海口宁波的失守使太平军丢掉了由海上联络南中国沿海各省人民和开辟海上战场的机会。

由于外国侵略军和清政府的联合镇压是致使太平天国失败的重要原因之一，因此，确定英国侵略者放弃中立政策的时间，是很有意义的。严先生在这篇文章中进而指出，正是在这半年时间里，英国侵略者在政策上作了重大的改变，彻底抛弃了在太平天国初期所采取的中立面孔，转而为对太平军的侵犯行动——由表面中立暗助清政府，改变成明目张胆自己动手进攻太平军；由放任在华使节和军人对通商口岸作零星的消极战术性的防御措施，改变成由中央政府决定根本大计，积极向太平军要害区域作系统的深入的战略性进攻。与此密切相关的是1861年11月的北京政变。因此，严先生又有《1861年北京政变前后中英反革命的勾结》之作。该文披露了1861年英国驻清政府公使卜鲁斯和他的中文秘书威妥玛于京津之间的通信。这些信件表明，通过北京政变，英国侵略者培植的驯服奴才奕䜣上台，英国侵略者可以在华为所欲为了，所以英国立即开始出力支持清政府对太平天国起义军大屠杀了。而在此前，从1853年起，清政府就要求英国帮助镇压太平天国，英国迄未积极地大力援助。

1863年8月下旬，淮军开始进攻苏州，英国戈登率"常胜军"相助。11月下旬，经戈登致函，诱降了苏州太平军守将纳王郜永宽等，刺杀了坚守不屈的慕王谭绍光，把苏州城献降给了清军。八个太平军降将本期获得奖赏，不料数日后便被李鸿章统统杀戮。这就是所谓"李鸿章杀降"。严先生所写《戈登论李鸿章苏州杀降动机书并跋》详细地分析了参与镇压太平天国的英国常胜军首领戈登于1863年12月14日给英国驻清公使卜鲁斯的信,将刽子手李鸿章之流背信弃义、残忍好杀、贪财掳掠的行为刻画得十分清楚,同时也批判了起义军中降将的可耻及其不曾料到的可悲下场,还揭露了英国侵略者戈登之流对中国人民财宝垂涎千尺的丑态。他那犀利的笔锋对封建统治者镇压人民的罪恶行径是决不留情的。

读过这组文章,我们可以认定,严先生是一位坚定地站在人民的立场,同情和支持反对封建主义的民主革命的马克思主义史学家。

最后一组是关于史学方法论方面的文章。对于殖民主义问题、封建政权问题以及对整个中国近代经济史研究问题,严先生的研究都是基于其独到的方法论基础之上的。这里的几篇论战文章都证明这一点。

严先生生前曾留下一批关于对洋务派兴办新式民用企业评价问题的手稿。在他逝世以后,由魏金玉先生将这批手稿加工整理,题为《关于洋务派兴办新式民用企业的评价问题》,发表在《经济研究》杂志上。在这批手稿中,严先生阐明了他对洋务运动的看法。他认为,19世纪70年代初叶以后,"中国面临数千年来未有之变局,和数千年未有之强敌,需要变通数千年的传统观念和传统成法,开创数千年未有之新局面和新风气,洋务派有见识、有决心、有魄力引进西方生产技术,兴办新式民用企业,为促进中国经济的现代化提供出数千年前辈所不曾提供的新的东西。他们所直接主办和鼓励的新式民用企业为数不是很多,经营也不很成功,但当时的问题首先是办不办的问题,不是办了多少和办得好坏的问题。尤其必须提出的是,他们是在顽固派同辈以捐弃礼义廉耻,丧失尊君亲上之民心,破坏祖宗成法以乱天下,非奸即诡,用夷变夏等种种大帽子攻击之下,坚持开创新风气,提供了新的东西的。他们所提供的新东西为中国的民族经济现代化开创了新局面。从这个意义上说,我们认为,应该给予洋务派创办民用企业以高度评价。"关于对洋务派的评价问题,也是可以进一步讨论的问题。这里要指出的是,严先生把这个问题的讨论深化了。

在这篇文章的第三部分,严先生讨论了评价历史事件、历史人物的理论和方法问题,进而说明他对洋务派问题看法的方法论依据。他认为,"评价历史人物或历史事件的进步性、落后性或反动性的标准便应视其在生产关系和上层建筑的意义上对生产力所发挥的反作用而定。这样研究的结论,我们称之为规律性评价。""所谓阶级观点,就是依据政治经济学的理论原则去研究社会各阶级的经济地位,从而根据历史人物和历史事件对那个被压迫阶级的利害关系去评价其进步性、落后性或反动性。这样研究的结论,我们称之为价值性评价。"

实际上,严先生考虑这个问题已经很长时间了。严先生于1978年底所写的另一篇手稿,乃是专门讨论历史事件和历史人物评价问题的。这篇手稿的题目是《规律性判断研究和价值性研究》,副标题是《关于历史评价的问题的构思》。这篇文稿的产生,作者既是针对洋务运动评价问题的讨论,也是针对老殖民主义的侵略、特别对中国的侵略的评价问题的讨论有感而发的。严先生在这篇文稿中第一次提出对历史事件和历史人物的"规律性判断研究和价值性研究评论"的问题,他对此所作的界定是:"规律性判断研究是对事物发展变化本身的客观规律的研究,价值性研究评论是对事物发展变化对人的利害关系的研究。"看来,这一界定比上述讨论洋务派评价问题的文稿中的提法更为简括。80年代中叶,有同志发表文章说,帝国主义通过鸦片战争迫使清政府开放五口通商的"开关"是"好事",是先进的资本主义战胜了落后的封建主义。对这种观点，严先生十分气愤。他认为"这是一个大是大非的问题，必须讨论清楚"。他即奋笔疾书，写了《帝国主义对华侵略的历史评价问题还需讨论》一文，表明他的态度和立场——他对待帝国主义侵略的一贯的态度和立场。在这篇文章中，他已经运用这一方法分析评价帝国主义侵华问题。可见他考虑这个问题已有十多年了，他对老殖民主义、帝国主义侵华、鸦片战争、洋务运动等问题的研究和评价，都是在大量的扎实史料的基础上，遵循了他的理论和方法做出的结论，绝非为了应时应景赶时髦。

从他写于病榻之上的《关于中国近代经济史中心线索问题的通讯》一文使我们明显感到，严先生晚年的时候，反帝的立场在学术上的反映更加明确了。他在这封信里和汪敬虞先生讨论中国近代史中心线索问题。确如汪先生所写，中国近代经济史应以"中国资本主义的发展与不发展"为中心线索的这一提法，乃是1960年在为高校编写中国近代经济史教材时，由严先生首先提出的。他当时称之为贯穿中国近代史的"红线"，并形象而生动地喻之为穿糖葫芦的竹签。这一命题，在当时得到编写组中许多同志的赞同。三十年后，汪先生写了《论中国近代经济史的中心线索》一文，阐明并发展了这个观点，而这时严先生却已经放弃了它，改而认为：关键是帝国主义的政治军事暴力使得中国沦为半殖民地，必须以此为贯穿中国近代经济史的"红线"，而"不能单纯用价值规律去说明全部经济现象"。这里只想指出，严先生用以代替中国资本主义的发展与不发展这一"红线"的，正是"帝国主义和中华民族的矛盾"，由此可以看出，严先生愈到晚年，反帝的思想愈加明确，对帝国主义的憎恶愈加加深了。由于这个原因，我在前次出版的《文集》中把这篇文章编入第二组，强调了其反帝的内容。通过严先生前面的文章，我们似乎看到了他思想发展的轨迹；关于中国近代史"红线"问题看法的改变，是合乎他的思想逻辑的。现在我体会，这篇文章中体现出了他的看法的发展，说明他的"规律性研究判断和价值性研究评论"的方法论已经贯彻到对整个中国近代经济史的研究之中了，从方法论的角度领会这篇文章的内涵似乎更有意义。所以在《严中平集》中把它调到方法论这一组了。中国近代经济史的中心线索问题，当然是一个完全可以讨论的学术问题，有待于学者们进一步的探索；在此无须做出评价，也不可能做出恰当的评价。正因如此，《严中平集》仍按当初《中国经济史研究》杂志发表时的样子，将汪先生的文章一并附后，以供参考。

　　如前所述，不仅是对待侵华问题，严先生对一切受殖民主义、帝国主义侵略、压迫和剥削的国家和民族都抱同情的态度，站在他们的立场上说话，毫不留情地揭露殖民主义、帝国主义的血腥罪行。收入《老殖民主义史话选》一书的全部文章都证明了这一点。本书的《全面否定，坚决骂倒》一文，是根据已经发表的《关于哥伦布其人答朱寰同志》一文的修改稿收入的。有趣的是，有关这个问题，从来就有针锋相对的两种观点。20世纪90年代初（1991年）正值哥伦布抵达西半球五百周年。世界上同时出现两种相反的活动：美国以及许多西方国家在大搞庆祝和纪念活动，而被"发现"地区的土著人种则在进行反对和抵制这些活动，批判哥伦布，要求得到公正、平等、教育和尊重他们土地等方面的权利。世界范围内的学术争论也正反映了不同立场的人们的斗争。严先生的著作表明，他是坚定地站在被压迫者一边的。他之所以有此坚定的立场，除去他掌握丰富的历史资料之外，更是由于他所持依的方法论。当然，对哥伦布的评价也是可以讨论的学术问题。

严先生对自己确认的原则从来都不轻易地放弃。他对这个理论和方法的运用的结果明显地表明,他对殖民主义罪恶暴行极端憎恨,对一切被压迫人民深切同情;对帝国主义的侵略行径义愤填膺,对中华民族无比热爱;对反动统治者的压迫人民的活动满腔愤怒;对人民抵抗斗争坚决支持;而对一切有利于祖国进步兴旺的事物则满腔热情地尽情歌颂。

文如其人。当我们重读这些文章的时候,一位赤诚的爱国主义者、一位耿直而坚定的马克思主义学者的形象跃然纸上。严先生达到这样的境地,不是偶然的,而是因为他发现了所追求的真理——唯一能正确解释中国历史和现实的历史唯物主义。正因为在研究中贯彻了历史唯物主义,他在《中国棉业之发展》一书中能够独立地得出在旧中国资本主义不可能顺利发展的正确结论。而他的毕生研究实践使他越来越坚信历史唯物主义是最好的史学方法。严先生的经历表明,他是自觉地学习马克思主义,而通过自己的研究实践才成为坚定的马克思主义者的。

三年前,林刚先生在研究其他问题时找到了严先生1937年所写《手工棉纺织业问题》一文(发表于《中山文化教育馆季刊》4卷3期)。作者于抗战前夕民族危亡之际,分析中国手工纺纱业和手工织布业的现势和将来的前景问题,指出两者在机制品的竞争之下,不是应该提倡,而是需要大刀阔斧的经济变革,力谋机纺织业之改良扩充。汪敬虞先生得知此事,多次通过电话、赐函命我:有机会再版《文集》时一定收入,以免遗缺。严先生有关棉纺织业的多数文章已部分或全文纳入《中国棉业之发展》,所以《文集》中也就没有关于手工业或棉纺织业的有关文章。现在《手工棉纺织业问题》收入《严中平集》中,只得独立地放在方法论一组之前了,姑且也作为一组吧。特此说明,并感谢汪、林两位先生对《严中平集》的关注。

再有两点不同之处，一是《严中平集》删去了《文集》中的严传。二是《文集》之首原有汪敬虞先生写的序言，这次收入《严中平集》中，承蒙慨允，做了必要的修改。就此谨向汪先生致谢。

编者　经君健

2010 年 5 月 17 日